GÜTERSLOHER
VERLAGSHAUS

Gütersloher Verlagshaus. Dem Leben vertrauen

2,- €

Hans-Martin Lübking

Kursbuch christlicher Glaube

EVANGELISCHE PERSPEKTIVEN

Gütersloher Verlagshaus

Bibliografische Information der Deutschen Nationalbibliothek
Die Deutsche Nationalbibliothek verzeichnet diese Publikation in der Deutschen Nationalbibliografie; detaillierte bibliografische Daten sind im Internet über http://dnb.d-nb.de abrufbar.

1. Auflage

Umschlagmotive: Skyline: © Dream-Emotion-Fotolia.com / Bibel: © Corbis-Fotolia.com
Druck und Einband: Těšínská tiskárna, a.s., Cesky Těšín
Printed in Czech Republic
ISBN 978-3-579-06495-6

www.gtvh.de

Inhalt

Vorwort

Viele Menschen fragen heute neu nach dem christlichen Glauben. Über Jahrzehnte war es eine Art »säkularer Glaubenssatz«, dass Religion, Glauben und Kirche sich wissenschaftlich und kulturell unweigerlich auf dem Rückzug befinden. Wer sich öffentlich als Christ zu erkennen gab, wurde nicht selten nachsichtig belächelt. Die Situation hat sich grundlegend verändert. Allen früheren Untergangsprognosen zum Trotz erweist sich die Religion als erstaunlich lebendig und widerständig. Noch nie wurden so viele Gottesdienste gefeiert wie zurzeit. Klöster und alte Kirchen verzeichnen wachsende Besucherzahlen. Bis in die Etagen der Manager hinein gibt es eine neue Nachfrage nach Spiritualität. Die in vielen Städten eingerichteten Wiedereintrittsstellen rentieren sich meist schon nach wenigen Monaten. Journalisten, die sich am Puls der Zeit wähnen, schreiben über die Wiederkehr der Religion. Es ist nicht mehr peinlich, über Religion zu diskutieren und seinen Glauben zu bekennen. Es gibt ein neues Gespür dafür, dass Konsum allein keinen Halt gibt, Arbeit allein keinen Sinn schenkt, Funktionieren allein keine Bedeutung verleiht und die Wissenschaften weit davon entfernt sind, die Rätsel der Welt zu lösen.

Unverkennbar erleben wir zugleich eine neue Aufmerksamkeit für die Arbeit und die gesellschaftliche Leistungsfähigkeit der beiden großen Kirchen: Sie gehören zu den größten Arbeitgebern in Deutschland, sie investieren mehr in Kultur als alle Kommunen zusammen, sie sind die größten Träger freier Bildungseinrichtungen, ohne sie ist der Sozialstaat in Deutschland gar nicht zu denken. Es zeigt sich: Das Christentum hat uns mehr geprägt und ist auch im Alltag immer noch präsenter als manche glauben. So leicht kommen wir vom Christentum nicht los.

Doch zugleich ist der christliche Glaube vielen unbekannt geworden: Nur noch eine Minderheit kennt sich mit dem Leben und Wirken des Jesus von Nazareth einigermaßen aus. So gut wie alle unsere Feiertage haben einen christlichen Ursprung. Er ist aber vielen nicht mehr bekannt. Die Zehn Gebote werden zwar für unaufgebbar erklärt, aber kaum jemand kennt noch alle Gebote. Was ist der Sinn des christlichen Schöpfungsglaubens? Was sagt der christliche Glaube zur Frage nach einem Leben nach dem Tode? Christliche Grundüberzeugungen sind vielen Menschen heute nicht mehr vertraut.

Auch diejenigen, die sich der Kirche und dem Christentum verbunden fühlen, suchen nach Klärung und Vertiefung. Nicht selten fühlen sie sich mit ihren Fragen allein gelassen, denn nicht jeder Gottesdienst wird als hilfreich empfunden und nicht jedes theologische Buch ist verständlich geschrieben.

In diesem Buch habe ich versucht, auf allgemein verständliche Weise über Grundsachverhalte des christlichen Glaubens Auskunft zu geben. Biblische Orientierung und zeitgemäße Interpretation werden dabei zusammengeführt. In acht Kapiteln werden zentrale Themen des christlichen Glaubens genauer entfaltet. Zu jedem Thema werden zwei elementare biblische Texte vorgestellt und erklärt, aktuelle Stichworte (z. B. »Atheismus« oder »Kirche und Staat«) erläutert und kontroverse Fragen (z. B. »Gibt es gute und schlechte Religionen?« oder »Warum lässt Gott das Leid in der Welt zu?«) behandelt.

Hinzu kommen zahlreiche Erklärungen und Exkurse (z. B. zum »Glaubensbekenntnis«, zu den »Zehn Geboten« oder zu »Sterben, Tod und Trauer«), eine »kleine Geschichte der Kirche« oder eine kleine Hausapotheke von »25 Gebeten für alle Fälle«.

Das »*Kursbuch christlicher Glaube*« erhebt keinen Anspruch auf thematische Vollständigkeit. Es wendet sich nicht an theologische Fachleute, sondern an interessierte und kritische Zeitgenossen, die für sich nach Orientierung suchen und Genaueres über den christlichen Glauben erfahren wollen.

Es ist ein Unterschied, ob aus unbeteiligter Distanz oder aus teilnehmendem Interesse über den christlichen Glauben geschrieben wird. Ich habe meine eigenen Überzeugungen in diesem Buch nicht versteckt. Das Buch will auch zeigen, was der christliche Glaube an Lebenskraft und Daseinsbewältigung leisten kann. Zugleich habe ich aber die dunklen Seiten in der Geschichte des Christentums nicht verschwiegen. Letztlich muss sich jede Leserin und jeder Leser ein eigenes Urteil bilden.

Dieses Buch hat ein evangelisches Profil. »Evangelisch« verstehe ich nicht als historische oder dogmatische Kategorie, sondern als Orientierung am Evangelium – aber auch an den Grundeinsichten der Reformation. Es gibt gute Gründe, evangelisch zu sein – aber es gibt auch gute Gründe, katholisch zu sein. Die Zeiten, in denen Evangelische und Katholiken sich bekämpft haben, sind Gott sei Dank vorbei. Ich kenne viele Katholiken, denen ich mich in Glaubensfragen viel näher fühle, als manchen evangelischen Fundamentalisten. Die Gemeinsamkeiten zwischen beiden Kirchen sind viel größer als das Trennende. Doch das ändert nichts daran, dass man auch selbst erkennbar und auskunftsfähig sein sollte.

Bei der Fertigstellung des Manuskripts hat mir Heike Höving in besonderer Weise geholfen. Dafür danke ich ihr sehr herzlich!

Dortmund, im August 2009 *Hans-Martin Lübking*

Was soll das alles? Auf der Suche nach dem Sinn

Heute leben 6,7 Milliarden Menschen auf der Erde, bis zum Jahr 2050 werden es nach UN-Prognosen mehr als 9 Milliarden sein. Was zählt da ein einzelner Mensch, ein einzelnes Leben? Jede Stunde werden Hunderttausende Menschen geboren, vor allem in Asien und Afrika. Jede Stunde sterben aber auch Hunderttausende. Ein sinnloser Kreislauf von Werden und Vergehen?

Das Weltall existiert seit etwa 13,7 Milliarden Jahren, die Erde seit 5 Milliarden Jahren. Sie wird auch nach mir noch Milliarden von Jahren fortbestehen. Hat meine Lebenszeit irgendeine Bedeutung? Werden meine Jahre irgendwelche Spuren hinterlassen? Und was ist, wenn niemand mehr lebt, der sich an mich erinnert?

Nackt und hilflos kommt ein Mensch auf die Welt, allein gar nicht überlebensfähig, angewiesen auf Versorgung und Liebe. Wenn er diese Welt wieder verlässt, nach 70, 80 Jahren oder auch früher, muss er alles zurücklassen. »Das letzte Hemd hat keine Taschen«, sagt man. Hat sich das Leben dann gelohnt? Wie sieht ein sinnvolles, ein erfülltes Leben aus?

Fast 7 Milliarden Menschen gibt es auf der Erde. Irgendwann fragt jeder nach dem Sinn des Lebens.

Ich habe mir mein Leben nicht selbst gegeben. Ich habe mir mein Geschlecht, meine Familie, mein Land, meinen Geburtsort nicht aussuchen können. Meine Gestalt und meine Begabungen, mein Temperament und meine Haarfarbe – ich bin mit einer bestimmten Ausstattung auf die Welt gekommen. Zufall? Schicksal? Oder kann ich darin einen Sinn erkennen?

Die eine ist in ihrem Leben bisher von allen schweren Krankheiten verschont worden, der andere stirbt früh in jungen Jahren. Einer ist seit einem schweren Unfall an den Rollstuhl gefesselt, eine andere hat viele brenzlige Situationen erlebt und ist immer heil herausgekommen. Zufall, Glück, Pech oder …? Wem kann ich in meinem Leben dankbar sein: dem Schicksal oder Gott?

Irgendwann fragt jeder nach dem Sinn des Lebens: Warum bin ich überhaupt auf der Welt? Woher kommt diese Welt, wohin geht sie? Woran kann ich mich halten, worauf kann ich mich letztlich verlassen? Wofür lohnt es sich zu leben? Gibt es einen Sinn im Leben? Was ist der Sinn meines Lebens? Wohin führt das alles? Was kommt nach dem Tod?

»Welches ist der Sinn unseres Lebens? Eine Antwort auf diese Frage wissen heißt religiös sein.«
(Albert Einstein, Physiker)

Wir können die Frage nach dem Sinn verdrängen oder als unbeantwortbar abtun. Dafür bieten sich viele Möglichkeiten: Beruf und Karriere, Konsum und Kommerz, Fernsehen und Fun, Sport und Sex. Doch mit solchen Fluchtversuchen laufen wir uns selbst davon. Es gehört zur Würde des Menschen, nach sich und nach Gott zu fragen, die Rätsel dieser Welt anzusprechen und nach einem Sinn zu suchen.

Ohne Religion leben? Für viele ist Religion kein wichtiges Thema mehr. Befragt danach, wie wichtig verschiedene Lebensbereiche für Menschen in Deutschland sind, landet der Glaube statistisch auf dem vorletzten von acht möglichen Plätzen – hinter Familie, Freundschaft, Einkommen, Arbeit, Freizeit und Erfolg, aber

Religion

Bisher ist keine menschliche Gesellschaft bekannt, die ohne Religion gelebt hätte. Die Geschichte der Menschheit ist ohne Religion nicht denkbar. Doch was ist »Religion« überhaupt? Eine Definition ist nicht einfach. Vielleicht kann man dem Theologen Paul Tillich folgen: »Religion ist das Ergriffensein von dem, was uns unbedingt angeht.« Als religiös bezeichnen wir Erfahrungen und Überzeugungen, die unser Leben letztgültig bestimmen und die zugleich über dieses Leben hinausweisen. Die Religionen geben eine Antwort auf die Frage nach dem Sinn des Lebens. Diese Antwort besteht jedoch nicht einfach nur in einer Theorie zur Erklärung der Welt, sondern sie umfasst das ganze Leben: Riten und Feste, Gebete und Lieder, Erzählungen und Symbole, Lehren und Ämter. Darin wird sie überliefert und gelebt. Sie begleitet das gesamte Leben des Einzelnen von der Geburt bis zum Tod.

Im einzelnen gibt es sehr verschiedene Religionen: Die größte Religion ist heute das Christentum mit mehr als zwei Milliarden Menschen. Im Laufe seiner Geschichte hat sich das Christentum in zahlreiche Kirchen und Gemeinschaften aufgespalten. Mit über einer Milliarde Gläubiger ist die römisch-katholische Kirche am größten, gefolgt von den Protestanten, zu denen etwa 500 Millionen Menschen zählen.

Das Christentum ist aus dem Judentum erwachsen, der kleinsten der heutigen Weltreligionen. Zum Judentum gehören weltweit rund 13 Millionen Menschen, davon mehr als fünf Millionen im Staat Israel.

Wie Christen und Juden glauben auch die Muslime an einen Gott (Monotheismus). Etwa 1,3 Milliarden Menschen bekennen sich derzeit zum Islam. Typisch für den Islam ist die enge Verknüpfung von Politik, Religion und Alltag.

Hinduismus und Buddhismus sind die asiatischen Weltreligionen. Während sich der Hinduismus, zu dem etwa eine Milliarde Menschen gehören, weitgehend auf Indien beschränkt, hat der Buddhismus mit seinen 450 Millionen Gläubigen über Ostasien hinaus auch im Westen Interesse gefunden. Im Unterschied zu den westlichen Religionen, für die das Leben eines jeden Menschen einmalig ist, ist für den Hinduismus und den Buddhismus alles Leben eingespannt in einen unendlichen Kreislauf des Werdens und Vergehens. Das Ende des Kreislaufs der Wiedergeburten zu erreichen, ist das Ziel der beiden Religionen.

So unterschiedlich die Religionen auch sind, sie stimmen in einem Anliegen überein: Sie bieten einen umfassenden Deutungshorizont für diese Welt und ihre Rätsel und stiften darin für den Menschen einen Lebenssinn auch angesichts seines Todes.

In der Religion erfährt sich der Mensch ergriffen und getragen von einer umfassenden Wirklichkeit, der Wirklichkeit des Heiligen und Göttlichen.

Ihr begegnet er mit Staunen und Ehrfurcht, aber auch mit Vertrauen. In ihr weiß er sich geborgen. Der religiöse Glaube verbindet sich mit einem Gefühl der Dankbarkeit. »Was hast du, was du nicht empfangen hast?« fragt Paulus im 1. Korintherbrief (4,7). Das Wichtigste im Leben kann man nicht verdienen und nicht erarbeiten: Leben, Liebe, Gnade, Glück, Vergebung oder Freiheit gibt es umsonst, man bekommt sie geschenkt. Der Theologe Friedrich Schleiermacher (1768–1834) hat darum mit einer berühmt gewordenen Definition Religion als »Gefühl schlechthinniger Abhängigkeit« beschrieben.

Oft haben die Religionen in ihrer Geschichte ihren eigenen Ansatz allerdings auch verfälscht. Im Namen der Religion sind besonders grausame Kriege geführt und andersdenkende Menschen verfolgt worden. Im Namen der Religion werden bis heute Terrorakte verübt. Die Religionsfreiheit (»Die Freiheit des Glaubens, des Gewissens und die Freiheit des religiösen und weltanschaulichen Bekenntnisses sind unverletzlich. Die ungestörte Religionsausübung wird gewährleistet.« Art. 4,1 GG), eines der wichtigsten Menschenrechte, wird nicht überall geschützt.

In China, in Indien und in einigen islamischen Ländern werden Christen verfolgt.

In Westeuropa ist Religion nicht mehr nur die Angelegenheit der christlichen Kirchen. Sie begegnet in vielen individualisierten und privatisierten Gestalten. Es gibt einen nie da gewesenen »Markt der Möglichkeiten«, auf dem ganz unterschiedliche religiöse Vorstellungen und Überzeugungen angeboten werden. Mehr als früher legt man sich heute seine eigene Religion, seine eigene Weltanschauung nach den persönlichen Bedürfnissen selbst zurecht. Wo Religion so zur Privatsache wird, wird sie zugleich aber auch unverbindlich und sozial unsichtbar.

noch vor der Politik. Man lebt sein Leben, wie es sich eben ergibt. Man feiert Erfolge und bewältigt sein Scheitern. Man strebt nach dem eigenen Glück und genießt es, wenn es sich denn einstellt – ohne Gott und Religion.

Nach wie vor treten mehr Menschen aus den Kirchen aus als dass wieder eintreten. Etwa 30 % der Deutschen gehören keiner Religionsgemeinschaft an. Hat Dietrich Bonhoeffer Recht behalten, der 1944 in seinen Gefängnisbriefen schrieb: »Wir gehen einem völlig religionslosen Zeitalter entgegen … Der Mensch hat gelernt, mit allen Fragen des Lebens ohne Gott fertig zu werden.«?

»Was würde passieren, wenn unsere Gesellschaft den christlichen Glauben und seine Traditionen völlig vergessen würde?… Ich mutmaße: Es käme zu einer Banalisierung des Lebens: alles ist gleich, alles gleich egal … Die Grenze zwischen Schuld und Schicksal würde verschwimmen. Wo der Glaube aufhört, fängt der Aberglaube an, einschließlich des pseudowissenschaftlichen. Es würde etwas verschwinden, auf das ich jedenfalls nicht verzichten möchte: das Leben aus Dankbarkeit.«
(Richard Schröder, Theologe und Philosoph)

Man kann auch ohne Religion leben und sterben, und zwar nicht weniger respektabel als andere. Dafür ist der französische Schriftsteller und Literaturnobelpreisträger Albert Camus (1913–1960) ein Beispiel. Camus vergleicht das menschliche Leben mit dem Schicksal des griechischen Sagenhelden Sisyphos. Der war von den Göttern dazu verdammt, in der Unterwelt auf ewig einen riesigen Felsbrocken einen Berg hinauf zu wälzen, der jedes Mal, wenn er den Gipfel erreicht hatte, wieder an den Fuß des Berges hinabrollte. So absurd ist nach Camus menschliches Leben. Doch er schreibt zugleich: »Wir müssen uns Sisyphos als einen glücklichen Menschen vorstellen.« Denn der Mensch kann die Hoffnungslosigkeit des Lebens erkennen und dagegen revoltieren. Das macht sein Glück und seine Würde aus.

Eine solche Überzeugung verdient Respekt, aber ist sie deswegen auch wahr? Offen ist vor allem, ob ganze Gesellschaften auf Dauer in Gleichgültigkeit oder Distanz gegenüber dem Religiösen verharren können, ob das Bedürfnis nach Religion nicht immer wieder aufbricht, vielleicht auch in höchst befremdlichen Formen.

Ein neues Interesse an Religion

Schon öfter wurde das Absterben der christlichen Religion vorhergesagt. In den siebziger Jahren des 20. Jahrhunderts etwa lautete die gängige These, der christliche Glaube werde durch den Siegeszug der Wissenschaften unweigerlich an den Rand gedrängt und sei in einigen Jahrzehnten aus den europäischen Städten weitgehend verschwunden. Wer sich zu seinem Glauben bekannte, wurde als rückständig belächelt.

Heute hat sich die Situation völlig verändert: Es gibt im privaten und im öffentlichen Leben ein großes Interesse an Religion. Man muss sich für seinen Glauben nicht mehr rechtfertigen. Häufig sind es gerade die Sensiblen und Nachdenklichen, denen die konsumorientierte Wohlstandsgesellschaft allein nicht reicht und die nach Sinn und Bedeutung suchen, die über den Tag hinaus Halt geben.

Offene Kirchen führen in eine andere Welt. Sie sind Orte der Ruhe und Zuflucht.

Unverkennbar ist gegenwärtig die große Nachfrage nach Spiritualität. In den Buchhandlungen sind die Regale voll mit spirituellen Ratgebern und fernöstlicher Lebensweisheit. Kurse und Seminare zu Meditation und Selbstheilungstherapien erfreuen sich seit Jahren eines großen Zuspruchs – bis in die Etagen der Manager hinein. Klöster verzeichnen wachsende Besucherzahlen. Die Konjunktur des Spirituellen verrät zugleich ein deutliches Unbehagen an dem funktionalen Lebensstil, der sich in der modernen Gesellschaft durchgesetzt hat. Unter dem Stichwort »Spiritualität« versuchen viele, ihrem Leben wieder mehr Tiefe zu geben.

Unübersehbar ist auch das Bedürfnis nach offenen Kirchen, besonders nach offenen alten Kirchen. Viele gehen in eine Kirche, zünden vielleicht auch eine Kerze an, um den »heiligen« Raum mit Kreuz und Altar auf sich wirken zu lassen, für sich zur Ruhe zu kommen, abzuladen, was einem auf der Seele liegt, vielleicht auch ein kurzes Gebet zu sprechen. Die offenen Kirchen führen in eine andere Welt. Kirchen sind Orte, die Sinn eröffnen und auf Gott hinweisen; Orte der Gastfreundschaft und Zuflucht. Die übergroße Mehrheit der Bevölkerung will, dass diese andere Welt erhalten bleibt, auch wenn man nicht jeden Tag in die Kirche geht.

Manche sprechen gegenwärtig offen von einer »Renaissance«, andere vorsichtiger von einer neuen Anziehungskraft der Religion. Dafür gibt es einige Indizien:

- Das Interesse an religiösen Themen hat eindeutig zugenommen.
- Stärker geworden ist auch die Überzeugung, dass der christliche Glaube ungebrochen aktuell ist.
- Die Zahl der Menschen, denen ihr eigener Glaube wichtig ist, ist größer geworden – vor allem in jüngeren Altersgruppen.
- Mehr Menschen als noch vor Jahren halten eine religiöse Erziehung von Kindern für sinnvoll.
- Die Bindungen an die Kirchen haben zugenommen – und zwar eher bei jüngeren Menschen.

Religionskritik

Grundsätzlich kann man eine innere von einer äußeren Religionskritik unterscheiden. Wenn der Prophet Amos Opfer und Gottesdienste verwirft und dafür Recht und Gerechtigkeit einklagt, Jesus die Geldwechsler aus dem Tempel vertreibt oder Luther gegen die Ablasspraxis der damaligen Kirche protestiert, dann wollen sie mit dieser Kritik die Religion nicht auflösen, sondern eher die »wahre Religion« wiederherstellen. Religionskritik findet sich darum schon in der Bibel selbst: im alttestamentlichen Bilderverbot, in Jesu Kritik einer starren Gesetzesfrömmigkeit, im Einspruch des Paulus gegen den religiösen Enthusiasmus in der korinthischen Gemeinde. Der biblische Glaube hat immer auch die Zweideutigkeiten der Religion aufgedeckt: sie kann unterdrücken und befreien, zerstören und heilen.

Anders die äußere Religionskritik: Sie will die Religion als eine überholte Bewusstseinsstufe der Menschheit ersetzen. Die prominentesten Vertreter dieser Religionskritik sind Feuerbach, Marx und Freud. Für den deutschen Philosophen Ludwig Feuerbach (1804–1892) ist Religion Selbstanbetung des Menschen. Seine geheimsten Wünsche – Allmacht, Allwissenheit, Allgüte, Unsterblichkeit – richtet der Mensch auf einen erfundenen Gott, weil sie am Menschen selbst keine Erfüllung finden. Der nur in der Vorstellung

Für Ludwig Feuerbach, Karl Marx und Sigmund Freud ist die Religion nichts als menschengemachte Illusion. Ihre Anfragen können zu einer Klärung der eigenen religiösen Überzeugungen beitragen.

des Menschen existierende Gott ist ein an den Himmel projiziertes Spiegelbild des Menschen: »Die Götter sind die in wirkliche Wesen verwandelten Wünsche des Menschen.«

Karl Marx (1818–1883) übernimmt Feuerbachs Religionskritik und ergänzt sie. Den Grund für die religiöse Selbstentfremdung des Menschen sieht er in der wirtschaftlichen und gesellschaftlichen Not, in der die Massen der Bevölkerung leben. »Das religiöse Elend ist in einem der Ausdruck des wirklichen Elends und in einem Protestation gegen das wirkliche Elend. Die Religion ist der Seufzer der bedrängten Kreatur … Sie ist das Opium des Volkes.« Als solches vertröstet die Religion und hindert die Menschen daran, das wirkliche Elend zu bekämpfen.

Für Sigmund Freud (1856–1939) hat die Religion ihren Ursprung in der Identifikation des Kindes mit einem erwünschten und allmächtigen Vater. Wer an Gott glaubt, so Freud, der bleibt zeitlebens ein Kind – abhängig und nicht selbständig. So flieht der Mensch in der Religion vor der harten Realität in die Wunschwelt des Kindes, deshalb ist Religion für Freud Illusion.

Feuerbach, Marx und Freud stellen Fragen, die selbstkritisch aufgenommen werden sollten, weil sie zu einer Klärung der eigenen religiösen Überzeugung führen können. Andererseits kann man aber auch an die Positionen der Religionskritik Fragen stellen:

- Dass etwas nicht existieren kann, weil es menschlichen Wünschen entspricht, ist logisch unsinnig. Ist die Sonne das Produkt der menschlichen Sehnsucht nach Wärme? Soll das Christentum seine Wahrheit dadurch beweisen, dass es keiner menschlichen Hoffnung entspricht?
- Der Gott der Bibel ist keineswegs die Summe menschlicher Wünsche, er widerspricht oft genug vielmehr dem, was menschliche Vorstellung von Gott denkt.
- Gerade die jüngste Geschichte hat gezeigt, dass Religion nicht nur Mittel der sozialen Vertröstung, sondern vielmehr auch Grund und Motivation für persönliche und soziale Befreiung sein kann.
- Nach dem alten Satz »Wo Gott verschwindet, erscheinen die Götter« klammern sich die, die Gott leugnen, in der Regel an eine andere absolute Größe. Bei Feuerbach ist es die »Gattung Mensch«, bei Marx die »klassenlose Gesellschaft« und bei Freud die Wissenschaft. Doch dass die Wissenschaft Gott überflüssig macht und die Religion verdrängt, glauben heute auch die meisten Wissenschaftler nicht mehr.

Heute werden die Religionen verstärkt daran gemessen, ob sie Gewalt fördern oder zum Frieden beitragen. Ein Konsens besteht darin, dass es zu einer guten Religion gehört, dass sie die Menschenrechte achtet und fördert. Zu Recht werden die Religionsgemeinschaften daher gefragt: Wie stehen sie zum Respekt vor den Andersgläubigen, unterstützen sie die Gleichheit von Mann und Frau in Gesellschaft und Religion, wie stehen sie zur Wahrnehmung demokratischer Rechte und zur Übernahme von Verantwortung?

»Die Naturwissenschaftler können den menschlichen Gen-Code entschlüsseln, mit Laserstrahlen operieren, Raketen ins All schicken und auf dem Mars und auf dem Mond landen. Aber sie können kein einziges der zentralen Probleme der Menschen beantworten, nämlich ob es einen Gott gibt, wie wir leben sollen und was der Sinn des Lebens ist und ob der Tod die Endstation ist.«
(Heiner Geißler, Politiker)

Allen Unkenrufen zum Trotz erweist sich die Religion immer noch als erstaunlich lebendig und widerständig. Solange Menschen leben wollen und doch sterben müssen, nach Sicherheit verlangen, ohne die Unwägbarkeiten des Lebens in den Griff zu kriegen, nach Wahrheit suchen, ohne die Rätsel des Daseins lösen zu können, werden sie nicht aufhören, nach Gott zu fragen und nach dem Sinn ihres Lebens zu suchen.

Kein Mensch kann sich den Sinn des Lebens selbst geben

Die Frage nach dem Sinn stellt sich nicht jeden Tag. Man kann lange Zeit von einem Tag zum andern leben, ohne über diese Frage auch nur nachzudenken. Doch wenn man plötzlich schwer erkrankt, ein naher Angehöriger stirbt, die eigene Beziehung in die Brüche geht oder man selbst arbeitslos wird, dann sieht die Welt mit einem Mal anders aus.

Eine beliebte Antwort auf die Frage nach dem Sinn des Lebens lautet: »Jeder muss seinem Leben selber einen Sinn geben«. Bei Umfragen bekam diese Antwort in den letzten Jahren immer die größte Zustimmung. Doch kein Mensch kann sich selbst den Sinn seines Lebens geben. Hier werden Lebenssinn und Lebensziele miteinander verwechselt. Zweifellos hängt viel von dem ab, was ein Mensch aus seinem Leben macht – ob er einen interessanten Beruf hat, zusammen mit anderen an wichtigen Aufgaben arbeitet und in seinem Leben Anerkennung gefunden hat. Bei »Sieben Wochen ohne« mitmachen, das eigene Kaufverhalten nach ökologischen und »fairen« Gesichtspunkten ausrichten, im Chor mitsingen oder auch sich um einen Garten kümmern kann sehr sinnvoll sein und dem eigenen Leben ein Stück Halt und Struktur geben. Kinder großziehen, in einem Altenheim oder bei der Telefonseelsorge mitarbeiten, Verantwortung in einer Partei oder in einer Kirchengemeinde übernehmen ist mehr als die Ausübung eines Hobbys. Es kann helfen, das Leben auszufüllen. Erfülltes Leben gibt es nur in Beziehungen der Liebe. Weil mein Leben für andere wichtig ist, wird es auch für mich wichtig. Doch die Frage nach dem Sinn des Lebens ist damit noch nicht beantwortet. Was ist mit denen, die keine Verantwortung mehr überneh-

Ich wurde nicht gefragt
bei meiner geburt
und die mich gebar
wurde auch nicht gefragt
bei ihrer geburt
niemand wurde gefragt
ausser dem Einen
und der sagte ja
(Kurt Marti, Dichter und Pfarrer)

men und sich keine Ziele mehr setzen können – mit schwerkranken, mit verwirrten oder sehr alten Menschen? Ist ihr Leben dann sinnlos? Was ist mit denen, die in ihrem Leben gescheitert sind, deren Ziele nicht aufgegangen sind?

Wenn das Sinnvolle mit dem Nützlichen gleichgesetzt wird und der Sinn des Lebens nicht mehr ist als der Erfolg, den man im Leben haben kann, dann kann man bei jedem Scheitern, bei jeder Niederlage in Panik geraten. Wer nicht mehr funktioniert, verzweifelt dann am Lebenssinn (»Wozu werde ich noch gebraucht?«) und erfährt seine Austauschbarkeit und Überflüssigkeit.

Der Sinn des Lebens ist mehr als die Ziele, die ich mir stecken kann. Der Sinn des Lebens hat etwas mit der Wahrheit des Lebens zu tun, mit dem höheren Zusammenhang, dem Woher und Wohin, zu dem die Welt und darin auch mein Leben gehören. Diesen höheren Zusammenhang kann kein Mensch selbst herstellen.

Das Zentralwort des Lebens heißt Liebe

Jahrhundertelang gab die christliche Religion in Europa eine allgemein akzeptierte Antwort auf die bedrängenden Sinnfragen des Lebens. Ob aus innerer Überzeugung oder aus bloß mitgesprochener Tradition – der Glaube an Gott als Woher und Wohin dieses Lebens verband die meisten Menschen in unseren Breiten. Er half Unglücksfälle zu verarbeiten und mit einem oft mühsamen Leben fertig zu werden.

Naturwissenschaftliche Zweifel und der Siegeszug des wissenschaftlichen Weltbildes führten in den letzten 150 Jahren dazu, dass viele Menschen diese Grundüberzeugung verloren. Das biblisch-christliche Erklärungsmodell ist fraglich geworden, doch an seine Stelle ist auch nichts Gleichwertiges getreten. »Die verlorene Hoffnung auf Auferstehung hinterlässt eine spürbare Leere«, stellt der Philosoph Jürgen Habermas fest. Ein Zurück zu einem religiösen Einheitsmodell ist nicht mehr möglich. Das ist nicht nur ein Verlust, eher ist es ein Gewinn. Es entspricht auch protestantischem Selbstverständnis: Die eigene religiöse Überzeugung muss etwas Persönliches sein – nur dann ist sie frei und glaubwürdig. Auch der Sinn des Lebens ist etwas Persönliches, jeder muss für sich danach suchen. Dabei bietet der christliche Glaube eine Antwort an, die auch nach 2000 Jahren noch überzeugen kann:

Das Leben ist ein Angesprochen-werden und Antwort-geben. Wir sind so geschaffen, dass wir Gott, die schöpferische Kraft des Universums, wahrnehmen, erfahren und mit unserem Leben darauf antworten können.

Gott hat uns ins Leben gerufen. Er hat uns gewollt, wir sind ihm nicht gleichgültig. Jeder ist zu einem erfüllten, sich lohnenden Leben bestimmt. Das Leben ist weder harmonisch noch idyllisch, die Begegnung mit Unglück und Tod bleibt

»Inmitten des schweigenden Alls schuf sich Gott auf dem kleinen Planeten Erde Geschöpfe, die gesprächsfähig sind.«
(Kurt Marti, Dichter und Pfarrer)

niemandem erspart. Aber das Leben ist ungeheuer interessant und es lohnt sich zu leben. Auch der Tod kann den Wert dieses Lebens nicht zunichte machen. Denn »wir kommen aus Licht und gehen in Licht« (Helmut Gollwitzer)

Für diese Überzeugung gibt es keine Beweise. Sie beruht auf einer Zusage Gottes, einer Verheißung. Den Sinn des Lebens kann ich darum nicht selbst machen oder garantieren, ich kann ihn mir nur schenken lassen. Nach christlichem Verständnis sind wir Empfänger, nicht Täter von Sinn.

Das Zentralwort des Lebens heißt Liebe. Als ein von Gott geliebter Mensch leben und diese Liebe an andere Menschen weitergeben zu können – darin besteht der Sinn des Lebens. Das ist der höhere Zusammenhang, in dem das eigene Leben steht. Erfülltes Leben ist ein Leben in Liebe zu anderen Menschen. So hat Gott es gewollt, so hat Jesus es gelebt. So werden wir freie Menschen.

Psalm 139

Solange ich lebe, komme ich von Gott nicht los – nirgendwo in der Bibel wird dies so eindringlich beschrieben wie im 139. Psalm. Wer bin ich? fragt der Dichter des Psalms, aber er befragt sich nicht selbst, sondern beginnt ein Gespräch mit Gott.

»Du, Gott, erforschest und kennst mich. Ob ich sitze oder stehe, du weißt es. Du verstehst meine Gedanken von ferne.«

Du, Gott, kennst mich besser als ich mich selber kenne; du kennst das Geheimnis, das ich mir selber bin. Macht das nicht Angst, so erkannt und durchschaut zu werden? Gottesfurcht und Gottestrost liegen in diesem Psalm nahe nebeneinander. Gott als die nächste Nähe, der mir näher ist, als ich mir selbst bin. Und Gott als das unentrinnbare Schicksal, das mich verfolgt, wo immer ich bin.

Doch dass der Mensch vor Gott nicht davonlaufen kann, dass Gott den Menschen durchschaut und seine Hand auf ihm ruht, bedeutet für ihn nicht Unterwerfung, sondern Geborgenheit.

»Ich gehe oder liege, so bist du um mich und siehst alle meine Wege.«

Und wenn keiner da ist, der mich versteht, dann ist doch Gott da, der meine Gedanken versteht, der ganz genau weiß, wie mir zumute ist – sogar von ganz ferne. Gottes Gegenwart umgibt mich wie ein Zelt, in dem ich sicher wohnen kann.

»Von allen Seiten umgibst du mich und hältst deine Hand über mir.«

Gott ist da, ob wir wach sind oder schlafen, allein sind oder unter Menschen. Wir werden ihn als unser Gegenüber nicht los.

»Steige ich hinauf in den Himmel – bist du da. Verstecke ich mich in der Totenwelt – dort bist du auch.«

Gott lässt den Menschen nicht in Ruhe und umgekehrt kommt der Mensch von Gott nicht los. Er ist der Zeuge unseres Lebens. Der Mensch ist das einzige Geschöpf, das auf die Schöpfung verständig zu antworten vermag. Wir sind »solche Geschöpfe, mit denen Gott auf ewig reden will«, hat Martin Luther gesagt.

»Du hast mich geschaffen mit Leib und Geist, mich zusammengefügt im Schoß meiner Mutter.«

Der Dichter des 139. Psalms weiß sein Leben, seine ganze Existenz gehalten und getragen von dem, der sein »Inneres« geschaffen, der ihn »gewoben« hat im Schoß der Mutter. Jeder Mensch ist nicht nur das Kind seiner Eltern, sondern auch ein Geschöpf Gottes, ein persönlicher Gedanke, ein Kunstwerk des Schöpfers, mit dem er etwas Besonderes vorhat.

»Deine Augen sahen mich, als ich noch nicht bereitet war, und alle Tage waren in dein Buch geschrieben, die noch geschrieben werden sollten und von denen keiner da war.«

Mein Lebensweg ist mir verborgen. Er wird nicht nur über Höhen führen, sondern auch immer wieder am Abgrund entlang und vielleicht auch mitten in den Abgrund hinein. Und doch wird alles gut sein. Das Ziel steht unverrückbar fest.

»Am Ende bin ich noch immer bei dir.«

Fassungslos gesteht der Dichter des 139. Psalms sein Unvermögen: Das werde ich nie begreifen können, das ist mir zu hoch!

»Diese Erkenntnis ist mir zu wunderbar und zu hoch, ich kann sie nicht begreifen.«

Markus 10,17-27

In der Bibel wird die Geschichte vom reichen Jüngling erzählt. Er hat alles, was die meisten Menschen mit einem schönen Leben verbinden: Reichtum, Ansehen, Jugend. Viele werden ihn beneidet haben: So müsste man leben können. Doch eines Tages kommt er zu Jesus und fragt ihn: *»Was soll ich tun, damit ich das ewige Leben gewinne?«* Die Frage nach dem ewigen Leben, das ist die Sinnfrage von heute in den Worten von damals.

Die erste Antwort, die Jesus gibt, heißt: Das ewige Leben entscheidet sich im alltäglichen Leben. *»Du kennst die Gebote!«* Und dann zählt Jesus lauter Gebote auf, die das Leben mit den Mitmenschen betreffen: nicht töten, nicht ehebrechen, nicht stehlen, nicht falsch Zeugnis reden, niemanden berauben, Vater und Mutter ehren. Der Sinn des Lebens entscheidet sich im Verhältnis zu den Mitmenschen, nicht in meditativer Versenkung oder in esoterischen Erlebnissen.

»Das habe ich alles gehalten, danach habe ich mich immer gerichtet«, sagt der

junge Mann. *»Was fehlt mir noch?«* Da blickt Jesus ihn an, gewinnt ihn lieb und sagt: *»Geh hin, verkaufe alles, was du hast, und gib es den Armen und folge mir nach!«* Eine harte Antwort. Alles verkaufen, alles weggeben, auf alle Sicherheiten verzichten – wer kann das? Auf Lohn und Rente verzichten, das Konto auflösen und Hausrat und Möbel verkaufen? Wer kann sich das leisten, völlig ungesichert zu leben? Jesus, bist du hier nicht ein bisschen zu radikal? In der römisch-katholischen Tradition hat man seit dem Mittelalter auf diese Fragen folgende Antwort gefunden: Alles verkaufen, den Armen schenken und Jesus nachfolgen – das gilt nicht für alle Christen, sondern nur für einzelne außergewöhnliche Personen, die dann etwa ins Kloster gehen.

Das Wort Jesu weist in eine andere Richtung. Jesus sagt dem jungen Mann nicht: Was du bisher getan hast, reicht nicht. Du musst noch mehr tun, etwas Heroisches: alles verschenken! Es geht nicht um etwas Zusätzliches, sondern um etwas Grundsätzliches: Lass los, was dich bindet; trenne dich von dem, von dem du meinst, es trage dein Leben. Lass alles los, damit du die Erfahrung machst: Für mein Leben kommt ein anderer auf.

»Und komm und folge mir nach.«

Binde dein Leben an meines, dann erfährst du, was Leben ist, sagt Jesus. Doch der junge Mann ging betrübt weg, denn er hatte viele Güter.

Die Frage bleibt: *»Was soll ich tun, damit ich das ewige Leben gewinne?«* Jeder weiß im Grunde seines Herzens, dass er sich im Leben entscheiden muss: Gott oder das Geld, Nächstenliebe oder Egoismus, Freiheit oder goldene Ketten, das Wohl aller oder der eigene Vorteil? Man kann nicht zwei Herren zugleich dienen. Solange wir an unseren Sicherheiten hängen und uns von unseren goldenen Ketten nicht lösen können, solange wird uns die Frage nach dem Sinn des Lebens nicht in Ruhe lassen.

?

Ist Religion nicht Privatsache?

Kaum ein Satz zur Religion findet zur Zeit soviel Zustimmung wie: »Religion ist Privatsache.« Richtig daran ist, dass religiöse Überzeugungen immer etwas Persönliches sind. Was und wie ich glaube – das ist »meine Sache«, die kein anderer zu beurteilen hat und in denen ich mich nicht bevormunden lassen muss. Trotzdem ist mein Leben keine Privatsache. Meine Familie, meine Freunde und Kollegen bekommen mit, wie ich lebe, was mir wichtig ist und wovon ich überzeugt bin. Das gilt auch für Glaubensüberzeugungen. Andere werden an meinem Verhalten spüren können, woran ich glaube und aus welcher Kraft ich lebe. Das schlägt immer wieder durch – und das ist auch gut so. In der Bibel heißt es: »Seid immer bereit, Rede und Antwort zu stehen, wenn jemand nach der Hoffnung fragt, die in euch ist.« (1. Petrus 3,15)

Menschen unterschiedlicher Kulturen und Religionen können nur dann friedlich zusammenleben, wenn alle ihre religiösen Überzeugungen offen und öffentlich vertreten können und damit zeigen, wofür sie stehen. Austausch und Verständigung sind die Voraussetzung für Toleranz in Fragen der Religion. Wenn aber Religion Privatsache ist, ist der Toleranz der Boden entzogen.

Es ist bezeichnend, dass gerade in Diktaturen, etwa bei den Nationalsozialisten, aber auch im Kommunismus, gefordert wurde, Religion müsse Privatsache sein und aus der Politik und dem öffentlichen Leben herausgehalten werden. Denn Religion, zumal die biblische Religion, stört, sie ist widerständig. Sie hat die, die Leben zerstören, böse genannt und die Machthaber zur Umkehr gerufen. Religion lässt sich nicht wirklich unterdrücken. Gerade in Diktaturen kam der Widerstand meist aus Kirchen und Religionsgemeinschaften. Private Religion ist dagegen unpolitische Religion. Wenn jeder seine Religion für sich behält, wird sie mit der Zeit unsichtbar, sprachlos und unverbindlich. In der öffentlichen Diskussion spielt sie dann keine Rolle mehr. Ein demokratischer Staat kann daran kein Interesse haben. Nach den Erfahrungen im Nationalsozialismus lag den »Müttern und Vätern« des Grundgesetzes viel daran, dass Kirchen und Religionsgemeinschaften in Deutschland öffentlich wirken können. Ihre Einmischung in öffentliche Angelegenheiten ist ausdrücklich erwünscht.

? Gibt es gute und schlechte Religionen?

Im Namen Gottes werden im Nahen Osten Terroranschläge verübt, aus religiösen Gründen verweigern Eltern eine nötige Bluttransfusion bei ihren Kindern, nicht in allen Religionen sind Frauen wirklich gleichberechtigt. Gibt es gute und schlechte Religionen? Dabei muss man natürlich unterscheiden zwischen den Taten, die von einzelnen Menschen im Namen einer Religion begangen werden, und den Lehren und Geboten dieser Religion selbst. Zumindest alle großen Religionen (Christentum, Islam, Hinduismus, Buddhismus, Judentum) treten für Mitmenschlichkeit und Frieden ein. Dennoch gibt es Unterschiede:

- Eine gute Religion ist nicht fanatisch. Sie unterscheidet zwischen menschlicher Religiosität und der Realität Gottes selbst. Zu einer guten Religion gehört das Wissen, nicht im Besitz der ganzen Wahrheit zu sein. Gott kann man nicht besitzen.
- Eine gute Religion vermehrt nicht die Angst, sondern die Freiheit; sie übt keinen Druck aus, sondern stärkt die Würde des Einzelnen.
- Zu den Menschenrechten gehört die Freiheit des Gewissens und der Religion. Zu einer guten Religion gehört es deshalb, dass sie die Menschenrechte achtet und fördert.

- Der Streit um die Wahrheit darf nur mit dem Wort, dem Argument ausgetragen werden. In Religionsfragen hat weder Zwang noch staatlicher Druck etwas zu suchen.
- In guten Religionen sind die Gläubigen gleichberechtigt, Männer und Frauen, Priester und »einfaches Volk«; alle können mitbestimmen, es gibt keine starren Hierarchien.
- In einer guten Religion ist es nicht egal, was aus dieser Welt wird. Es geht nicht nur um das Wohlbefinden des Einzelnen, sondern auch um eine gerechtere Welt. In guten Religionen gibt es eine starke Verpflichtung, an der Seite der Armen und Bedrückten zu stehen gegen die Reichen und Gewalttätigen.
- Gute Religionen respektieren andere Religionen und gestehen ihnen dieselben Rechte zu.

Glauben

»Ich glaube« – Vom Glauben

Einer Umfrage zufolge glaubt die Mehrheit der Deutschen (59 Prozent) an übersinnliche Kräfte und Erscheinungen. 40 Prozent sind von der Existenz Außerirdischer überzeugt, 23 Prozent glauben an Ufos. In dieser Frage sind die Westdeutschen »gläubiger« als die Ostdeutschen. Jeder fünfte (21 Prozent) hält Astrologie und Horoskope für wahr. Sechs Prozent gaben an, sie glaubten an Geister und Gespenster.

Ein Vorurteil lautet: Die Menschen glauben nicht mehr soviel wie früher, die Wissenschaft hat den Glauben verdrängt. Umgekehrt ist es richtig: Umfragen belegen, dass Menschen heute an alles Mögliche glauben: an Seelenwanderung und fernöstliche Weisheiten, an Glückssteine und die religiöse Bedeutung von Farben. Der amerikanische Soziologe Peter L. Berger spricht von einer »Zeit der Leichtgläubigkeit«.

»Der Mensch ist das einzige Tier, das jeden Blödsinn glaubt.« (Konrad Lorenz, Verhaltensforscher und Nobelpreisträger)

Glauben ist etwas Menschliches

Unser alltägliches Leben ist durch Glauben bestimmt: Wir erwarten, dass wir am nächsten Morgen aufwachen, wenn wir uns abends schlafen legen; wir steigen in den Zug und gehen davon aus, dass wir sicher an unserem Zielort ankommen, obwohl wir weder den Lokführer persönlich kennen noch die Bremsen des Zugs überprüft haben. Wir leben aus Gewissheiten, die niemand streng beweisen kann und die dennoch unsere ganze Lebensführung prägen und bestimmen.

»Woran du dein Herz hängst und worauf du dich verlässt, das ist eigentlich dein Gott.« (Martin Luther) Glaube ist etwas Menschliches – denn jeder hat etwas, woran er sein Herz hängt bzw. worauf er fest vertraut. Ohne Vertrauen darauf, dass das Leben auch »für mich« letztlich gut ist, dass es einen Sinn hat und die Schwierigkeiten und Widersprüche nicht das letz-

»Jeder Mensch glaubt an etwas, auch wenn er meint, er glaube nichts. Er kann nicht von dem leben, was er sehen und beweisen kann. Niemand kann einen Menschen lieben, wenn er nicht glauben will, denn der andere kann nicht ständig beweisen, dass er es ernst meint. Niemand kann einem anderen vertrauen, wenn er nicht glauben will, denn der andere kann ihm nicht beweisen, dass er Vertrauen verdient. Niemand kann etwas planen oder tun, wenn er nicht glauben will, denn er kann nicht wissen, was die Zukunft bringt.« (Jörg Zink, Theologe)

te Wort haben, kann man nicht wirklich leben. Unter normalen Lebensumständen denken die meisten Menschen nicht ständig darüber nach, worauf ihr Vertrauen letztlich gründet. Doch wenn das Leben selbst erschüttert wird und der Boden unter den Füßen wankt, stellt sich diese Frage unvermeidlich: Worauf ist Verlass? Wer verdient letztes Vertrauen? Schon Luther wusste zu seiner Zeit, dass die meisten Menschen sich vor allem aufs Geld verlassen: »Das ist ja auch der allergewöhnlichste Abgott auf Erden. Wer Geld und Gut hat, der weiß sich in Sicherheit und ist fröhlich und unerschrocken, als sitze er mitten im Paradies.« Wissen, Macht, Beliebtheit, Freundschaft und Ehre sind weitere trügerische Güter, die Luther im selben Atemzug nennt. Sie sind nicht wirklich verlässlich, sie können das in sie gesetzte absolute Vertrauen früher oder später nur enttäuschen. Wirklich verlässlich ist nur Gott allein. Denn alles außer dem ewigen Gott ist vergänglich und rechtfertigt kein letztes Vertrauen.

1 Mose 12

Glauben ist Vertrauen auf Gott: Voller Vertrauen lasse ich mich auf eine Beziehung zu Gott ein. So wird es am Anfang der Bibel von Abraham erzählt, den man später »Vater des Glaubens« nannte. Obwohl er schon alt ist, lässt er sich von Gott rufen in ein fremdes Land, von dem er nichts weiß als dies, dass Gott es ihm zeigen will: *»Und der HERR sprach zu Abraham: Geh aus deinem Vaterland und von deiner Verwandtschaft und aus deinem Vaterhaus in das Land, das ich dir zeigen werde. Und ich will dich zum großen Volk machen und will dich segnen und dir einen großen Namen machen, und du sollst ein Segen sein.«* Dem Abraham wird lauter Unglaubliches zugemutet: Auf seine alten Tage soll er Heimat, Verwandtschaft und Elternhaus verlassen – das ist der völlige Bruch mit seinem ganzen bisherigen Leben. Er soll zudem Stammvater eines großen Volkes werden – obwohl doch die Ehe mit seiner Frau Sara kinderlos war und beide inzwischen so steinalt waren, dass im Normalfall kein Nachwuchs mehr zu erwarten war. Das alles war völlig unwahrscheinlich. Abraham hatte nichts in der Hand, keine Garantien, keine Indizien, nur Zusagen und Verheißungen. Doch es wird von keinem Zögern, von keinen Bedenken, von keiner Wehmut berichtet. In der Bibel steht nur der einfache Satz: *»Da brach Abraham auf, wie der HERR es ihm gesagt hatte.«*

Dieser Glaube des Abraham ist so einfach wie schwierig. Alle Brücken hinter sich abbrechen, für ein bloßes Versprechen alles aufs Spiel setzen – das kommt einem ziemlich verrückt vor. Oder heroisch. Nichts Nachahmenswertes. Doch Abraham ist nicht verrückt, er glaubt gegen den Augenschein, weil er sich auf eine persönliche Beziehung zu Gott eingelassen hat. Abrahams Glaube ist darum auch wieder ganz einfach: Er lässt sich selber fallen – in die Hand Gottes und seiner Gerechtigkeit.

Matthäus 8,5-13

Glauben ist in der Bibel kein Verhältnis des Menschen zu Sachen, Sätzen oder Formeln, sondern eine persönliche Vertrauensbeziehung zwischen Mensch und Gott. Das wird auch deutlich in den Geschichten von Jesus. Im Matthäusevangelium wird erzählt, wie eines Tages ein Hauptmann zu Jesus kommt, dessen Sohn gelähmt und hoffnungslos krank zu Hause liegt. Der Hauptmann gehörte zu den Söldnertruppen, die der Fürst Herodes aus der nichtjüdischen Bevölkerung des angrenzenden Landes in Kapernaum zusammengezogen hatte. Der Hauptmann lässt nichts unversucht, seinem Sohn zu helfen. So sucht er, der Nicht-Jude, Hilfe bei dem Juden Jesus. Er überschreitet die Grenze seiner Uniform, seiner Fremdheit und spricht den jüdischen Wanderprediger an: *»Herr! Mein Sohn liegt zu Hause und ist gelähmt und leidet große Qualen.«* Mehr sagt er nicht. Er bittet um nichts, er teilt einen Tatbestand mit und bringt damit seine Not vor Gott. Jesus erwidert mit einer erstaunten Frage: *»Ich soll kommen und ihn heilen?«* Die Frage wird verständlich, wenn man sich klarmacht, dass sich Jesus als Jude nur zu Israel gesandt wusste und ein gesetzestreuer Jude damals niemals freiwillig das Haus eines Nicht-Juden betrat. Doch der Hauptmann gibt nicht auf: *»Sag nur ein Wort, so wird mein Kind gesund werden!«* Das drückt das unbegrenzte Zutrauen zur Macht Jesu aus, der durch sein Wort Kranke gesund machen kann. Der Hauptmann fährt fort: *»Auch ich bin ja ein Mensch unter Befehlsgewalt und habe Soldaten unter mir. Sage ich diesem: ›Geh!‹, so geht er, und einem anderen: ›Komm!‹, so kommt er, und meinem Sklaven: ›Mach das!‹, so macht er es.«* So stellt sich der Hauptmann auch die Macht Jesu über die bösen Geister der Krankheit vor. Ein Befehl genügt und sie müssen ihm gehorchen.

An diesem Glauben des Hauptmanns mag einem manches befremdlich vorkommen. Doch Jesus mokiert sich nicht und tadelt nicht, sondern nennt den Glauben des Hauptmanns groß: *»Amen, ich sage euch, bei niemandem habe ich in Israel so großen Glauben gefunden.«* Das ist erstaunlich. Handelt es sich bei dem Hauptmann doch nicht um einen Menschen, der sich kluge Gedanken über Gott und die Welt gemacht hätte. Da sind keine Voraussetzungen nötig, kein Glaubensbekenntnis und kein Katechismus. Ein Fremdling, im Sinne der Schriftgelehrten ein Unreiner und Ungläubiger, kommt zu Jesus und vertraut ihm in einer ganz einfachen und unmissverständlichen Weise. Das nennt Jesus Glauben. Mehr Glauben, als jene haben, die tagtäglich davon reden und die ganz genau zu wissen meinen, was Glaube ist – jene, die für alles eine Erklärung haben.

Das Glaubensbekenntnis

Schon sehr früh gab es im Christentum kurze formelhafte Zusammenfassungen der christlichen Botschaft. So bekannten die Christen »kyrios Jesus = Jesus ist der Herr« und verweigerten damit dem römischen Kaiser, der sich damals in der ganzen Welt als kyrios = »Herr« feiern ließ, die religiöse Verehrung. Viele Christen ließen sich eher verfolgen, einkerkern oder töten, als dass sie ihr Bekenntnis zu Jesus widerriefen. Während dieser Zeit der Christenverfolgung wurde das Bild des Fisches zum Geheimzeichen, an dem sich die Christen untereinander erkannten. Man kann es noch heute an römischen Kerkermauern und Katakomben entdecken. Die Buchstaben des griechischen Wortes für Fisch (ICHTHYS) ließen sich auch als Abkürzung für das Bekenntnis verstehen: »Jesus Christus, Gottes Sohn, Retter«.

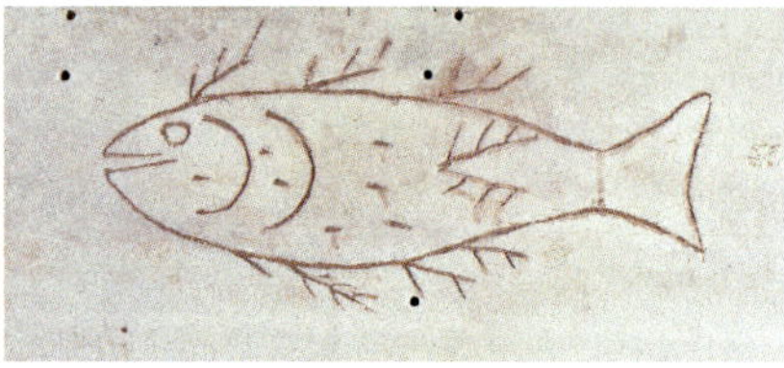

Das Zeichen der ersten Christen war der Fisch. Die Abbildung zeigt eine Gravur auf einer Grabplatte vom Anfang des 4. Jahrhunderts, die in einer Katakombe Roms gefunden wurde.

In den meisten evangelischen Gottesdiensten wird das sogenannte »Apostolische Glaubensbekenntnis« gesprochen. Früher glaubte man, dass dieses Bekenntnis von den Aposteln verfasst worden sei. Es hat seinen ursprünglichen Ort jedoch im Taufgottesdienst der römischen Gemeinde (um 200 n. Chr.), für die damals erwachsenen Taufbewerber. Sie wurden gefragt: »Glaubst du an Gott, den allmächtigen Vater? Glaubst du an Jesus Christus, unseren Herrn? Glaubst du an den heiligen Geist, eine heilige Kirche und die Vergebung der Sünden?« Wer auf diese drei Fragen dreimal antwortete »Ich glaube«, wurde auf den Namen des dreieinigen Gottes getauft. Dieses Taufbekenntnis hatte zunächst die Form von Frage und Antwort. Seit dem 4. Jahrhundert wurde es als ein zusammenhängender Text vom Täufling gesprochen. Von da an setzte es sich in der ganzen westlichen Christenheit durch. Seine heutige Form hat es wohl erst im 7. Jahrhundert erhalten:

Ich glaube an Gott,
den Vater, den Allmächtigen,
den Schöpfer des Himmels und der Erde.

Und an Jesus Christus,
seinen eingeborenen Sohn, unsern Herrn,
empfangen durch den Heiligen Geist,
geboren von der Jungfrau Maria,
gelitten unter Pontius Pilatus,

gekreuzigt, gestorben und begraben,
hinabgestiegen in das Reich des Todes,
am dritten Tage auferstanden von den Toten,
aufgefahren in den Himmel;
er sitzt zur Rechten Gottes,
des allmächtigen Vaters;
von dort wird er kommen,
zu richten die Lebenden und die Toten.

Ich glaube an den Heiligen Geist,
die heilige christliche Kirche,
Gemeinschaft der Heiligen,
Vergebung der Sünden,
Auferstehung der Toten,
und das ewige Leben.
Amen.

Nicht alle können jeden Satz des Glaubensbekenntnisses zustimmend mitsprechen. »Weil das Bekenntnis vor allem eine Sprache der Gemeinde und der Kirche ist, darum passen seine Aussagen dem Einzelnen ungefähr so wie ein Paar Schuhe, das für die ganze Familie gemacht ist. Dem einen sind sie zu groß, der anderen zu klein. Dem einen ist zu viel gesagt im Bekenntnis, der anderen zu wenig.« (Fulbert Steffensky) Manche Sätze des alten Glaubensbekenntnisses würden Christen heute vielleicht nicht mehr so formulieren (z. B. »geboren von der Jungfrau Maria«, »hinabgestiegen in das Reich des Todes«, »aufgefahren in den Himmel«, »Gemeinschaft der Heiligen«). Trotzdem können wir, ohne persönlich unwahrhaftig zu werden, das Bekenntnis doch mitsprechen, wenn wir an den Intentionen dieser Aussagen festhalten können.

Das Glaubensbekenntnis

Ich glaube an Gott,

Das Glaubensbekenntnis beginnt mit dem Satz: »Ich glaube an Gott«. Das ist die Überschrift zu allem, was folgt. Beweisen kann man die Existenz Gottes nicht, aber man kann auch nicht beweisen, dass es Gott nicht gibt. Gott ist kein Gegenstand dieser Welt, den man untersuchen und beurteilen könnte. Bei Gott geht es um das Ganze, das Woher und Wohin der Welt, den Sinn meines Lebens. Von Gott reden heißt: Die Welt und wir Menschen bestehen nicht aus uns selbst, wir sind getragen und umfangen, es gibt den Anderen, der Grund, Geheimnis und Sinn des Daseins ist. Nach Umfragen glaubt eine klare Mehrheit der Bevölkerung, dass es »etwas Höheres« gibt, eine ewige Ordnung. In der Bibel wird Gott jedoch nicht als »etwas Höheres« beschrieben, sondern in vielen Geschichten wird von Gott als einer persönlichen Macht erzählt, die mit Menschen in Kontakt tritt, hilft, begleitet, beauftragt, rettet. Am deutlichsten wird dies in der Geschichte des Jesus von Nazareth erzählt – so sehr, dass man sagen könnte: Gott selbst handelte in der Person des Jesus von Nazareth.

... den Vater, den Allmächtigen,

Jesus selbst hat zu Gott »Vater« gesagt (»Vater unser im Himmel«). Das ist weder biologisch noch patriarchalisch gemeint (Gott ist weder Mann noch Frau), sondern ein Bild: Wie ein guter Vater, fürsorglich, barmherzig, gerecht, voller Liebe zu seinen Kindern ist Gott; keine anonyme Macht, sondern ansprechbar, vertrauenswürdig, gütig.

Aber allmächtig? Kann man nach zwei Weltkriegen, nach Auschwitz und nach dem Holocaust noch vollmundig von »Gott, dem Allmächtigen« reden? Ein alter Einwand lautet: »Entweder ist Gott allmächtig, dann ist er nicht gut. Oder er ist gut, dann ist er nicht allmächtig. Oder er ist keines von beiden.« Doch Gottes »Allmacht« hat mit allzu menschlichen Vorstellungen von Gewalt und Machtausübung nichts zu tun. Der Gott der Bibel ist kein Gott, der mit »höherer Gewalt« in die Welt eingreift und gewaltsam seinen Willen durchsetzt. Im Gleichnis vom verlorenen Sohn interpretiert Jesus die Macht Gottes als Macht der Liebe: Der Vater läuft dem heimkehrenden Sohn schon von weitem entgegen, fällt ihm um den Hals und küsst ihn. Das ist der »allmächtiger Vater« des Glaubensbekenntnisses. Seine Macht ist die Macht der Liebe. Sie wird sich letztlich gegen alles Unrecht und gegen alle Bosheit durchsetzen und in dieser Welt das letzte Wort haben.

... den Schöpfer des Himmels und der Erde.

Die Alternative »Schöpfungsglaube oder Naturwissenschaft«, die noch immer in vielen Köpfen herumspukt, ist eine falsche Alternative. Die beiden Schöpfungsberichte vom Anfang der Bibel geben keine Auskunft über die Entstehung des Universums im heutigen naturwissenschaftlichen Sinn. Sie sagen nichts über den zeitlichen Anfang des Universums, sondern über dessen Ursprung, über das Woher und Wohin: Am Anfang der Welt stehen nicht Zufall und Willkür, sondern steht Gott selbst, seine gute Absicht mit der Schöpfung. Auch der Mensch ist Gottes Geschöpf, kein Zufallsprodukt der Natur, sondern von Gott gewollt und zu seinem Bild geschaffen. Das verleiht ihm eine unverlierbare Würde. Als Gesprächspartner und Statthalter Gottes ist ihm die Fürsorge und Verantwortung für die Mitgeschöpfe und die Erde anvertraut.

Gott, der Vater, der Allmächtige, der Schöpfer – das ist keine philosophische Spekulation, sondern ein Lebensbekenntnis: Diese Welt und mein Leben darin sind ein Wunder. Im Tiefsten verdanke ich mich nicht mir selbst, sondern einem anderen. Dem versuche ich, in meinem Leben zu entsprechen.

... Und an Jesus Christus,
seinen eingeborenen Sohn, unsern Herrn,

Jesus von Nazareth ist eine Gestalt der Geschichte, über dessen Leben und Wirken Historiker genauere Angaben machen können. Für Christen ist er aber mehr als ein Prophet, mehr als einer der maßgeblichen Menschen der Weltgeschichte, mehr als Buddha oder Mohammed. Sie glauben, dass in der Geschichte des Menschen Jesus von Nazareth Gott selbst in einzigartiger Weise zu den Menschen gekommen ist. Deshalb sprechen sie von seinem »Sohn«. Das ist keine biologische Aussage, sondern drückt ein Zugehörigkeitsverhältnis aus: Jesus gehörte zu Gott und handelte in seinem Auftrag. Zugleich war er aber ein »wahrer Mensch«, kein auf die Erde hinabgestiegener Halbgott. Wenn Christen an ihn glauben, bekennen sie: für uns ist er maßgeblich – mit seinem Leben, in seinen Worten und Taten, in seinem Tod und in seiner Auferstehung. Er ist »unser Herr«. In der Geschichte war dies oft ein gefährliches Bekenntnis. Es schließt die Unterwerfung unter andere »Herren«, die von Christen Gehorsam forderten, aus: in damaliger Zeit der römische Kaiser, in jüngerer Zeit etwa Hitler und Stalin.

... empfangen durch den heiligen Geist,
geboren von der Jungfrau Maria,

Dieses ist eines der umstrittensten Stücke des Glaubensbekenntnisses: Jesus – ohne irdischen Vater gezeugt, von Maria als Jungfrau geboren, das widerspricht allen Regeln der Natur! Hinzu kommt: Die ersten Christen wussten nichts von einer Jungfrauengeburt. Paulus berichtet nichts davon. Die Jungfrauengeburt Jesu ist keine biologische und auch keine historische, sondern eine späte theologische Aussage, die zeigen soll: Jesus war von Anfang an, d. h. vom ersten Lebensmoment im Mutterleib an, ein Werkzeug Gottes; er gehört auch als Mensch ganz auf die Seite Gottes.

... gelitten unter Pontius Pilatus,
gekreuzigt, gestorben und begraben,

Von der Predigt Jesu, seinen Heilungen, seinem Wirken, wird im Glaubensbekenntnis nichts gesagt, es geht nur um die Eckdaten des Lebens Jesu, in denen sich seine Bedeutung für den Glauben der frühen Christen in besonderer Weise konzentrierte. Unverkennbar steht im Mittelpunkt des christlichen Glaubens ein Gekreuzigter, das Kreuz ist das zentrale Symbol des Christentums. Das Kreuz erregt aber auch bis heute Anstoß. Für fromme Juden ist es ein unerträglicher Gedanke, dass es der Messias sein soll, der am Kreuz hängt. Im Koran wird überhaupt geleugnet, dass Jesus gekreuzigt wurde. Das Kreuz Jesu markiert einen tiefen Unterschied zwischen den Religionen.

Der Kreuzestod Jesu ist zunächst eine historische Tatsache. Darauf verweist auch die Erwähnung des Pontius Pilatus. Der Jude Jesus ist unter römischer Herrschaft als Aufrührer hingerichtet worden, denn die Kreuzigung war die römische Strafe für politische Rebellen. Für die ersten Christen war es schwer zu verstehen, dass der, der wie kein anderer Gottes Nähe verkörperte und an den sie glaubten, wie ein Verbrecher hingerichtet wurde. Hilfreich zum Verständnis dieses

Geschehens waren für sie Texte aus dem Alten Testament, vor allem die Beschreibungen des leidenden Gottesknechts in Jesaja 53: Ein von Gott gesandter Mensch trägt Strafe und Leid anstelle derer, die es eigentlich verdienen. Hatte nicht auch Jesus selbst beim letzten Mahl von seinem »Leib« und seinem »Blut« gesprochen? Jesus ist »für uns« gestorben – das ist die gemeinsame Überzeugung des Neuen Testaments.

Damit ist nicht gemeint (wie es dann im Mittelalter verstanden worden ist), dass Gott ein Opfer brauchte, um uns gnädig zu sein. Nein, Jesu Tod war die Konsequenz seines Lebens. Er hat, was er den Menschen an Befreiung, Liebe und Gottesnähe gebracht hat, bis in seinen Tod durchgehalten, obwohl ihn die Volksmenge verurteilte und seine Jünger ihn verließen. Obwohl er im Namen der Religion, des Rechts, der herrschenden Politik und der öffentlichen Meinung hingerichtet worden war, hat Jesus seinen Weg nicht widerrufen, nicht verlassen. Er starb »für uns«.

... hinabgestiegen in das Reich des Todes,

Das »Reich des Todes« ist eine aus dem Alten Testament übernommene Vorstellung. Es ist der Ort, wo sich fern von Gott, abgeschieden von den Lebenden, die Verstorbenen versammeln. Die vielleicht etwas rätselhafte Formulierung aus dem Glaubensbekenntnis soll eine Antwort geben auf die Frage: Was ist mit denen, die vor Jesus gelebt haben? Können sie noch gerettet werden? Antwort: Jesus ist in das Todesreich hinabgestiegen, um ihnen das Evangelium zu bringen.

... am dritten Tage auferstanden von den Toten,

Die Auferstehung Jesu von den Toten gehört zum Zentrum des christlichen Glaubens. Ohne Ostern, ohne die Überzeugung der frühen Christen von der Auferstehung Jesu wäre keine Zeile des Neuen Testaments geschrieben worden, wüssten wir heute nichts von Jesus. Dennoch haben auch viele Christen Schwierigkeiten mit der Auferstehung Jesu. Historisch ist sie nicht zu beweisen, historisch erkennbar ist nur der Auferstehungsglaube der Anhänger Jesu. Nach den Berichten der Evangelien wurden sie von Ostern überrascht. Sie waren überzeugt, keinen Halluzinationen aufgesessen zu sein, für ihre Überzeugung starben sie auch als Märtyrer. Die Auferstehung Jesu interpretierten sie nicht als vorübergehende Wiederbelebung seines Leichnams, sondern als Verwandlung in eine andere Existenzweise – und damit als definitive Überwindung des Todes.

Zugleich verstanden sie die Auferstehung Jesu als endgültige Bestätigung des Lebens und der Predigt Jesu durch Gott selbst: Durch seinen Kreuzestod ist Jesus nicht widerlegt worden, Gott hat ihm Recht gegeben. An den Auferstandenen glauben, das heißt darum: ihm auf seinem Weg folgen; tun, was er gesagt hat; sich an dem orientieren, wie er gelebt hat.

... aufgefahren in den Himmel; er sitzt zur Rechten Gottes, des allmächtigen Vaters,

Die für viele Christen schwierige Vorstellung von der Himmelfahrt Jesu findet sich erst relativ spät im Neuen Testament.

Für die ersten Christen waren die Auferstehung Jesu und seine Erhöhung in den himmlischen Machtbereich Gottes zwei Seiten derselben Sache. Einzig der Evangelist Lukas erzählt, dass Jesus nach seiner Auferstehung noch 40 Tage lang seinen Jüngern erschienen ist und zu ihnen vom Reich Gottes gesprochen hat. Lukas erzählt anschaulich von einer Himmelfahrt, weil er für Leser schreibt, die sich unter einer »Erhöhung« Jesu nichts vorstellen konnten. Und er möchte klarstellen, dass die jetzt angebrochene Zeit der Kirche genau den Absichten Jesu entspricht.

... von dort wird er kommen, zu richten die Lebenden und die Toten.

Ist die Vorstellung von einem »Jüngsten Gericht« noch zeitgemäß? Wie soll man es sich vorstellen, dieses Gericht über all die Menschen, die jemals gelebt haben? In einer bildhaften Sprache wird hier im Glaubensbekenntnis festgehalten, dass es nicht egal ist, was wir tun oder lassen. Unser Leben kommt noch einmal zur Sprache. Niemand kann ein letztes Urteil über das eigene Leben sprechen. Das letzte Wort hat jemand anders. Es ist, so glauben wir Christen, kein anderer als Jesus Christus, eine letzte Instanz. Der einzige Richter, dem wir ein absolut gültiges und barmherziges Urteil zutrauen, das keine Ungerechtigkeit hinterlässt. Wann sich dieses »Gericht« vollzieht, im Tod, nach dem Tod oder zu einem späteren Zeitpunkt, ist gleichgültig; denn für uns Menschen enden Zeit und Raum mit dem Tod.

Ich glaube an den Heiligen Geist,

Im dritten Artikel spricht das Glaubensbekenntnis vom Heiligen Geist und stellt diesen damit Gott, dem Vater, und dem Sohn Jesus Christus an die Seite. Warum soll man an den Heiligen Geist glauben, reichen nicht Gott und Jesus Christus? Der Heilige Geist ist kein unbestimmtes nebulöses Gebilde, sondern der Geist Gottes, von dem in der Bibel erzählt wird, dass er Menschen ergreifen, die Welt verändern und Leben erneuern kann. Der Geist Gottes weht, wo er will, sagt Jesus im Johannesevangelium; er lässt sich nicht berechnen und nicht festhalten, auch in der Kirche nicht.

Dies ist eine dritte Weise, von Gott zu reden: Gott ist der Schöpfer des Himmels und der Erde. In der Geschichte des Jesus von Nazareth ist er selbst in einzigartiger Weise zu den Menschen gekommen. Gott ist aber auch der, der in uns und in der Welt erneuernd am Werk ist. Es ist dreimal der gleiche eine Gott.

... die heilige, christliche Kirche,

Die Kirche ist weder von Jesus noch von den Jüngern gegründet worden. Die Pfingstgeschichte (Apostelgeschichte 2) erzählt, dass sich die erste Gemeinde aufgrund der Predigt des Evangeliums durch den Einfluss des Geistes Gottes bildete. Kirche entsteht dort – immer wieder –, wo die Bibel ausgelegt, gepredigt, getauft und miteinander das Abendmahl gefeiert wird und wo Menschen im Namen Jesu helfend, lehrend und friedenstiftend zugunsten anderer Menschen tätig sind. »Wo zwei oder drei in meinem Namen versammelt sind, da bin ich mitten unter ihnen«, sagt Jesus im Matthäusevangelium. Deshalb gehört die Kirche ins Glaubensbekenntnis. Kirche jedoch, wie sie häufig erlebt wird, ist eine zweideutige menschliche Institution mit einer Geschichte voller Fehlentwicklungen (Antijudaismus, Ketzerverfolgung, Ablasswesen, Thron und Altar usw.), in Konfessionen getrennt, die sich über Jahrhunderte bekämpft haben – kurz: keine »heilige« Kirche, sondern eine Kirche aus irrenden, oft versagenden und meist sehr mittelmäßigen Menschen. Es bleibt daher bei der Einsicht der Reformation: Die Kirche muss ständig erneuert werden (ecclesia semper reformanda).

... Gemeinschaft der Heiligen,

Was ist unter der »Gemeinschaft der Heiligen« im Glaubensbekenntnis zu verstehen? Entweder ist es eine weitere Beschreibung der Kirche als der Gemeinschaft der »Gläubigen« (»Heilige« waren im Neuen Testament nicht fehlerfreie christliche Idealgestalten, sondern es war eine Bezeichnung für diejenigen, die an Christus glaubten). Oder es meint die Gemeinschaft an den »heiligen Dingen«, den »sancta«, wobei vor allem die Sakramente Taufe und Abendmahl im Blick wären.

... Vergebung der Sünden,

Viele können zwar mit dem Wort »Sünde« nicht mehr viel anfangen, es beschreibt aber eine tiefe menschliche Grunderfahrung: Ich habe die besten Absichten und werde doch schuldig. Ich suche meinen Vorteil, lebe auf Kosten anderer, verweigere die Hilfe, profitiere von ungerechten Strukturen, bleibe Liebe schuldig und lebe verkehrt. Für alles gibt es tausend Entschuldigungen, aber es gehört zur Würde des Menschen, selbst verantwortlich zu sein.

»Vergebung der Sünden« bezeichnet eine Lebenswende: Gott rechnet das, was mein Leben bisher bestimmt hat, nicht an; er eröffnet mir eine neue Lebensausrichtung. »Volkes Stimme« sagt: Du musst einmal für alles bezahlen – »Vergebung der Sünden« widerspricht: Du bekommst mehr Liebe als du verdienst. Kein Mensch muss Gott mit guten Werken gnädig stimmen, sondern, dies hat Martin Luther wieder entdeckt, weil Gott dir gnädig ist, kannst du umkehren und neu anfangen.

... Auferstehung der Toten

Die »Auferstehung der Toten« ist ein Bild für die christliche Hoffnung, dass Gottes Geschichte mit dem Menschen nicht im Tod endet. Was uns nach dem Tod erwartet, können wir nicht wissen. Wir können davon nur in Bildern sprechen. Das Bild von der Auferstehung der Toten meint, dass im Tod der ganze Mensch als Leib und Seele stirbt. Doch er verschwindet nicht ins Nichts, sondern ist bei Gott, als ganzer Mensch, mit seiner Identität und Geschichte. Schon Paulus geriet ins Stammeln, als er versuchte, das Leben nach dem Tod zu beschreiben: »Es wird gesät ein natürlicher Leib und wird auferstehen ein geistlicher Leib« (1. Korinther 15,44).

Entscheidend sind nicht die Bilder und Vorstellungen, entscheidend ist die Gewissheit, dass Gott größer ist als der Tod und den Menschen an der Grenze des

Todes erwartet. »Man stirbt nicht weg von Gott. Man stirbt in Gott hinein, so unbegreiflich das ist und bleibt« (Ernst Lange).

... und das ewige Leben

»Wir warten aber auf einen neuen Himmel und eine neue Erde nach seiner Verheißung, in denen Gerechtigkeit wohnt« (2. Petrus 3,13). Die christliche Hoffnung orientiert sich nach der Bibel nicht egoistisch am eigenen Überleben, sondern hofft auf den Anbruch des Reiches Gottes als Vollendung der ganzen Welt. Dieser universale Horizont ist auch für die persönliche Hoffnung des Einzelnen mitbestimmend. Was die einzelnen Christen für sich selbst jenseits des Todes erhoffen, erhoffen sie von dem, der in der Geschichte des Jesus von Nazareth schon angefangen hat, die Welt zum Guten zu verwandeln.

Ewiges Leben ist nach der Bibel kein Leben von unendlicher Dauer, sondern ein Leben in Frieden und Gemeinschaft mit Gott. Am Ende steht nicht die Katastrophe, nicht die Vernichtung, am Ende steht die Welt Gottes – jenseits von Zeit und Raum. »Gott wird abwischen alle Tränen von ihren Augen und der Tod wird nicht mehr sein, noch Leid noch Geschrei noch Schmerz wird sein.« (Offenbarung 21,4)

Glaubensbekenntnisse, auch das »Apostolische Glaubensbekenntnis«, sind von Menschen formuliert und nicht von Gott offenbart worden. Sie sind darum nichts anderes als Glaubenshilfen, in ihrem Wortlaut veränderbar und nicht sakrosankt.

Das gilt auch für spätere Bekenntnisse, etwa das »Augsburger Bekenntnis« von 1530, die wichtigste Bekenntnisschrift der lutherischen Kirchen, oder die »Barmer theologische Erklärung« von 1934, in der sich die »Bekennende Kirche« der Herrschaft des nationalsozialistischen Staates über die Kirche widersetzte.

Gerade in den vergangenen Jahrzehnten sind viele neue Glaubensbekenntnisse entstanden, etwa von Jugendgruppen und Frauenkreisen oder aus der Ökumene, aber auch zahlreiche persönliche Bekenntnisse. Das Bekennen gehört zum Glauben, weil Menschen Erfahrungen mit Gott machen und diese nicht für sich behalten wollen.

»Ich glaube: wieder, immer noch, trotzdem.

Ich glaube, nachdem ich allen Glauben verloren hatte,
nachdem meine Welt zerbrach,
der Tod mir ein Bein stellte.
Ich glaube, obwohl ich keinerlei Halt mehr hatte,
obwohl Krankheit meinen Körper durchdringt,
ich damals aufschrieb: Sicher. Schluss. Danke. Aus.
Ich glaube, weil du mich am Schopf gepackt hast,
verstehen lehrtest, Augen öffnetest.
Ich glaube, weil Türen aufgingen,
Krankheit bezwingbar wurde,
das Nein, Nie mehr, Nichts
zu Ja, Trotzdem wurde.
... weil ich lebe.«
(S.A., Hamburg)

Was sich vom Glauben sagen lässt

Glauben ist persönlich

In meinem Glauben kann ich mich nicht durch jemand anderen vertreten lassen, auch nicht durch die Kirche. Der Glaube geht mich persönlich an, er betrifft mich existentiell: Ich bin mit meinem Leben gefragt.

Der Glaube ist eine persönliche Beziehung – zwischen mir und Gott (Das lateinische Wort für glauben = credere sagt das sehr genau, es kommt von cordare = das Herz geben). So hat mein Glaube auch immer etwas mit meinem Leben und meinen persönlichen Erfahrungen zu tun. Mein Glaube verändert sich daher auch im Lauf meiner Lebensgeschichte. »Als ich ein Kind war, da redete ich wie ein Kind und dachte wie ein Kind und war klug wie ein Kind; als ich aber ein Mann wurde, tat ich ab, was kindlich war«, schreibt Paulus im 1. Korintherbrief (13,11). Der Glaube ist ein lebenslanger Prozess, er kann wachsen und reifen, aber auch abnehmen. Immer wieder wird er auf die Probe gestellt, manchmal gewinnen Zweifel und Ängste die Oberhand. Es gibt Höhen und Tiefen, schmerzhafte Erfahrungen wollen bestanden und verarbeitet werden.

Ganz allein kann ich aber nicht glauben. Durch andere Menschen bin ich zum Glauben gekommen; um im Glauben dazuzulernen, brauche ich das Gespräch mit anderen. Heute gilt jedoch: Der eigene Glaube ist das letzte Tabuthema in der Gesellschaft. Man redet heute offen über alles: eigene Krankheiten, Finanzgeschäfte, Sexualpraktiken – nur nicht über den eigenen Glauben. Es scheint etwas Peinliches zu sein, vielleicht möchte man auch nicht als naiv gelten oder belächelt werden. Doch der Glaube braucht Gemeinschaft, Anstöße von außen, er braucht auch sichtbare Formen und praktisches Tun – sonst wird er unverbindlich und unsichtbar und trocknet aus.

Glaube ist freiwillig

»Du stellst meine Füße auf einen weiten Raum« (Psalm 31,9). Wie ein roter Faden zieht sich durch die Bibel: Glaube engt nicht ein, er fesselt nicht, er zwingt nicht, er macht nicht unterwürfig – er befreit: »Zur Freiheit hat uns Christus befreit!« (Galater 5,1). Diese christliche Freiheit – ein Zentralwort des Neuen Testaments – ist im Laufe der Geschichte des Christentums nicht immer geschätzt und respektiert worden. Religionskriege und Zwangsbekehrungen ziehen sich wie eine dunkle Spur durch die Kirchengeschichte. Für den christlichen Glauben kann jedoch kein Zweifel daran sein, dass sich Glaube und Gewalt, Glaube und Einschüchterung ausschließen. Glauben kann ich nur aus freien Stücken, in Glaubensfragen darf kein Zwang ausgeübt werden.

Ist der Glaube etwas für schwache Menschen? Hat Kurt Tucholsky Recht: »Der Mensch hat zwei Beine und zwei Überzeugungen: eine, wenn's ihm gut geht, und eine, wenn's ihm schlecht geht. Die letztere heißt Religion.«? Dahinter steht ein scheinbar unausrottbares Vorurteil: Der starke, freie, moderne Mensch kommt ohne Gott und Glauben aus – Glaube ist eher etwas für Schwache. Nach dem Motto: Wer glaubt, hat's nötig! Welche Arroganz spricht sich in diesem Vorurteil aus! Welche Überheblichkeit wird hier erkennbar! In Wirklichkeit muss man die Perspektive umdrehen: Wer seine Grenzen nicht anerkennen kann, wer glaubt, alles im Griff zu haben, wer sich nicht freiwillig binden will – ist nicht besonders stark.

»Ein wesentlicher Punkt des christlichen Glaubens ist ein schwacher, leidempfindlicher Gott. Insofern steht im Zentrum unseres Glaubens ein Leidensgedächtnis, das uns animiert, mitzuleiden, empfindsam zu sein für das Leiden anderer. In diesem Sinne ist unser Glaube schwach – und das ist auch gut!«
(Ulrich Khuon, Intendant)

Glaube ist eine freiwillige Bindung an Gott, eine persönliche Vertrauensbeziehung nicht aus Schwäche oder Not – sondern aus freien Stücken.

Glaube und Wissen

Viele Menschen glauben immer noch, dass Glaube und Wissenschaft sich gegenseitig ausschließen. Der scheinbare Gegensatz von Gottesglaube und Naturwissenschaft hat seinen Ursprung im 16. und 17. Jahrhundert, als die katholische Kirche meinte, die astronomischen Forschungen von Kopernikus, Galilei und G. Bruno als Angriffe auf die Bibel und die kirchliche Lehrautorität verurteilen zu müssen. In den folgenden Jahrhunderten geriet der christliche Glaube angesichts des Siegeszugs der Naturwissenschaften immer mehr in den Verdacht der Rückständigkeit. Heute hat sich die Situation grundlegend verändert. Die atomare Bedrohung und die hemmungslose Ausbeutung der Erde durch den wissenschaftlich-technologischen Fortschritt haben die Wissenschaftsgläubigkeit vergangener Zeiten gründlich erschüttert. Die großen Umwälzungen vor allem in der

Nikolaus Kopernikus und Galileo Galilei veränderten unsere Sicht der Welt und des Kosmos – und standen am Anfang einer langen Auseinandersetzung zwischen Glauben und Wissen

»Ich kann nicht glauben, dass Gott die Welt lenkt, wenn zugleich soviel Leid und Unrecht auf der Welt geschieht.«
»Ich glaube einfach nicht, dass Jesus von den Toten auferstanden ist.«
»Dass Gott die Welt, wie es in der Bibel steht, in sechs Tagen geschaffen haben soll, kann ich mir einfach nicht vorstellen.«
»Ich kann nicht glauben, dass es ein Leben nach dem Tod gibt.«
»Ich glaube nicht, dass die Bibel Gottes Wort ist.«
»Ich kann mir angesichts des unvorstellbar großen Universums nicht vorstellen, dass ein menschliches Leben für Gott überhaupt eine Rolle spielt.«
(Lehrerinnen und Lehrer 2009)

Glaube und Zweifel gehören zusammen

Auch der Glaube an Gott ist nicht ohne Zweifel: Wie kann Gott Naturkatastrophen und schreckliche Krankheiten zulassen? Wie sind Wissenschaft und Glauben zu vereinbaren? Solche Fragen werden auch von Christen gestellt. Der Glaube lebt Tür an Tür mit dem Zweifel, im Hin und Her zwischen Vertrauen und Skepsis. Gelegentlich äußert er sich auch als Anklage gegen Gott: »Warum musste dieses Kind einem Sexualmord zum Opfer fallen? Konntest du es nicht beschützen?« Die Schrecken der Welt waren schon immer die stärksten Argu-

Physik zu Anfang des 20. Jahrhunderts haben gezeigt, dass die naturwissenschaftliche Beschreibung der Wirklichkeit nur einen möglichen Zugang zur Wirklichkeit darstellt. Die alte Feindschaft zwischen Glaube und Naturwissenschaft scheint der Vergangenheit anzugehören.

»Die Alternative, wie sie üblicherweise gefasst wird, ›Glauben oder Wissen‹ … ist irreführend. Der wissenschaftliche Forschungsbetrieb besteht hauptsächlich in der Aufstellung von vorläufig bis zu einem gewissen Grade bestätigten Hypothesen.«
(Wolfgang Stegmüller, Philosoph)

Die Wissenschaft hat es mit einem »abstrakten« Ausschnitt aus der uns umgebenden Wirklichkeit zu tun, den sie prüfen, analysieren und beschreiben kann. Der Glaube bezieht sich auf die komplexen Zusammenhänge, in denen wir tatsächlich leben. Wenn Wissenschaftler glauben, Wissen könne Glauben ersetzen, dann sind sie unrealistisch. Wenn Glaubende denken, aufgrund ihres Glaubens wüssten sie alles besser, dann sind sie abergläubisch. Die Trennlinie verläuft heute nicht zwischen Glaube und Wissenschaft, sondern zwischen solider und unseriöser Wissenschaft einerseits und zwischen falschem und wahrem Glauben andererseits.

Alles was ich wissen kann, hat mit Dingen dieser Welt zu tun, die ich untersuchen und begreifen kann. Der Glaube dagegen gehört in eine andere Dimension unserer Erfahrung der Welt. Er hat es mit dem zu tun, was transzendent ist, was die sichtbare Realität umfasst und zugleich übersteigt. Der Glaube gehört zum unmittelbaren Erleben unseres Daseins, das reicher, umfassender und vielfältiger ist als der prüfende und analytische Blick auf ei-

mente gegen die Existenz Gottes. Doch es gibt keine Anklage Gottes, die man nicht auch schon in der Bibel finden könnte. Es gibt kein Buch, das so voll ist mit Trauer und Zorn auf Gott, kein Buch, in dem mehr nach Gott gefragt und gerufen wird wie in der Bibel. Wer keine Zweifel hat, ist nicht glaubwürdig.

In der Bibel wird von Thomas erzählt, einem Jünger Jesu, der nicht dabei war, als Jesus drei Tage nach seinem Kreuzestod den anderen Jüngern als Auferstandener erschien. Thomas kann nicht glauben, was die anderen berichten: »Wenn ich nicht die Spuren der Nägel an seinen Händen sehe und ihn mit meinen eigenen Fingern berühre, glaube ich nicht.« Thomas will nicht nur vom Hörensagen, sondern durch eigene Erfahrung über-

Ernst Barlach, Das Wiedersehen oder: Thomas und Christus, 1926

nen definierten Ausschnitt der Natur, wie er für die Wissenschaft charakteristisch ist. Wenn nur das wirklich ist, was sich beobachten, untersuchen und beweisen lässt, dann wäre das Leben arm, dann würden wir die Welt, in der wir leben, auf einen schmalen Ausschnitt reduzieren. Der Glaube ist darum mehr als Wissen, er ist eine umfassende Daseinsgewissheit.

»Nur was wir glauben, wissen wir gewiss.« (Wilhelm Busch, Dichter)

Glauben und Wissen, Glauben und Vernunft gehören zusammen. Ohne Glauben ist die Vernunft in Gefahr, anmaßend und überheblich zu werden. Unser Wissen ist begrenzt. Je mehr wir wissen, wissen wir noch nicht, wozu es gut ist. Wissen allein ermöglicht noch kein verantwortungsvolles Handeln. Die Vernunft ist kein Instrument, um die Rätsel des Daseins zu lösen, sondern um auf dieser Erde menschlich und friedlich zusammenzuleben.

Ohne Vernunft ist der Glaube in der Gefahr, fanatisch und abergläubisch zu werden. Gerade Protestanten haben immer darauf gedrungen, dass der Glaube auch verstanden werden will. Glaube und Bildung war das Programm, das der Reformation zum Durchbruch verhalf. Darum hat Luther die Bibel übersetzt: Jeder sollte sie lesen können, um über die Wahrheit des christlichen Glaubens selbst urteilen zu können. Die Reformation zielte auf den selbstständig denkenden und urteilenden Christen. Das Verstehen des Glaubens zeigt sich dabei nicht an der Menge der Glaubenssätze, die ich für mich selbst als richtig anerkenne. Es zeigt sich an der Gewissheit, in der dieser Glaube mein Leben bestimmt.

zeugt werden. Recht so! Er will nicht blind glauben, sondern begreifen und verstehen.

Für den Glauben gibt es keine Beweise, aber es gibt gute Gründe. Wer sich mit seinem Glauben beschäftigt, muss seinen Verstand nicht ausschalten. Die Zweifel gehören dazu. Gott hält das aus. Zweifelnde sind ihm lieber als Leute, die zu allem Ja und Amen sagen.

Allein aus Glauben

Allein aus Glauben, nicht durch unsere guten Taten, werden wir vor Gott gerecht. Unter Berufung auf Paulus haben die protestantischen Kirchen diese Einsicht ins Zentrum ihrer Auffassung vom Christsein gestellt. Daraus folgt auch: Kein Mensch ist mit seinen Taten oder Untaten, mit seinen Leistungen oder Fehlleistungen gleichzusetzen. Das ist der Kern aller Menschlichkeit. Der Mensch ist mehr als die Summe seiner Erfolge und Misserfolge. Wir denken oft: Du bekommst im Leben nichts geschenkt. Du musst einmal für alles bezahlen. Was du wert bist, zeigt sich daran, was du aus deinem Leben gemacht hast.

»Lernst du was – dann kannst du was
Kannst du was – dann schaffst du was
Schaffst du was – dann hast du was
Hast du was – dann bist du was
Bist du was – dann kannst du dir was leisten
Kannst du dir was leisten – dann kannst du es allen zeigen
Kannst du es allen zeigen – dann hast du lauter Freunde
Hast du lauter Freunde – dann bist du was
Bist du was – dann hast du was
Hast du nichts – dann bist du arm dran.«

Die Bibel sagt genau das Gegenteil: Das Beste im Leben bekommst du geschenkt. Was unser Leben reich und wertvoll macht, Freundschaft, Liebe, Vertrauen, Vergebung, das kannst du dir nicht kaufen und nicht erarbeiten. Du musst dir und anderen nicht ständig beweisen, wie gut du bist. Die Sorge hat Gott dir längst abgenommen. Er sagt ja zu dir, egal wer du bist, egal was du kannst, egal was du aus deinem Leben gemacht hast. Gott steht mit seiner Liebe hinter deinem Leben. Das hat Luther wiederentdeckt. Das ist evangelisches Grundgefühl.

Die Sprache, die Bilder und die Vorstellungen, mit denen die Rechtfertigungslehre in der Bibel formuliert wird, sind uns vielleicht fremd. Doch die Sache selbst ist elementar und sofort verständlich. Die Rechtfertigungsbotschaft antwortet letztlich auf die Frage: Wer bin ich?, indem sie die Antwort in Gottes Hand zurücklegt, weil Gott mir selber sagt: Du bist mir recht.

Der Glaube wirkt sich im Leben aus

»An ihren Früchten sollt ihr sie erkennen«, sagt Jesus im Matthäusevangelium. Was kommt beim Glauben in der Praxis heraus? Wenn nur der Glaube zählt und nicht das Tun, wäre das nicht ein bisschen bequem? Gegen dieses Missverständ-

Fundamentalismus

Im Christentum, im Judentum, im Hinduismus, vor allem aber im Islam erleben wir zur Zeit ein Wiedererstarken des Fundamentalismus. Der Fundamentalismus entspricht der Sehnsucht nach einfachen Antworten in einer komplizierten Welt.

Gerade im Islam zeigt es sich gegenwärtig, dass der Fundamentalismus zwar immer einen religiösen Kern hat, darüber hinaus aber zu einem politischen Programm tendiert. Der islamische Fundamentalismus ist eine religiös-politische Gegenbewegung zur modernen nordamerikanischen und europäischen Lebensweise. Es geht um die Durchsetzung der Einheit von islamischer Frömmigkeit, islamischer Politik und islamischem Recht in einem islamischen Gottesstaat. Aber auch die strenggläubigen Fundamentalisten in den USA verbinden mit ihren Glaubensüberzeugungen politische Forderungen: Sie agitieren gegen Abtreibungen, Homosexualität und sexuelle Freizügigkeiten, sie treten für die Todesstrafe ein und fordern ein verbindliches Schulgebet an allen Schulen.

Entstanden ist dieser Fundamentalismus in der zweiten Hälfte des 19. Jahrhunderts, als bibeltreue Amerikaner mit der Parole »Zurück zu den Fundamenten« gegen die vermeintliche Bedrohung des überkommenen Glaubens durch die modernen Wissenschaften protestierten. Sie legten ein Programm vor mit fünf Grundüberzeugungen: 1) Die wortwörtliche Wahrheit der Bibel – und damit auch der biblischen Schöpfungsberichte. 2) Die Jungfrauengeburt Jesu. 3) Das stellvertretende Sühneopfer Christi. 4) Die leibliche Auferstehung Jesu. 5) Die leibliche Wiederkunft Christi zu einem Jüngsten Gericht. An diesen Programmpunkten hält der christliche Fundamentalismus bis heute fest.

Theologen und Repräsentanten der Kirche werden von den Fundamentalisten beschuldigt, dem Zeitgeist erlegen zu sein und die christliche Wahrheit verraten zu haben. Typisch für den Fundamentalismus ist: Man denkt in Feindbildern, grenzt sich nach außen ab und kontrolliert die eigenen Reihen auf der Suche nach möglichen Abweichlern. Oft ist der Anschluss an eine fundamentalistische Bewegung mit dem Abbruch persönlicher Kontakte und familiären Bindungen gekoppelt. Man begibt sich in einen Gegensatz zur gesamten übrigen Lebenswelt. Aus den Andersgläubigen werden dann schnell die »Ungläubigen«.

Der Fundamentalismus ist eine Fehlinterpretation des christlichen Glaubens: Er glaubt, allein im Besitz der Wahrheit zu sein und trennt nicht zwischen dem menschlichen Glauben und der Realität Gottes selbst. Er setzt den Buchstaben der Bibel mit dem Wort Gottes gleich und kündigt das Bündnis von Glaube und Vernunft auf. Er setzt die eigene Glaubens- und Moralauffassung absolut und will sie anderen aufnötigen. Christlicher Glaube aber zwingt nicht, sondern befreit.

nis musste sich schon Luther wehren: »O, es ist ein lebendig, geschäftig, tätig, mächtig Ding um den Glauben, dass unmöglich ist, dass er nicht ohne Unterlass sollte Gutes wirken. Er fragt auch nicht, ob gute Werke zu tun sind, sondern ehe man fragt, hat er sie getan und ist immer im Tun.« Es ist wie beim Baum und den Früchten: »So bringt jeder gute Baum gute Früchte, aber ein fauler Baum bringt schlechte Früchte.« (Matthäus 5,17) Gute Früchte kann ein Baum bringen, wenn seine Wurzeln stark sind und tief reichen.

»Einmal wird uns gewiss
die Rechnung präsentiert
für den Sonnenschein
und das Rauschen der Blätter,
die sanften Maiglöckchen
und die dunklen Tannen,
für den Schnee und den Wind,
den Vogelflug und das Gras
und die Schmetterlinge,
für die Luft, die wir
geatmet haben, und den
Blick auf die Sterne
und für alle die Tage,
die Abende und die Nächte.

Einmal wird es Zeit,
dass wir aufbrechen und
bezahlen;
bitte die Rechnung.
Doch wir haben sie
ohne den Wirt gemacht:
Ich habe euch eingeladen,
sagt der und lacht,
soweit die Erde reicht:
Es war mir ein Vergnügen!«

(Lothar Zenetti, kath. Theologe)

Der Glaube ist nicht unsichtbar, er wirkt sich im Leben aus. Er hilft, den Belastungen des Lebens besser standhalten zu können und ein seelisches Gleichgewicht zu finden. Im Durcheinander des Lebens macht er gelassen und hilft, einen Standpunkt zu gewinnen, der es uns erlaubt, die Welt mit anderen Augen zu sehen. Der Glaube ist kritisch und wach, er ist misstrauisch gegenüber Herrschaftsansprüchen und macht sich keine Illusionen über eine angeblich heile Welt. Er verträgt sich nicht mit dem Rückzug nur noch ins Privatleben. Dass die Schere zwischen Armut und Reichtum immer weiter aufgeht, die soziale Herkunft weitgehend über die Bildungschancen entscheidet oder unsere Kinder und Enkel die katastrophalen Folgen der Erderwärmung ausbaden sollen – darüber werden sich Christen nicht beruhigen können. Eine gewisse politische Wachheit hat gerade den evangelischen Glauben immer ausgezeichnet. Dabei sollte es auch bleiben.

? Muss man alles glauben, was in der Bibel steht?

Im Zentrum des Christentums steht ein Buch, die Bibel. Sie ist nicht von Gott selbst geschrieben, sondern von Menschen, die Gottes Handeln erfahren haben und davon berichten. Das heißt aber gerade nicht, dass ein Christ alles glauben »muss«, was in der Bibel steht. Der Glaube ist freiwillig, niemand darf gegen seine Überzeugung zum Glauben von irgendwelchen Sachverhalten gezwungen werden, auch wenn sie in der Bibel stehen.

Die Bibel ist über einen Zeitraum von etwa 1000 Jahren entstanden. Sie hat Anteil an mythologischen Vorstellungen, die einem vergangenen Weltbild entstammen: Erzählungen von riesigen Überschwemmungen wie die Sintflut, vom Kampf der Engel gegen den Drachen, von einem wandernden Wunderstern oder von einer plötzlich erscheinenden Gottesschrift an der Wand stehen nicht nur in der Bibel, sondern waren im Alten Orient auch woanders bekannt. Niemand ist verpflichtet, solche Geschichten »wörtlich« zu glauben.

Ebensowenig müssen wir heute die zeitgebundenen Aussagen der Bibel von der Unterordnung der Frau (1. Timotheus 2,8-15) oder der »widernatürlichen« Homosexualität (Römer 1,26-27) übernehmen – und auch nicht die situationsbedingte antijüdische Polemik des Johannesevangeliums (»Ihr habt den Teufel zum Vater«, 8,44). Die Bibel enthält selbst auch Widersprüche und unterschiedliche Sichtweisen: So stehen etwa am Anfang der Bibel zwei ganz verschiedene Schöpfungsberichte und nach dem Johannesevangelium starb Jesus am Tag vor dem Passafest, bei den anderen Evangelisten am Tag des Passafestes selbst.

Um biblische Texte zu verstehen, ist es unerlässlich, zu fragen: Welches Anliegen verfolgt dieser Text, was wollte er damals »sagen« – und was will er mir heute sagen? Schon Luther kannte ein Kriterium für die Beurteilung der biblischen Texte: »Der rechte Prüfstein, alle Bücher zu tadeln, ist, wenn man sieht, ob sie Christus treiben oder nicht«. Bei diesem Kriterium kommt das Alte Testament schlecht weg. Sachgemäßer ist daher die Unterscheidung des Paulus: »Der Buchstabe tötet, aber der Geist macht lebendig« (2. Korinther 3,6). Reine Buchstabenfrömmigkeit zerstört den Glauben, die Einsicht in den Geist der Bibel stärkt einen lebendigen Glauben.

?

Kann man Glauben lernen?

Man kann den Glauben nicht erlernen, er lässt sich auch nicht erzwingen. Der christliche Glaube ist nicht das Produkt menschlicher Anstrengung und nicht das Ergebnis einer wissenschaftlichen Versuchsanordnung. Er ist ein Geschenk. Luther schreibt im Kleinen Katechismus: »Ich glaube, dass ich nicht aus eigener Vernunft noch Kraft an Jesus Christus, meinen Herrn, glauben oder zu ihm kommen kann; sondern der Heilige Geist hat mich durch das Evangelium berufen, mit seinen Gaben erleuchtet, im rechten Glauben geheiligt und erhalten.«

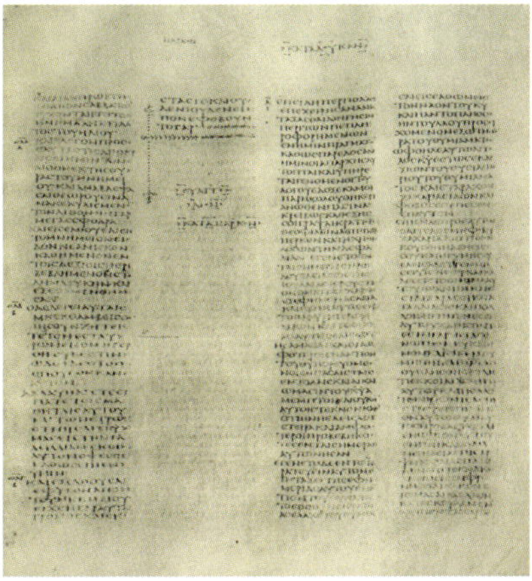

Eine Textseite aus dem Codex Sinaiticus, einer Bibelhandschrift aus dem 4. Jahrhundert

Weil man den Glauben selbst nicht machen kann, ist der Glaube auch nicht messbar. Ob jemand glaubt oder nicht oder wie intensiv jemand glaubt, kann niemand von außen wirklich feststellen. Auch nicht durch die neuere Hirnforschung. Auch wenn man inzwischen möglicherweise die Hirnregionen lokalisieren kann, die bei bestimmten religiösen Erfahrungen aktiviert werden, sagt das zu der Frage nach der Entstehung des Glaubens im Menschen gar nichts. Aussagen über den Inhalt und die Wahrheit des Glaubens kann die Hirnforschung nicht treffen. So kann ich auch niemandem den Glauben absprechen. Glauben kann man nicht als Besitz »haben«.

So können die Lebenswege auch ganz unterschiedlich sein, auf denen Menschen zum Glauben kommen. Jeder kann da eine eigene Geschichte erzählen. Doch immer gab es irgendeinen Anstoß: Erziehung im Elternhaus; Begegnungen mit Menschen, die einen beeindruckt haben; hilfreiche Begleitung in einer Krise; erlebte Gottesdienste; Teilnahme in einer christlichen Gruppe – aber auch Erschütterungen, Fragen und Zweifel können Wege zum Glauben sein.

»Glaube ist – jeden Morgen neu! – eine Geschichte.«
(Karl Barth, ev. Theologe)

Doch zwei Menschen können in demselben Elternhaus aufgewachsen sein und dieselben Erfahrungen gemacht haben – und der eine glaubt und der andere nicht. Dieselben Erfahrungen lösen nicht bei allen dieselbe Betroffenheit aus, wir verarbeiten auch unsere Erfahrungen nicht alle in derselben Weise. Insofern hat der Glaube doch wieder etwas mit dem Lernen zu tun: Man kann im Glauben auch dazu lernen, man kann aber auch in seinem »Kinderglauben« stehen bleiben. Man kann den Glauben auch verlieren – durch Schicksalsschläge und durch schwere Lebenserfahrungen. Aber man kann den Glauben auch wiederfinden.

Was helfen könnte, einen Zugang zum christlichen Glauben zu finden:

1. In der Bibel lesen! Zum Beispiel einmal ein Evangelium (etwa das Markusevangelium) durchlesen oder einige Psalmen für sich lesen.
2. Mit interessierten Freunden oder Bekannten über Gott und die Welt reden – über die eigenen Fragen, Zweifel und Erfahrungen. Im Gespräch bekommt man ein Echo, Erklärungen und Anregungen.
3. Mit Gott reden! Kein Mensch ist so stark, dass er alle Probleme mit sich selbst abmachen kann. Beten – das ist: danken, klagen, schimpfen, sich freuen, bitten, fragen, glücklich sein. Über alles reden, was mich bewegt – mit jemandem, dem ich alles anvertrauen kann: mit Gott.
4. Was christlicher Glaube ist und wie er unser Leben verändern kann, erfahren wir nur, wenn wir ihn wirklich ausprobieren!

Gott

Die Frage nach Gott

Nach den Umfragen gibt es in Deutschland eine stabile Mehrheit für Gott. Etwa 60 – 70 Prozent glaubten bei den letzten Befragungen jeweils an die Existenz Gottes oder einer höheren Macht. Mehr Ältere als Jüngere, mehr Westdeutsche als Ostdeutsche.

Unübersehbar ist aber zugleich ein verbreiteter Gewohnheitsatheismus. Etwa 30 Prozent bestreiten die Existenz eines Gottes. Und auch bei vielen von denen, die einer Kirche angehören, spielt Gott im Alltag keine besondere Rolle. Ist Gott nur etwas für die besonderen Augenblicke im Leben?

Mit dem wachsenden Wohlstand hat der Gottesglaube in Westeuropa in den vergangenen 50 Jahren an Bedeutung eingebüßt. In weltweiter Perspektive sieht das anders aus. Der weitaus größte Teil der Menschheit bekennt sich zu einer Religion und glaubt an einen Gott. Es sieht nicht so aus, als ob die Zukunft vom Atheismus bestimmt würde. Im Gegenteil! Die Zahl der Menschen, die an einen Gott glauben, nimmt weltweit eher zu.

Bisher ist noch kein Volk auf der Erde entdeckt worden, das keine Religion gehabt hätte. Es gehört offenbar zum Menschen, wissen zu wollen, »was Wahrheit ist« (Hegel). Wir spüren, dass es mit dem, was wir sehen, begreifen und beweisen können, allein noch nicht getan ist. Der Philosoph Ludwig Wittgenstein formuliert pointiert: »An einen Gott glauben, heißt sehen, dass es mit den Tatsachen der Welt noch nicht abgetan ist. An Gott glauben heißt sehen, dass das Leben einen Sinn hat.«

»Ich glaube, dass etwas jenseits unserer begrenzten Vernunft existiert, sozusagen etwas vor und hinter unserer rational erfassbaren Welt. Ich glaube, man sollte es nicht benennen wollen.«

(Wolf Singer, Direktor des Max-Planck-Instituts für Hirnforschung, Frankfurt/M.)

»Dass es einen Gott gibt, nicht als Teil dieser Welt, sondern als Grund und Ursprung allen Lebens, ist ein altes, nicht zum Schweigen zu bringendes Gerücht« (Robert Spaemann). Wenn es Gott gibt, dann müssen auch Spuren Gottes in der Welt zu entdecken sein. Die überwältigende Schönheit der Natur, der wundervoll komplizierte Aufbau einer einzigen Pflanze, der klare Sternenhimmel einer Winternacht – lässt das nicht eine Ahnung des Schöpfers aufsteigen? Die Unermesslichkeit des Weltalls, das wunderbare Wachsen eines Kindes aus einer winzigen Eizelle – sind das nicht Geheimnisse, die wir nur staunend verehren können? Es sind keine Beweise Gottes, aber vielleicht doch Hinweise darauf, dass die sichtbare Welt, die wir erleben, nicht die einzige ist.

Der Andromeda-Nebel, unsere Nachbar-Galaxie, ist 2,3 Millionen Lichtjahre entfernt

Es wäre in der Tat merkwürdig, wenn es in einer Welt, die wir als Schöpfung erleben, keine Hinweise auf den gäbe, der sie geschaffen hat. Doch dieses ahnende Wissen ist vage. Es führt allein nicht zu einer klaren Gotteserkenntnis.

Von Gott reden viele Religionen, aber auch religiöse Gruppen und Sektenprediger, die ganz neue Erfahrungen mit Gott versprechen. Wer sagt die Wahrheit? Wem kann man hier glauben?

Im Namen Gottes wurden und werden Kriege geführt und Terroranschläge verübt. Immer wieder

Trinität

Jede Taufe eines Kindes wird »im Namen des Vaters und des Sohnes und des heiligen Geistes« vollzogen. Auch jeder Gottesdienst beginnt im Namen des dreieinigen Gottes und das christliche Glaubensbekenntnis hat seit je eine trinitarische Form.

Die Lehre von der Trinität, von der Dreieinigkeit Gottes, gehört seit dem 4. Jahrhundert zu den Grundaussagen des christlichen Glaubens. Sie war jedoch auch in der Kirche nie unumstritten. Als unverständlich und unlogisch (3x1=1?), als spitzfindige theologische Spekulation und als irrelevant für den praktischen Glauben wurde sie auch von Theologen und Philosophen immer wieder kritisiert. »Aus der Dreieinigkeitslehre lässt sich schlechterdings nichts für's Praktische machen.« (Immanuel Kant) Gegenwärtig ist die Trinitätslehre vor allem auch ein zentraler Streitpunkt zwischen Christen und Muslimen, wie eine kleine Anekdote zeigen kann:

Ein Pfarrer, der sonntags zwei Gottesdienstorte zu versorgen hat, hält mit seinem Auto an einer Bahnschranke. Praktischerweise hat er seinen Talar gleich angelassen. Da klopft es ans Autofenster. Dort steht ein Muslim, der ihm offenbar etwas sagen will. Als er das Fenster heruntergedreht hat, fragt der Muslim ihn: »Du Pfarrer?« – »Ja.« Darauf sagt ihm der Muslim: »Gott nix Papa, Gott nix Mama, hat keine Baby.« Dann dreht er sich um und geht davon.

Nach Ansicht der Muslime machen Christen durch den Gedanken der Dreieinigkeit aus dem einen Gott drei Götter. »Darum glaubt an Gott und seinen Gesandten und sagt nicht ›Drei‹. Gott ist nur ein einziger Gott«, heißt es im Koran in der 4. Sure (171). Ist der christliche Gott vielleicht doch nicht nur ein einziger Gott? Ein Gott in drei Teilen? Ein einziger Gott in drei Personen? Das ist auch für viele Christen schwer zu verstehen. Worum geht es?

Für die frühen Christen galt von Anfang an: Es gibt nur einen einzigen Gott. Sie übernahmen die hebräische Bibel, das Alte Testament, und den Monotheismus der Juden. Zugleich waren sie aber auch überzeugt, in Jesus von Nazareth nicht nur einem großen Menschen, sondern Gott selbst begegnet zu sein. »Mein Herr und mein Gott!« (Johannes 20,28) bekennt der Zweifler Thomas, als er dem auferstandenen Jesus begegnet. Und Jesus sagt im Johannesevangelium: »Wer mich sieht, der sieht den Vater!« (14,9) und: »Ich und der Vater sind eins.« (10,30) Hinter diesen Worten steckt die frühchristliche Überzeugung: Jesus Christus ist Gott in Menschengestalt. Für diese Zweiheit wurden schon früh die Begriffe Vater und Sohn verwendet.

Auf die Frage, woher wir das alles eigentlich wissen, antworteten die Christen mit dem Hinweis auf den Geist Gottes. Ähnlich hat es später Martin Luther im Kleinen Katechismus ausgedrückt: »Ich glaube, dass ich nicht aus eigener Vernunft noch Kraft an Jesus Christus, meinen Herrn, glauben oder zu ihm kommen kann, sondern der heilige Geist hat mich durch's Evangelium berufen …« Die Wahrheit des Glaubens erkennen wir nicht aus uns heraus, sondern durch das Wirken Gottes, und dieses Wirken bezeichnet die Bibel als Geist.

Die Lehre von der Dreieinigkeit Gottes ist darum entstanden aus dem Bemühen, die biblischen Aussagen über Gott auf einen Nenner zu bringen, die Einzigkeit Gottes unbedingt zu wahren und zugleich festzuhalten, dass uns in Jesus Christus Gott selbst begegnet.

Die Lehre von der Dreieinigkeit spaltet Gott nicht in drei verschiedene Götter auf, sondern beschreibt die drei Ebenen, auf denen Gott mit uns Menschen handelt. Er begegnet uns als der »Vater«, dem wir unsere Existenz verdanken. Er ist der »Sohn«, der Mensch wurde und unser menschliches Leben bis zum Tode teilte, um uns zu neuen Menschen zu machen. Und er wirkt als (Heiliger) »Geist«, indem er uns befähigt, ihn zu erkennen, mit ihm zu leben und in seinem Namen zu handeln. In diesen drei Bereichen begegnet Gott uns jeweils in besonderer Gestalt und hört doch nicht auf, ganz er selbst zu sein.

Mit all dem will die Trinitätslehre nicht in Frage stellen, dass Gott ein einziger Gott ist. Sie will aber zum Ausdruck bringen, dass der Gott, an den die Christen glauben, kein einsamer, unberührbarer, beziehungsloser und nur für sich existierender Gott ist, sondern ein lebendiger, Gemeinschaft stiftender, der Welt und den Menschen zugewandter Gott ist. Letztlich ist das Bekenntnis zum dreieinigen Gott eine Auslegung des Satzes »Gott ist die Liebe.« (1. Johannes 4,8.16). Er ist nicht nur für sich Gott, sondern für uns, mit uns und mitten unter uns.

Die Trinitätslehre mag eine schwierige Materie und für viele Christen eine theologisch spitzfindige Glaubensvorstellung sein. Doch zugleich ist der Gedanke, dass Gott wirklich mit und bei uns ist und den Weg der Menschen bis zuletzt mitgeht, eine sehr tröstliche Gewissheit.

»Welches Wort der Menschensprache ist so missbraucht, so befleckt, so geschändet worden wie dieses! All das schuldlose Blut, das um es vergossen wurde, hat ihm seinen Glanz geraubt … Es ist das beladenste aller Menschenworte. Keines ist so besudelt, so zerfetzt worden. Gerade deshalb darf ich darauf nicht verzichten … Wo fände ich ein Wort, das ihm gliche, um das Höchste zu bezeichnen?«
(Martin Buber, jüdischer Religionsphilosoph)

wird der Name Gottes missbraucht. Sollte man das Wort »Gott« überhaupt noch in den Mund nehmen?

Gott spricht, Gott will, Gott fordert – manche Leute scheinen ganz genau zu wissen, was Gott sagt, was er will, was er erlaubt oder verbietet. Woher wissen sie das? Haben sie besondere Kenntnisse? Woher wissen wir etwas von Gott?

Seitenblick

Gottesbeweise

In der Geschichte der Philosophie und der Theologie ist immer wieder der Versuch unternommen worden, die Existenz Gottes zu beweisen. Dabei war von vornherein klar, dass es sich nicht um Beweise handeln kann, wie wir sie heute etwa aus den Naturwissenschaften kennen. Gott ist kein objektiver Sachverhalt, der allgemeiner Nachprüfung offensteht. Bei den Gottesbeweisen kann es nur darum gehen, zu zeigen, dass der Glaube an Gott nicht unvernünftig ist.

- Der ontologische Gottesbeweis sagt: Wenn Gott das ist, »über das hinaus nichts Größeres gedacht werden kann« (Anselm von Canterbury), dann muss er notwendigerweise auch existieren. Wäre er nur Idee und würde nicht wirklich existieren, wäre er nicht das Größte, das gedacht werden kann.
- Aus der Erfahrung, dass jeder Vorgang in der Welt auf eine Ursache zurückgeführt werden kann, schließt der kosmologische Gottesbeweis auf eine allererste Ursache, einen Ursprung, von dem aus alles seinen Anfang genommen haben muss.
- Der teleologische Gottesbeweis schließt von der Zweckmäßigkeit und Ordnung der Welt auf einen weisen Baumeister, der diese Welt so zielgerichtet eingerichtet hat.

Der Philosoph Immanuel Kant hat Ende des 18. Jahrhunderts keinen dieser Gottesbeweise gelten lassen. Er hat gezeigt, dass unser Verstand allenfalls über Dinge und Sachverhalte in Raum und Zeit urteilen kann, aber nicht über etwas, was jenseits dessen liegt. Er hat stattdessen von einem moralischen Gottesbeweis gesprochen:

Der moralische Gottesbeweis geht von einem unbedingten Anspruch aus, das Gute zu tun und das Böse zu lassen. »Wenn man als moralischer Mensch glauben müsste, die Welt sei als ganze böse, so müsste man verzweifeln. Also muss man

Gibt es Gott?

»Einen Gott, den es ›gibt‹, gibt es nicht«, schrieb Dietrich Bonhoeffer in seinen Gefängnisbriefen. Bonhoeffer wollte Gottes Existenz nicht bestreiten, wohl aber eine gängige Rede von Gott in Zweifel ziehen. Wenn wir von Gott sprechen, dann meinen wir keine Größe dieser Welt, die wir erforschen, beschreiben, begutachten oder auch nachweisen könnten, sondern eine von der Welt unterschiedene Macht, die uns immer ein Geheimnis bleiben wird.

»Wenn man Gott haben will, kann man ihn nicht mit den Fingern greifen und fassen und nicht in den Beutel stecken oder in den Kasten schließen. Vielmehr heißt das ihn fassen, wenn das Herz ihn ergreift und an ihm hängt; mit dem Herzen aber an ihm hängen ist nichts anderes als sich gänzlich auf ihn verlassen.« (Martin Luther)

»Ich kann nur glauben, was ich sehe« – lautet eine weit verbreitete Überzeugung unserer Zeit. Als wahr gilt allein, was man sichtbar wahrnehmen und beweisen kann: reale Fakten, nackte Tatsachen, greifbare Resultate. Es muss alles hundertprozentig öffentlich sichtbar und nachweisbar sein.

Hier kann es keine Gotteserfahrung geben! Denn Gott ist für unsere Sinne unsichtbar und für unseren Verstand ungreifbar. »Gott wohnt in einem Licht, da niemand zukommen kann.« (1. Timotheus 6,16) Daraus erklärt sich die Unmöglichkeit aller Versuche, Gott zu beweisen.

»Ich würde mich weigern an einen Gott zu glauben, den ich verstehen könnte.« (Graham Greene, englischer Schriftsteller)

Über die Existenz Gottes lassen sich keine objektiv richtigen oder falsche Aussagen machen, die Frage nach Gott spielt auf einer anderen Ebene: sie betrifft das eigene Leben.

In Bertold Brechts Kalendergeschichten wird Herr K. gefragt, ob es einen Gott gäbe. Herr K. antwortet: »Ich rate dir, nachzudenken, ob dein Verhalten je nach der Antwort auf diese Frage sich ändern würde. Würde es sich nicht ändern, dann können wir die Frage fallen lassen. Würde es sich ändern, dann kann ich dir

glauben können, dass die Welt letztlich doch von einem moralischen Schöpfer stammt, der unseren moralischen Bestrebungen zum Siege verhilft.« (Immanuel Kant)

Doch auch dieser Gedanke Kants führt allenfalls zu einem philosophischen Prinzip. Dass dies aber der Gott des christlichen Glaubens ist, der mit mir und meinem Leben zu tun hat, das kann die Vernunft nicht aussagen. Dem, der nicht glaubt, zeigen die Gottesbeweise nur, was denkbar ist, aber nicht, was ihn unbedingt angeht.

Was bedeutete ein bewiesener Gott? Er wäre ein greifbares, berechenbares und manipulierbares Faktum, ein Stück Welt – und damit ein Götze! Gott entzieht sich allen Versuchen, ihn zu beweisen, weil ein bewiesener Gott nicht mehr Gott wäre, sondern das Produkt menschlicher Theorien.

wenigstens noch soweit behilflich sein, dass ich dir sage, du hast dich schon entschieden: Du brauchst einen Gott.« Bei Brecht hat die Geschichte eine religionskritische Spitze. Sie soll zeigen, dass manche Menschen eben den Glauben an Gott brauchen. Über die Existenz Gottes selbst ist damit gar nichts gesagt.

Die Geschichte macht aber andererseits auch deutlich: Wenn wirklich von Gott die Rede ist, ist das eigene Leben betroffen. Die Existenz Gottes ist keine Tatsachen-Wahrheit, sie berührt eine tiefere Dimension, die allem Leben und auch dem eigenen zugrunde liegt. »Gott ist ein unaussprechlicher Seufzer im Grunde der Seele gelegen.« (Jean Paul) Selbst wenn ich einen logisch zwingenden Beweis für die Existenz Gottes führen könnte, dieses aber keine Auswirkungen auf mein Leben hätte, wäre es eine nutzlose Angelegenheit. Der christliche Glaube behauptet nicht, dass Gott irgendwie existiert, sondern dass der Gott, der Grund und Ursprung des ganzen Universums ist, zugleich mit mir zu tun haben will.

Es fällt auf, dass nach Umfragen die Überzeugung, dass Gott ein »persönliches Gegenüber« des Menschen ist, an Zustimmung verliert, während der Glaube an eine »höhere Macht« jedoch ungebrochen wirksam ist. Der Glaube an eine »höhere Macht« erscheint begreiflicher, aber auch allgemeiner und unkonkreter: Er hat weniger Konsequenzen für's eigene Leben.

Die Bibel beteiligt sich nicht an Spekulationen über eine »höhere Macht«, sondern erzählt in unzählig vielen Geschichten von konkreten Erfahrungen der Menschen mit ihrem Gott. Dieser Gott hat sich in der Geschichte des Volkes Israel und im Leben des Jesus von Nazareth bekannt gemacht. Das ist nach christlichem Verständnis der Maßstab, an dem gemessen werden kann, was andere religiöse Überzeugungen von Gott sagen.

Auch andere Religionen berufen sich darauf, von Gott Offenbarungen empfangen zu haben (z. B. Islam). Warum soll sich ausgerechnet in der längst vergangenen Geschichte eines kleinen Volkes im Nahen Osten und im Leben eines jüdischen Menschen vor 2000 Jahren die entscheidende Offenbarung Gottes vollzogen haben? Was ist hier an Besonderem geschehen?

Zunächst muss man auch hier festhalten: Man kann nicht neutral von außen über die Wahrheit einer Gotteserfahrung entscheiden. Gott ist nichts für Zuschauer. Wir können aber von den Geschichten, die von den Gotteserfahrungen Israels und des Jesus von Nazareth erzählt werden, innerlich und persönlich so bewegt werden, dass wir anfangen, Gott zu vertrauen. Über den Abstand der Zeiten hinweg werden wir in unserer Existenz angesprochen und erkennen – sei es überwältigt, sei es zögernd und widerstrebend –, ja so steht es um mich, um Gott und die Welt. Und wir werden eingeladen, frei und ohne Zwang an den Gotteserfahrungen Israels und an denen des Jesus von Nazareth teilzunehmen, so wie es vor uns schon Millionen von Christen getan haben, und darin die Wahrheit für das eigene Leben zu finden.

Atheismus

Niemand ist gezwungen, an Gott zu glauben. Schon in der Antike gab es Menschen, die den Götterglauben in Frage stellten und die religiöse Praxis ihrer Zeit kritisierten. »Der Mensch ist das Maß aller Dinge«, behauptete der griechische Philosoph Protagoras (485-415 v. Chr.). »Atheoi« nannten die alten Griechen die Bürger, die nicht am damaligen Götterkult teilnahmen, »atheoi« wurden aber auch die Christen genannt, weil sie sich im Römischen Reich dem staatlichen Religionskult verweigerten.

Im Alten Testament dagegen werden diejenigen, die sich von Gott abwenden, »Toren« oder »Narren« genannt: »Die Toren sprechen in ihrem Herzen: Es ist kein Gott.« (Psalm 14,1) Sie sind »Toren«, weil sie Gott verachten und auf andere Mächte und Götter (Gewalt, Besitz, Fruchtbarkeit usw.) setzen, die in Wirklichkeit doch nur »Nichtse« (Psalm 96,5) sind.

Bis zum Beginn der Neuzeit war es weitgehend selbstverständlich, an einen persönlichen Gott zu glauben, der das Los der Menschen bestimmte und die Geschicke der Welt lenkte. Es gab nur wenige, die die Existenz Gottes leugneten. Sie bezahlten diesen »Unglauben« meist mit gesellschaftlicher Ächtung, manchmal sogar mit ihrem Leben.

Der moderne Atheismus beginnt mit dem Aufkommen der neuzeitlichen Naturwissenschaften im »christlichen« Europa. Das ist kein Zufall. Heute ist allgemein anerkannt, dass das naturwissenschaftlich-technische Denken nicht ohne den jüdisch-christlichen Schöpfungsglauben möglich wurde. Dieser Glaube entgötterte die Welt und schuf damit die Voraussetzung für ihre Erkundung und Erforschung. In den vergangenen Jahrhunderten jedoch stemmten sich beide Kirchen gegen die wissenschaftlichen Entdeckungen über die Entstehung des Universums und die Evolution des Lebens. Galilei musste widerrufen, Darwin wurde bekämpft. Die Proklamation der Menschenrechte, die sich doch auch auf biblische Impulse zurückführen lassen, wurde in den Kirchen mehrheitlich nicht begrüßt. Und statt Freiheit und

Atheistische Buswerbung in Berlin

gesellschaftlichen Fortschritt zu unterstützen, stellten sich die Kirchen in der Vergangenheit in der Regel auf die Seite der »Obrigkeiten«. So haben die Kirchen einen ganz wesentlichen Anteil am Aufkommen und an der Verbreitung des Atheismus in den vergangenen Jahrhunderten.

Der moderne Atheismus hat viele Gesichter. Der »kämpferische« Atheismus richtet sich gegen die Religion überhaupt, die als wissenschaftsfeindlich und inhuman bekämpft wird. In den westlichen Gesellschaften begegnet man eher einem »praktischen« Atheismus, der sich in einem Leben ohne Gott eingerichtet hat und den Gottesglauben für veraltet und unmodern hält. Unter Intellektuellen findet man gelegentlich einen »skeptischen« Atheismus (oder Agnostizismus), der religiöse Fragen und vor allem die nach der Existenz Gottes grundsätzlich für unbeantwortbar hält. Am wichtigsten ist der Atheismus, der aufgrund der persönlichen Erfahrung von Leid und Unrecht gegen einen Gott protestiert, der allmächtig und gütig sein soll und doch sinnloses Leid zulässt.

Atheistische Positionen können für den christlichen Glauben eine selbstkritische Funktion haben. Sie weisen fast immer auch auf religiöse Fehlentwicklungen und kirchliche Missstände hin. Sie sind aber kein Beleg dafür, dass Glaube und Vernunft sich gegenseitig ausschließen und der christliche Gottesglaube letztlich irrational, angstbesetzt oder wissenschaftlich überholt sind.

Es sind vor allem vier Argumente, die immer wieder gegen die Annahme der Existenz Gottes vorgebracht werden. Es ist wichtig, aber es ist auch möglich, sich damit auseinander zu setzen.

1. Man braucht keinen Gott, um die Welt zu erklären

Für die wissenschaftliche Erforschung der Naturzusammenhänge ist Gott unnötig geworden. »Es zeigt sich, das alles auch ohne ›Gott‹ geht, und zwar ebenso gut wie vorher.« (Diedrich Bonhoeffer) Millionen Menschen leben ohne Gott – und er scheint ihnen nicht zu fehlen.

Doch gerade aus den Naturwissenschaften kommen in den letzten Jahrzehnten viele Stimmen, die Gott wieder ins Spiel bringen. In der Kosmologie, in der Physik oder in der Biologie stoßen Naturwissenschaftler auf Zusammenhänge, die mit einer rein naturwissenschaftlichen Betrachtung allein kaum zu erfassen sind. »Zu empfinden, dass hinter dem Erlebbaren ein für unseren Geist Unerreichbares verborgen sei, dessen Schönheit und Erhabenheit uns nur mittelbar und in schwachem Widerschein erreicht, das ist Religiosität. In diesem Sinn bin ich religiös.« (Albert Einstein)

Gerade die Naturwissenschaft erfasst nicht die ganze Wirklichkeit. Sie gleicht dem Blick durch ein Fenster. Sie erkennt Teile, aber nie das Ganze. Gott aber hat es mit dem Ganzen zu tun, er ist der Ursprung und Grund aller Wirklichkeit – und darum keine Größe, die man messen oder erforschen kann.

2. Gott ist eine menschliche Wunschvorstellung

Die Religion ist danach ein Ausdruck unserer Wünsche: Es soll einen gütigen Gott geben, eine gerechte Weltordnung, die

Belohnung der guten und die Bestrafung der bösen Menschen, vor allem ein ewiges Leben – alles, wie man es sich wünscht. Gott ist eine Illusion, die uns gut tut. Doch, so sagt es z. B. Sigmund Freud, wir müssen uns von der Illusion eines himmlischen Wunsch- und Vatergottes lösen, um endlich erwachsen und selbständig zu werden.

In der Tat machen sich Menschen immer wieder Götter nach ihren Ängsten oder Wünschen zurecht. Doch ein solcher Gott ist nicht der Gott des christlichen Glaubens. Der Gott der Bibel ist nicht die Summe menschlicher Wünsche, sondern auffallend oft der Widerspruch zu diesen Wünschen – und immer wieder ganz anders, als Menschen es sich vorstellen. Zudem: Warum soll es gegen die Existenz Gottes sprechen, wenn elementare menschliche Hoffnungen im Spiel sind? Soll der christliche Glaube seine Wahrheit dadurch erweisen, dass er keiner menschlichen Hoffnung entspricht?

»Was oder wer ›Gott‹ ist, vermag gerade der nicht zu definieren, der an ihn glaubt – nur der Ungläubige hat eine Formel für ihn.« (Walter Dirks)

3. Ein Gott, der nicht hilft, ist keiner

Wen es Gott gäbe, warum greift er dann nicht ein, wenn unschuldige Menschen leiden müssen? Gäbe es einen gütigen, gerechten und allmächtigen Gott, dann gäbe es nicht soviel Elend auf der Welt.

Dies ist die wirklich ernste und tiefgreifende Anfrage an den Gottesglauben. Das Rätsel, wie Gott es in seiner Gerechtigkeit zulassen kann, dass so viel Ungerechtigkeit herrscht, kann auch der christliche Glaube nicht lösen. Auch für Christen ist Gott nicht nur eine stets beschützende, sondern oft genug eine verborgene und schweigende Macht. Gerade dann, wenn Hilfe von oben bitter nötig wäre, ist von Gott oft nichts zu hören und nichts zu sehen. Zum christlichen Glauben gehört auch, dass er nach Gott schreit, ihn anklagt und mit ihm streitet. Der biblische Hiob hat das getan und er hat von Gott Recht bekommen – anders als seine Freunde mit ihren frommen Redensarten. Auch in seiner tiefsten Verzweiflung hat Hiob an Gott festgehalten – und Gott hat ihm geantwortet.

Die Frage nach dem Warum wird in der Regel nicht durch Erklärungen beantwortet, aber oft durch ein neues Handeln Gottes, durch das er aus seiner Verborgenheit heraustritt. Dadurch können auch Menschen, die großen Schmerz erfahren haben, fähig werden, ihr Leid anzunehmen, zu verarbeiten und neue Lebensperspektiven zu gewinnen.

4. Die Kirche hat den Glauben an Gott kompromittiert

Vielen Menschen fällt es schwer, an Gott zu glauben, wenn sie daran denken, wieviel Missbrauch mit dem Namen Gottes die getrieben haben, die angeblich Gottes Sache auf dieser Erde vertreten. Karl-Heinz Deschner hat eine vielbändige »Kriminalgeschichte des Christentums« geschrieben, in der auf vielen hundert Seiten zwar einseitig und häufig tendenziös, aber oft zutreffend von Ketzerverfolgungen und Religionskriegen, von Kreuzzügen und Hexenverbrennungen, von Zwangsbekehrungen und kirchlichem Machtmissbrauch erzählt wird. Ohne Zweifel hat die Kirche im Lauf ihrer Geschichte Gott oft verraten. Als »weltliche« Größe hat die Kirche auch zu den Mitteln der Welt gegriffen, um ihren Bestand zu sichern: zu Ämtern und Machtpositionen, zu Bürokratie und Finanzmitteln. Darum braucht die Kirche immer wieder eine Reformation: ecclesia semper reformanda (= Die Kirche muss immer wieder erneuert werden), hieß das Stichwort der Reformatoren des 16. Jahrhunderts. Man »kann« die Kirche nicht nur kritisieren, man muss es sogar – es kommt nur darauf an, aus welchen Gründen und zu welchem Ziel. »In tiefer Enttäuschung habe ich über die schlaffe Haltung der Kirche geweint«, schreibt Martin Luther King aus dem Gefängnis. Und er fährt fort: »Aber glauben sie mir, meine Tränen waren Tränen der Liebe.«

Die Kirche ist nicht das Reich Gottes. Sie hat oft geirrt und hat Schuld auf sich geladen, aber selbst der Kirche wird es nicht gelingen, den Glauben an Gott zu zerstören.

Für den Glauben an Gott ist es gut, dass es auch Atheisten gib. Es ist besser, über Gott und Religion zu streiten, als sie totzuschweigen oder für irrelevant zu erklären. Im Feuer atheistischer Kritik wird der Glaube geklärt und erneuert.

Doch atheistische Positionen werden nicht immer mit klaren Argumenten vertreten. Verbreiteter ist eine diffuse Lebenshaltung, die nur das für relevant und wahr hält, was man im Fernsehen sehen, in der Zeitung lesen oder mit den eigenen Sinnen wahrnehmen kann. Gott wird hier nicht dezidiert geleugnet, er spielt einfach keine Rolle mehr – und meistens kann man gar nicht mehr sagen, was einem da verloren gegangen ist. Dieser »Gewohnheitsatheismus« ist eher eine müde und banale Angelegenheit, von ihm gehen in der Regel keine emanzipatorischen Impulse aus.

Ohnehin sind die Zeiten vorbei, in denen es als »chic« galt, sich als Atheist zu outen. Gott zu leugnen gilt nicht mehr als Zeichen von Aufgeklärtheit oder Modernität. Dass die Wissenschaften eines Tages alle Rätsel lösen und alles erklären können und damit den Glauben an Gott überflüssig machen werden, glauben heute deutlich weniger Menschen als noch vor vierzig Jahren. Und die Vermutung, eine Gesellschaft ohne Gott könnte freier, humaner und gerechter sein, ist spätestens mit dem Zusammenbruch der sozialistischen Länder, in denen der Atheismus von Staats wegen verordnet war, widerlegt worden.

»Wenn Gott wirklich tot ist,
dann reden wir uns vergeblich ein, dass der Sinn unversehrt geblieben sein könnte; die gleichgültige Leere saugt uns auf und vernichtet uns, von unserem Leben und unseren Mühen bleibt nichts zurück, keinerlei Spur hinterlassen wir im sinnlosen Tanz der Atome; das Universum will nichts, strebt nichts an, kümmert sich um nichts und spricht weder Lob aus noch verhängt es eine Strafe.
Wer behauptet, dass es Gott nicht gibt und es lustig sei, belügt sich selbst.«
(Leszek Kolakowski, polnischer Philosoph)

Kann man Gott erfahren?

Im Alten Testament wird von Mose erzählt, der Gott in der Stunde des Aufbruchs vom Sinai in das Gelobte Land bittet: »Lass mich deine Herrlichkeit sehen!« Wenigstens einmal möchte Mose Gott sehen, möchte einen eindeutigen Beweis. Gott antwortet: »Mein Angesicht kannst du nicht sehen; denn kein Mensch wird leben, der mich sieht.« Aber Gott entzieht sich dem Mose nicht ganz, er erfüllt den Wunsch des Mose zur Hälfte. Mose darf Gott sehen, aber nur von hinten. Gott stellt Mose in eine Felsspalte und hält, während er an ihm vorübergeht, seine Hand über ihn. Erst nachdem er vorübergezogen ist, zieht Gott seine Hand von Mose und jetzt darf Mose ihm nachsehen (2 Mose 33,18-23).

Die Geschichte ist ein Bild für unsere Gotteserfahrung. In unserem Leben und auch in dieser Welt können wir Spuren Gottes entdecken – aber nur im Nachhinein, im Rückblick, und auch nie völlig eindeutig. In dieser Welt bekommen wir Gott nirgendwo zu fassen, und doch können wir ihm begegnen.

»Siehe, der Himmel und aller Himmel Himmel können dich nicht fassen – wie sollte es denn dieses Haus tun, das ich gebaut habe?« (1. Könige 8,27) betet der König Salomo bei der Einweihung des Jerusalemer Tempels. Gott ist nicht über uns im Himmel, sondern Himmel ist überall dort, wo mitten unter uns Gott ist.

Kann man Gott, wie viele meinen, in der Natur begegnen? Die Schönheiten der Natur können überwältigen, aber die Grausamkeiten der Natur können auch erschrecken. Der Gott der Natur ist stumm und zwiespältig. In ihm kann man nicht den erkennen, der sich dem Menschen zuwendet. Die erlebte Natur kann in mir das Lob des Schöpfers wachrufen, wie etwa Paul Gerhardts Sommerlied »Geh aus, mein Herz, und suche Freud« zeigt. Doch Gott ist nicht identisch mit der Natur und das Christentum ist keine Naturreligion, obwohl es zum christlichen Glauben gehört, die Schöpfung zu achten und zu bewahren.

Einmal brachte eine Mutter ihren Sohn zum Rabbi. Da fragte der Rabbi den Jungen: »Ich gebe dir einen Gulden, wenn du mir sagst, wo Gott wohnt.« Er antwortete: »Und ich gebe dir zwei Gulden, wenn du mir sagen kannst, wo er nicht wohnt.«

Gott begegnet mir in ganz alltäglichen Lebenserfahrungen und gewöhnlichen menschlichen Verhältnissen. Dabei machen Christen keine anderen Erfahrungen als Menschen sonst, sie erkennen nur in dem, was ihnen widerfährt, Gottes Nähe. Es sind in der Regel keine spektakulären Erfahrungen, jeder Augenblick kann eine Erfahrung von Transzendenz enthalten. Wer Gott nicht im alltäglichen Leben begegnet, der wird ihn schließlich auch in der Kirche nicht mehr finden.

»großer gott klein

großer gott:
uns näher
als haut
oder halsschlagader
kleiner
als herzmuskel
zwerchfell oft:
zu nahe
zu klein –
wozu
dich suchen?

wir:
deine verstecke«

(Kurt Marti, schweizer Pfarrer und Dichter)

Wer ist Gott?

Der Gott der Bibel

Wenn wir als Christen von Gott sprechen, denken wir nicht an irgendein höheres Wesen, das wir nur ahnen oder schweigend verehren können. Wir meinen den »Gott Abrahams, Isaaks und Jakobs«, den »Vater unseres Herrn Jesus Christus«, also den Gott, von dem die Bibel auf mehr als 1000 Seiten im Alten wie im Neuen Testament erzählt: von der Befreiung eines Sklavenvolkes aus ägyptischer Herrschaft, von der wunderbaren Geburt des Heilands in einer Notunterkunft in Bethlehem, von der Auferstehung des als Aufrührer verurteilten und gekreuzigten »Gottessohns«. Die Bibel ist voller Geschichten. Die Juden haben entdeckt: Von

2 Mose 3

Eine zentrale Gottesgeschichte des Alten Testaments steht im 2. Buch Mose: die Geschichte von der Berufung des Mose. Als jüdisches Kind wächst er am Hof des ägyptischen Pharao auf. Als er sieht, wie ein ägyptischer Aufseher seine jüdischen Landsleute schikaniert, gerät er in Zorn und schlägt den Ägypter tot. Er flieht und rettet sich in die Wüste. Dort findet er bei dem Midianiter Jitro Unterschlupf, heiratet eine von dessen Töchtern und wird Hirte. Eines Tages kommt er mit seiner Herde an einen unbekannten Ort und sieht dort ein seltsames Naturphänomen: einen Dornbusch, der brennt, ohne zu verbrennen. Als Mose näher herantritt, hört er seinen Namen: *»Mose, Mose!« »Hier bin ich«*, antwortet Mose. Und jetzt vernimmt er die Stimme Gottes von außen und innen zuleich: *»Ich bin der Gott deiner Väter. Ich habe das Elend meines Volkes in Ägypten gesehen, ich habe sein Wehgeschrei gehört. Ich will sie herausführen und in ein Land bringen, in dem Milch und Honig fließen.«* Mose will zurückweichen, aber die Stimme hält ihn fest: *»Dich aber, Mose, will ich zum Pharao von Ägypten schicken. Tritt vor ihn hin und sprich: Lass mein Volk ziehen!«* Mose aber zweifelt und windet sich und fragt: *»Wer bist du? Wenn ich zu den Israeliten komme, werden sie nach deinem Namen fragen.«*

Die Anwort, die Mose erhält, ist überraschend. Sie heißt nicht: »Ich bin ein höheres Wesen«, auch nicht: »Ich offenbare mich in der Natur« und auch nicht: »Ich bin im Herzen der Menschen« – die klassischen Antworten. Sondern: *»Ich bin, der ich sein werde.«*

Der Gottesname: Mit diesem Namen hat Israel seinen Gott benannt und angerufen. Auf hebräisch heißt er »Jahwe«. Er war den Juden heilig, sie wagten nicht, ihn direkt in den Mund zu nehmen. Zu den hebräischen Konsonanten des Namens las man weitere Vokale dazu, so

Gott kann man nicht in Definitionen, Erklärungen und Begriffsbestimmungen reden, sondern nur in Geschichten, Gebeten und Gleichnissen. Wo alle anderen Völker, Religionen und Philosophen einen letzten Urgrund sehen, da erfahren die Juden eine persönliche Macht. Keine schweigende Tiefe, sondern eine lebendige Stimme. Nicht nur eine zentrale Ordnung hinter den Erscheinungen, sondern ein persönlicher Wille, mit uns Menschen in Kontakt zu treten, zu helfen, zu retten, zu begleiten. Davon kann man nur in Geschichten erzählen.

Jesus hat nicht sich selbst gepredigt, er wollte Gott neu zur Sprache bringen. Er hat damit aber nicht nur Zustimmung gefunden, beim religiösen Establishment ist er mit seiner Botschaft auf Ablehnung gestoßen. Mit dem Kreuzestod in Jerusalem schien auch die Sache Jesu erledigt zu sein, doch in Wahrheit fing sie jetzt

dass er nun mit »Adonaj« (»HERR«) ausgesprochen werden konnte.

»Ich bin, der ich sein werde« – das klingt wie eine ausweichende Antwort. Sie verweist den menschlichen Versuch in die Grenzen, sich von Gott eine Vorstellung zu machen. Gott bindet sich nicht an die Bilder und Begriffe, die wir von ihm haben. Und dennoch ist es eine Auskunft. Wer nach Gott fragt, wird auf das gewiesen, was er in Zukunft erleben wird. In seinem Handeln wird sich Gott als der erweisen, der er ist. Darum ist der Glaube nicht das Führwahrhalten irgendeiner Vorstellung von Gott. Er ist vielmehr die Offenheit für die immer neue Begegnung mit Gott, die in immer größere Klarheit führt.

Und noch etwas zeigt die Geschichte vom »brennenden Dornbusch«: *»Ich habe das Elend meines Volkes in Ägypten gesehen. Ich will sie herausführen und in ein Land bringen, in dem Milch und Honig fließen«*, sagt Gott. Das ist ein Grundmodell für alle späteren Gotteserfahrungen in der Bibel. Der Gott der Bibel ist einer, der das Schreien der Unterdrückten hört und sie aus dem Elend erlösen will. Gott will den Menschen befreien, nicht unterwerfen. Der biblische Gottesglaube hat befreienden Charakter.

Lukas 15,11-32

Jesus verkündigte keinen neuen Gott, sondern den einen Gott Israels, wie er ihm in der hebräischen Bibel begegnet ist, aber er verkündigt ihn anders und neu. Gott richtet sich nicht nach den Vorstellungen, die die Menschen von ihm und von der Gerechtigkeit haben. Das wird deutlich im Gleichnis vom verlorenen Sohn (Lukas 15,11-32), einer zentralen Gottesgeschichte des Neuen Testaments:

Wir nennen diese Geschichte das Gleichnis vom verlorenen Sohn, aber in Wahrheit ist der Vater die Hauptgestalt. Der Vater, der den jüngeren Sohn ziehen lässt auf seinem Weg in die Freiheit, als dieser von ihm sein Erbteil fordert und den Vater behandelt, als wäre er schon tot. Der Vater, der seinen Sohn nicht aufhält, obwohl er ahnt, was da kommt, und

»Gott ist ein glühender Backofen voller Liebe.« (Martin Luther)

noch einmal ganz neu an. Durch Ostern kamen seine Anhänger zu der Gewissheit: Der Gekreuzigte lebt. Und das hieß zugleich: Was er gesagt und getan hat, ist von Gott beglaubigt worden. Gott ist in der Tat so, wie Jesus ihn gelehrt hat. Gott und Jesus gehören unwiderruflich zusammen. Durch Jesus hat Gott selbst zu uns gesprochen. Ja, die Anhänger Jesu und dann auch die frühen Christen kamen zu der Überzeugung: In Jesus von Nazareth ist Gott selbst Mensch geworden. In seiner Geschichte, in seinen Worten und Taten hat sich Gott zu erkennen gegeben.

dessen Bild im Sohn dann doch aufsteigt, als dieser in Elend und Hunger bei seiner Schweineherde sitzt. Der Vater, der seinen heimkehrenden Sohn schon von weitem sieht, ihm mit offenen Armen entgegenläuft, gar nicht wartet, bis dieser seine Entschuldigung vorgebracht hat, sondern ihn in die Arme schließt und sich nur noch freut.

Der Vater aber auch, der um den

Rembrandt, Die Heimkehr des verlorenen Sohnes, um 1666/1669

älteren Bruder nicht weniger bangt und wirbt als um den jüngeren, ihm nachgeht, ihm zuspricht und ihn nicht allein lässt in seinem Groll: *»Aber man musste doch einfach fröhlich sein und sich freuen. Denn dieser dein Bruder war tot und ist wieder lebendig geworden; er war verloren und ist nun wiedergefunden.«* Das klingt fast hilflos, aber so spricht Liebe, die niemanden zwingen, sondern nur für sich werben kann. Die Geschichte vom verlorenen Sohn ist in Wahrheit eine Geschichte von Gott – einem Gott, so unfassbar, dass selbst seine Kinder ihn nicht kennen. Ein Gott, der sich nicht zu fassen weiß vor Freude über einen nichtsnutzigen Versager; ein Gott, der sich das Schuldbekenntnis eines Sünders nicht einmal bis zu Ende anhört; ein Gott, der entzückt ist, wenn ihm seine Feinde in die Arme laufen. So ist Gott, will Jesus sagen. So großzügig wie der Vater, der seinen Sohn ziehen lässt. So geduldig wie der Vater, der auf seinen Sohn wartet. Und so gütig – er nimmt uns auf – ohne Bedingungen. So ist Gott, so kümmert er sich um den Menschen, vor allem um den, der ihm verloren ging.

Ist Gott allmächtig?

Die christliche Tradition lässt keinen Zweifel daran, dass Gott allmächtig ist. Wäre es anders, würde er aufhören, Gott zu sein. Dennoch ist an der Allmacht Gottes immer wieder gezweifelt worden. Kann man die Allmacht Gottes mit der Freiheit des Menschen vereinbaren? Wird der Mensch nicht zur Marionette Gottes? Philosophen haben logische Bedenken gegen die Rede von der Allmacht Gottes angemeldet. Damit werde etwas logisch oder faktisch Sinnloses behauptet: Wenn Gott allmächtig wäre, müsse er z. B. einen Stein schaffen können, den er selbst nicht heben kann. Vor allem aber scheint die Behauptung, Gott sei allmächtig, an der Tatsache zu scheitern, dass es in der Welt weithin nicht nach dem Willen Gottes zugeht. Der Philosoph Pierre Bayle hat es schon im 17. Jahrhundert auf den Punkt gebracht: »Entweder ist Gott allmächtig, dann ist er nicht gut. Oder er ist gut, dann ist er nicht allmächtig. Oder er ist keines von beidem.«

Doch was Gottes Allmacht ist oder sein könnte, wird in diesen Anfragen und Zweifeln von den Vorstellungen und Erfahrungen abgeleitet, die wir mit der Macht unter Menschen gemacht haben. Gottes Allmacht ist nicht die letzte Steigerung dessen, was wir gewöhnlich unter Macht oder Gewalt verstehen. So wie Adolf Hitler, wenn er von Gott zu sprechen pflegte, ihn immer den »Allmächtigen« nannte. »Wer den ›Allmächtigen‹ Gott nennt, der redet in der furchtbarsten Weise an Gott vorbei. Denn der ›Allmächtige‹ ist böse, wie ›Macht an sich‹ böse ist.« (Karl Barth)

Im Neuen Testament wird nur zurückhaltend von Gottes Allmacht gesprochen – und dann eher als Aussage des Trostes (»Alle Dinge sind möglich bei Gott«, Markus 10,27) oder als Kampfansage an die Mächte dieser Welt (Offenbarung 1,8.19,6). Herzstück des christlichen Glauben ist etwas anders als die Betonung der Allmacht und Majestät Gottes: Dieser Gott ist Mensch geworden, ist verfolgt, verurteilt und gekreuzigt worden – aus Liebe zu den Menschen.

Mit dem Tode Jesu am Kreuz ist zugleich eine bestimmte Gottesvorstellung gestorben, nämlich der Wunsch nach einem starken, allmächtigen »höchsten Wesen«, das wie ein grandioser Zauberer immer dann eingreift, wenn die Not am größten ist und dem Menschen heraushilft. Im Christentum sind zum ersten Mal in der Religionsgeschichte Gott und das Leiden positiv zusammengebracht: Gott leidet mit den Menschen mit. Das Kreuz Christi ist das Zeichen dafür, dass Gott darauf verzichtet, die Menschen mit Gewalt zur Ordnung zu rufen. Gott fällt nicht über uns her und zwingt uns nicht in die Knie. Wir sind als Menschen nicht seine Marionetten, sondern auf Erden seine Partner. Darum geht er freundlich mit uns um, auch wenn wir manchmal wünschen, er möge doch einmal »richtig eingreifen«. Er lässt es sogar zu, dass Menschen ihn vergessen, verleugnen oder verspotten. »Er handelt nicht mit uns nach unsern Sünden und vergilt uns nicht nach unserer Missetat.« (Psalm 103,10) Gott unterwirft nicht, er setzt sich ohne Gewalt durch. Er kann, was er will. Aber er hebt die Freiheit des Menschen und die Gesetze der Welt nicht auf. Gott ist kein Macher, er ist der Schöpfer. Die Bibel sagt: »Gott ist die Liebe.« (1. Johannes 4,16). Gottes Liebe wird sich endlich durchsetzen. Gottes Allmacht ist die Macht seiner Liebe.

Ist Gott ein Mann oder eine Frau?

»Mutter unser, die du bist im Himmel …« beteten vor Jahren radikale feministische Theologinnen, um gegen das »einseitig männliche Gottesbild« im Christentum zu protestieren.

In der Bibel begegnen uns tatsächlich viele Gottesbezeichnungen mit deutlich männlich bestimmten Zügen: Vater, König, Herrscher, Herr der Heerscharen, Hirte, Kriegsmann. Die dominanten männlichen Züge in den biblischen Gottesbildern lassen sich historisch erklären: Es waren fast ausschließlich Männer, die die biblischen Schriften verfasst oder redigiert haben. Religion und Priestertum waren in Israel den Männern vorbehalten und diese religiösen Eliten stellten sich Gott fraglos nach dem eigenen Bilde vor. So ist der patriarchale Gott der Bibel auch ein Spiegelbild der in der israelitischen Gesellschaft bekannten Vatergestalt.

Zugleich muss man jedoch sagen: Wird Gott in der Bibel »Vater« genannt, dann ist damit weder eine geschlechtliche Zugehörigkeit Gottes gemeint noch eine Zurücksetzung der Frauen beabsichtigt. Gott wird als »Vater« angerufen, weil der Vater die Aufgabe hatte, für die Familie zu sorgen und sie zu beschützen – und die Großfamilie in biblischen Zeiten die auch in religiösen Fragen bestimmende Lebensgemeinschaft war.

Auch Jesus hat Gott »Vater« genannt, noch mehr: er hat »Abba« (das ist aramäisch und heißt auf deutsch »Papa«) zu ihm gesagt. Eine solche Anrede war im religiösen Kontext damals völlig ungewöhnlich. Jesus hat ein familiäres Wort auf Gott übertragen – Ausdruck der besonderen Nähe und Liebe, die Jesus offenbar zu Gott empfand.

Gott als Vater – und Gott als Mutter? »Ich will euch trösten, wie einen seine Mutter tröstet.« (Jesaja 66,13). Wie eine Bärenmutter wendet sich Gott gegen alle, die ihren Jungen Böses antun wollen (Hosea 13,8). Gott schreit und ringt um Luft wie eine Gebärende (Jesaja 42,14), Gott ist wie eine Hebamme, die einem Kind zum Leben verhilft (Psalm 22,10). Das Bild vom mütterlichen Gott gehört, auch wenn es nicht so häufig begegnet wie das Bild vom Vater, zum Grundbestand der biblischen Gottesvorstellung.

Vater und Mutter, das sind jedoch keine Definitionen oder Beschreibungen Gottes, sondern sprachliche Bilder. Gott ist weder Mann noch Frau, weder eine Muttergöttin noch ein Vatergott. Sexuelle Züge lassen sich auf ihn nicht übertragen. Das biblische Bilderverbot wahrt die Transzendenz Gottes: Er hat keine Gestalt, die

SEITENBLICK

Monotheismus

Anfangs haben die Juden noch geglaubt, dass auch die Götter der anderen Völker wirklich existieren, aber von ihnen nicht verehrt werden dürfen. Im Lauf der Zeit ist die Einsicht gewachsen, dass hinter den Göttern der anderen Völker keine reale Macht steht, sie existieren nicht wirklich. Mit der Erfahrung des babylonischen Exils (587-520 v. Chr.) setzt sich in Israel die Erkenntnis durch, dass Israels Gott der einzige und wahre Gott ist – auch für die anderen Völker: »Höre Israel, der HERR ist unser Gott, der HERR allein.« (5 Mose 6,4)

Erst von dieser Zeit an kann man im Alten Testament von einem wirklichen Monotheismus sprechen, wie er dann für das Judentum, das Christentum und den Islam prägend geworden ist.

Die ausschließliche Verehrung nur eines Gottes hatte auch soziale Folgen. Solange man an eine Vielzahl von Göttern glaubte, die für verschiedene Lebensbereiche zuständig und hierarchisch miteinander verbunden waren, verstand man die irdischen Verhältnisse als Abbild einer himmlischen Ordnung. Mit dem Monotheismus wurden die sozialen Verhältnisse in einer Gesellschaft kritisierbar.

mit irgendeinem Wesen aus unserer Erfahrungswelt zu vergleichen wäre. Gott, den wir nicht erforschen und nicht begreifen können, ist größer als alle Bilder.

Gott und die Götter

In biblischen Zeiten hießen die fremden Götter Baal, Marduk, Zeus oder Osiris. Die Götter sind geblieben, sie tragen jetzt nur andere Namen: Für den einen ist es das eigene Haus, bei der anderen dreht sich alles um die Gesundheit, nicht wenige stecken ihr ganzes Geld in ihr Auto, andere haben nur eines im Kopf: Sex, nicht wenige hocken den ganzen Tag vor dem Computer, für zahllose Fans gibt es nur eines: den Fußball und ihren Lieblingsverein, manche besitzen alle CDs von »ihrer« Pop-Gruppe, andere sitzen stundenlang vor dem Fernseher und verpassen ihre Lieblingssendung nie.

Wir nennen unsere Götter nicht mehr »Götter«, aber die Realitäten sind geblieben. Jeder hat Werte, für die er alles tut, von denen für ihn alles abhängt, auf die er hofft wie auf nichts anderes. Der antike Satz »Die Welt ist voll von Göttern« gilt auch heute noch uneingeschränkt.

In einem berühmten Text, einem Abschnitt seines Großen Katechismus, schreibt Martin Luther: »Ein ›Gott‹ heißt etwas, von dem man alles Gute erhoffen und zu dem man in allen Nöten seine Zuflucht nehmen soll. ›Einen Gott haben‹ heißt also nichts anderes, als ihm von Herzen vertrauen und glauben.« Er zählt dann eine ganze Reihe Götter seiner Zeit auf – großes Wissen, Macht, Beliebtheit, Ehre, bestimmte Heilige – und stellt dann, den Kapitalismus unserer Zeit schon erahnend, fest: »Es ist mancher, der meint, er habe Gott und alles zur Genüge, wenn er nur Geld und Gut hat ... Sieh, ein solcher hat auch einen Gott, der heißt Mammon ... Das ist ja auch der allergewöhnlichste Abgott auf Erden.«

Diese Sätze gehören zu Luthers Auslegung des 1. Gebotes. Es lautet: »Ich bin der HERR, dein Gott. Du sollst nicht andere Götter haben neben mir.« Ein Gebot, das die Verehrung aller anderen Götter verbietet, ist im Alten Orient einzigartig. Überall sonst war die Duldung fremder Götter und ihrer Kulte selbstverständlich. Dabei wird im 1. Gebot nicht bestritten, dass es andere Götter gibt. Sie mögen existieren, aber sie helfen nicht. »Ich bin der HERR, dein Gott, vom Land Ägypten her. Einen Gott außer mir kennst du nicht, und einen Helfer außer mir gibt es nicht.« (Hosea 13,4)

Einzigartig, ja in der damaligen Zeit geradezu befremdlich, war das 2. Gebot, das Bilderverbot: »Du sollst dir kein Bildnis noch irgendein Gleichnis machen, weder von dem, was oben im Himmel noch von dem, was unten auf Erden, noch von dem, was im Wasser unter der Erde ist: Bete sie nicht an und diene ihnen nicht!« Das Gebot richtet sich zunächst deutlich gegen alle Götterbilder, die es in der Umgebung Israels, aber auch in Israel selbst gegeben hat. In der Antike galt sonst gerade der als besonders fromm, der viele Götter verehrte und sein Haus mit Statuen, heiligen Zeichen und Symbolen schmückte. Überall in den Häusern, auf den Straßen und Plätzen umgab man sich mit sichtbaren Zeichen religiöser Kräfte, weil man sich vergewissern wollte, dass gute Mächte einen begleiteten und schützten. Bis heute zeugen prachtvolle Tempel und faszinierende Kunstwerke aus dieser Zeit vom religiösen und kulturellen Reichtum jener Zeit.

Warum wurde Israel zugemutet, an Gott zu glauben, ohne sich ein Bild von ihm zu machen? Das Bilderverbot schärft ein: Gott ist unvergleichlich. Er ist größer als alle Bilder, die wir uns von ihm machen. Das Bilderverbot verteidigt den Unterschied zwischen Gott und der Welt, zwischen dem Schöpfer und seinen Geschöpfen.

»Mit wem wollt ihr mich vergleichen, an wem wollt ihr mich messen, um zu sehen, ob wir uns gleichen?« (Jesaja 46,5). Vergleichen wir einmal! Was unterscheidet Gott von den Göttern?

1. Die anderen Götter sind alle sichtbar. Sie beweisen sich uns jeden Tag und imponieren uns mit ihrer tatsächlichen Macht: der Gott Geld, der Gott Auto oder der Gott Wissenschaft oder wen man da sonst noch nennen mag. Bei genauerem Hinsehen entpuppen sich diese Götter als Mittel menschlicher Existenzsicherung, als Produkte unserer Wunschvorstellungen vom Leben.
   Anders Gott selbst! Er ist nicht das Produkt unserer Wünsche. Er kommt nicht auf Bestellung. Er stellt seine Macht nicht zur Schau, sondern bleibt verborgen. Er kommt allein mit einem Versprechen, für das es keine Garantie gibt. Und doch findet sein Wort immer wieder Gehör.

Für die Götzen müssen wir bezahlen. Um etwas zu bekommen, müssen wir etwas geben.

2. Die anderen Götter sind stumm. Sie fragen nicht, sie trösten nicht, sie sind auch nicht ansprechbar. Auch die Natur, für viele Menschen heute die letzte Zuflucht ihres Lebens, gibt keine Antwort. Sie kümmert sich nicht um den Menschen.
   Anders der biblische Gott. »Unser Gott kommt und schweigt nicht«, heißt es im 50. Psalm (V. 3). »Wo alle anderen Völker, Religionen und Philosophien nur den Horizont des letzten Schweigens sahen, … von dorther hört Israel, hört Jesus, hört die Gemeinde Jesu eine lebendige Stimme, von dorther spricht ein hörbares und anredbares Du.« (Helmut Gollwitzer)
3. Für die anderen Götter müssen wir bezahlen. Um etwas von ihnen zu bekommen, müssen wir ihnen erst etwas geben. Um mich an dem Gott Auto freuen zu können, muss ich ihm erst meine Arbeitszeit geben, um das Auto bezahlen zu können und dann meine Freizeit. Der Gott Auto, der Gott Computer, der Gott Schönheit oder der Gott Wohlstand – sie verlangen Opfer und Leistung. Das 1. Gebot ist dagegen ein Gebot der Freiheit: »Ich bin der HERR, dein Gott, der dich aus Ägypten, dem Land der Sklaverei, befreit hat.« Gott will, dass wir freie Menschen werden und unser Herz nicht an Dinge hängen, die uns versklaven.

Martin Luther sagt in seiner Katechismus-Erklärung zum 1. Gebot: »Wir sollen Gott über alle Dinge fürchten, lieben und vertrauen.« Das macht frei von allen irdischen Ansprüchen. Wir müssen vor keiner irdischen Instanz auf die Knie fallen:

weder vor Politikern noch vor Wirtschaftsbossen oder Bischöfen. Das 1. Gebot steht dafür ein, dass nichts Menschliches vergöttert wird: weder die Rasse noch das Volk, weder das Geld und die Wirtschaft noch Fußballstars oder prominente Fernsehleute. Wir bleiben frei, wir sind nicht käuflich, wir sind niemandem untertan.

Glauben nicht alle an denselben Gott?

Die Zahl der Menschen in Europa, die einer anderen als der christlichen Religion angehört, nimmt kontinuierlich zu. Die einen sind fasziniert von den anderen Religionen mit ihren unbekannten Riten und Bräuchen, andere empfinden sie als fremd und wenden sich wieder verstärkt den eigenen religiösen Wurzeln zu. Inzwischen sagen auch viele: »Keiner kennt wirklich die Wahrheit, darum sind alle Religionen gleich. Letztlich glauben alle an denselben Gott.«

Im Jahr 2005 gaben bei einer repräsentativen Umfrage 45 Prozent der Befragten an: »Christen, Juden und Muslime glauben an denselben Gott«. 24 Prozent antworteten dagegen: »Jede dieser Religionen glaubt an einen anderen Gott«, und 16 Prozent, vor allem Jüngere, waren überzeugt: »Christen und Juden glauben an denselben Gott, Muslime an einen anderen.«

Der Trend ist unverkennbar: Die Zahl derer wächst, die glauben, dass zumindest alle großen Religionen es mit ein und demselben Gott zu tun haben, und die Unterschiede zwischen den Religionen kulturbedingt sind.

Richtig ist: Wenn es einen Gott gibt, dann gibt es ihn nur einmal. Schon die Vorstellung von vielen Göttern steht im Widerspruch zu dem, was »Gott« bedeutet. Doch in den verschiedenen Religionen wird Gott durchaus unterschiedlich gesehen. Da das Gottesverständnis in der Regel auch das eigene religiöse Selbstverständnis prägt, gibt es in den einzelnen Religionen auch unterschiedliche Grundanschauungen von der Welt, vom Menschen und von Gott. Wenn Frauen aus religiösen Gründen Kopftücher tragen oder sich ganz verschleiern, dann kommt darin eine andere Anschauung vom Menschen und auch vom Verhältnis zwischen Frau und Mann zum Tragen als im christlichen Glauben. Juden, Christen und Muslime glauben an Gott, den Schöpfer des Himmels und der Erde – aber für Muslime hat die Welt Gottes mit der des Menschen nichts zu tun, wird Gott nicht Mensch und ist der Mensch nicht Ebenbild und Gesprächspartner Gottes und als solcher mit unverlierbarer Würde ausgestattet. Alle großen Religionen verstehen sich als Wege zu Gott oder zu einem Absoluten (das gilt, obwohl das manchmal bestritten wird, auch für den Buddhismus, in dem das Dharma oder Nirvana als allerhöchste Wirklichkeit gesehen wird), aber sie sehen Gott aus unterschiedlichen Perspektiven.

Das Christentum unterscheidet sich von allen anderen Religionen durch den Glauben an Jesus Christus. Der christliche Glaube verlässt sich darauf, dass Gott so ist, wie er sich in Jesus Christus zu erkennen gegeben hat. Als Christen glauben wir nicht, dass Gott im Grunde ein unbegreifliches und unbekanntes höchstes Wesen ist, von dem Jesus, Mohammed und Buddha jeweils nur einen Teil zu erkennen gegeben haben. In meinem Leben verlassen kann ich mich nicht auf ein letztlich unergründliches und namenloses Geheimnis, wohl aber auf einen Gott, den Jesus als liebenden Vater aller Menschen nahegebracht hat. Der christliche Glaube ist ein persönliches Vertrauen auf den Gott, der uns in Jesus Christus begegnet.

Die Worte und Argumente, mit denen wir diesen Glauben zum Ausdruck bringen, sind menschliche Versuche, der Wahrheit Gottes zu entsprechen. Wir sind aber nicht im Besitz der Wahrheit, wir können uns ihr nur annähern. »Unser Wissen ist Stückwerk und unser prophetisches Reden ist Stückwerk. Wenn aber kommen wird das Vollkommene, so wird das Stückwerk aufhören«, schreibt Paulus im 1. Korintherbrief (V. 13,9). Die Wahrheit selbst bleibt auf Gottes Seite. Darum können wir als Menschen Gottes Wirken etwa im Islam, im Hinduismus oder im Buddhismus letztlich nicht identifizieren. Gott kann sich nur selbst bewahrheiten. Wir wissen darum nicht, ob Christen, Muslime, Hindus oder Buddhisten an denselben Gott glauben. Das weiß nur Gott selbst. Es kann in dieser Frage keinen neutralen Standpunkt über den Religionen geben, von dem aus wir Vergleiche ziehen und Urteile fällen können.

Anders verhält es sich mit dem Gott des christlichen und des jüdischen Glaubens. Es ist nicht irgendein Gott, den Jesus mit »Vater« angesprochen hat, sondern der Gott Abrahams und der Psalmen, der Gott, der Israel aus Ägypten befreit hat, der Gott der Zehn Gebote und der Propheten, von dem die Juden bis heute im täglichen Morgen- und Abendgebet bekennen: »Höre, Israel, der HERR, unser Gott, ist einzig. Darum sollst du den HERRN, deinen Gott, lieben von ganzem Herzen, von ganzer Seele und mit all deiner Kraft.« (5 Mose 6,4f.)

Religionen sind nicht einfach austauschbar. Es ist auch nicht egal, was und an wen man glaubt. Wer seinen eigenen Glauben ernst nimmt, für den sind nicht einfach alle Religionen gleich. Sondern er wird sagen: Der eigene Glaube besitzt für mich unbedingte Geltung, den fremden Glauben kann ich uneingeschränkt achten. Ich gebe die eigene Glaubensgewissheit nicht auf, weil andere Menschen einen anderen Glauben haben. Aber deren Glauben kann ich voll und ganz respektieren.

Darum kann ich nicht einfach an der Praxis einer anderen Religion teilnehmen und z. B. gemeinsam mit Muslimen zu Allah beten, mit Hindus Visnu oder Krisna opfern oder etwa Ahnen und Geister anrufen. Ich kann aber aus dem eigenen christlichen Glauben heraus zusammen mit Juden, Muslimen, Hindus oder Buddhisten zu Gott beten und mich für Toleranz, Gerechtigkeit und Frieden einsetzen, so wie Menschen anderer Religionen aus ihrem Glauben heraus dies auch tun.

? Warum lässt Gott das Leid in der Welt zu?

Ein 14-jähriger Junge fährt mit dem Fahrrad zum Fußballtraining. Es ist Winter, und die Straßen sind glatt. Er fährt vorschriftsmäßig auf dem Radweg. Ein entgegenkommendes Auto gerät ins Schleudern, kommt von der Fahrbahn ab und erfasst den Jungen. Er stirbt noch an der Unfallstelle. Für die Eltern bricht die Welt zusammen. Verstört wiederholen sie immer nur eine Frage: »Warum?«

Auf dem Schulweg wird ein 9-jähriges Mädchen von einem Sexualstraftäter ins Auto gezerrt, anschließend im Wald missbraucht und umgebracht. »Wer tut so etwas?« fragen die Geschwister des ermordeten Mädchens. Auch die Eltern sind ratlos, was den Täter zu einer so abscheulichen Tat getrieben haben mag. Wo war Gott? Konnte er das Mädchen nicht beschützen?

»Warum?« – »Wie kann Gott das zulassen?« Fragen, die wir nicht loswerden, solange wir leben. Kann man nach Auschwitz noch den Gott loben, »der alles so herrlich regieret«? Warum müssen in Afrika jedes Jahr so viele unschuldige Kinder an AIDS sterben? Welche Erklärung gibt es für die 200 000 Tsunami-Opfer zu Weihnachten 2004 in Südostasien?

Warum? Wozu? Über solchen Fragen kann einem der Glaube zerbrechen. Katastrophen, Unglücksfälle, frühzeitiger Tod – wie passt das zu Gott, von dem es doch heißt, dass er allmächtig ist und das Gute will?

In der Bibel wird von Hiob erzählt (Hiob 1-42), über den das Unglück hereinbricht. Er erhält eine Hiobsbotschaft nach der anderen: Das Vieh wird ihm gestohlen, seine Knechte werden erschlagen, die eigenen Kinder kommen um. Und am Ende wird auch er noch mit einer furchtbaren Krankheit geschlagen. Damit ist Hiob ganz unten. Mehr an Leid geht nicht.

Als seine Freunde kommen, um ihn in seinem Unglück zu trösten, bricht es aus ihm heraus: »Warum gibt Gott den Menschen ein Leben voller Bitterkeit und Mühe?« (3,20) Diese Klage des Hiob eröffnet ein Streitgespräch zwischen Hiob und seinen Freunden. Diese versuchen, Hiobs Leid zu erklären: Es muss entweder eine Strafe sein für eine Schuld, die Hiob begangen hat. Oder es ist eine Erziehungsmaßnahme, eine Prüfung Gottes, gegen die sich Hiob nicht auflehnen sollte. Hiob aber besteht auf seiner Unschuld und fordert Gott auf, ihm Rede und Antwort zu stehen: »Wenn ich nur wüsste, wo sich Gott befindet, und wie ich dorthin gelangen kann. Ich würde meinen Rechtsstreit mit ihm führen als einer, dem nichts vorzuwerfen ist.« (23,2f.)

Gott nimmt die Herausforderung an und antwortet Hiob aus dem Sturm. Er erklärt Hiob nicht, warum er leiden muss. Gott führt ihm vielmehr die größere Ordnung, den Reichtum und auch die Unergründlichkeit seiner Schöpfung vor Augen: »Wer bist du, dass du von Dingen redest, die du nicht verstehst? Wo warst du denn, als ich die Erde gründete? Wer hat bestimmt, wie groß sie werden sollte? Du weißt doch alles! Oder etwa nicht?« (38,2.4f.)

Am Ende zieht Hiob seine Klage gegen Gott zurück und gibt zu, über Dinge gesprochen zu haben, die er nicht versteht. »In meinem Unverstand habe ich geredet von Dingen, die mein Denken übersteigen. Ich kannte dich ja nur vom Hörensagen, jetzt aber hat mein Auge dich geschaut.« (42,3f.) Am Ende erhält Hiob nicht nur seine Gesundheit wieder, sondern auch einen verdoppelten Besitz – und Gott bescheinigt ihm, anders als die Freunde recht von ihm gesprochen zu haben. Dennoch bleiben am Ende des Hiobbuches Fragen offen: Hiobs Leiden wird nicht erklärt. Hiob wird vielmehr in seine Schranken verwiesen. Was bleibt, ist die unendliche Distanz zwischen Schöpfer und Geschöpf. Gottes Handeln bleibt für Menschen unbegreiflich.

Die Frage »Wie kann Gott das zulassen?« ist heute vermutlich die am häufigsten gestellte Anfrage an den Gottesglauben. Doch sie wird nicht immer nur aus existenzieller Not, sondern oft auch aus rhetorischer Polemik gestellt. Fragte man alle, die den »lieben Gott« in der Welt vermissen, wie sie sich das Eingreifen Gottes vorstellen, so kämen wahrscheinlich viele unterschiedliche und sich gegenseitig ausschließende Wunschvorstellungen zusammen.

Die Welt ist kein Paradies. Wir leben in einer Welt voller Aggressionen. Wir leben auch in einer Welt, in der Erdbeben, Vulkanausbrüche und Unwetter immer wieder viele Todesopfer fordern. Als Menschen sind wir endliche und begrenzte Geschöpfe. Leidensfähigkeit ist darum auch ein Zeichen für die Menschlichkeit des Menschen. Ein Protest gegen Gott, der sich in Wirklichkeit gegen die Grundstruktur unseres Daseins richtet, ist letztlich absurd. Gott »regiert die Welt nicht mit einer Kette von Dauerwundern« (Wolf Krötke). Eine perfekte Welt existiert nicht – und wenn es sie gäbe, gäbe es uns Menschen nicht.

Wir sollten uns darum auch hüten, alles, was geschieht und was uns widerfährt, auf Gott zurückzuführen. Gott ist es nicht, der Flugzeuge abstürzen und Züge entgleisen lässt, der die Atmosphäre erwärmt und die AIDS-Krankheit ausbreitet. Grausame Kriege und terroristische Anschläge, Hungerkatastrophen und Holocaust haben beschreibbare Ursachen und benennbare Täter. Warum sollten wir Gott dafür anklagen, der niemanden zu solchen Taten anstiftet? »Gott ist nicht ein Gott des Chaos, sondern ein Gott des Friedens.« (1. Korinther 14,33)

Warum? Wozu? Mehr noch als an Gott müssten wir diese Frage an uns selbst richten.

Doch wenn wir selbst betroffen sind und das Unglück am eigenen Leib erfahren, helfen uns solche Unterscheidungen nicht weiter. Das Leid, das uns selbst trifft, ist immer auch eine Kränkung. Wir können es nicht verstehen. Alle Erklärungen, warum es gerade so und nicht anders abgelaufen ist, helfen in dieser Situation nicht. Sinnloses Leid, egal, wer es verursacht hat, lässt sich nicht theoretisch verstehen, sondern nur praktisch bestehen.

Katastrophen, Unglücksfälle, unzeitiger Tod – passt das zu einem Gott, von dem es heißt, dass er allmächtig ist und das Gute will?

Für die Theodizeefrage (als »Theodizee« bezeichnet man die Rechtfertigung Gottes angesichts des Übels in der Welt) gibt es keine letztlich befriedigende Antwort. Sie gehört zu den Fragen, die zwar unbeantwortet bleiben, die zu stellen wir aber nicht aufhören können.

Auch der christliche Glaube ist keine Patentantwort auf alle Fragen dieser Welt. Wir wissen nicht, warum Menschen sterben müssen, noch ehe ihr Leben richtig begonnen hat. Erst recht wissen wir nicht, wie sich die Rätsel und Schrecken dieser Welt mit der Liebe Gottes vereinbaren lassen.

Man kann schon verstehen, wenn jemand sagt: »Wenn ich das sinnlose Leid in dieser Welt sehe, fällt es mir schwer zu glauben, dass es einen Gott gibt.« Aber dieser Satz lässt sich auch umdrehen – und dann leuchtet er wohl noch mehr ein: »Nur wenn es einen Gott gibt, kann man das unendliche Leid in der Welt überhaupt aushalten.« Der christliche Glaube versucht, diese Widersprüchlichkeit auszuhalten, ohne gefühllos oder spöttisch zu werden. Man mag Gott anklagen oder auch an ihm verzweifeln, entscheidend ist doch, dass diese Klagen nicht ins Leere gerichtet sind. Dann kann man auch mit ungelösten Fragen leben und zugleich darauf vertrauen, dass Gott auch in Krisen neue Lebensmöglichkeiten eröffnet.

»Ich glaube an die Sonne,
auch wenn sie nicht scheint.
Ich glaube an die Liebe,
auch wenn ich sie nicht spüre.
Ich glaube an Gott,
auch wenn ich ihn nicht sehe.«
(Wandinschrift im Warschauer Ghetto)

? Hat Gott die Welt geschaffen?

Christen verstehen die Welt als Schöpfung Gottes. Der erste Satz der Bibel heißt: »Am Anfang schuf Gott Himmel und Erde.« Dies ist zugleich eine Art Überschrift des ersten Schöpfungsberichtes am Anfang der Bibel, in dem erzählt wird, wie Gott in sieben Tagen Himmel und Erde, Pflanzen und Tiere und schließlich auch den Menschen geschaffen hat. Gleich anschließend wird noch ein zweites Mal – ganz anders – von der Schöpfung erzählt: von Adam und Eva, vom Garten Eden, vom Sündenfall und von der Vertreibung aus dem Paradies.

Die beiden Schöpfungserzählungen stammen aus unterschiedlichen Epochen der Geschichte Israels.

Als naturwissenschaftlich aufgeklärte Menschen des 21. Jahrhunderts werden wir die beiden Schöpfungserzählungen vielleicht als eindrückliche literarische Beispiele einer längst vergangenen Zeit zu schätzen wissen, aber sind sie weltanschaulich nicht längst überholt und wissenschaftlich widerlegt?

Wir wissen doch, dass die Welt nicht in sieben Tagen entstanden ist, sondern vor 13,7 Milliarden Jahren mit einem »Urknall« aus einer kosmischen Explosion hervorgegangen ist. Es bedurfte auch keines Eingriffes von außen, um Leben auf dieser Erde zu erzeugen – die Materie ist selbst imstande, immer komplexere Moleküle zu bilden und Leben aus sich herauszusetzen. Die Vielfalt der Pflanzen und Tiere – sie war nicht, wie es der erste Schöpfungsbericht schildert, von Anfang an da, sondern hat sich in einem langen Prozess der Evolution erst durchgesetzt. Und auch die Herkunft des Menschen ist ganz natürlich zu erklären. Er entstammt dem Tierreich und hat gemeinsame Vorfahren mit den Menschenaffen.

Das sind naturwissenschaftliche Erkenntnisse, die heute nicht mehr umstritten sein können. Wir können die Welt auch naturwissenschaftlich beschreiben, ohne dabei Gott zu erwähnen. Wie kommen wir dazu, von einem Schöpfer und von der Welt als Schöpfung zu reden? Der christliche Schöpfungsglaube beantwortet nicht die Frage, wie die Welt entstand. Er sagt nichts über den zeitlichen Anfang, sondern über den Grund und Ursprung dieser Welt. Die Alternative »Schöpfungsglaube oder Evolutionstheorie«, die sich immer noch in vielen Köpfen hält, ist falsch. Schon die Tatsache, dass am Anfang der Bibel in ganz verschiedener Weise von der Schöpfung erzählt wird, zeigt, dass hier keine historischen Protokolle vorliegen.

Gott schafft die Gestirne – eine Buchmalerei aus dem 15. Jahrhundert

Der erste Schöpfungsbericht (1 Mose 1,1-2,4) ist in der Zeit nach dem babylonischen Exil um etwa 500 v. Chr. geschrieben worden. In diesem Bericht wird bereits das Naturwissen der damaligen Zeit reflektiert. Das Leben kommt aus dem Wasser, die Pflanzen sind vor den Tieren da, die Fische und Vögel vor den Landtieren, als letztes kommen die Menschen. Die Grunderkenntnisse der Gliederung pflanzlichen und tierischen Lebens in Arten oder Gattungen sind in den Schöpfungsbericht schon eingearbeitet. Die Welt hat hier eine tiefe Ordnung. Sie ist sinnvoll eingerichtet (»und siehe, es war sehr gut«), ein harmonisches Ganzes, ein guter Lebensraum für Pflanzen, Tiere und Menschen. Nach dem biblischen Schöpfungsbericht entsteht die Welt nicht, wie im babylonischen Schöpfungsmythos, aus einem Kampf der Götter gegeneinander, sondern aus Gottes souveränem Handeln. Gott erschafft die Welt allein durch sein schöpferisches Wort, das alle Dinge ins Leben ruft. Die Natur ist nicht göttlich; die Gestirne sind keine göttlichen Mächte, die das Leben der Menschen bestimmen, sondern einfache Lampen am Firmament. Der biblische Schöpfungsglaube führt zu einer Entgötterung der Welt: Die Welt ist nur Welt, sie kann verändert, erforscht und erkundet werden.

Der Mensch schließlich ist nicht wie in Babylon zum Diener der Götter geschaffen, sondern als Ebenbild Gottes. Während in den orientalischen Religionen jener Zeit der König Stellvertreter und irdischer Statthalter Gottes ist, liegt in der Bibel auf jedem Menschen der Glanz Gottes. Das macht alle Menschen gleich und gibt doch jedem eine unverlierbare Würde. Er ist keine Marionette Gottes, sondern Partner des Schöpfers, der den Auftrag hat, die Schöpfung zu bewahren und zu bebauen. Der erste Schöpfungsbericht bietet keine stimmige Weltentstehungstheorie, sondern ruft in sieben Strophen zum Staunen und zum Lob Gottes auf, der als Schöpfer der Welt Sinn und Zusammenhang gibt.

»Ob der Ur-Feuerball, aus dem sich der Ur-Knall ereignete, ob Wasserstoff-Atome oder was immer naturwissenschaftlich gesehen ›am Anfang‹ war – kein naturwissenschaftliches Welt-Modell will und kann die philosophischen und theologischen Fragen beantworten: Warum gibt es überhaupt etwas und nicht nichts? Was ist der Grund des Anfangs? War es ein guter oder böser Anfang? Ein Unfall oder ein Zufall? Was soll das Ganze?«
(Erich Zenger, kath. Theologe)

Der zweite Schöpfungsbericht (2 Mose 2,4-25) ist wesentlich älter, er wurde schon um 900 v. Chr. geschrieben. Dieser Bericht entstammt einer bäuerlichen Lebenswelt. Gottes Schöpfung vollzieht sich hier als Bewässerung einer Wüste. Im Mittelpunkt steht die Erschaffung des ersten Menschenpaares, Adam und Eva. Die Erschaffung Adams (»Erdenmensch«) aus Lehm und Staub macht deutlich, dass der Mensch zur Erde gehört. Um Adam herum baut Gott in diesem Schöpfungsbericht nach und nach die übrige Welt auf: den Garten als Lebensraum des Menschen, die Tiere, die Frau Eva (»Lebende«), die als Zeichen der Zusammengehörigkeit von Mann und Frau aus Adams Rippe gebaut wird. Die Erschaffung Adams und Evas ist nur der Auftakt. Er findet seine Fortsetzung in einer Erzählung, in der Gottes Geschöpfe anfangen, die Welt in ihre Hand zu nehmen. Damit beginnt die Geschichte der Menschheit und sie beginnt mit dem »Sündenfall«.

Auch der zweite Schöpfungsbericht ist kein historisches Zeugnis über die Zeit der ersten Menschen. Er will vielmehr mit einer Ursprungsgeschichte beschreiben, wie die Welt und der Mensch wirklich sind, und begründen, wie es dazu gekommen ist.

Die biblischen Schöpfungsberichte sind in ihren kosmologischen und biologischen Teilen inzwischen veraltet, in ihren Grundaussagen stehen sie jedoch nicht im Widerspruch zu den heutigen naturwissenschaftlichen Informationen über die Entstehung der Welt und die Entwicklung des Menschen. Die Naturwissenschaft zeigt uns die Entwicklung, den Aufbau und die Gesetze der Natur, die wir als Schöpfung eines Schöpfers glauben. Der Schöpfungsglaube vermittelt uns die Gewissheit, dass die Welt, die wir kennen, wie immer sie im Einzelnen entstanden ist, kein Zufallsprodukt, sondern von Gott gewollt und bejaht ist.

Der Naturwissenschaft geht es, etwas vereinfachend gesagt, um das »Funktionieren« der Dinge. Im Glauben geht es um die Frage, wozu eigentlich das Ganze da ist. Niemand kann einen wissenschaftlichen Beweis dafür führen, dass Gott diese Welt nicht geschaffen haben kann. Denn es gibt keinen Punkt, von dem aus wir die gesamte Wirklichkeit überblicken könnten. Das können auch die Naturwissenschaften nicht leisten. Niemand hat Zugang zu einem Wissen, das alles erklärt.

»Ein wenig Wissenschaft entfernt uns von Gott, viel jedoch führt uns zu ihm zurück.«
(Louis Pasteur, franz. Chemiker)

Je mehr wir erklären können, umso mehr wird zugleich unbegreiflich. Je weiter die Naturwissenschaft in die Fragen nach der Entstehung des Universums, nach der Entwicklung des Lebens oder nach den kleinsten Teilen der Materie vorstößt, umso mehr scheint sie auf eine zentrale, für uns unbeschreibliche Ordnung zu stoßen.

Es ist völlig rätselhaft, warum die Evolution des Universums den für uns erkennbaren Verlauf genommen hat. Schon minimalste Abweichungen bei den Anfangsbedingungen des Universums hätten zu ganz anderen Entwicklungen geführt. Würden die Naturkonstanten auch nur einen um 1 % veränderten Wert haben, wären niemals stabile Sonnen entstanden – und damit auch keine Planeten, keine Atmosphäre, kein Leben auf der Erde. Ein zufälliges Entstehen dieser Feinabstimmung ist so extrem unwahrscheinlich, dass sie praktisch auszuschließen ist.

Ebenso rätselhaft ist, wie es auf molekularbiologischer Ebene zu den Bedingungen gekommen ist, die zur Entstehung von Leben führten. Die Wahrscheinlichkeit, dass sich die hochkomplizierten Bausteine einer lebenden Zelle rein zufällig auf geordnete Weise zusammengefunden hätten, beträgt $1:10^{1000}$ – das ist praktisch Null!

»Gott ist wesentlich gegenwärtig an allen Enden, in und durch alle Kreatur, in all ihren Stücken und Orten, so dass die Welt Gottes voll ist und er sie alle füllt, aber doch nicht von ihr beschlossen oder umfangen ist, sondern zugleich außer und über alle Kreatur ist. Dies sind über alle Maßen unbegreifliche Dinge, aber doch sind es Artikel unseres Glaubens. Wie leidet doch hier die Vernunft, dass die göttliche Majestät so klein sei, dass sie in einem Körnlein, an einem Körnlein, über einem Körnlein, durch ein Körnlein, inwendig und auswendig, gegenwärtig und wesentlich sei ... und wiederum dass dieselbe Majestät so groß ist, dass weder diese Welt noch tausend andere Welten sie umfangen können.«
(Martin Luther)

Die Kräfte der Natur sind, soweit wir sie erkennen, unglaublich fein aufeinander abgestimmt. Nur diese physikalisch und biologisch unvorstellbare Feinabstimmung hat die irdischen und kosmischen Verhältnisse hervorbringen können, ohne die sich auf der Erde kein Leben hätte entwickeln können. »Das Universum enthält Hinweise auf eine ihm zugrunde liegende Weisheit und es ist ein reizvoller, wenn auch nicht zwangsläufiger Gedanke, dass es die Weisheit eines Schöpfers ist, die sich in solchen Hinweisen erschließt«, schreibt der englische Physiker und Theologe John Polkinghorne.

Hat Gott die Welt geschaffen? Ja – und er ist auch weiter als Schöpfer der Welt tätig. Die Schöpfung ist noch nicht zu Ende. Gott ist nicht nur am Anfang der Schöpfer der Welt, sondern diese Welt lebt auch weiterhin aus der schöpferischen Kraft Gottes. »In ihm leben, weben und sind wir« heißt es in der Apostelgeschichte (17,28). So lebt und existiert in der Welt nichts aus sich. Gott ist als Schöpfer in jedem seiner Geschöpfe und in der Gemeinschaft aller Geschöpfe durch seinen Geist präsent.

Welchen Sinn hat es, an einen Schöpfer zu glauben? In seiner berühmten Auslegung des ersten Artikels des Glaubensbekenntnisses im Kleinen Katechismus sagt Martin Luther: »Ich glaube, dass mich Gott geschaffen hat samt allen Kreaturen, mir Leib und Seele, Augen und Ohren und alle Glieder, Vernunft und alle Sinne gegeben hat und noch erhält.« Das ist ganz persönlich gemeint: So erfahre und erlebe ich mich in dieser Welt. Ich habe mich nicht selbst gemacht, sondern verdanke mich im Tiefsten einem Anderen. Ich bin kein Zufallsprodukt der Evolution, sondern Geschöpf Gottes: einmalig und einzigartig, von Gott mit einer Würde ausgezeichnet, die nichts und niemand mir nehmen kann – auch nicht ich selbst. Ich habe eine Bestimmung: Ich bin von Gott angeredet und kann ihm antworten.

Diese Welt ist der mir von Gott geschenkte Lebensraum. Ich kann in dieser Welt sinnvoll leben – und für dieses Leben dankbar sein. Ich brauche die Gemeinschaft mit anderen Menschen. Für meine Mitmenschen und meine Mitgeschöpfe, die Tiere und Pflanzen, trage ich Verantwortung. Ich habe den Auftrag, die Erde als Lebensraum für alle Geschöpfe Gottes zu bewahren.

Der Schöpfungsglauben verfügt weder über zusätzliche naturwissenschaftliche Informationen noch bietet er besondere Einblicke in die Schöpfungswerkstatt Gottes. Aber er gibt eine Antwort auf die Fragen nach dem Woher und Wozu, vermittelt Maßstäbe im Handeln und schenkt eine letzte Geborgenheit für das Leben in einem unendlich großen, schweigenden Weltall.

Jesus

Jesus nach 2000 Jahren

Mehr als zwei Milliarden Menschen in der ganzen Welt bezeichnen sich als Christinnen oder Christen – nach einem Mann, der vor 2000 Jahren lebte. Jesus von Nazareth hat die Welt verändert wie vor oder nach ihm kaum jemand. Wer nichts von ihm weiß, kann die Geschichte der letzten 2000 Jahre, kann aber auch viele Werke der Kunst, Musik und Literatur nicht verstehen. Für die vom Christentum beeinflusste westliche Kultur hat Jesus eine einzigartige Bedeutung. Seine Geschichte ist über die historischen Konturen seines Lebens und Wirkens hinaus längst zu einer zeitlosen Grundgeschichte geworden, die in sich aufgenommen hat, was Menschen sich als eine letzte Instanz für Gerechtigkeit, Erlösung und Wahrheit erhoffen. Wer war dieser Mann?

Rembrandt, Christuskopf, 1656

Ohne Jesus gäbe es kein Christentum, ohne ihn wäre keine Zeile des Neuen Testaments geschrieben worden. Alle 26 Schriften des Neuen Testaments, so unterschiedlich sie sonst auch sein mögen, eint doch die Überzeugung, dass Jesus noch mehr war als nur ein besonderer Mensch, dass sein Auftreten und Wirken eine Offenbarung Gottes selber war.

In fast allen Kirchen der Welt hängt darum sein Kreuz – mit oder ohne den Körper des Gekreuzigten. Das Kreuz verweist auf den Kreuzestod Jesu. Es ist das Grundsymbol des Christentums und zugleich das weltweite Erkennungszeichen des Christentums.

Jesus eint alle christlichen Kirchen und er trennt zugleich das Christentum von allen anderen Religionen. Die Juden können nicht glauben, dass Jesus der erwartete Messias war; für Muslime ist Jesus nur ein Prophet, aber nicht der Gottessohn; im Hinduismus und Buddhismus spielt Jesus ursprünglich keine Rolle, obwohl sich prominente Hindus und Buddhisten seit einiger Zeit für Jesus und seine Lehre interessieren. Mohammed, Buddha, Konfuzius – es gibt viele bedeutende Religionsstifter. Was ist das Besondere an Jesus?

Mit der Geburt Jesu beginnt für Christen eine neue Zeitrechnung. Weihnachten, das Fest der Geburt Jesu, ist zwar nicht der höchste kirchliche Feiertag, aber inzwischen weltweit das wichtigste Fest im Lauf des Jahres, an dem die Familien zusammenkommen und die Gottesdienste überfüllt sind. In Deutschland haben die meisten Feiertage einen direkten Bezug zur Geschichte Jesu. Ohne Jesus keine Weihnachts- und keine Osterferien. Ohne Jesus kein Sonntag, denn der Sonntag, der erste Tag der Woche, ist der Tag der Auferstehung Jesu. Bis heute regiert Jesus den Jahreslauf.

Wir leben inzwischen im 21. Jahrhundert, warum hat Jesus immer noch diese Bedeutung?

Für viele Menschen stellt Jesus bis heute ein überzeugendes Lebensmodell dar. Früher gingen viele ins Kloster, heute bezeichnen gerade junge Menschen nicht selten Jesus als Vorbild. Mahatma Gandhi faszinierte die Bergpredigt, Martin Luther King lernte von Jesus den Weg des gewaltfreien Widerstands und auf Johannes Raus Grabstein steht: »Der war auch mit dem Jesus aus Nazareth«. Viele Menschen haben versucht, sich in ihrem Leben an ihm zu orientieren. Die Bergpredigt war über Jahrhunderte hinweg Herausforderung und kritischer Maßstab für ein gelingendes Leben. Das Gebot der Nächsten- und Feindesliebe hat unsere Geschichte prägend, aber auch Widerspruch provozierend wesentlich beeinflusst.

Woran halten wir uns, wenn wir uns an Jesus halten?

Die Geschichte des Juden Jesus von Nazareth spielt vor 2000 Jahren in dem kleinen von den Römern besetzten Land Palästina. Sie machte damals keine Schlagzeilen, der Kaiser in Rom und andere Berühmtheiten nahmen keine Notiz von ihr. Eine Geschichte unter kleinen Leuten, aber voller Dramatik und Wunder, die bis heute nichts von ihrer Aktualität verloren hat. Heute gehört diese Geschichte zu den wichtigsten, die je erzählt wurden. Szenen aus seiner Geschichte (Geburt, Leidensgeschichte oder Kreuzigung) haben sich tief in das Bewusstsein eingeprägt, einige seiner Gleichnisse (Verlorener Sohn, Barmherziger Samariter) und Wundererzählungen (Sturmstillung, Speisung der 5000) gehören zu den bekanntesten Geschichten der Welt. Viele seiner Worte sind in unsere Sprache eingegangen, ohne dass jedem heute noch bewusst ist, woher diese Worte stammen. Angesichts eines verbreiteten Traditionsabbruchs ist es höchste Zeit, die Erinnerung an die Worte und Geschichten des Jesus von Nazareth zu retten, denn ohne diese Worte und Geschichten wäre unsere Welt ärmer und kälter.

Jedes Jahr erscheinen etwa sechshundert neue Bücher über Jesus, alle vierzehneinhalb Stunden ein neues. Damit liegt Jesus einsam an der Spitze. Über keine andere Person der Weltgeschichte wurde und wird auch nur annähernd so viel geschrieben wie über ihn. In den vergangenen Jahrzehnten sind dabei immer mehr Jesusbücher erschienen, die nicht von Theologen oder Historikern geschrieben wurden. Viele dieser Bücher zeichnen sich durch eine klare Stoßrichtung aus: Sie wollen den »wirklichen« Jesus darstellen, der nicht durch eine »kirchliche Sichtweise« entstellt wird. Immer neue Jesusbilder sind so entworfen worden:

Jesus, der Sozialrevolutionär; Jesus, der unkonventionelle Weisheitslehrer; Jesus, der neue Mann; Jesus, der religiöse Guru; Jesus, eine Fälschung der Kirche.

Brauchen wir ein neues Jesusbild?

Prophet, Messias, Lehrer, Menschensohn, König, Gottessohn – mit diesen Titeln wird Jesus schon im Neuen Testament charakterisiert. Seit 2000 Jahren glauben Menschen an ihn und finden in diesem Glauben Hilfe und Erlösung. Immer wieder wurde dieser Glaube aber auch missbraucht. Im Namen Jesu wurden Kriege geführt und Menschen zwangsmissioniert. Doch mit seinem Namen auf den Lippen sind Menschen auch getrost gestorben. In seiner Nachfolge haben Menschen Unrecht erlitten und ihr Leben für andere geopfert. Eine neutrale Persönlichkeit ist Jesus nicht gewesen. Er war weder harmlos noch wollte er es allen recht machen. Man musste sich entscheiden – für oder gegen ihn. Er ist nicht alt und lebenssatt im Altenheim gestorben, sondern wurde noch jung an Jahren als politischer Aufrührer hingerichtet.

»Jesus wer soll das sein?
Ein Galiläer
Ein armer Mann
Aufsässig
Eine Großmacht
Und eine Ohnmacht
Immer
Heute noch.«
(Marie Luise Kaschnitz, Dichterin)

Er wollte sein Volk für die Gottesherrschaft sammeln und hat doch seine Zuhörerschaft entzweit. Aus dieser Spaltung haben sich die getrennten Wege von Christentum und Judentum entwickelt.

Was wissen wir von diesem Mann?

Woher wissen wir etwas von Jesus?

Jesus selbst hat uns keine einzige schriftliche Zeile hinterlassen. Er hat seine Jünger auch nicht beauftragt, sein Leben für die Nachwelt aufzuschreiben. Seine Lehre war mündlich, auch die Erinnerung an Jesus wurde zunächst mündlich weitergegeben. Dennoch ist die Quellenlage nicht schlecht. Wir wissen von Jesus mehr als von vielen anderen bekannten Personen aus der Antike. Wir besitzen nicht nur die vier Evangelien, als Quellen kommen darüber hinaus die Briefe des Paulus, die ältesten schriftlichen Zeugnisse des Neuen Testaments, außerbiblische Schriften aus der frühen Zeit des Christentums sowie einige Notizen jüdischer und römischer Geschichtsschreiber in Betracht.

Die wichtigste nichtchristliche Quelle ist ein kurzer Bericht des jüdischen Historikers Flavius Josephus (37 bis 93 n.Chr.) in seinen »Jüdischen Altertümern«, der ursprünglich wohl lautete:

»Um diese Zeit lebte Jesus, ein weiser Mann. Er war nämlich der Vollbringer ganz unglaublicher Taten und der Lehrer aller Menschen, die mit Freuden die Wahrheit aufnahmen. So zog er viele Juden und auch Heiden an sich. Er wurde der Christus genannt. Und obgleich ihn Pilatus auf Betreiben der Vornehmsten unseres Volkes zum Kreuzestod verurteilte, wurden doch seine früheren Anhänger ihm nicht untreu. Und noch bis auf den heutigen Tag besteht das Volk der Christen, die sich nach ihm nennen, fort.«

Die römischen Schriftsteller Plinius, Sueton und Tacitus erwähnen Jesus nur ganz am Rande und bieten auch keine neuen Informationen. Allein die Tatsache, dass mehrere nichtchristliche Schriftsteller der damaligen Zeit unabhängig voneinander von Jesus berichten, zeigt, dass damals niemand an der geschichtlichen Existenz Jesu zweifelte. Jesus als »Erfindung« der Kirche – das ist erst ein Phantasieprodukt der neuesten Zeit.

Rembrandt, Der Evangelist Matthäus, 1661

Die wichtigsten Quellen für das Leben und die Lehre Jesu sind die synoptischen Evangelien (synoptisch = man kann sie nebeneinander legen und weitgehend parallel lesen) von Markus, Matthäus und Lukas, die etwa 40 Jahre nach Jesu Tod geschrieben worden sind. In den ersten Jahren nach dem Tod Jesu wurden Worte und Erzählungen von ihm zunächst mündlich in den Gemeinden und unter seinen Anhängern weiter überliefert, bis dann nach einiger Zeit erste schriftliche Sammlungen entstanden sind: von seinen Worten und Gleichnissen (die neutestamentliche Forschung hat diese Sammlung Q [= Quelle] in mühsamer Kleinarbeit rekonstruiert und ihre Zusammenstellung auf das Jahrzehnt zwischen 40 und 50 n.Chr. datiert), von seinen Wundern und vor allem von seiner Leidensgeschichte. Das älteste Evangelium stammt von Markus. Er hat die ihm vorliegenden Sammlungen um mündlich überlieferte Einzelerzählungen ergänzt und in einen Erzählungszusammenhang eingebaut, der deutlich auf die Passion und den Tod Jesu ausgerichtet ist. Matthäus und Lukas, beide etwas später als Markus, haben sich in ihren Evangelien am Markusevangelium und der Quelle Q orientiert und dazu noch eigene mündliche Überlieferungen eingebaut.

Das Johannesevangelium fällt im Vergleich dazu etwas aus dem Rahmen. Der geschichtliche Weg Jesu ist hier eindeutig einer theologischen Erzählabsicht un-

»Die Worte dieses einen Juden, der sich Jesus von Nazareth nannte, ob er sie nun sprach oder nicht, genügen mir ... Hier, auf diesem steinigen Boden hat er die gewaltigste Rede geredet, die ich kenne, die Rede der Reden«, schreibt der Schriftsteller Friedrich Dürrenmatt anlässlich einer Israelreise. Die Bergpredigt ist ein Kernstück der neutestamentlichen Jesus-Überlieferung, zugleich gilt sie bis heute als eine Art Zusammenfassung des besonderen ethischen Gehalts des Christentums. Sie hat bekannte und unbekannte Menschen fasziniert, Politiker herausgefordert (Bismarck: »Mit der Bergpredigt kann man keine Poltik machen.«) und Christen in die Nachfolge gerufen. In politisch bewegten Zeiten spielte die Bergpredigt oft eine wichtige Rolle: bei Martin Luther Kings gewaltlosem Kampf in der amerikanischen Bürgerrechtsbewegung, in der Friedensbewegung der achtziger Jahre, bei der gewaltlosen Revolution in der DDR 1989. Die Bergpredigt ist aber auch immer wieder als große Anfrage an die Kirche verstanden worden, ob sie sich noch auf dem Weg der Nachfolge Jesu befindet oder sich nicht vielmehr längst von seinen radikalen Forderungen verabschiedet habe.

Das Verständnis der Bergpredigt war in der Geschichte des Christentums heiß umstritten: Richtet sie sich an alle Menschen oder »nur« an die Jünger Jesu im engeren Sinn, enthält sie ein politisch-gesellschaftliches Programm oder gilt sie nur für den persönlich-privaten Bereich?

Tatsächlich scheinen ja auch Worte wie die vom Verbot des Zornes gegen den Bruder, des Schwörens oder der Sorge um das eigene Leben, das Gebot, nach einem Schlag auf die eine Backe auch die andere hinzuhalten oder das andere Gebot, nicht nur den Nächsten, sondern auch den Feind zu lieben, an den Realitäten dieser Welt vorbeizugehen. Wie ist die Bergpredigt zu verstehen?

Bei der Bergpredigt (Matthäus 5-7) handelt es sich nicht um eine fortlaufende Rede oder Predigt, sondern um eine Sammlung von Worten Jesu, die der Evangelist Matthäus zu einer Rede zusammengestellt hat. Als Grundlage hat Matthäus die »Feldrede« Jesu (Lukas 6,20-49) benutzt und erweitert. Um ihre besondere Bedeutung sichtbar zu machen, verlegt Matthäus die Predigt Jesu auf einen Berg: »Als er aber die Menschenmenge sah, stieg er auf den Berg. Er setzte sich, und seine Jünger traten zu ihm. Und er tat seinen Mund auf und lehrte sie.« (5,1-2) Der Berg ist der Ort der Offenbarung Gottes. Er erinnert an den Berg Sinai, auf dem Mose von Gott die Zehn Gebote empfangen hat. Als neuer Mose tritt Jesus vor die Menschenmenge und verkündet eine neue, eine bessere Gerechtigkeit: »Wenn eure Gerechtigkeit nicht besser ist als die der Schriftgelehrten und Pharisäer, so werdet ihr nicht in das Himmelreich kommen.« (Matthäus 5,20).

Am Anfang der Bergpredigt stehen die Seligpreisungen (Matthäus 5,3-11), die keine Forderungen enthalten, sondern den selig preisen, d. h. dem das volle und heile Leben zusprechen, der arm ist, der trauert, der sanftmütig ist, der sich nach Gerechtigkeit sehnt, der barmherzig ist und ohne Falsch, der Frieden stiftet und der um der Gerechtigkeit willen verfolgt wird. Die Bergpredigt beginnt mit einer Trost- und Heilszusage gerade an die, die unter Not leiden und in der Welt nichts gelten. Ihnen wird verbindlich zugesagt, dass ihr Leben nicht nutzlos ist, sondern seine Erfüllung erfahren wird.

Die Herausforderung dieser Sätze hat der Philosoph Friedrich Nietzsche genau erkannt, wenn er – kritisch – festhält, dass hier die antike »Wertgleichung« gut = vornehm = mächtig = schön = glücklich = gottgeliebt auf den Kopf gestellt wird. In der Tat ist es in der damaligen Zeit als Umwertung aller Werte empfunden worden, dass Armen und Kranken, Frauen und Kindern im christlichen Glauben umstandslos die Nähe Gottes zugesprochen worden ist.

In sechs sogen. »Antithesen« (»Ihr habt gehört, dass gesagt wurde … – Ich aber sage euch …«) wird dann beschrieben, was die neue Gerechtigkeit bedeutet. Der Evangelist Matthäus legt dabei Wert darauf, dass Jesus mit seiner neuen Lehre das alttestamentliche Gesetz nicht aufhebt, sondern voll und ganz zur Geltung bringt (Matthäus 5,17-20). Jesus erfüllt das Gesetz, indem er dessen eigentlichen Sinn freilegt. Nicht erst der Mord, schon die Verachtung eines Menschen (5,21f.); nicht erst der faktische Ehebruch, schon der begehrliche Blick nach der anderen Frau (5,27f.); nicht erst die eidliche Falschaussage vor Gericht, schon die Unwahrhaftigkeit in den eigenen Worten (5,33 ff.); nicht erst die Maßlosigkeit bei der Vergeltung, sondern der Verzicht auf Revanche und Rache überhaupt; nicht nur Liebe zum Nächsten und zum Gleichgesinnten, sondern bedingungslose Liebe, auch zum Feind. Wer wollte behaupten, dass das nicht wahr wäre – doch zugleich ist es so unerfüllbar schwierig. Nicht um eine äußerliche Gesetzestreue, sondern um die innere Motivation geht es, um eine Veränderung des Herzens.

In ähnlicher Weise fordert Jesus in der Bergpredigt auch eine veränderte innere Einstellung zur Frömmigkeit: »Wenn du nun Almosen gibst, so posaune es nicht aus«, sondern »lass deine Linke nicht wissen, was die Rechte tut« (6,2f.). Auch beim Beten wendet sich Jesus gegen jede religiöse Show: »Wenn du aber betest, geh in deine Kammer, schließ die Tür und bete zu deinem Vater, der im Verborgenen ist.« (6,6). Und auch beim Fasten hat jegliches Getue für Jesus nichts zu suchen: »Wenn ihr aber fastet, macht kein saures Gesicht wie die Heuchler.« (6,16)

Im Zentrum der Bergpredigt steht das Vaterunser, bis heute der unter Christen bekannteste biblische Text. Es ist zum einen das Gebet Jesu, ursprünglich aramäisch gesprochen, zum anderen eine Hilfe zum Beten für die Jünger. In prägnanter Kürze artikuliert es die Grundbedürfnisse des Menschen. Dabei breitet es in sechs Bitten das menschliche Leben aus und bringt es vor Gott.

Auf den ersten Blick weltfremd erscheinen die folgenden Sprüche vom Reichtum (6,19-24) und vom Sorgen (6,25-34): »Sorgt euch nicht um euer Leben, was ihr essen werdet, noch um euren Leib, was ihr anziehen werdet.« Doch Jesus sieht hier weder auf menschliche Lebensbedürfnisse herab (»Euer himmlischer Vater weiß nämlich, dass ihr das alles braucht.«) noch rät er zu einem Leben im Einklang mit der Natur. Der Hinweis auf die »Vögel unter dem Himmel« und die »Lilien auf dem Feld« dient als Begründung dafür, die Sorge um das Alltägliche Gott zu überlassen: »Sie säen nicht, sie ernten nicht, sie sammeln nicht in Scheunen – euer himmlischer Vater ernährt sie.« Wer bestimmt das Leben: die Sorge oder das Gottvertrauen?

In Matthäus 7,1-5 wird jede Form des Urteilens und Richtens über andere Menschen abgelehnt. Hier tritt uns Jesus in der Bergpredigt noch einmal in seiner ganzen Fremdheit entgegen, mit einer Forderung, die sich ganz und gar am Willen Gottes orientiert, ohne sich um die menschlichen Bedürfnisse zu kümmern: »Richtet nicht, damit ihr nicht gerichtet werdet!«

Als eine Art Zusammenfassung hat Matthäus an den Schluss der Bergpredigt die »Goldene Regel« (7,12) gestellt. Sie war auch in Indien, in Griechenland und bei antiken Schriftstellern verbreitet – in der Regel jedoch in negativer Formulierung: »Was du nicht willst, das man dir tu, das füg' auch keinem andern zu.« Jesus formuliert positiv, fordert den Angesprochenen dadurch auf, die Initiative zu ergreifen – und verändert damit die bekannte Regel: »Alles nun, was ihr wollt, dass die Menschen euch tun, so tut auch ihr ihnen.« In dieser Form klingt die Goldene Regel plausibel. Sie ist eine Brücke, ein Versuch, vom radikalen Liebesgebot Jesu her vernünftige und realisierbare Perspektiven zu den Alltagsfragen dieser Welt hin zu entwerfen.

Wie ist die Bergpredigt zu verstehen? Sie liefert weder einfache Handlungsrezepte noch enthält sie ein direktes politisches Programm. Sie appelliert aber auch nicht nur an die bloße Gesinnung, es geht ihr schon ums Tun, um konkrete Praxis. Die früheste Auffassung, die des Matthäus-Evangeliums selber, geht dahin, dass die Sätze der Bergpredigt für alle gelten, die Jesus nachfolgen wollen. Doch auch Matthäus kannte schon die Spannung zwischen dem radikalen Anspruch Jesu und der menschlichen Begrenztheit. Aber das ist kein Grund, die Forderungen herunterzuschrauben oder auf ihre Realisierung zu verzichten. Sie bleiben in sich wahr, weil sie aussprechen, wie der Mensch in den Augen Gottes ist. So appellieren sie an unsere kreative Phantasie, Jesu Sätze trotz aller Alltagswiderstände in christlicher Freiheit im eigenen Leben umzusetzen.

»Je älter ich werde, desto mehr bin ich davon überzeugt: Diese Welt wird auch in ihren Machtstrukturen nur überleben, wenn sie sich Schritt für Schritt den Grundwerten der Bergpredigt annähert, vom Irrsinn unseres Wettrüstens angefangen bis zur Solidarität mit der Dritten Welt und der Art und Weise, wie wir mit der Schöpfung Gottes umgehen, ob wir sie weiter für das, was wir Fortschritt und Wachstum nennen, zerstören wollen, oder endlich beginnen, auch mit ihr und damit mit uns barmherzig zu sein.«
(Heinrich Albertz, Pfarrer, Politiker, Schriftsteller)

»Und als Jesus diese Worte beendet hatte, da erschraken die Volksmengen über seine Lehre. Denn er lehrte sie wie einer, der Vollmacht hat, und nicht wie ihre Schriftgelehrten.« (Matthäus 7,28)

tergeordnet. Jesu Weg beginnt im Johannesevangelium unmittelbar bei Gott, von woher er dann in die Welt kommt, um Gott zu offenbaren. Das Jesusbild des Johannes weicht deutlich von den synoptischen Evangelien ab, es hat mehr theologischen als historischen Wert.

Alle Evangelien sind keine Biographien im modernen Sinn. Sie beschreiben nicht das gesamte Leben Jesu, sondern behandeln im Wesentlichen seinen letzten Lebensabschnitt, in dem er öffentlich auftrat (über die Kindheit und Jugend Jesu erfahren wir nichts); sie zeigen keine innere Entwicklung (wie ist Jesus zu dem Menschen geworden, von dem die Evangelien berichten?) und sie bemühen sich nicht um eine unparteiliche Darstellung: Sie sind keine historisch »neutralen« Berichte, sondern durch den Glauben an Jesus Christus geprägt. Er ist für die Evangelisten keine Gestalt der Vergangenheit, über die sich distanziert berichten ließe, sondern der von Gott aus dem Tod auferweckte »Herr«, dessen Besonderheit sie herausstellen und an den zu glauben sie aufrufen wollen.

Andere christliche Quellen sind entweder wie die Briefe des Paulus nur am Rande an biographischen Angaben über das Wirken Jesu interessiert oder sie entstammen wie die meisten außerbiblischen Schriften eindeutig einer späteren Zeit und haben darum einen wesentlich höheren Quellenwert für die Zeit des frühen Christentums als für die Geschichte Jesu.

Was wissen wir von Jesus?

Jesus war Jude. Sein Geburtsdatum und sein Geburtsort sind nicht genau bekannt. Vermutlich wurde Jesus in den letzten Regierungsjahren des Königs Herodes geboren, der im Jahr 4 vor unserer Zeitrechnung gestorben ist. (Unsere Zeitrechnung wurde im 6. Jahrhundert von dem Mönch Dionysius Exiguus entwickelt. Er nahm die Geburt Jesu als Ausgangspunkt, verrechnete sich dabei aber um einige Jahre.) Wenn das Matthäus- und Lukasevangelium Bethlehem als Geburtsort Jesu nennen, dann hatte dies theologische Gründe: Bethlehem war die Geburtsstadt des großen Königs David und aus Bethlehem sollte nach der Verheißung des Propheten Micha (5,1) der erwartete Messias hervorgehen. Markus spricht von Jesus »aus Nazareth« (1,24) und nennt Nazareth dezidiert die »Vaterstadt« (6,1) Jesu. Mit Sicherheit ist Jesus in Nazareth aufgewachsen, wahrscheinlich ist er dort auch als ältestes Kind von Josef und Mirjam (Maria) geboren.

Vom Vater Josef ist kaum die Rede, vielleicht ist er früh gestorben. Als Jesus auftrat, lebten noch seine Mutter, die Brüder Jakob, Josef, Juda und Simon und einige Schwestern, deren Namen nicht bekannt sind. Später gehörten seine Angehörigen zur christlichen Gemeinde, zuvor hatten sie Jesus abgelehnt. Jakob(us) leitete später einige Zeit die Jerusalemer Gemeinde, im Jahre 62 n.Chr. wurde er als Märtyrer hingerichtet.

Jesus wurde nach Josua (Jehoschua = Gott hilft), dem Nachfolger des Mose, genannt. Sein Name Jeschu oder Jeschua (griechisch: Jesus) ist eine Kurzform und war nicht selten. Von Beruf war Jesus Zimmermann oder Bauhandwerker wie sein Vater. Er blieb, was damals ungewöhnlich war, unverheiratet. Dass er, wie einige neue Jesusbücher behaupten, mit Maria Magdalena verheiratet oder liiert gewesen sein soll, ist pure Phantasie. Es gibt dafür keinen einzigen Beleg. Jesus sprach als Muttersprache aramäisch, er konnte aber auch die hebräische Bibel lesen. Ob er sich auch in der damals weit verbreiteten griechischen Sprache verständigen konnte, ist nicht bekannt.

Wie Jesus ausgesehen hat, wissen wir nicht. Es gibt kein authentisches Bild von Jesus. Ob er dem späteren Bildtyp vom bartlosen jungen Mann mit wallendem Haar und sanften Augen entsprochen hat, das spätere Künstler und auch Hollywoodregisseure von ihm entworfen haben, ist eher unwahrscheinlich. Die neutestamentliche Überlieferung ist am Aussehen Jesu von Nazareth nicht interessiert gewesen.

Der Jordan, in dem Jesus dem biblischen Bericht nach von Johannes getauft wurde

Auch über seine Kindheit und Jugend und die Jahre vor seinem öffentlichen Auftreten wissen wir nichts, auch wenn schon früh immer wieder Geschichten aus dieser Zeit erzählt worden sind. In den Evangelien findet sich allein die Geschichte vom zwölfjährigen Jesus im Tempel (Lukas 2,41-52), der schon als Kind soviel Weisheit und Verstand besitzt, dass er mit Theologieprofessoren diskutieren kann. Zweifellos haben wir es hier mit einer späteren Anekdote zu tun, die die »wunderbare Weisheit« Jesu von Anfang an verdeutlichen soll.

Irgendwann Ende der zwanziger Jahre unserer Zeitrechnung kam Jesus in Kontakt mit der Buß- und Taufbewegung Johannes des Täufers. Johannes trat in der Wüste am unteren Jordan auf und rief das Volk zur Umkehr auf: »Schon ist die Axt den Bäumen an die Wurzel gelegt; jeder Baum, der nicht gute Frucht bringt, wird abgehauen und ins Feuer geworfen« (Lukas 3,9). Rettung vor dem nahen Zornesgericht Gottes versprach Johannes durch eine Taufe im Jordan.

Johannes erregte großes Aufsehen. Mit Kamelhaarmantel und ledernem Gürtel, von Heuschrecken und wildem Honig sich ernährend, erschien er wie ein Prophet. Er scharte einen Schülerkreis um sich, zu dem möglicherweise auch Jesus für kurze Zeit gehörte.

Übereinstimmend wird in allen vier Evangelien berichtet, dass Jesus zu Johannes an den Jordan kam und sich von ihm taufen ließ. Diese Taufe durch Johannes ist, das spürt man den Berichten der Evangelien noch an, von den Anhängern Jesu später durchaus als Problem empfunden worden: Empfand sich Jesus denn auch als Sünder, wenn er sich wie andere auch als Rettung vor dem Gericht Gottes von Johannes taufen ließ? Einiges spricht dafür, dass die Taufe für Jesus eine Art Berufungserlebnis gewesen ist. Jedenfalls trat Jesus bald danach unabhängig vom Täufer mit einer eigenen Botschaft am Nordufer des Sees Genezareth als Wanderprediger auf. Auslöser dafür war möglicherweise ein visionäres Erlebnis (»Ich sah den Satan vom Himmel fallen wie ein Blitz.« – Lukas 10,18), das Jesus als Anbruch der Gottesherrschaft gedeutet hat: Der Satan ist gestürzt, das Böse grundsätzlich entmachtet und »die Gottesherrschaft nahe herbeigekommen« (Markus 1,14). Jesus verstand sich selbst als irdischen Repräsentanten dieser Herrschaft Gottes.

Mit dieser Botschaft zog er als heimatloser Wanderprediger durchs ländliche Galiläa. Schon bald fand Jesus Anhänger. Aus Fischern, Bauern und Zöllnern wählte er einen engeren Kreis aus – zwölf Männer, unter denen Simon Petrus herausragte. Die zwölf Jünger symbolisieren die Hoffnung auf die Wiederherstellung des Gottesvolkes Israel in der Endzeit. Wer Jesus nachfolgte, brach alle familiären Bindungen ab und ließ sich im Vertrauen auf die Fürsorge Gottes auf ein unstetes Wanderleben ein. Über die Zwölf hinaus gab es noch weitere, die ihn zumindest teilweise begleiteten, darunter auch Frauen, was für einen jüdischen Lehrer ungewöhnlich war (Lukas 8,1-3). Sie haben die Jesusgruppe wohl mit Geld und Unterkunft unterstützt, haben Jesus wahrscheinlich auf der Reise nach Jerusalem begleitet. Unter den Frauen hatte Maria aus Magdala eine besondere Stellung. Wir erfahren von ihr, dass Jesus sie von »Dämonen« geheilt haben soll und dass sie in Jerusalem Zeugin des Auferstandenen gewesen sein soll.

Man hat die Jesusgruppe eine Bewegung von »Wanderradikalen« (Gerd Theißen) genannt, mit Jesus als ihrem charismatischen Führer. Da keiner von ihnen Geld oder Vermögen hatte, waren sie auf Einladungen oder Spenden angewiesen. Sie lebten in Armut (»Die Füchse haben Gruben und die Vögel unter dem Himmel haben Nester; aber der Menschensohn hat nichts, wo er sein Haupt hinlege.« – Lukas 9,58), aber nicht asketisch (»Siehe, was ist dieser Mensch für ein Esser und Weinsäufer, ein Freund der Zöllner und Sünder!« – Matthäus 11,19).

Durch sein Auftreten und seine Lehre (»Und sie entsetzten sich über seine Lehre; denn er lehrte mit Vollmacht und nicht wie die Schriftgelehrten.« – Markus 1,22), durch Streitgespräche, aber vor allem durch einzelne Wunder erregte Jesus in Galiläa Aufmerksamkeit. Er heilte Kranke und trieb Dämonen aus (für Geisteskrankheiten wurden von antiken Menschen oft »Dämonen« oder böse Geister verantwortlich gemacht). Schon zu Jesu Lebzeiten erzählte man mit vielen Übertreibungen von seinen Wundertaten. Sie haben aber einen historischen Kern.

Sein Wirken konzentrierte sich vor allem auf seine galiläische Heimat. Nichtjuden, die ihn um Hilfe baten, hat er nicht abgewiesen, er wusste sich aber auch nicht zu ihnen gesandt, sondern nur zum Volk Israel. Es ging ihm aber um das ganze, vollständige Gottesvolk – also auch um die benachteiligten Frauen, die oft durch Unreinheit gekennzeichneten Kranken, die Armen, die Zöllner, die Prostituierten, auch um die Samaritaner, die den Tempelkult ablehnten. Damit hat er die Grenzen geöffnet, die durch die damals herrschende Auslegung der Thora gesetzt waren.

An Recht, Riten und Kult war Jesus auffällig uninteressiert. Er blieb in seinen Lehren auf dem Boden der jüdischen Thora, ging aber liberal mit den Bestimmungen um, die Juden von den Nichtjuden unterscheiden sollten. »Der Mensch ist nicht um des Sabbats willen da, sondern der Sabbat um des Menschen willen.« (Markus 2,27) Er bricht nicht die jüdischen Gebote, manchmal erfüllt er sie, manchmal setzt er sich darüber hinweg.

»Nicht was zum Munde hingeht, macht den Menschen unrein, sondern das was aus dem Munde herauskommt, das macht ihn unrein.« (Markus 7,15) Mit diesem Wort hebt Jesus im Grunde die für die gesamte antike Religionspraxis zentrale Unterscheidung zwischen einer sakral-heiligen und einer profan-weltlichen Sphäre auf. Alle Ordnungen sind daran zu messen, ob sie dem Menschen helfen.

»Er vertrat, verteidigte und verfocht kein Programm: weder ein politisches, noch ein wirtschaftliches, noch ein moralisches, noch ein religiöses, weder ein konservatives noch ein fortschrittliches. Er machte sich bei den Vertretern aller solcher Programme, ohne dass er eins von ihnen besonders bekämpfte, gleich verdächtig und missliebig. Er stellte – und das war das tief Beunruhigende seiner Existenz nach allen Seiten – alle Programme, alle Prinzipien in Frage. Und er tat das zunächst einfach damit, dass er jenen Ordnungen gegenüber, um die positiv oder negativ um ihn her gestritten wurde, eine merkwürdige – man muss gerade hier wieder sagen: eine königliche Freiheit hatte und an den Tag legte.«
(Karl Barth, ev. Theologe)

Mit diesem Auftreten hat Jesus unter seinen Zeitgenossen nicht nur Zustimmung gefunden, sondern auch Anstoß erregt. Sein Wirken war nicht nur von Erfolgen, sondern auch von Enttäuschungen und Auseinandersetzungen geprägt. Seine Anhänger sahen in ihm den Gesalbten Gottes, der das jüdische Volk von der römischen Fremdherrschaft befreien wird. Bei den ihm ansonsten durchaus nahestehenden Pharisäern löste er Kontroversen aus, weil sie in besonderer Weise um die Einhaltung der jüdischen Thora bemüht waren und an der liberalen Haltung Jesu Anstoß nahmen.

Vermutlich war das öffentliche Auftreten Jesu relativ kurz. Nach den synoptischen Evangelien dauerte es nur ein Jahr – und es spielte sich weitgehend in der Umgebung des Sees Genezareth ab.

Landschaft in Galiläa, der Heimat Jesu

Das galiläische Wirken endete damit, dass Jesus mit den Jüngern und weiteren Anhängern zum Passafest nach Jerusalem zog. Vermutlich wollte Jesus dort, im religiösen Zentrum des Judentums und während des Passafestes, an dem sich Zehntausende in der Stadt aufhielten, die Repräsentanten ganz Israels mit seiner Botschaft konfrontieren – und so eine letzte Entscheidung über sein Wirken herbeiführen. Zum Verhängnis wurde ihm in Jerusalem seine Kritik am Tempel. Mit einer symbolischen Handlung, der sog. »Tempelreinigung«, machte er deutlich, dass der Tempel und sein Kult durch ein neues Handeln Gottes ersetzt würden. Damit zog er sich die Feindschaft der Jerusalemer Priesterschaft zu.

Jesus wusste, dass sein Leben gefährdet war, aber er hatte wohl auch die Hoffnung, dass Gott noch vor seinem Tode eingreifen und seine Herrschaft aufrichten wird. In diesem Bewusstsein hat Jesus am Tag vor dem Beginn des Passafestes ein Abschiedsmahl mit seinen Jüngern gefeiert: ein einfaches Essen, das er als Feier eines neuen Bundes mit Gott gedeutet hat.

In der Nacht darauf wurde Jesus verhaftet. Die religiöse Oberschicht Jerusalems, die er durch seine Tempelkritik provoziert hatte, nahm ihn mit Hilfe seines Jüngers Judas, der seinen Aufenthaltsort verriet, fest und klagte ihn vor dem römischen Präfekten Pontius Pilatus als politischen Aufrührer an. Da die Juden selbst keine Todesstrafe verhängen durften, wurde Jesus von dem Römer Pontius Pilatus nach kurzem Prozess zum Tode verurteilt und zusammen mit zwei Verbrechern gekreuzigt.

Die Strafe der Kreuzigung wurde von den Römern bewusst zur Unterdrückung politischer Unruhen eingesetzt. Sie galt als besonders grausame und qualvolle Art der Hinrichtung; nicht selten dauerte der Todeskampf mehrere Tage, bis Lähmungserscheinungen und Herzversagen das Ende herbeiführten.

Seine Jünger waren geflohen. Einige Frauen, die zu seinen Anhängerinnen gehörten, waren nach dem Bericht der Evangelien mutiger und erlebten die Kreuzigung aus der Ferne. Jesus starb wahrscheinlich im Jahre 30, möglicherweise am 7. April, im Alter von etwa 35 Jahren.

Mit diesem Ende schien die Sache Jesu gescheitert zu sein. Doch wenige Tage nach seiner Hinrichtung erschien Jesus zunächst Petrus oder auch Maria Magdalena, dann mehreren Jüngern zusammen, schließlich »mehr als fünfhundert Brüdern auf einmal« (1. Korinther 15,6) und zuletzt auch Paulus, der die Jesus-Anhänger bis dahin verfolgt hatte. Sie waren von der Realität der Auferweckung Jesu überzeugt und verstanden sie als nachträgliche Bestätigung der Botschaft Jesu durch Gott selbst.

Was wollte Jesus?

Im Zentrum des Wirkens Jesu stand die Botschaft vom Reich Gottes. Als Jude knüpft Jesus an die Vorstellung von der Herrschaft Gottes in seiner Umwelt an. Dass Gott als ewiger König über die Welt herrscht, war im jüdischen Glauben der Zeit Jesu fest verankert. Zugleich erwartete man aber auch, dass Gott in naher Zukunft seine Herrschaft für alle sichtbar aufrichten, Israel von seinen Feinden und Besatzern befreien und als erwähltes Volk Gottes wieder einsetzen werde.

Dieses national-politische Element fehlt bei Jesus völlig. Nach seiner Auffassung hat Israel als Gottesvolk im Reich Gottes keine Vorzugsstellung. Die Gottesherrschaft betrifft alle Menschen und damit jeden Menschen persönlich. Nach dem Markusevangelium beginnt Jesus seine Wirksamkeit mit dem Aufruf: »Die Zeit ist erfüllt und die Gottesherrschaft ist nahe gekommen! Kehrt um und glaubt an diese Freudenbotschaft!« (1,15) Dieser Ruf zeigt, dass Jesus wie auch Johannes der Täufer von der Verlorenheit des Menschen ausgeht. Wie der reiche Kornbauer, der immer mehr haben und dadurch sein Leben absichern will, dessen Lebenserfolg aber angesichts seines plötzlichen Todes in sich zusammenfällt (Lukas 12,16-21), so ist die Situation jedes Menschen vor Gott: geprägt von einer grundsätzlichen Verkehrtheit, die in die Tiefenschicht seiner Lebenseinstellung reicht.

»Wer von euch ohne Sünde ist, werfe den ersten Stein.« – Max Beckmann, Christus und die Ehebrecherin, 1917

Matthäus 20,1-16

Ein Weinbergbesitzer stellt früh am Morgen Arbeiter ein und vereinbart mit ihnen den üblichen Tageslohn von einem Denar. Im Laufe des Tages, zur dritten, sechsten und neunten »Stunde«, wirbt er noch mal Leute an, zuletzt sogar noch eine Stunde vor Arbeitsschluss. Am Abend weist er seinen Verwalter an, allen Arbeitern ihren Lohn auszuzahlen und damit bei den letzten anzufangen. Als diese den vollen Tageslohn, ein Denar, empfangen, hoffen die ersten, mehr zu bekommen. Aber auch sie erhalten für ihre Arbeit nur einen Denar. Da protestieren sie, dass sie, die die Last und Hitze des ganzen Tages getragen hatten, denen gleichgestellt werden, die nur eine Stunde gearbeitet haben. Darauf antwortete der Weinbergbesitzer einem von ihnen: *»Mein Freund, ich tue dir nicht unrecht. Haben wir uns nicht auf einen Denar geeinigt? Habe ich nicht das Recht, mit dem, was mir gehört, zu tun, was ich will? Machst du ein böses Gesicht, weil ich gütig bin?«*

Kein Arbeitgeber auf der Welt könnte so handeln wie der Weinbergbesitzer. Kein Arbeitnehmer würde auf diesen Weinbergbesitzer anders reagieren als mit Streik oder Boykott. Unser Arbeitsleben ist aufgebaut auf errechneter Leistung. Jeder bekommt, was er verdient, wer zu spät kommt, muss die Folgen tragen. So ist das System. Der Protest der Langzeitarbeiter spricht aus, was jeder von Haus aus denkt. Doch was jeder von Haus aus denkt, ist nicht das, was das Evangelium über die Güte Gottes sagt.

Der Weinbergbesitzer zahlt uneingeschränkt allen, was sie zur Sicherung ihrer Existenz brauchen. Natürlich lässt sich das nicht »eins zu eins« auf die komplizierten Verhältnisse der modernen Wirtschaftswelt übertragen. Das Gleichnis bietet kein Rezept, aber es weist eine Spur: Niemand darf herausfallen am Zahltag. Das »Prinzip Leistung« reicht nicht, es wird dem Menschen nicht gerecht. Wir Menschen brauchen mehr Liebe als wir verdienen.

Das Gleichnis von den Arbeitern im Weinberg erinnert daran, dass Arbeit und Leistung nicht alles ist. Keiner lebt allein von seiner Arbeit, weil sein Leben selbst Geschenk ist, umgriffen und getragen von der Güte Gottes. *»Machst du ein böses Gesicht, weil ich gütig bin?«* An der Güte Gottes entlarvt sich der Mensch. Gegen Güte kann man nicht protestieren, man macht sich lächerlich.

Im Zentrum der Ethik Jesu steht das Liebesgebot als Summe der Gebote Gottes. Dabei weitet Jesus die Nächstenliebe auch auf den Feind aus.

Im Markusevangelium wird Jesus von einem Schriftgelehrten gefragt: »Welches ist das höchste Gebot von allen?« Jesus antwortet ihm, indem er zwei Zitate aus dem Alten Testament verbindet. Das erste, das sogenannte »Sch'ma Jisrael«, das Glaubensbekenntnis Israels, betete jeder erwachsene Israelit morgens und abends: »Höre, Israel, der HERR, unser Gott, ist der einzige HERR. Und du sollst den HERRN, deinen Gott, lieben, von ganzem Herzen, von ganzer Seele und mit deiner ganzen Kraft« (5 Mose 6,4f.). Dann aber zitierte

Doch angesichts dieser Verlorenheit des Menschen droht Jesus nicht wie Johannes der Täufer mit dem Zorn Gottes, sondern redet von der alles gut machenden Liebe und Güte Gottes.

Jesu Mahlzeiten mit den Zöllnern und Sündern oder der Vater im Gleichnis vom verlorenen Sohn, der seinem Sohn entgegenläuft und ihn in die Arme schließt – sie zeigen, dass Gott das Verlorene annimmt, und zwar ohne Wenn und Aber.

Gott so wirken lassen, das meint Jesus, wenn er von der Gottesherrschaft spricht. Darum weist Jesus seine Jünger an, bei ihren Wanderungen auf Proviant und Reiseausrüstung zu verzichten (Lukas 10,4); ruft er dazu auf, die Sorge um Nahrung und Kleidung Gott zu überlassen und sich stattdessen auf die Arbeit für das Gottesreich zu konzentrieren (Matthäus 6,25-34); fordert er dazu auf, auf Vergeltung zu verzichten und das erlittene Unrecht stattdessen provokativ zu verdoppeln (auch noch die andere Wange hinhalten und zum Rock auch noch den Mantel dazugeben: Matthäus 5,39-41). Solche symbolischen Handlungen sollen zeigen, wie das Leben aussieht, wenn Gott regiert.

Jesus noch das Gebot der Nächstenliebe, das sich ebenfalls schon im Alten Testament findet: »Du sollst deinen Nächsten lieben wie dich selbst« (3 Mose 19,18).

Lukas 10,25-37

Wer aber ist mein Nächster? Im Alten Testament bleibt der »Nächste« auf die Mitglieder des Gottesvolkes Israel und die im Land wohnenden »Fremden« beschränkt. Die Antwort, die Jesus gibt, musste zu seiner Zeit provozierend wirken. Er erzählt das Gleichnis vom barmherzigen Samariter:

Ein Mann geht von Jerusalem nach Jericho hinab und fällt unter die Räuber. Die nehmen ihm sein Geld ab, ziehen ihm die Kleider aus, schlagen und treten ihn und lassen ihn halbtot am Wegesrand liegen.

Zufällig kommt ein Priester denselben Weg herab, sieht ihn und geht vorüber. Auch ein Levit (ein Organist und Kantor im Tempel), der an den Ort kommt, sieht ihn und geht vorüber. Ein Samaritaner aber, der unterwegs war, kommt vorbei, sieht ihn und fühlt Mitleid.

Er beugt sich zu dem Überfallenen hinunter, legt ihm eine Decke unter den Kopf, gibt ihm zu trinken, gießt Öl und Wein auf die Wunden, holt Tücher aus seinem Gepäck, verbindet die blutenden Stellen, hebt den Mann auf, setzt ihn auf einen Maulesel, geht selbst zu Fuß nebenher und führt ihn in Jericho in ein Wirtshaus. Dort bringt er den Kranken zusammen mit dem Wirt ins Bett, setzt sich dazu, pflegt ihn und sorgt dafür, dass er einschlafen kann. Am nächsten Morgen gibt er, da er selbst weiter muss, dem Wirt einige Geldstücke und sagt: Pflege ihn, und was du außerdem noch aufwendest, werde ich dir auf meinem Rückweg bezahlen.

Auffallend oft hat Jesus das, was er mit dem Gottesreich meinte, in Gleichnissen und Bildworten veranschaulicht. Die Gleichnisse kann man mit einigem Recht als Herzstück der Jesusüberlieferung bezeichnen. Hier vergleicht Jesus das Kommen der Gottesherrschaft mit Vorgängen, die jeder Mensch im ländlichen Galiläa damals kannte oder in die er sich hineinversetzen konnte. Das Gottesreich ist wie ein Senfkorn, das zu einer großen Pflanze heranwächst: zu Beginn unscheinbar, am Ende gewaltig (Markus 4,30-32). Es ist wie ein großes Gastmahl, zu dem alle eingeladen sind (Lukas 4,16-24) oder wie ein Schatz, für den man alles andere hergibt (Matthäus 13,44).

Eine auffallend große Zahl der Gleichnisse Jesu sprechen eine Wirklichkeit an, die alle kennen: die Schöpfung Gottes. Der Gott Jesu ist der Gott, der die Raben ernährt und die Lilien wachsen lässt, und der die Menschen fragt, warum sie bei aller Sorge um ihr Leben vergessen haben, dass sie ihr Leben Gott zu verdanken haben. Der Gott Jesu ist ein Gott, der ganz anders ist, als die Menschen in Jesu Umgebung ihn sich vorstellten.

Eine Geschichte, so überwältigend, so menschlich, dass es keinen geben wird, der von ihr nicht angerührt würde. Jesus erzählt die Geschichte aus der Sicht des Opfers. Wer die Geschichte hört, wird darum gezwungen, sich in die Situation dessen zu versetzen, der da am Wege liegt und auf Hilfe angewiesen ist. Er erlebt gleichsam mit, wie Priester und Levit näherkommen und dann weitergehen, und er spürt selbst, wie wenig es diesem Überfallenen hilft, wenn diese Beiden vielleicht tausend Entschuldigungen dafür haben, nicht angehalten und geholfen zu haben. Wer sich in die Situation des Mannes versetzt, der da hilflos am Wege liegt, der begreift mit einem Male auch, wie unsinnig die Vorurteile und Feindschaften sind, die Menschen untereinander und gegenseitig aufbauen. Ob es ein Samariter ist oder ein Zuhälter mit Tätowierung und Goldkettchen – wenn ich mir selbst nicht helfen kann, dann ist mir jede Hilfe recht, auch von einem Menschen, den ich sonst nicht ausstehen kann.

Das Gleichnis vom barmherzigen Samariter – zugleich auch die Geschichte einer Feindesliebe. Zwischen Juden und Samaritern, die als religiöse Minderheit im Lande lebten, gab es eine jahrhundertealte Geschichte der Feindschaft.

Ausgerechnet ein solcher Samariter hält an und kümmert sich um den Verletzten. Ein Samariter rettet einen Juden – das ist geradezu ein Schock, eine Provokation. Natürlich hat Jesus das absichtlich so erzählt. In der Stunde der Not bekommt auch der Feind die Würde zurück, die er von Gott her für mich hat: ein Mensch wie ich!

Das Liebesgebot aus dem Alten Testament weitet Jesus auch auf den Feind aus. Das war damals und ist auch heute noch provokativ. Der Gedanke, auch Menschen zu helfen, die als unsympathisch oder unwürdig galten, war auch in der damaligen Zeit nicht völlig fremd. Doch von »Liebe« wurde dabei nicht gesprochen. Jesus ist jedoch eindeutig: »Liebt eure Feinde! Tut wohl denen, die euch hassen! Segnet, die euch verfluchen! Betet für die, die euch misshandeln!« (Lukas 6,27f.) Ohne jede Einschränkung wird dazu angehalten, zu lieben, wohlzutun, zu segnen und zu bitten. Es ist keine Liebe auf der Basis der Gegenseitigkeit, denn auch Gott »lässt seine Sonne aufgehen über Böse und Gute und lässt regnen über Gerechte und Ungerechte« (Matthäus 5,45). Das Gebot der Liebe kennt keine Bedingung, es gilt an jedem Ort und ohne besonderen Grund.

Das Gebot der Feindesliebe, der Verzicht auf die Durchsetzung eigener Rechtsansprüche, die Aufforderung zum Gewaltverzicht, das Verbot des bloßen Zürnens, der Verzicht auf den begehrlichen Blick oder das Verbot des Eides – die ethischen Provokationen Jesu lassen sich nicht in eine praktikable Rechtsordnung umsetzen. Sie interessieren sich nicht für die Folgen, die sie hätten, wenn sie zu allgemein gültigen Regeln würden. Mit dieser Feststellung sind sie aber nicht aus der Welt zu schaffen. Sie mahnen eine Verhaltensänderung an – auch dort, wo sie im Augenblick nicht möglich ist. Sie bleiben in sich wahr und machen deutlich, was der Mensch in den Augen Gottes sein könnte.

Wie hat Jesus sich selbst verstanden?

Jesus trat mit dem Anspruch auf, der entscheidende Repräsentant Gottes zu sein. Dabei hat er sich vermutlich nicht selbst als »Messias« (griech.: Christos, lat.: Christus, deutsch: Gesalbter) bezeichnet, auch nicht als »Sohn Gottes«. Diese Titel entspringen dem Glauben der urchristlichen Gemeinde und sind ihm später beigelegt worden. Wahrscheinlich hat Jesus dagegen von sich als dem »Menschensohn« gesprochen: »Der Menschensohn hat Vollmacht, auf Erden Sünden zu vergeben« (Markus 2,10) oder »Der Menschensohn hat keinen Ort, wo er sein Haupt hinlegen kann« (Lukas 9,58). Wenn Jesus in diesen Sätzen nicht einfach »Ich« sagt, sondern den eigentümlichen Ausdruck »der Menschensohn« gebraucht, dann weist er damit auf die Besonderheit seiner Person hin: Als »Mensch« bringt Jesus den Menschen seiner Zeit Gott nahe.

Darum kann Jesus von seinem Selbstverständnis her nicht einfach als einer unter vielen frommen Juden der damaligen Zeit eingeordnet werden: »Wer immer sich zu mir bekennt vor den Menschen, zu dem wird sich auch der Menschensohn bekennen vor den Engeln Gottes. Wer mich aber verleugnet vor den Menschen, der wird verleugnet werden vor den Engeln Gottes.« (Lukas 12,8f.) So hat kein Prophet von sich zu reden gewagt. So hat auch im damaligen Judentum niemand sonst von sich gesprochen. In seinem eigenen Wirken sieht Jesus das Gottesreich schon anbrechen: »Wenn ich durch den Finger Gottes die Dämonen austreibe, dann ist das Reich Gottes zu euch gekommen.« (Lukas 11,20)

Kreuz

Buddha starb nach einem harmonischen und erfolgreichen Leben, hochangesehen bei den Mächtigen, die Ausbreitung seiner Lehre noch erlebend, im hohen Alter von 80 Jahren an einer Lebensmittelvergiftung. Mohammed starb als erfolgreicher Feldherr und geistliches sowie politisches Oberhaupt einer wachsenden Gefolgschaft mit 62 Jahren in Medina in den Armen seiner 18jährigen Lieblingsfrau Aisha, einer seiner 13 Frauen. Jesus von Nazareth starb mit gut 30 Jahren nach einem erstaunlich kurzen öffentlichen Wirken von möglicherweise nicht einmal einem Jahr, bevor es in Jerusalem gewaltsam beendet wurde. Eine höchst angespannte Geschichte von Anfang an, bestimmt von einem lebensgefährlichen Konflikt mit dem religiös-politischen Establishment. Zuletzt eine Leidensgeschichte mit Verhaftung, Folter und Hinrichtung in grausamster Form.

Der langsame öffentliche Erstickungstod am Kreuz galt in der Antike als eine der schimpflichsten Hinrichtungsarten und wurde vor allem über Sklaven und Aufrührer verhängt. Die Inschrift »INRI = König der Juden« über dem Kreuz macht wahrscheinlich, dass Jesus mindestens von der römischen Besatzungsmacht als politischer Aufrührer verurteilt wurde.

Der Verurteilte wurde zu Beginn der Kreuzigung mit einer Riemenpeitsche, in die scharfe Knochenstücke geflochten waren, ausgepeitscht. Schon diese Tortur überlebten viele nicht. Den Querbalken hatte der Verurteilte selbst zur Hinrichtungsstätte zu tragen, die Längsbalken waren dort meist schon fest installiert. Bei der Kreuzigung wurde der Verurteilte mit den Armen an den Querbalken gebunden oder genagelt und anschließend am Längsbalken hochgezogen. Der Gekreuzigte »saß« meist auf einem Holzblock, wodurch der Todeskampf noch weiter verlängert wurde.

Jesus starb vergleichsweise schnell. Wahrscheinlich war seine Erschöpfung so groß, dass sein Todeskampf noch am selben Tag zu Ende ging.

Der Theologe Martin Kähler hat geurteilt: Die Evangelien sind im Grunde »Passionsgeschichten mit ausführlicher Einleitung«. Wichtiger als dies, dass Jesus als Lehrer, als Heiler, als Prophet wirkte, war den ersten Christen, dass er der Leidende, der Gekreuzigte war. Das ist es, worin sich Jesus von allen anderen Religionsstiftern unterscheidet. Im Zentrum des christlichen Glaubens steht ein Hingerichteter, ein Gekreuzigter. Ist das noch zeitgemäß? Auch unter Christen wird inzwischen gefragt: Muss man ein Leidenssymbol in den Mittelpunkt stellen? Kann man mit einem Leidenden, einem Gekreuzigten überhaupt für sich werben? Kein Wunder, dass Juden und Griechen die Christen für verrückt hielten, wenn sie verkündeten, ausgerechnet im Kreuzestod Jesu habe sich Gott offenbart. Aus dem 3. Jahrhundert stammt eine ungelenke Zeichnung auf einer römischen Ruinenmauer, die einen Mann darstellt, der zu einem am Kreuz hängenden Esel aufblickt: »Alexamenos betet Gott an« steht darunter. Das ist wahrscheinlich die erste bekannte graphische Darstellung der Kreuzigung Christi, ein Spottbild.

Dass Jesu Sache nicht am Kreuz endete, lag allein an den Ostererfahrungen seiner Anhänger. Sie begannen, Gott und das Kreuz, das Leiden Jesu und das Heil für alle Menschen zusammenzudenken. Damit wurden bisherige Gottesvorstellungen, die Gott nur mit Macht, Sieg und Schönheit zusammenbringen konnten, auf den Kopf gestellt. Gott ist auch im Elend, die Macht Gottes erweist sich in seiner Ohnmacht.

Der Kreuzestod Jesu bekam einen religiösen Sinn. Sein schmachvolles Sterben am Kreuz wurde als stellvertretender Tod für die Sünden der vielen gedeutet. Bei dieser Deutung spielten die alttestamentlichen Texte vom stellvertretend leidenden und sterbenden Gottesknecht in Jesaja 53 eine wichtige Rolle. Die frühen Christen identifizierten Jesus mit diesem Gottesknecht. Er litt und starb anstelle der Menschen, die eigentlich seinen Tod verdient hatten: »Fürwahr, er trug unsere Krankheit und lud auf sich unsere Schmerzen … die Strafe liegt auf ihm, auf dass wir Frieden hätten, und durch seine Wunden sind wir geheilt.« (Jesaja 53,4.5) Diese Sätze passten nach Ansicht der frühen Christen genau zur Erzählung vom leidenden und sterbenden Jesus. Die frühe Christenheit hat bei der Verarbeitung des Kreuzestodes Jesu vor allem auf die Denkmodelle des Alten Testamentes zurückgegriffen – war diese Schrift doch auch zu dieser Zeit die gültige Bibel der frühen Christen.

Auch die beiden damals wichtigsten Rituale der jungen Christengemeinde, Taufe und Abendmahl, wurden vom Kreuzestod Jesu her gedeutet. In Erinnerung an Jesu letztes Mahl feierten seine Anhänger ein wöchentliches Abendmahl, mit dem sie sich den Kreuzestod Jesu vergegenwärtigten: Sie brachen das Brot und sprachen dabei vom Leib Christi, sie tranken den Wein und dachten dabei an das vergossene Blut Jesu.

Auch die Taufe wurde symbolisch mit dem Tod Jesu in Verbindung gebracht: Wenn die Täuflinge im Wasser untertauchten, starb ihr »altes Ich«, der »alte Adam« mit dem gekreuzigten Jesus. Als neue Menschen stiegen sie wieder aus dem Wasser.

Im Laufe der Zeit wurde das Kreuz zum zentralen Symbol des christlichen Glaubens, auch zum Erkennungszeichen der Christen: »Wir gehören zu Jesus Christus, der am Kreuz gestorben ist« – dies bringen Menschen mit dem Symbol des Kreuzes zum Ausdruck. Fast alle christlichen Kirchen tragen Kreuze (Ausnahme: Aufgrund des biblischen Bilderverbotes fehlen in den reformierten Kirchen auch Kreuze), auf vielen Grabsteinen sieht man Kreuze und auch das Kreuz auf einer Todesanzeige erinnert ursprünglich an den Kreuzestod Jesu Christi. In katholisch geprägten Gegenden stehen Kreuze an Wegen, sie hängen in Schulen und öffentlichen Gebäuden. Nicht immer war das Kreuz vor Missbrauch geschützt. Päpste und spätere Heilige, die zu Kreuzzügen aufgerufen haben, haben ebenso den christlichen Glauben in sein Gegenteil verkehrt wie die, die dann aufgebrochen sind, um zu erobern und »Ungläubige« zu töten. Heute wird das Kreuz auch missbraucht, wo es als bloßes Ornament verharmlost wird. Als Amulett oder Schmuckstück soll es vor dunklen Mächten schützen. Nicht immer ist denen, die es um den Hals tragen, bewusst, dass das Kreuz ursprünglich ein grausames Marterinstrument war und im christlichen Kontext auf den Tod Jesu für alle Menschen verweist.

Für uns gestorben?

Überall im Neuen Testament wird der Kreuzestod Jesu als ein Heilshandeln Gottes »für uns« und »für alle Welt« gedeutet: Jesus »ist gestorben für unsere Sünden nach der Schrift« (1. Korinther 15,3), er »hat sich selbst gegeben als Lösegeld für alle« (1. Timotheus 2,6), er »ist das Lamm Gottes, das die Sünden der Welt trägt« (Johannes 1,29). Ein von Gott gesandter Mensch trägt die Strafe und das Leid anstelle derer, die es eigentlich verdienen.

Wie ist das zu verstehen? Der Philosoph und Theologe Anselm von Canterbury (1033/34-1109) hat im Mittelalter aus dem biblischen »Für uns« eine höchst einflussreiche und zugleich fatale Heilstheorie entwickelt: Gottes Ehre war durch die Sünde der Menschen verletzt. Kein normaler Mensch konnte für diese Beleidigung Gottes Genugtuung leisten. Darum schickte Gott seinen Sohn Jesus auf die Erde, der sein Leben seinem Vater opferte und damit Gott versöhnte.

Diese ganze Konstruktion ist für uns heute nicht mehr nachvollziehbar. Ein sadistischer Gott, der seinen Sohn opfert, um uns gnädig zu sein, hat mit dem Gott, den Jesus uns nahegebracht hat, nichts zu tun. »Gott braucht kein Opfer und schon gar kein Blut, sondern er macht sich die Sache des verlorenen Menschen aus Liebe zu eigen.« (Wilfried Härle) Dennoch bleiben Fragen: Wie kann der Tod eines Menschen eine Bedeutung haben für alle anderen? Kann ein anderer meine Schuld tragen?

Das Neue Testament kennt verschiedene Antwortversuche auf diese Fragen. Nicht alle wirken heute noch plausibel. Am einleuchtendsten sind vielleicht immer noch die untereinander ähnlichen Antworten des Paulus und des Markusevangeliums. Dort heißt es: »Der Menschensohn ist nicht gekommen, um sich dienen zu lassen, sondern um uns zu dienen und sein Leben hinzugeben als Lösegeld für viele.« (10,45) Jesus hat den Tod bewusst auf sich genommen und so seine Liebe und seine Botschaft bis zuletzt durchgehalten. Sein Tod am Kreuz war kein Betriebsunfall, sondern die Konsequenz seines Lebens. Er hätte fliehen können, er hätte widerrufen können, doch er ist sich treu geblieben und dafür in den Tod gegangen.

An diesem Tod hat sich zugleich aber auch die Welt entlarvt. Alle werden schuldig: der Politiker, der kurzen Prozess macht; die Priester, die ihn loswerden wollen; das Volk, das sich gegen Jesus entscheidet; seine Jünger, die ihn im Stich lassen. Bei der Hinrichtung Jesu spielen Religion, Politik, Recht und öffentliche Meinung zusammen. Am Tod Jesu wird sichtbar, wie es um uns Menschen steht. Sie ertragen den nicht, in dem Gottes Liebe menschliche Gestalt angenommen hat, sondern schlagen ihn ans Kreuz. Doch der von allen verlassen am Kreuz hängt, nimmt diese Bosheit auf sich, trägt sie bis zum bitteren Ende und betet noch für seine Peiniger: »Vater, vergib ihnen, denn sie wissen nicht, was sie tun!« (Lukas 23,34)

Genau dort, wo die Menschen sich von Gott abwenden, wendet Gott sich den Menschen zu. »Gott war in Christus und versöhnte die Welt mit sich selbst«, schreibt Paulus (2. Korinther 5,19). Durch Ostern wird deutlich: Mit diesem Gekreuzigten hat sich Gott identifiziert. Gott aber ist Liebe. Er vergilt nicht Gleiches mit Gleichem. Er zieht sich aber auch nicht zurück und wartet darauf, dass wir Menschen uns ändern. Sondern er geht auf uns zu und macht einen neuen Anfang. Paulus gebraucht dafür das Wort »Versöhnung«. Nicht: Gott muss versöhnt werden – sondern Gott bittet uns um Versöhnung.

Vielleicht ist das gemeint, wenn es heißt, dass Jesus »für uns« gestorben ist. Es wird immer ein letztes Geheimnis in diesem Geschehen bleiben, das wir nicht lüften können. Wirklich verstehen werden wir den Kreuzestod Jesu wohl nie.

Warum musste Jesus sterben?

Zweifellos hat Jesus mit der Möglichkeit eines gewaltsamen Todes gerechnet. Er ist aus Galiläa hinaufgezogen nach Jerusalem, um dort bei der großen Wallfahrt zum Passafest ganz Israel mit seiner Botschaft zu konfrontieren. Jerusalem, das geistige Zentrum Israels, war an diesen Tagen überfüllt mit zehntausenden von Pilgern. Schon die Ankunft Jesu erregte Aufsehen. Nach den Evangelien ritt er, eine messianische Weissagung des Propheten Sacharja erfüllend (Sacharja 9,9), auf einem Esel in die Stadt ein. Historisch wahrscheinlich dürfte sein, dass Jesus von einer größeren Schar von Anhängern aus Galiläa begleitet wurde, die ihm zujubelten, als er in die alte Königsstadt Davids einzog. Sein letztes Auftreten in Jerusalem dauerte nur wenige Tage. Zum Verhängnis wurde ihm die sog. »Tempelreinigung« – eine symbolische Aktion, die demonstrativ und öffentlich zeigen sollte: Die Zeit des alten Tempels mit seinem Kult ist vorbei, die jetzt anbrechende Gottesherrschaft wird ein neues Gottesverhältnis herbeiführen. Indem Jesus, wie die Evangelien erzählen, die Tische der Geldwechsler und Taubenverkäufer umstieß und die Händler aus dem Tempel vertrieb, störte er nicht nur den Tempelbetrieb, sondern provozierte damit vor allem den Priesteradel und viele Leute in Jerusalem, die vom Tempel lebten.

Am Tag vor dem Passafest feierte Jesus, im Bewusstsein, dass sein Leben gefährdet war, ein Abschiedsmahl mit seinen Jüngern. Dabei hat er eine schlichte gemeinsame Mahlzeit (Brot und Wein) als Feier eines neuen Bundes mit Gott gedeutet.

In der Nacht, wenige Stunden nach der gemeinsamen Mahlzeit, wurde Jesus im Auftrag der Priesterschaft durch einen Trupp der Tempelpolizei festgenommen. Historisch sehr wahrscheinlich ist, dass Judas, einer der Jünger, Jesu Aufenthaltsort verraten hat und so eine unauffällige Verhaftung Jesu ermöglichte. Ebenso wahrscheinlich brachten sich die Jünger Jesu bei seiner Verhaftung selbst in Sicherheit und flohen in ihre galiläische Heimat.

Jesus wurde in das Haus des Hohenpriesters Kaiphas gebracht, wo kurz darauf ein Verhör stattfand, das der Vorbereitung einer Anklage vor dem römischen Präfekten dienen sollte. Nur der römische Präfekt hatte damals das Recht, Kapitalprozesse durchzuführen und die Todesstrafe zu verhängen. Offenbar wurde Jesus auf Grund seiner Tempelaktion als ein die öffentliche Ordnung gefährdender Aufrührer der römischen Besatzungsmacht überstellt.

Der römische Präfekt Pontius Pilatus regierte die Provinz Judäa mit harter Hand. Er war auch der oberste Gerichtsherr der Provinz. Wo er Gefahr für Rom witterte, machte er kurzen Prozess. Höchstwahrscheinlich nahm Pilatus die Anklage des Kaiphas zur Kenntnis, ließ Jesus auspeitschen und kurz verhören, und sprach daraufhin das Todesurteil über Jesus. Jesus wurde als einer, der politische Macht an sich reißen und sich zum messianischen König Israels aufwerfen wollte, zum Tod durch Kreuzigung verurteilt. Dies war die für Aufrührer übliche Strafe.

Blick auf das heutige Jerusalem

Frühmorgens am Freitag, dem 15. Nisan (wahrscheinlich am 7. April 30), wurden Jesus und zwei andere Verurteilte vor die Stadtmauern gebracht, an Kreuze genagelt und ihrem Tod überlassen. Nur ein paar tapfere Anhänger beobachteten das Ereignis. Jesus starb vor Einbruch der Dunkelheit am selben Tag. Ein Jesus nahe stehender Pharisäer, Joseph von Arimathia, stiftete ein Grab, in dem Jesus bestattet wurde.

Wer war schuld am Tod Jesu? Jahrhundertelang haben sich Christen die Antwort sehr einfach gemeint: Es waren »die Juden!« Diese Antwort beruht auch auf der Darstellung der Evangelien, besonders des Matthäus- und des Johannesevangeliums. Sie machen einseitig jüdische Instanzen für den Tod Jesu verantwortlich und relativieren die Verantwortung des Pilatus. In Wahrheit war es wohl ein Zusammenwirken jüdischer Aristokratie und römischer Provinzverwaltung. Juristisch verantwortlich war eindeutig Pontius Pilatus.

Ist Jesus auferstanden?

Nach menschlichem Ermessen ist Jesus am Kreuz gescheitert: das Reich Gottes hat nicht begonnen, seine Jünger sind geflohen, von Gott und den Menschen verlassen stirbt Jesus einen grausamen Tod. Seine Sache scheint zu Ende.

Was dann geschieht, ist historisch nicht aufzulösen und psychologisch nicht wirklich zu erklären. Nach kurzer Zeit sprechen immer mehr Menschen davon, dass Jesus lebt. Er sei ihnen wenige Tage nach seinem Tod so wieder begegnet, dass sie ihn als einen vom Tode Auferstandenen erfahren hätten. Diese Erfahrung haben zunächst die engsten Begleiter Jesu gemacht, die nach seiner Verhaftung in ihre Heimat Galiläa geflohen waren. Danach ist Jesus aber noch von weiteren Personen »gesehen« worden, wie aus dem ältesten Osterzeugnis zu ersehen ist, das der Apostel Paulus im 1. Korintherbrief überliefert hat: »Christus ist für unsere Sünden gestorben, gemäß den Schriften, und ist begraben worden. Er ist am dritten Tag auferweckt worden, gemäß den Schriften, und ist dem Kephas (= Petrus) erschienen und dann den Zwölfen. Danach erschien er mehr als fünfhundert Brüdern auf einmal, von denen die meisten noch leben, einige aber entschlafen sind. Danach erschien er dem Jakobus, dann allen Aposteln. Zuallerletzt aber ist er auch mir erschienen, mir, der ›Missgeburt‹« (1. Korinther 15,3-8).

- Nach Paulus ist der Auferstandene zuerst dem Petrus erschienen. Von dieser Erscheinung existiert aber keine Ostererzählung in den Evangelien. Es muss noch mehr Erscheinungen des Auferstandenen gegeben haben als überlieferte Berichte davon.
- Umgekehrt erwähnt Paulus die Frauen nicht, die nach den Ostererzählungen dem Auferstandenen begegnen. Wahrscheinlich werden die Frauen nicht erwähnt, weil Aussagen von Frauen damals nicht als Zeugenaussagen anerkannt wurden.
- Auch von der Begegnung des Auferstandenen mit mehr als fünfhundert Brüdern berichtet keine Ostererzählung. Wenn Paulus hinzufügt, dass die meisten von ihnen noch am Leben seien, dann will er damit sagen: Das lässt sich überprüfen.
- Mit Jakobus, dem leiblichen Bruder Jesu, und mit sich selbst, der zunächst die Christen verfolgt hat, nennt Paulus auch zwei Auferstehungszeugen, die anfänglich nicht zu den Anhängern Jesu gehört haben.

Das älteste Osterzeugnis aus dem 1. Korintherbrief benennt Zeugen, denen der Auferstandene erschienen ist. Er beschreibt aber nicht den Auferweckungsvorgang selbst. Die Auferstehung Jesu miterlebt zu haben, behauptet im Neuen Testament niemand. Historisch greifbar ist nur der Osterglaube der Jesusanhänger selber und sind die Umstände, unter denen er entstanden ist. Darüber hinaus haben sich aber in den Ostererzählungen der Evangelien bestimmte historische Spuren erhalten:

- Wenn der Auferstandene den Jüngern in deren Heimat Galiläa erschien, wohin die sich nach Verhaftung und Kreuzestod Jesu wieder zurückbegeben hatten, dann kam die Auferstehung Jesu für seine Jünger offenbar überraschend. Die Jünger waren dabei, sich aufzulösen; mit der Auferstehung hatten sie nicht gerechnet.
- Am Schluss des Markusevangelium wird erzählt, dass drei Frauen das Grab Jesu leer fanden. Warum hätte man diese Erzählung in einer Zeit, in der Aussagen von Frauen als nicht besonders glaubwürdig galten, frei erfinden sollen?
- Paulus erwähnt im 1. Korintherbrief nichts vom leeren Grab, in den Ostererzählungen aller vier Evangelien wird dagegen davon berichtet.
  Was ist mit dem leeren Grab? Ob die Frauen das Grab Jesu wirklich leer fanden oder ob ein leeres Grab in der Nähe Golgathas später mit dem auferstandenen Jesus in Verbindung gebracht wurde, lässt sich historisch nicht mehr entscheiden. Fest steht aber, dass sich der Osterglaube nicht an der Tatsache eines leeren Grabes entzündet hat, sondern durch die Begegnungen der Jünger mit dem lebenden Jesus entstanden ist. Für viele Christen sind die Erzählungen vom leeren Grab Hinweise darauf, dass die Auferstehung Jesu nichts bloß Erdachtes, sondern Wirklichkeit ist. Sie bleiben aber undeutliche Zeichen.

Die Auferstehung Jesu von den Toten ist zu allen Zeiten als eine besondere Zumutung für die Vernunft empfunden worden. Zweifel wurden von Anfang an laut. Im Johannesevangelium wird von Thomas, einem der zwölf Jünger, erzählt, der nicht dabei war, als der auferstandene Jesus den anderen Jüngern erschien. Thomas zweifelt: »Wenn ich nicht das Mal der Nägel an seinen Händen sehe … und meine Hand in seine Seite legen kann, werde ich nicht glauben.« Als Paulus den Athenern von der Auferstehung predigt, erntet er dafür nur Spott.

Zweifelsohne stellt die Auferstehung Jesu den Glauben auf eine harte Probe. Theologen haben darum immer neue Versuche unternommen, die Auferstehung Jesu irgendwie plausibel zu machen:

- die Jünger hätten Halluzinationen gehabt und sie als "Erscheinungen" des auferstandenen Jesus gedeutet;
- sie hätten unter Beseitigung des Leichnams Jesu die Auferstehung erfunden, um das Scheitern ihres Meisters nicht zugeben zu müssen;
- Jesus sei in Wahrheit nur scheintot gewesen und habe seine Kreuzigung überlebt;

- die Auferstehung sei ein symbolisches Bild für das Weiterwirken der Botschaft und des Anliegens Jesu auch über seinen Tod hinaus.

Doch nach allem, was im Neuen Testament berichtet wird, ist die Auferstehung Jesu nicht das Produkt des Willens und der Entschlossenheit der Jünger, die Sache Jesu zu retten. Die Evangelien erzählen stattdessen von Angst und Erschrecken, von Unglaube und Zweifel als den ersten Reaktionen der Jünger auf die Begegnungen mit dem Auferstandenen. Sie waren darauf nicht vorbereitet. Was da geschehen war und was die Auferstehung bedeutete, erkannten sie erst im Nachhinein.

Die Ostererzählungen berichten Ungeheuerliches: Gott handelt auch dort, wo kein Mensch mehr etwas ausrichten kann.

1. Die Auferstehung Jesu war keine vorübergehende Wiederbelebung seines Leichnams, sondern seine völlige Verwandlung in einen ganz anderen Zustand – jenseits unserer Vorstellungen von Raum und Zeit. In der Auferstehung Jesu wurde der Tod nicht für eine bestimmte Zeit rückgängig gemacht, sondern definitiv überwunden.
2. Die Auferstehung Jesu galt den ersten Christen als eindeutige, unbezweifelbare Bestätigung des Lebens und des Wirkens Jesu durch Gott selbst. Gott hatte sich zu ihm bekannt. Deswegen verstand man seine Auferstehung zugleich auch als seine Erhöhung zu Gott, sozusagen an die Seite Gottes. (Was das Lukasevangelium in einer eigenen Erzählung anschaulich als »Himmelfahrt« Jesu beschreibt

– nur Lukas erzählt davon –, das war für die ersten Christen schon mit der Auferstehung Jesu geschehen: seine Erhöhung zu Gott.)

3. Die dem Auferstandenen damals begegneten – die Jünger, die Frauen, Paulus, andere – bekamen keine Auskünfte über das Leben nach dem Tod, sie bekamen einen Auftrag: Als Zeuge des auferstandenen Jesus dessen Botschaft weiterzutragen.
   Es gibt im Neuen Testament keine Menschen, die durch ihre Erfahrung des Auferstandenen nicht verändert worden wären.

Die Auferstehung Jesu lässt sich historisch nicht beweisen. Was die Ostererzählungen berichten, ist etwas Ungeheuerliches, das den Rahmen des Vorstellbaren sprengt. Gott handelt dort, wo schlechterdings kein Mensch mehr etwas ausrichten kann. Die Auferstehung Jesu hat letztlich etwas mit der Macht Gottes zu tun. Ostern ist deutlich geworden, dass auch der Tod für Gott keine Grenze ist.

»Gerade der Schmerz Gottes, gerade Golgatha zeigt: den Zuschauer Gott gibt es so wenig wie den Zuschauer Gottes. Deshalb dulden die Auferstehung Jesu und seine Erscheinungen danach keine Zuschauer im theatralischen Sinn des Wortes. Wer dem Auferstandenen begegnet, stirbt als Zuschauer Gottes, um als dessen Zeuge und Akteur aufzuerstehen.«
(Kurt Marti, Pfarrer und Dichter)

Ist Jesus Gottes Sohn?

»Hatte Jesus zwei Papas?« Alexander (4 Jahre) ist verwirrt. Im Kindergarten hat er zu Weihnachten von Maria und Josef gehört, im Familiengottesdienst hatte die Pastorin Jesus »Sohn Gottes« genannt. Alexanders Frage bringt nicht nur seine Eltern in Verlegenheit, über diese Frage ist in vergangenen Jahrhunderten auch unter den Christen heftig gestritten worden. War Jesus ein auf die Erde gekommener Gottessohn, der nur für gut drei Jahrzehnte Menschengestalt annahm oder war er ein wirklicher Mensch mit menschlichen Eigenschaften und realen Eltern?

Jesus selbst hat sich zu Lebzeiten nicht selbst als Gottes Sohn bezeichnet, auch nicht als Messias oder als Heiland. Erst nach seinem Tod, als man aufgrund der Ostererfahrungen zu der Überzeugung kam, dass Jesus nicht im Tod geblieben, sondern von Gott aufgenommen war, haben seine Anhänger angefangen, von ihm als »Herrn«, »Christus«, »Davidssohn« oder »Sohn Gottes« zu sprechen. Mehr als 50 verschiedene Namen werden im Neuen Testament für ihn gebraucht. Einige dieser Titel traten im Lauf der Zeit wieder zurück. Sie waren nicht mehr verständlich wie etwa »Menschensohn« oder »Davidssohn«. Andere Titel wurden dagegen wichtiger und weiteten sich in ihrer Bedeutung noch aus. Der jüdische Titel »Messias« (Gesalbter), auf griechisch »christos«, wuchs mit dem Namen Jesus zusammen und wurde zu einem Eigennamen: »Jesus Christus«.

Auch »Gottes Sohn« ist ein solcher Titel. Schon im Alten Testament wird Israels König so genannt, der bei seiner Thronbesteigung zum »Sohn Gottes« eingesetzt wird (Psalm 2,7). Dieser Titel wurde nach Ostern auch auf Jesus angewendet: Durch Auferweckung und Erhöhung zu Gott wird Jesus, wie Paulus schreibt, »eingesetzt als Sohn Gottes in Macht« (Römer 1,4). Damit ist nichts über eine biologische Herkunft Jesu gesagt, sondern die Stellung Jesu im Verhältnis zu Gott angesprochen. Jesus ist Gottes Sohn nicht, wie von Juden und Muslimen manchmal vermutet, als ein leiblicher Sohn Gottes, sondern als Gottes Beauftragter und Stellvertreter. Der Titel »Sohn Gottes« macht deutlich, dass Jesus in einzigartiger Weise zu Gott gehört. Ja, das gesamte Neue Testament lässt keinen Zweifel daran: Gott ist kein anderer als der, als der er sich in der Person Jesu Christi gezeigt hat.

Wenn Jesus so an die Seite Gottes gerückt wird, dann stellt sich die Frage, wie man denn sein irdisches Leben bis zu seinem Tod verstehen kann. War Jesus überhaupt ein wirklicher Mensch oder war er ein über die Erde wandelnder Halbgott, dem schließlich auch der Tod nichts anhaben konnte. Nach langen Diskussionen fand erst das Konzil von Chalkedon im Jahre 451 eine Antwort, die sich schließlich durchsetzen sollte: »Jesus ist wahrer Mensch und wahrer Gott«. Er ist seinem Wesen nach ein wirklicher Mensch mit allen menschlichen Eigenschaften – und kein über die Erde wandelnder Gott. Aber er war auch nicht nur ein Mensch wie andere auch, Prophet oder Weisheitslehrer wie viele vor oder nach ihm auch – sondern in seiner Geschichte hat sich Gott in einzigartiger Weise zu erkennen gegeben.

Wer ist Jesus? Welche Bedeutung hat er für mich? Jeder Christ wird darauf selbst eine Antwort geben müssen. Der Schweizer Dichter Kurt Marti bekennt: Er ist »derjenige, dem gegenüber ich nie das Bedürfnis, erst recht nicht eine Nötigung verspüre, mich wegen meiner Handlungen oder Versäumnisse, wegen meiner Gedanken oder Wünsche, wegen meines Versagens oder meiner Schuld rechtfertigen zu müssen.« Albert Schweitzer wiederum beendet sein klassisches Buch »Geschichte der Leben-Jesu-Forschung« 1906 mit den berühmt gewordenen Zeilen: »Als ein Unbekannter und Namenloser kommt er zu uns, wie er am Gestade des Sees an jene Männer, die nicht wussten, wer er war, herantrat. Er sagt dasselbe Wort: Du aber folge mir nach! und stellt uns vor die Aufgaben, die er in unserer Zeit lösen muss. Er gebietet. Und denjenigen, welche ihm gehorchen, Weisen und Unweisen, wird er sich offenbaren in dem, was sie in seiner Gemeinschaft an Frieden, Wirken, Kämpfen und Leiden erleben dürfen, und als ein unaussprechliches Geheimnis werden sie erfahren, wer er ist …«

Hat Jesus Wunder getan?

»Zweifellos hat Jesus Wunder getan, Kranke geheilt und Dämonen ausgetrieben«, stellt der Neutestamentler Gerd Theißen fest. Es gibt einen festen Kern von Wundergeschichten, die sich mit einer gewissen Sicherheit auf Jesus selbst zurückführen lassen. Das sind die Heilungsgeschichten oder Dämonenaustreibungen bzw. Exorzismen.

a) Heilungsgeschichten

Es handelt sich vorwiegend um psychosomatische Heilungen. Menschen werden von der lebensfeindlichen Macht einer Krankheit befreit. Auffallend ist, auch im Vergleich mit außerbiblischen Heilungswundern, die damals erzählt wurden, die persönliche Zuwendung Jesu zu den Kranken. Oft wird vom Erbarmen Jesu angesichts dieses Schicksals geredet.

Bei den Exorzismen (Markus 1,23-27; 5,1-20; 9,14-29) steht die Auseinandersetzung Jesu mit der lebensfeindlichen Macht im Vordergrund. Als Gesandter Gottes tritt Jesus dem Dämon gegenüber, der den Menschen besetzt hält und der als der Repräsentant widergöttlicher Mächte erscheint. Der kranke Mensch ist dabei gleichsam das Schlachtfeld, auf dem sich der Kampf zwischen Gott und seinem Widersacher abspielt.

»Wenn ich mit dem Finger Gottes Dämonen austreibe, so ist die Königsherrschaft Gottes ja schon angekommen«. (Lukas 11,20)

Die Heilungsgeschichten zeigen: Noch ist die Gottesherrschaft nicht universell durchgesetzt, aber indem Kranke an Leib und Seele gesund werden, kommt punktuell und zeichenhaft diese Gottesherrschaft, diese neue Welt, zum Vorschein. Dabei wird deutlich: Gutes und gelingendes Leben ist nicht nur etwas Innerliches und Spirituelles, sondern etwas sehr Irdisches und betrifft den ganzen Menschen. Es geht um Befreiung von Lebenseinschränkungen und -behinderungen.

Als zentrales Moment tritt in den Heilungsgeschichten immer wieder der Glaube hervor: »Geh hin, dein Glaube hat dir geholfen.« Nämlich der Glaube, die feste Gewissheit, in Jesus der heilenden Macht Gottes selbst zu begegnen.

Jesus ist sich der Zweideutigkeit seiner Exorzismen und Heilungen durchaus bewusst gewesen. Dass er die Fähigkeit hatte, ungewöhnliche, aus dem Rahmen fallende Machttaten zu vollbringen, war anscheinend unter den Zeitgenossen unumstritten. Damit aber stellte sich für sie die Frage nach Wesen und Herkunft der hinter ihnen stehenden Macht. Gegner Jesu haben sie beantwortet, indem sie unterstellten, Jesus stehe mit dem Teufel selbst im Bunde und handle im Auftrag dämonischer Mächte.

»Er hat Beelzebul, und durch den Obersten der Dämonen treibt er die Dämonen aus.« (Markus 3,22)

Jesus hat darauf verzichtet, seine Fähigkeit zu Wundertaten propagandistisch auszuwerten. Das an ihn herangetragene Ansinnen, seine messianische Sendung durch besondere »Zeichen« unter Beweis zu stellen, hat er zurückgewiesen.

b) Rettungsgeschichten

Neben diesen Heilungsgeschichten und Dämonenaustreibungen (»Jesusgeschichten«) werden von Jesus noch andere Wunder erzählt, Rettungsgeschichten, Totenauferweckungen, Erscheinungen. Hierzu zählen die Sturmstillung (Markus 4,35-41), die Speisung der 5000 (Markus 6,30-44), die Totenauferweckung des Jünglings in Nain (Lukas 7,11-17), der Seewandel Jesu (Markus 6,45-52), der wunderbare Fischzug (Lukas 5,1-11) oder die Verklärungsgeschichte auf dem Berg (Markus 9,2-13). Im Unterschied zu den Heilungsgeschichten haben wir es hier mit stark vom Osterglauben geformten Rettungs- und Bewahrungsgeschichten zu tun, die davon erzählen, dass Menschen in Extremsituationen das Leben gerettet oder bewahrt wurde. Es sind eher Christusgeschichten, weil sie eigentlich den Glauben an den Auferstandenen voraussetzen, der in der Macht Gottes Menschen aus akuter Not befreien kann. Solche Christus-Wundergeschichten spiegeln den nachösterlichen Glauben an Jesus in erzählerischer Weise. Es sind erzählerische Glaubensbekenntnisse.

August Macke, Jesus im Nachen

Was bedeutet das für ihre Historizität?

Auch wenn diese Wundergeschichten in der Tat stark österlich geprägt sind und sie in der Breite der Jesusüberlieferung nicht so fest verankert sind wie etwa die Heilungsgeschichten, spricht vieles dafür, mit dem Urteil »unhistorisch« oder »erfunden« an dieser Stelle vorsichtig umzugehen. Wahrscheinlich sind in diesen Wundergeschichten Erinnerungen an reale Ereignisse – gemeinsame schwierige Bootsfahrten, gemeinsames sättigendes Essen in Notzeit, außergewöhnliche Heilung – eingewoben, die dann im Lichte der Ostererfahrung gesteigert, neu gedeutet und aktualisiert wurden.

Zusammenfassend: Es ist nicht zu bezweifeln, dass Jesus Besessene, Blinde, Taubstumme, Aussätzige und Gelähmte geheilt hat und dass solche Heilungen als Wunder, als Taten Gottes erlebt wurden.

? Ist die Weihnachtsgeschichte wahr?

»Es begab sich aber zu der Zeit, dass ein Gebot von dem Kaiser Augustus ausging …« (Lukas 2,1), mit diesen vertrauten Worten beginnt die wahrscheinlich bekannteste Erzählung der Evangelien, die Geburtsgeschichte des Lukasevangeliums. Diese Weihnachtsgeschichte des Lukas ist kein historischer Bericht. Das zeigt sich auch an einigen historischen Ungereimtheiten in seiner Erzählung: Eine Steuerschätzung im gesamten römischen Reich hat es unter Kaiser Augustus nicht gegeben. Quirinius trat sein Amt als Statthalter in Syrien erst im Jahr 6 n. Chr. an. Und von Bethlehem als Geburtsort Jesu wissen zum Beispiel Paulus, Markus oder Johannes nichts.

Nüchtern müssen wir feststellen: Wann, wo und wie Jesus geboren wurde, wissen wir heute nicht mehr. Das liegt vor allem daran, dass sich die Christen in den ersten Jahrzehnten für den Zeitpunkt und die Umstände der Geburt Jesu nicht sonderlich interessierten. Kreuzestod und Auferstehung Jesu waren wichtiger. Paulus etwa berichtet nur, dass Jesus »von einer Frau zur Welt gebracht« (Galater 4,4) wurde und von davidischer Herkunft (Römer 1,3) war. Markus beginnt die Geschichte Jesu mit dessen Taufe durch Johannes. Nur Matthäus und Lukas erzählen ausführlicher von Jesu Geburt und Herkunft – beide in legendarischer Form.

Die Kindheitsgeschichten des Matthäus und des Lukas sind Legenden. Legenden erzählen das Leben und Schicksal eines vorbildlichen und gottbegnadeten Menschen. Sie enthalten nicht so sehr konkrete biographische Einzelheiten, sondern erzählen von außergewöhnlichen Situationen und Leistungen und wie darin Gottes Führung erkennbar wird.

Die beiden Kindheitsgeschichten unterscheiden sich erheblich: Matthäus erzählt vom Wunderstern, von den Magiern aus dem Orient, vom Kindermord des Herodes und von der Flucht nach Ägypten. Lukas dagegen verbindet zwei Geburtsgeschichten miteinander, die des Johannes des Täufers und die Jesu – und er zeigt zugleich, dass Jesus Johannes überbietet. Beide erzählen ganz unterschiedlich von den Anfängen Jesu, aber sie stimmen darin überein, dass sie keine Episoden aus den Kindertagen Jesu ausbreiten, sondern die Kindheitsgeschichte Jesu schon wie eine Ouvertüre für das spätere Wirken Jesu gestalten.

Matthäus beginnt mit dem Stammbaum Jesu. Er zeigt, dass Jesus über Josef in direkter Linie von Abraham und David abstammt: Er ist der Messias aus der Familie Davids. Dabei fällt auf, dass Matthäus vier nichtjüdische Frauen in den Stammbaum Jesu einfügt: Tamar, Ruth, Rahab und Bathseba. Damit ist die Perspektive auf das Ende des Evangeliums eröffnet: »Geht hin und macht alle Völker zu meinen Jüngern ...« (Matthäus 28,19)

Dieselbe Perspektive wird auch in der Szene mit den Magiern aus dem Orient erkennbar. Die Magier, die geistige Elite der nichtjüdischen Welt (in der christlichen Frömmigkeitsgeschichte sind daraus die »heiligen drei Könige« geworden), suchen den neugeborenen König der Juden und wollen ihn anbeten. »Ganz Jerusalem« (Matthäus 2,3) gerät in Aufregung und König Herodes ordnet die Tötung aller männlichen Kleinkinder unter zwei Jahren an. Jerusalem lehnt Jesus ab, die Nichtjuden glauben an ihn – hier wird vorweggenommen, was Matthäus vom späteren Wirken Jesu erzählt.

Emil Nolde, Heilige Nacht

Lukas geht es in seiner Kindheitsgeschichte um die Verknüpfung der Geschichte Jesu mit der großen Weltgeschichte. Kaiser Augustus wird aufgeboten, der syrische Statthalter Quirinius tritt auf und es wird die »Schätzung« der ganzen Welt angeordnet. Das Evangelium hat geschichtliche und zugleich weltweite Dimensionen: Jesus ist der Retter und Heilsbringer für die ganze Welt.

Die vertraute Weihnachtsgeschichte, die diese Botschaft entfaltet, ist alles andere als idyllisch oder harmlos. Hier wird nicht die fromme Legende von der märchenhaften Geburt des göttlichen Kindes im Kerzenschein des Stalles von Bethlehem erzählt. Jeder Satz dieser Erzählung ist brisant, viele sind politisch anstößig.

Die Erzählung beginnt mit dem Kaiser Augustus, zu deutsch »der Anbetungswürdige«. Eine Inschrift feiert ihn als »Heiland«, als Friedenskaiser, doch der Friede (pax romana), den er dem römischen Reich für einige Jahrzehnte gebracht hatte, ruhte auf den Lanzen seiner Soldaten. Gewalt bestimmte auch die »Schätzung«, von der in den ersten Versen die Rede ist. Die Bevölkerung wurde zusammengetrieben und erfasst, Volkszählung zum Zwecke einer massiven Besteuerung. Rom brauchte Geld, das luxuriöse Leben der Oberschicht musste finanziert, die Legionäre mussten bezahlt werden.

Gegen diese Politik erhoben sich damals die jüdischen Zeloten, die die römische Besatzungsmacht bekämpften und dem ersten Gebot mit Waffengewalt Geltung verschaffen wollten.

Die Weihnachtsgeschichte des Lukas kritisiert beides: Der Herrscher, dessen Geburt geschildert wird, übt keine politische Macht aus. Er kommt nicht in einem Palast in der Weltstadt Rom zur Welt, sondern in einem Futtertrog in der Provinzstadt Bethlehem. Er lässt nicht wie Augustus die Welt als seinen Besitz registrieren. Seine Macht ist die Gewaltlosigkeit des Kindes.

»Der Stall, der Zimmermannssohn, der Schwärmer unter kleinen Leuten, der Galgen am Ende, das ist aus geschichtlichem Stoff, nicht aus dem goldenen, den die Sage liebt.«
(Ernst Bloch, deutscher Philosoph)

Die Erzählung lässt keinen Zweifel, dass sie in dem Neugeborenen den Messias sieht. Auch die herbeieilenden Hirten sind keine idyllische Staffage. Sie rufen – zusammen mit Bethlehem, dem Ort des Geschehens – David, den großen Hirten Israels, in Erinnerung, der von den Schafherden weg zum König berufen wurde (1. Samuel 16,1-13). Nun erscheint der messianische König, der endgültige Retter.

»Und der Engel sprach zu ihnen: Fürchtet euch nicht! ... Euch ist heute der Heiland geboren, welcher ist Christus, der Herr ...« (2,10f.).

»Heiland« (soter) – das war der Titel, unter dem sich der römische Kaiser gern als Friedensbringer und Wohltäter feiern ließ. »Herr« (kyrios) – war die Bezeichnung des römischen Kaisers im offiziellen Kaiserkult. Als die Christen verfolgt wurden, konnten sie sich retten, wenn sie den Kaiser als »Herrn« bekannten und vor dem Bild des Kaisers opferten.

Die politische Brisanz der Weihnachtsgeschichte ist deutlich: dem Kaiserkult wird der Christusglaube entgegengestellt: Ausgerufen wird eine neue Regierung.

»Ehre sei Gott in der Höhe und Friede auf Erden bei den Menschen seines Wohlgefallens.« (2,14) Ehre und Ruhm beanspruchte damals ein anderer für sich. Dem römischen Kaiser wurden Altäre gebaut, ihm wurden Loblieder gesungen. Die Engel aber stellen klar: Ehre gebührt nur einem – Gott in der Höhe.

Auch der Frieden, den die Engel auf den Feldern Bethlehems verkünden, hat nichts mit der pax romana gemein. Er wird nicht durch Unterwerfung verwirklicht, sondern ist zuhause »bei den Menschen seines Wohlgefallens«.

Die Weihnachtsgeschichte des Lukas erzählt keine romantische, sondern eine revolutionäre Geschichte: Eine neue Regierung für diese Welt. Gott nimmt Partei für den armen Menschen.

Ist die Weihnachtsgeschichte des Lukas wahr? Sie ist wahr, auch wenn sich historisch nicht alles so abgespielt hat, wie es hier erzählt wird.

Kirche

Von der Kirche

Für einen normalen Zeitgenossen ist Kirche nicht jeden Tag und auch nicht jedes Jahr ein Thema. Er oder sie kann im Alltag lange ganz selbstverständlich leben, ohne in eine Kirche zu gehen oder von der Kirche Gebrauch zu machen. Doch zu bestimmten Zeiten wird die Kirche interessant: wenn in der Familie ein Kind geboren wird, wenn ein nahestehender Mensch stirbt, wenn man heiraten möchte, wenn Kinder erwachsen werden, wenn man selbst schwer erkrankt, wenn die alten Eltern Goldene Hochzeit feiern oder zu Weihnachten, wenn die ganze Familie zusammen ist. Ist Kirche etwas für die besonderen Augenblicke im Leben? Wozu braucht man die Kirche?

Jedes Jahr treten etwa 150 000 Mitglieder in Deutschland aus der Evangelischen Kirche aus. Zugleich treten jährlich etwa 60 000 nach zuvor erfolgtem Austritt wieder oder als Erwachsene neu in die Evangelische Kirche ein (für die Katholische Kirche liegen die Zahlen bei 95 000 Austritten und 15 000 Eintritten). Oft ist der Austritt das Resultat von Enttäuschungen und einer gewachsenen Entfremdung im Verhältnis zur Kirche, in den meisten Fällen spielen aber finanzielle Gründe eine ausschlaggebende Rolle. Erst recht steckt hinter jedem Eintritt oder Wiedereintritt eine persönliche Geschichte. Warum entschließen sich Menschen, in die Kirche einzutreten, obwohl damit meist finanzielle Nachteile verbunden sind? Welche Gründe gibt es, zur Kirche zu gehören?

Lyonel Feininger, Marktkirche von Halle, 1930

Auch wer aus der Kirche ausgetreten ist, geht doch Heiligabend zum Gottesdienst. Man zahlt keine Kirchensteuer mehr, ist aber durchaus bereit, diakonische Projekte oder kirchliche Aktivitäten finanziell zu unterstützen, wenn sie einem einleuchten. Nach Umfragen wird gerade die Arbeit der Evangelischen Kirche auch von denen als sinnvoll und glaubwürdig wahrgenommen, die der Kirche nicht (mehr) angehören. Unter den »Protestanten« gibt es nicht wenige, die sich weder ihre Frömmigkeitspraxis noch den Gottesdienstbesuch und auch nicht die formelle Kirchenmitgliedschaft von der »Amtskirche« vorschreiben lassen wollen. Kann man auch Christ sein ohne zur Kirche zu gehören?

Kirche assoziiert man oft mit kleinen Zahlen: Gottesdienste sind in der Regel keine Massenveranstaltungen und auch die Teilnehmer an Gemeindegruppen und -kreisen sind oft überschaubar. Doch dann gibt es kirchliche Ereignisse, da kommen Hunderttausende: alle zwei Jahre zum Kirchentag etwa oder zum Weltjugendtreffen der Katholischen Kirche, zum ökumenischen Jugendzentrum nach Taizé oder zu den großen Gospel-Konzerten. Seit der Einweihung der Dresdner Frauenkirche haben mehrere Millionen Menschen die Kirche besucht. Wenn die Kirche zu besonderen Anlässen ruft, kommen erstaunlich viele. Wieso kann Kirche immer noch so viele Menschen binden?

In der Katholischen Kirche ist alles so schön einfach: Eine römisch-katholische Weltkirche mit einem Papst an der Spitze. Ob in Deutschland, in den USA oder in Südkorea – überall dieselbe Messe, dieselbe Eucharistiefeier. Auf protestantischer Seite gibt es dagegen Lutheraner, Reformierte, Baptisten, Methodisten, Anglikaner, Presbyterianer, Pfingstler und noch einige andere – und alle sind anders organisiert, feiern den Gottesdienst anders und tragen andere Gewänder. Wer behält da noch den Überblick, wer kennt sich da noch aus? Woher stammen die Unterschiede, warum gibt es so viele Kirchen, so viele Konfessionen?

In Frankreich und in den USA gibt es keinen Religionsunterricht an staatlichen Schulen und kein »Wort zum Sonntag« im öffentlich-rechtlichen Fernsehen. Hier sind Staat und Kirche strikt getrennt. Auch in Deutschland gibt es eine Trennung von Staat und Kirche, aber der Staat unterstützt die Kirchen bei der Wahrnehmung ihrer Aufgaben. Die Kirchen gehören zu den größten Arbeitgebern in Deutschland, sie unterhalten mehr als die Hälfte aller Krankenhäuser und Kindergärten, sie sind die größten Träger freier Bildungseinrichtungen in Deutschland. Sind die staatlichen Finanzhilfen Privilegien der Kirche? Oder sichert der Staat die Arbeit der Kirchen, weil diese ganz wesentlich zum Zusammenhalt der Gesellschaft beitragen? Wie weit muss die Trennung von Staat und Kirche gehen?

In regelmäßigen Abständen wird in der Presse vom »Reichtum« der Kirche berichtet. Dabei ist dann oft von Milliardenbeträgen die Rede, wobei der Gebäudebestand der Kirchen eingerechnet ist. Doch sollen die Kirchen den Kölner Dom oder den Hamburger Michel verkaufen? Zugleich machen aber auch andere Meldungen die Runde: Die Kirchen haben eine Finanzkrise, müssen kirchliche Gebäude schließen, Personal entlassen und Gehälter kürzen. Was stimmt nun: Ist die Kirche reich oder arm? Im Vergleich zu den Kirchen in den meisten anderen Ländern sind die Kirchen in Deutschland immer noch wohlhabend. Aber in keinem vergleichbaren Land haben die Kirchen auch so viele Aufgaben übernommen. Wären die Kirchen glaubwürdiger, wenn sie ärmer wären – oder müssten sie reicher sein, um alle Aufgaben wahrnehmen zu können, die von ihnen erwartet werden?

Leiden die Kirchen an Auszehrung? Seit vielen Jahren hält sich in der Öffentlichkeit das Bild von einer immer weiter schrumpfenden und an Einfluss verlierenden Kirche. Doch weltweit nimmt die Zahl der Christen eher zu, besonders in Asien, Afrika und Lateinamerika. Europa ist schon lange nicht mehr das Zentrum der Christenheit. In Deutschland müssen zur Zeit Kirchen geschlossen werden, doch zugleich werden neue Jugendkirchen eröffnet. Die kirchlichen Finanzen werden knapper, doch zugleich spüren die Kirchen ein neues Interesse an Religion. Seit 200 Jahren wird das Ende der Kirchen vorhergesagt, doch allen Untergangsprognosen zum Trotz erweisen sie sich als erstaunlich vital und widerständig. Selbst einem oft unfähigen Bodenpersonal ist es in 2000 Jahren nicht gelungen, die Kirche zu zerstören. Könnte darin ein Hinweis liegen, dass die Kirche nicht nur von Menschen gesteuert wird? Wie sieht die Zukunft der Kirche aus?

Jesus wollte Israel zur Buße und zu Gott rufen – es entstand eine von Israel getrennte neue Religion, zu der fast ausschließlich Nicht-Juden gehörten. Jesus ging es in erster Linie um die Armen, Benachteiligten, um die Frauen, die Kranken – doch die sich auf ihn berufende Kirche wurde zeitweise zur wichtigsten weltpolitischen Macht. Was in kleinen Orten Palästinas und Kleinasiens begann, umspannt heute die ganze Erde. Aus einer verfolgten Minderheit wurde eine Kirche, die ihrerseits selbst Abweichler verfolgte und ausschloss. Was mit Güterteilung, Armenspeisung und Witwenunterstützung begann, ist heute zu einem großen Sozialkonzern mit hunderttausenden von Arbeitsplätzen gewachsen. Ist die Kirche, die wir kennen, eine Kirche mit Ämtern und Dogmen, Kathedralen und Kirchensteuer, noch die Kirche Jesu Christi? Das ist die Frage, die sich durch die gesamte Kirchengeschichte zieht, die Grundfrage auch für alles Nachdenken über die Situation und die Aufgaben der Kirche heute.

Wie es mit der Kirche begann

Jesus hat keine Kirche gegründet. Er hat aber Anhänger um sich gesammelt, die ihm in unterschiedlicher Weise nachfolgten. Der innerste Kreis bestand aus den 12 Jüngern, offensichtlich nur Männer, deren Namen uns überliefert sind. Simon Petrus hatte unter ihnen eine besondere Bedeutung. Die zwölf symbolisierten die Hoffnung auf die Wiederherstellung des alten Gottesvolkes Israel, des Zwölfstämmevolkes.

Ein weiterer Kreis bestand aus denjenigen, die ihm nachfolgten und sein Wanderleben teilten. Sie gaben ihren festen Wohnsitz und ihre Berufstätigkeit auf und zogen mit Jesus. Höchstwahrscheinlich haben auch Frauen zu diesen Nachfolgern gehört.

Anhänger hatte Jesus schon vor Ostern, doch erste Gemeinden bildeten sich erst in der Zeit nach Ostern. Ohne Ostern hätte es keine Kirche gegeben. Die

Apostelgeschichte 2,1-13

Die Bibel erzählt, dass Gottes Geist am Pfingsttag über die Jünger kommt und ein großes Sprachenwunder bewirkt. Petrus hält eine große Predigt, die zur Gründung der ersten Gemeinde führt. Alles läuft sehr dramatisch ab: ein Brausen vom Himmel ertönt, Feuerzungen setzen sich auf die Jünger, Festpilger aus aller Welt hören die Jünger in ihren Muttersprachen predigen, die Menge ist ergriffen und alle fragen: »*Was sollen wir tun?*« und dreitausend lassen sich an diesem Tag taufen.

Was ist Pfingsten geschehen? Vermutlich ist es am Pfingsttag, dem jüdischen Erntefest, an dem viele Juden auch aus dem Ausland in Jerusalem weilten, zu einem ersten öffentlichen Auftreten der neuen Christengruppe gekommen. Und es gab gleich einen missionarischen Erfolg – vielleicht waren es nicht dreitausend, mit dieser großen Zahl wollte Lukas der bedrängten Gemeinde seiner Zeit wohl Mut machen, aber eine ansehnliche Zahl dürfte es an diesem Pfingsttag doch gewesen sein.

Pfingsten hat es gegeben, auch wenn Lukas die Pfingstgeschichte mit wunderhaften Zügen ausgestattet hat. Im Mittelpunkt steht etwas anderes: Pfingsten ist die Geburtsstunde der Kirche. Sie entsteht weder durch das Engagement der Jünger noch durch einen Gründungsakt ihrer Mitglieder. Es geschieht etwas, mit dem niemand rechnen konnte. Die Anhänger Jesu, die sich kurze Zeit zuvor, enttäuscht und entmutigt über den Kreuzestod Jesu, noch zurückgezogen und versteckt hatten, verlieren alle Angst, gehen auf die Straße und reden in aller Öffentlichkeit. Die zuvor so wankelmütigen Schüler ihres Meisters, allesamt aus einfachen Verhältnissen und ohne Schulbildung, sie verstehen plötzlich, was es mit Jesus auf sich hat, mit seinem Tod, mit seiner Auferstehung, und sie erzählen jedermann davon. Mit dem Wehen des göttlichen Geistes, nicht mit einer Regung des menschlichen Herzens hat die Kirche nach dem Bericht der Bibel angefangen.

Gewissheit, dass der gekreuzigte Jesus von Gott auferweckt wurde, verband sich sehr schnell mit der Überzeugung, aller Welt diesen Jesus zu verkündigen.

Innerhalb weniger Jahrzehnte wurde aus einer kleinen jüdischen Sekte eine eigene religiöse Bewegung mit Gemeindegründungen im ganzen römischen Weltreich. Wie konnte es zu dieser unglaublichen Entwicklung kommen?

Im Jahre 50, 20 Jahre nach dem Kreuzestod Jesu in Jerusalem, leben Anhänger Jesu über Jerusalem hinaus schon in Samarien, Phönizien, Syrien und auf Zypern. Zu Anfang sind die »Christen« eine Bewegung innerhalb des Judentums. Sie leben nach dem jüdischen Gesetz, beachten die jüdischen Speise- und Reinheitsvorschriften und besuchen die Synagoge. Doch bald kommt es innerhalb der jüdischen Christen zu Spannungen mit den »Hellenisten«, christlichen Juden aus der Diaspora, die diese Vorschriften nicht mehr für unbedingt verbindlich halten. Die Hellenisten sind es, die Mission außerhalb des Landes betreiben. Zu ihnen stößt bald der ehemalige Pharisäer Saulus, der anfänglich die Christengemeinden verfolgte, bis er vor Damaskus bekehrt wurde. Unter seinem neuen Namen Paulus wird er zum wichtigsten Apostel und zum einflussreichsten Theologen des frühen Christentums. Paulus geht nach Antiochia, neben Jerusalem damals das wichtigste christliche Zentrum, von wo aus er zusammen mit seinem Partner Barnabas eine erste ausgedehnte Missionsreise unternimmt. In Antiochia werden in dieser Zeit die Jesusanhänger zum ersten Mal »Christen » genannt. Im Jahre 48 oder 49 kommt es zu einem ersten Apostelkonzil in Jerusalem, wo unterschiedliche Vorstellungen über die Mission geklärt werden sollen. Auf der einen Seite stehen der Jesus-Bruder Jakobus und die Jünger Petrus und Johannes, auf der anderen Paulus und Barnabas aus Antiochia. Paulus kann sich mit seiner Überzeugung, dass man Christ werden könne, ohne vorher Jude gewesen zu sein, durchsetzen. Kurz danach beginnt Paulus mit seiner eigenständigen Missionsarbeit, die innerhalb der unvorstellbar kurzen Zeit von gut zehn Jahren den Grundstein für die, nach damaligen Maßstäben, weltweite Ausbreitung des Christentums legt. Die von Paulus gegründeten Gemeinden kennen noch keine feste Organisation: Aufgaben werden entsprechend der vorhandenen Fähigkeiten und Begabungen (Charismen) wahrgenommen. Zu den Gemeinden gehören Juden und Nichtjuden, Männer und Frauen, Freie und Sklaven. Die Unterschiede, die in der damaligen Gesellschaft Menschen trennten, galten in den Gemeinden nicht.

Emil Nolde, Pfingsten, 1909

Im *Jahre 100* sind die großen Gestalten der ersten Christengeneration tot: Der Jesus-Bruder Jakobus, Leiter der Jerusalemer Gemeinde, ist im Jahr 62 gesteinigt worden. Paulus und Petrus sind wahrscheinlich im Rahmen der Christenverfolgung des Nero in Rom als Märtyrer gestorben. Als Antwort auf diese Autoritätslücke wurden in den Jahren 70 bis 100 die Evangelien aufgeschrieben, damit die

Taten und Worte Jesu nach dem Tod der unmittelbaren Zeugen nicht in Vergessenheit gerieten.

Die Kirche begann sich vom Judentum zu lösen. Dazu trug auch die Eroberung Jerusalems und die Zerstörung des jüdischen Tempels durch den Römischen Feldherrn Titus bei, die zu einer Schwächung der judenchristlichen Gemeinden führten. Die Jerusalemer Christengemeinde floh vor den Kriegswirren ins Ostjordanland und büßte damit ihre Vorrangstellung ein. Das Zentrum des frühen Christentums verlagerte sich nach Westen: von Syrien über Kleinasien nach Griechenland und Italien.

Das Gemeindeleben war eher zwanglos organisiert. Man traf sich in Privathäusern, las aus den Schriften des Alten Testaments und des Paulus vor, betete das Vaterunser, taufte nach entsprechender Vorbereitung neue Mitglieder, feierte zusammen das Abendmahl als Mahlzeit, hielt den Sonntag und unterstützte Arme, Verwitwete und Gefangene. Aus der mehr charismatischen Wahrnehmung der Aufgaben wurden mit der Zeit feste Ämter. Dadurch wurden zugleich die Frauen, die in den Gemeinden meist die Mehrheit stellten und anfangs gleichberechtigt waren, auf mehr karitative Aufgaben zurückgedrängt.

Um das *Jahr 200* lag der Umfang der Schriften, die heute als Neues Testament bezeichnet werden, weitgehend fest. In einer Zeit, in der es noch keine zentrale Steuerungsinstanz, weder ein allgemeines Konzil noch einen Papst, gab, war dies eine große Leistung der frühen Kirche. Aufgenommen wurden alle Schriften, deren Verfasser als apostolisch galten oder die in allen Kirchengebieten bekannt waren und im Gottesdienst verwendet wurden.

Zwischen 160 und 200 entsteht das Grundgefüge der »katholischen« Kirche: mit dem apostolischen Bischofsamt, dem Kanon neutestamentlicher Schriften und einem festen Taufbekenntnis (aus dem sich später das Apostolische Glaubensbekenntnis entwickelte). Die Jahre um 200 zeigen das Christentum auf einem ersten Gipfel. In allen Ländern des Mittelmeerraumes war es inzwischen präsent, auch in Nordafrika und Gallien. Die ersten großen christlichen Kirchenväter traten auf und verteidigten den christlichen Glauben auf hohem Niveau im Gespräch mit der damaligen Philosophie.

Es gab aber auch Kritiker: »Aus der untersten Hefe des Volkes sammeln sich da die Ungebildeten und leichtgläubigen Weiber, eine obskure, lichtscheue Gesellschaft, stumm in der Öffentlichkeit, dafür geschwätzig in den Winkeln«, urteilte der römische Literat M. Cornelius Fronto. Anstoß erregte, dass die Christen einen unsichtbaren Gott verehrten, sich auf einen Gekreuzigten beriefen, ein starkes Gemeinschaftsgefühl zeigten, unverständliche Riten (Taufe, Abendmahl) vollzogen und Nächstenliebe predigten. Umgekehrt machte die organisierte Armenfürsorge der Christen damals großen Eindruck. Die römische Gemeinde konnte im dritten Jahrhundert große Summen aufbringen, um christliche Sklaven freizukaufen oder notleidende Christen in Nordafrika zu unterstützen.

Um *350* war das Christentum auf dem Weg von einer verfolgten Religion zu einer Staatsreligion. Schon seit der Zeit Kaiser Neros war es immer wieder zu regionalen und vereinzelten Christenverfolgungen gekommen. Unter Kaiser Decius begannen Mitte des dritten Jahrhunderts systematische Verfolgungen. Wer in den Verdacht geriet, Christ zu sein, musste abschwören oder wurde zu Tode gefoltert. Es gab Versammlungsverbote, Verbannung und Beschlagnahmung des Eigentums. Kirchen wurden zerstört, Schriften verbrannt und Bischöfe öffentlich enthauptet. Doch durch diese Verfolgungen wurde die Kirche nicht geschwächt. Im Gegenteil! Mit ihrer Glaubensfestigkeit und Todesverachtung beeindruckten die christlichen Märtyrer ihre nichtchristliche Umwelt.

Die Wende kam mit Kaiser Konstantin. Bei der Entscheidungsschlacht gegen seinen Rivalen Maximus soll Konstantin aufgrund eines Traumes das Christuszeichen zum Feldzeichen seiner Truppe gemacht haben. Als siegreicher Kaiser erließ er ein Toleranzedikt: das Christentum wurde zur erlaubten Religion. Konstantin schaffte die Kreuzigungsstrafe ab, verbot Gladiatorenkämpfe und führte den Sonntag als Feiertag ein. Er ließ Kirchen bauen und griff in innerkirchliche Auseinandersetzungen ein, um »rechtgläubige« Mehrheiten zu sichern. Auf dem Totenbett ließ Konstantin sich taufen. Unter seinen Nachfolgern, die bis auf eine Ausnahme alle seine christentumsfreundliche Politik fortsetzten, festigte sich die Kirche weiter.

Eine kleine Geschichte der Kirche

Das Christentum wird Staatsreligion

Der römische Kaiser Theodosius erklärte am 27. Februar 380, dass allein der christliche Glaube, der in ungebrochener Tradition auf den Apostel Petrus zurückgeht, für alle Völker seines Herrschaftsgebietes verbindlich sei. Jede Form eines heidnischen Gottesdienstes wurde verboten und als Hochverrat bestraft. Überall im Reich wurden alte Tempel und Heiligtümer zerstört, das Orakel von Delphi und die Olympischen Spiele wurden verboten. Dieses war einer der einschneidendsten Vorgänge der Kirchengeschichte, von den zuvor verfolgten Christen damals als Sieg empfunden, für die weitere Zukunft der Kirche dagegen eine umstrittene Weichenstellung.

Die Christianisierung der Germanen

Irische und britische Mönche waren es, die das Christentum nach Zentraleuropa brachten. Schon seit dem 4. und 5. Jahrhundert hatte sich das Christentum in Irland verbreitet, Klöster erhielten dabei eine zentrale Bedeutung. Von Irland griff es auf Schottland und die britische Insel über. Zu Beginn des 8. Jahrhunderts war es der angelsächsische Mönch Wynfrith, später »Bonifatius« genannt, der zunächst bei den Friesen und dann unter den Thüringern, Hessen und Bayern erfolgreich missionierte. 754 wurde Bonifatius, der »Apostel der Deutschen«, auf seiner letzten Missionsreise von friesischen Räubern erschlagen. Unter Karl dem Großen, der zuvor die Sachsen z. T. zwangsweise bekehren ließ, kam es dann zur Gründung von Bistümern und zum Aufbau einer Kirchenorganisation.

Die Kirche im Mittelalter

Das Mittelalter sah die Kirche auf dem Höhepunkt ihrer Macht. Zu keiner Zeit hatte sie größeren Einfluss auf die Menschen. Das Christentum verband alle Länder Europas. Der römische Glaube war die selbstverständliche Norm, alles, was davon abwich, musste mit kirchlicher und staatlicher Verfolgung rechnen.

Die Klöster waren kulturelle Zentren, Keimzellen für Bildung, Wissenschaft und landwirtschaftliche Entwicklung. Hier wurden die klügsten Köpfe unterrichtet, hier wurden die Werke antiker Philosophen kopiert, hier begann aber auch die Entwicklung der Armenfürsorge und des Krankenhauswesens. Ohne die Klöster ist das soziale Europa nicht denkbar. Anfänglich waren es Männer, die ins Kloster gingen, später entstanden auch immer mehr Frauenorden.

Die Burgen der christlichen Kreuzfahrer im heiligen Land waren bald Ruinen. Die Militarisierung des Christentums aber fügte diesem dauerhaften Schaden zu.

Europa ist ein Land der Kirchen. Im Mittelalter entstanden die großen Kathedralen und Dome, die wir heute noch bewundern. In den drei Jahrhunderten von 1050–1350 wurden allein in Frankreich 80 Kathedralen, 500 große Kirchen und einige zehntausend Pfarrkirchen gebaut. Die Kathedralen und Kirchen jener Zeit hatten zugleich eine ungeheure Bedeutung für die gesamte kulturelle Entwicklung: Baukunst, Malerei, Skulptur und Musik profitierten von den Kirchen.

Zur Kirche im Mittelalter gehören aber auch dunkle Kapitel. Im

Jahr 1095 rief der Papst Urban II. zum ersten Kreuzzug zur Befreiung der heiligen Stätten von den »Ungläubigen« auf. Schnell wurden die Kreuzzüge zu Massenbewegungen aller sozialen Schichten, nichts geringeres als Vergebung aller Sünden wurde den Kreuzfahrern zugesagt. Die vier Kreuzzüge waren begleitet von Blutbädern an den Juden im eigenen Land und an der einheimischen Bevölkerung von Jerusalem. Die militärischen Erfolge der christlichen Ritterheere waren nur von kurzer Dauer. Die Militarisierung des Christentums, in krassem Gegensatz zur Botschaft Jesu, fügte der Kirche großen Schaden zu.

Ab dem 12. Jahrhundert mehrten sich die Aufstandsbewegungen gegen die Hierarchie und den Reichtum der Kirche. Was sie einte, war die Forderung nach Rückkehr der Kirche zum Ideal des Urchristentums. Franz von Assisi und die Bettelorden wurden in die Kirche integriert, die Armuts- und Bußbewegung des Kaufmanns Petrus Waldes wurde aus der Kirche hinausgedrängt, die radikalen Katharer wurden als »Ketzer« erbarmungslos verfolgt und getötet. Für die Ketzerverfolgung wurde die kirchliche Gerichtsbehörde der Inquisition zuständig. Tausende von Menschen hat sie der Folter und dem Feuertod ausgeliefert.

Gegen Ende des Mittelalters wurde die Kritik an einer verweltlichten und korrupten Kirche immer lauter. Die römische Kirche war zur bedeutendsten Finanzmacht in Europa geworden, doch das Papsttum war unfähig, die zur Reform der Kirche erforderlichen Schritte einzuleiten.

Papst

In der katholischen Kirche ist der Papst (von Papa = Vater), der immer auch zugleich Bischof von Rom ist, die höchste geistliche und rechtliche Autorität. Seit dem 1. Vatikanischen Konzil von 1870 gelten bestimmte Entscheidungen in Glaubens- und Moralfragen als »unfehlbar«. Der Papst wird von den Kardinälen auf Lebenszeit gewählt. Er ist Vorsitzender des katholischen Bischofskollegiums, nur er darf ein Konzil einberufen, dessen Vorsitz er auch hat und dessen Beschlüsse seiner Zustimmung bedürfen.

Zugleich ist der Papst auch der Souverän eines weltlichen Staates, des Vatikanstaates. Dieser ist mit 44 Hektar und 552 Einwohnern der kleinste Staat der Welt – aber mit eigenen Münzen und Briefmarken, einem eigenen Radiosender und eigenen »Streitkräften«, der Schweizergarde.

Auf der Kuppel des Petersdomes, der größten Kirche der Welt, stehen in großen Lettern auf goldenem Grund die Worte aus dem Matthäusevangelium: »Du bist Petrus, und auf diesen Fels will ich meine Kirche bauen« (16,18). Die katholische Kirche beruft sich bis heute vor allem auf dieses Bibelwort, um das Amt des Papstes zu legitimieren. Doch evangelische und katholische Bibelwissenschaftler sind sich heute weitgehend einig, dass Matthäus 16,18 weder auf Jesus selbst zurückgeht noch zur Begründung einer mit Petrus beginnenden Bischofstradition taugt. Wahrscheinlich starb Petrus den Märtyrertod

Die Reformation

Am 31. Oktober 1517 verfasste Martin Luther, ein unbekannter Mönch und Professor für Bibelauslegung an der Universität Wittenberg, 95 Thesen gegen das Ablasswesen (nach katholischem Verständnis können durch einen von der Kirche gewährten »Ablass« die Sündenstrafen, die man nach dem Tod im Fegefeuer verbüßen muss, verkürzt oder erlassen werden). Zu Luthers großem Erstaunen verbreiteten sich die Thesen schnell in ganz Deutschland. Ein knappes Jahr später wurde Luther in Rom wegen des Verdachts der Ketzerei angeklagt. Wie konnten die 95 Thesen eine solche Wirkung erzielen?

Luthers Thesen sind das Ergebnis seiner theologischen Entdeckung, aber auch seines persönlichen Lebensweges, der von der Frage »Wie finde ich einen gnädigen Gott?« bestimmt war. Am 10. November 1483 in Eisleben geboren, studierte Luther nach dem Willen seines Vaters zunächst Jura, trat mit 22 Jahren aber überraschend in das Augustinerkloster in Erfurt ein. Für ihn und die meisten seiner Zeitgenossen war klar: Als Mönch oder Nonne kann man am sichersten selig werden, sie führen ein wahrhaft christliches Leben. Doch auf die Dauer fand Luther im Kloster keine Ruhe. Er wusste nie, ob Gott mit ihm wirklich zufrieden war. Die befreiende Antwort für seine Lebensfrage fand Luther im Studium der Bibel, besonders in den Schriften des Paulus: Wenn im Neuen Testament von der Gerechtigkeit Gottes gesprochen wird, dann ist nicht der unbestechlich richten-

in Rom und möglicherweise liegt er dort auch begraben, er war aber nie Bischof von Rom, so dass auch die späteren römischen Bischöfe nicht seine Nachfolger waren. Die Sonderstellung der römischen Gemeinde hat historisch nichts mit Petrus zu tun, sondern mit der Funktion Roms als Hauptstadt des römischen Reiches. Für evangelische Christen ist der Papst weder »Stellvertreter Christi« noch »Heiliger Vater« noch Sprecher der gesamten Christenheit. Er ist ein Mensch wie andere auch und hat auch in Glaubensfragen keine herausgehobene Autorität. Im Gegenteil! Wenn der Papst als »Stellvertreter Christi« oberste Rechtsinstanz in der Kirche sein will und in Glaubensfragen »Unfehlbarkeit« beansprucht, dann werden hier Gotteswort und päpstliche Lehre verwechselt. Eine Unfehlbarkeit des Papstes werden die protestantischen Kirchen nicht anerkennen können. Auch die orthodoxen Kirchen lehnen den Primat des römisch-katholischen Papstes ab, sie sind allenfalls bereit, dem Bischof von Rom einen Ehrenvorrang einzuräumen.

Wie der frühere Papst Paul VI. selbst öffentlich vermutete, erschwert das Amt des Papstes gegenwärtig die Verständigung zwischen den Kirchen. Für evangelische Christen gebührt dem Papst der gleiche Respekt und die gleiche Achtung wie den geistlichen Repräsentanten anderer christlicher Kirchen.

de Gott gemeint, der alle Menschen nach ihren Taten belohnt oder bestraft, sondern der barmherzige Gott, der den Menschen gerecht macht und den Sünder annimmt aufgrund seines Glaubens. Die Botschaft von der Rechtfertigung des Menschen allein aus Gnade und allein aus Glauben wurde zur zentralen Botschaft der Reformation.

In nur wenigen Jahren entfaltete Luther in Disputationen, Vorlesungen und zahlreichen Schriften seine reformatorische Entdeckung. Besonders wichtig wurden drei Schriften aus dem Jahr 1520:

In der Schrift »An den christlichen Adel deutscher Nation von des christlichen Standes Besserung« legte Luther ein Reformprogramm für Kirche und Gesellschaft vor. Zum ersten Mal wird hier das Bild einer Gesellschaft und eines Staates entworfen, die in fester Bindung an das Christentum, aber doch befreit von aller kirchlichen Bevormundung existieren. Gegen den bisherigen Sonderstatus der »Geistlichkeit« in der Kirche vertritt Luther hier das allgemeine Priestertum der Gläubigen.

Lukas Cranach, Martin Luther, 1525

In dem Traktat »Von der babylonischen Gefangenschaft der Kirche« griff er durch scharfe Kritik am katholischen Sakramentsverständnis die Wurzeln des katholischen Kirchensystems an.

Mit der Schrift »Von der Freiheit des Christenmenschen« begründete und beschrieb Luther evangelische Freiheit und evangelische Ethik. Der Glaube setzt die tätige Liebe frei – deswegen besteht die wirkliche Frömmigkeit nicht darin, ins Kloster zu gehen oder bewusst gute Werke zu tun, sondern seinem Nächsten in Liebe zu dienen und die täglichen Aufgaben in seinem Beruf christlich zu erfüllen.

Am 17. April 1521 stand Martin Luther auf dem Reichstag in Worms vor dem Kaiser und den versammelten Reichsständen, um sich für seine Schriften zu rechtfertigen. Unter Berufung auf die Bibel verweigerte Luther den Widerruf: »Wenn ich nicht durch Schriftzeugnisse oder einen klaren Grund widerlegt werde – denn allein dem Papst oder den Konzilien glaube ich nicht, da es feststeht, dass sie häufig geirrt oder sich auch selbst widersprochen haben – so bin ich durch die von mir angeführten Schriftworte bezwungen. Und solange mein Gewissen durch die Worte Gottes gefangen ist, kann und will ich nichts widerrufen …«

Kaiser Karl VI. verhängte daraufhin die Reichsacht gegen Luther und seine Anhänger. Um Luther zu schützen, ließ ihn sein Landesherr Friedrich der Weise auf der Heimreise zum Schein überfallen und unter dem Namen »Junker Jörg« auf die Wartburg bei Eisenach bringen. Dort übersetzte Luther in nur elf Wochen das Neue Testament ins Deutsche und schuf damit – die Reformation war eine Predigt- und Bibelbewegung – die wichtigste Grundlage für die weitere Ausbreitung der Reformation.

In unzähligen Predigten und Schriften entwickelte Luther in den nächsten Jahren Vorschläge zur kirchlichen Reform: zur Gottesdienstreform, zur Pfarrerwahl durch die Gemeinden, zur Verwaltung kirchlicher Finanzen, zur Reform des Schulwesens. Er schrieb viele deutsche Kirchenlieder und verfasste zwei einflussreiche Katechismen. Damit die Neuordnung in den evangelisch gewordenen Gebieten in geregelten Bahnen verlief, rief Luther seinen Landesherrn, den Kurfürsten, um Hilfe an. Aus dieser Notlösung wurde eine problematische Dauereinrichtung: das »landesherrliche Kirchenregiment«, das im deutschen Protestantismus erst 1918 enden sollte.

Der Fortgang der Reformation wurde nicht unerheblich durch den Bauernkrieg von 1525 beeinflusst. Die Bauern fühlten sich durch Luthers Predigt von der Freiheit eines Christenmenschen ermutigt. Ihre Forderungen fand Luther weitgehend berechtigt; er war aber bestürzt, als die Bauern anfingen, sie mit Gewalt umzusetzen. Man könne nicht »mit Gewalt und Mord für das Evangelium streiten«. Nun forderte Luther mit aus heutiger Sicht unverständlicher Schärfe die Fürsten auf, rücksichtslos gegen die Bauern vorzugehen. Nicht nur bei den Bauern machte sich Enttäuschung über Luther breit, für die Reformation als Volksbewegung war der Bauernkrieg ein Einschnitt. Hinzu kam, dass Luther auf dem Höhepunkt des Bauernkrieges die ehemalige Nonne Katharina von Bora heiratete, was bei Luthers Gegnern großes Aufsehen erregte.

1530 erhielten die »Protestanten« (der Name geht darauf zurück, dass im Jahr zuvor die evangelischen Fürsten und Städte in Speyer förmlich gegen die geplante Unterdrückung der Reformation durch den Kaiser »protestiert« hatten) die Gelegenheit, auf dem Reichstag in Augsburg ihre Position vorzubringen. Es entstand das »Augsburger Bekenntnis« (Confessio Augustana), verfasst von Luthers Freund und Kollege Philipp Melanchthon, bis heute die grundlegende Bekenntnisschrift der Lutheraner.

Obwohl nun auch andere Reformatoren (Melanchthon, Bucer, Brenz, Bugenhagen u. a.) stärker hervortraten, blieb Luther bis zu seinem Tod am 18.02.1546 der führende Kopf der Reformation.

Inzwischen war es in der Schweiz, in Zürich, zu einem weiteren reformatorischen Aufbruch gekommen. Huldrych Zwingli gelang es, den Rat der Stadt Zürich dafür zu gewinnen, kirchliche Missstände zu beseitigen und eine grundlegende Neugestaltung des kirchlichen Lebens (Predigtreform, Beseitigung der Heiligenbilder, Armenfürsorge, neue Bibelübersetzung) einzuleiten. Zu einem verhängnisvollen Streit kam es zwischen Zwingli und Luther in der Frage des Abendmahls. Hielt Luther an der wirklichen Gegenwart Christi im Abendmahl fest, so konnte Zwingli im Abendmahl nur ein Gedächtnis- und Bekenntnismahl erkennen. Auch ein vom Landgrafen Philipp von Hessen in Marburg veranstaltetes Religionsgespräch konnte keine Einigung bringen. Die Differenzen zwischen Lutheranern und Reformierten (Anhänger Zwinglis und Calvins) verhinderten in der Folgezeit ein geschlossenes Auftreten der Protestanten.

Zwinglis Wirkung blieb begrenzt, er fiel schon 1531 als Feldprediger im Krieg.

Eine sehr viel größere Bedeutung für die Ausbreitung der Reformation gewann der Franzose Jean Calvin (1509–1564). Er kam in Paris mit dem evangelischen Glauben in Berührung, musste aus Frankreich fliehen und kam über Basel und Straßburg nach Genf, wo er gegen erhebliche Widerstände eine reformierte Kirchenordnung aufbaute, in der das kirchliche und moralische Leben bis ins kleinste geregelt war: Kartenspiel, Tanz und Wirtshausbesuch waren verboten, es herrschte strenge Kirchenzucht. Andererseits trug die Genfer Kirchenordnung mit der kollegialen Leitung der Gemeinde, der Einsetzung von Synoden und Ausschüssen erkennbar demokratische Züge, die für das reformierte Christentum charakteristisch werden sollten. Nach Calvin war es die Aufgabe des Menschen in dieser Welt, für die Ehre Gottes zu kämpfen. Das sollte sich vor allem auch in einer sittlich einwandfreien Lebensführung zeigen.

Kirche und Staat

»Es besteht keine Staatskirche.« Mit diesem Satz beginnt der Artikel 140 des Grundgesetzes, in dem das Verhältnis zwischen Kirche und Staat in Deutschland grundsätzlich geregelt wird. Staat und Kirche sind klar voneinander getrennt, aber sie wirken auf vielen Feldern im Interesse der ganzen Gesellschaft zusammen: von den Kindertagesstätten über Krankenhäuser und Bildungseinrichtungen bis zu den kulturellen Angeboten. Damit die Kirchen diese Aufgaben in eigener Unabhängigkeit wahrnehmen können, haben sie den Status einer »Körperschaft des öffentlichen Rechts«, die nicht der staatlichen Aufsicht unterliegt. Sie können »ihre Angelegenheiten selbständig innerhalb der Schranken des für alle geltenden Gesetzes« regeln. Das betrifft etwa Bestimmungen des Dienst- und Arbeitsrechts für Mitarbeiter, die Errichtung und Aufhebung von Gemeinden oder eine eigene Friedhofsordnung. Vor allem aber ist verfassungsmäßig festgelegt, dass Kirchen

Steuern erheben dürfen, wobei sie sich gegen Kostenerstattung des staatlichen Steuerapparates bedienen dürfen. Kritiker sehen in dieser Regelung eine zu starke Abhängigkeit vom Staat. Dabei wird aber übersehen, dass die christlichen Kirchen nur so in der Lage sind, ihre erheblichen pädagogischen, kulturellen und sozialdiakonischen Aufgaben für die Gesellschaft wahrzunehmen. Kritisiert wird gelegentlich auch, dass die Kirchen beim Religionsunterricht mitwirken und dieser ordentliches Unterrichtsfach an staatlichen Schulen ist oder dass die Kirchen in Krankenhäusern und Gefängnissen oder bei der Bundeswehr mit Seelsorgern präsent sind. Sind dies Beispiele für eine staatliche Privilegierung der Kirchen oder zeigt sich darin nicht eher die Bereitschaft der Kirche, in einem demokratischen Staat Mitverantwortung zu übernehmen?

Das Verhältnis von Staat und Kirche war in den vergangenen zweitausend Jahren immer spannungsvoll. Anfänglich war die Kirche eine im römischen Staat verfolgte Minderheit. Nachdem Kaiser Theodosius im Jahr 380 das Christentum zur Staatsreligion erhob, kehrten sich in den folgenden Jahrhunderten die Verhältnisse geradezu um: Der römische Bischof beanspruchte als Papst das Recht, Kaiser zu krönen und in weltliche Angelegenheiten einzugreifen. Der Kampf zwischen Staat und Kirche um die Vorherrschaft durchzog das ganze Mittelalter.

Die Reformation bedeutete auch in dieser Frage einen Einschnitt. Martin Luther forderte, dass sich die Kirchen aus staatlichen und der Staat aus kirchlichen Angelegenheiten heraushalten sollte. »Darum muss man diese beiden Regimente mit Fleiß scheiden, und beides bleiben lassen: eines, das fromm macht, das andere, das äußerlich Frieden schaffe und bösen Werken wehrt. Keines ist ohne das andere genug in der Welt.« Da die Reformation jedoch auf politische Unterstützung angewiesen war, rief Luther als »Notbehelf« den Landesfürsten als »ersten Christ im Staate« dazu auf, die politische Leitung der Kirche zu übernehmen. Aus dem Notbehelf wurde eine feste Institution, die im protestantischen Deutschland bis 1918 bestehen sollte.

Erst mit der Aufklärungszeit setzte sich allmählich die heute verbreitete Trennung von Kirche und Staat durch. Zum ersten Mal werden die allgemeine Religionsfreiheit und die Trennung von Kirche und Staat in der amerikanischen Verfassung (1776) verankert. Ziel war es, die Freiheit der persönlichen Religionsausübung zu stärken. Anders in der französischen Revolution (1789): Hier wurde die völlige Trennung von Kirche und Staat beschlossen, um den Einfluss der Kirche zu bekämpfen. Unter Napoleon wurden danach in einem »Konkordat« mit dem Vatikan die Freiheiten und Rechte der Kirchen festgelegt – ein Muster, das in vielen Ländern für die Verhältnisbestimmung zur Katholischen Kirche Schule machte.

Eine vergleichbare Trennung von Kirche und Staat wurde in Deutschland erst nach dem Ende der Kaiserzeit vollzogen. Für das gegenwärtige Verhältnis von Kirche und Staat in Deutschland spielen die Erfahrungen während des Nationalsozialismus eine maßgebliche Rolle. Im sog. »Kirchenkampf« wehrten sich die Kirchen gegen die beabsichtigte »Gleichschaltung« mit dem nationalsozialistischen Staat. Auf der Bekenntnissynode von Barmen stellte die »Bekennende Kirche« 1934 fest: »Wir verwerfen die falsche Lehre, als solle und könne der Staat über seinen besonderen Auftrag hinaus die einzige und totale Ordnung menschlichen Lebens werden und also auch die Bestimmung der Kirche erfüllen.« Damit war auch die Frage berührt, ob kirchlicher Widerstand gegen eine verbrecherische Unrechtspolitik des Staates erlaubt ist. Einige Christen (z. B. D. Bonhoeffer, A. Delp) gingen in den Widerstand und beteiligten sich am Attentat auf Hitler. Insgesamt ging es den Kirchen im Dritten Reich aber eher darum, gegenüber dem nationalsozialistischen Staat die kirchliche Unabhängigkeit zu behaupten.

Da die Kirchen auch nach dem Urteil der Alliierten den Zweiten Weltkrieg als einzige Institution relativ unbeschädigt überstanden hatten, wurden ihnen in der Nachkriegszeit vielfältige Gestaltungsmöglichkeiten für ihre Arbeit und bei der Bewältigung der großen Sozialaufgaben zuerkannt.

Die Entwicklung der Kirchen im Osten Deutschlands nahm eine andere Entwicklung. Hier sahen sich die Kirchen von Anfang an einer kommunistischen Weltanschauung gegenüber, die sich den Kirchen gegenüber ablehnend verhielt und bemüht war, den öffentlichen Spielraum für die Kirchen möglichst gering zu halten. Die Kirchen lebten in der DDR in einer atheistischen Umwelt, in der sie für sich einen Weg zwischen Anpassung und Widerstand finden mussten. Gerade die Evangelische Kirche, die auf diesem Weg vielen Regimekritikern Schutz bot, konnte so eine wichtige Rolle bei der friedlichen »Kerzenrevolution« von 1989 spielen.

Mit der Wiedervereinigung Deutschlands wurden die westdeutschen Regelungen zum Verhältnis von Kirche und Staat auf die östlichen Bundesländer übertragen, was hier zunächst auf z. T. heftige Kritik stieß (v. a. Militärseelsorge, Religionsunterricht).

Sollen sich die Kirchen überhaupt zur Politik äußern? »Unsere Gesellschaft ist kein religionsfreier Raum, und Religion ist nicht bloße Privatsache. Der öffentliche Charakter von Religionen wird bei uns anerkannt. Kirchen und Glaubensgemeinschaften können und sollen öffentlich wirken, und ihre Einmischung in öffentliche Angelegenheiten ist ausdrücklich erwünscht«, stellte der ehemalige Bundespräsident Johannes Rau fest. Die Evangelische Kirche nimmt vor allem in sogen. »Denkschriften« zu gesellschaftlichen Fragen Stellung. Denkschriften werden in der Regel von einem sachkundigen Autorenkreis erarbeitet und verstehen sich selbst als qualifizierte Diskussionsbeiträge, nicht als kirchliche »Hirtenworte«. Am bekanntesten wurde die sogen. »Ost-Denkschrift«, die 1965 der späteren Ost- und Entspannungspolitik der Regierung Brandt den Weg ebnete. Nicht alle Denkschriften der Evangelischen Kirche haben immer den Beifall der politischen Parteien gefunden. Politische Überzeugung und christlicher Glaube sind nicht identisch. Die Kirchen dürfen sich nicht mit einer politischen Partei identifizieren. Sie sollten den Mut haben, in konkreten Fällen den Konflikt auch mit dem Staat und der Öffentlichkeit nicht zu scheuen. Bis heute lebt die Kirche von den Zeiten, in denen sie es wagte, gegen den Strom zu schwimmen.

Das Genf Calvins wurde zum neuen Zentrum des Protestantismus. Calvins »Unterweisung in der christlichen Religion« wurde, immer wieder bearbeitet und erweitert, zur klassischen Darstellung der reformierten Lehre. Von Genf aus verbreitete sich das reformierte Bekenntnis vor allem in Westeuropa mit Schwerpunkten in Frankreich, England, Schottland und den Niederlanden.

Am linken Rand der Reformation standen die »Täufer«. Diese Bezeichnung fasst verschiedene Gruppierungen zusammen, die die Kindertaufe ablehnten, weil sie die christliche Gemeinde als freiwillige Gemeinschaft derer ansahen, die ein streng an der Bibel orientiertes Leben führen wollen. Vertraten die einen das Prinzip der Gewaltfreiheit, so wollten andere, wie etwa die »Wiedertäufer« in Münster, das Reich Gottes mit Waffengewalt herbeiführen. Da die Täufer der Obrigkeit meist kritisch gegenüberstanden, wurden sie ausgewiesen, aber auch verfolgt und hingerichtet.

Als 1555 der »Augsburger Religionsfrieden« das Reformationszeitalter in Deutschland zu einem vorläufigen Abschluss brachte, war Deutschland zu sechzig Prozent protestantisch. Die Lutheraner wurden im Religionsfrieden als gleichberechtigt neben den Katholiken anerkannt, nicht aber die Reformierten. Die Konfession der Untertanen richtete sich nach der Konfession des jeweiligen Landesherrn. Wer damit nicht einverstanden war, konnte auswandern. Damit war die konfessionelle Spaltung Deutschlands vollzogen.

Konfessionalisierung

Rund 30 Jahre nach dem Auftreten Luthers reagierte die römisch-katholische Kirche mit dem Konzil von Trient. Das Konzil verurteilte die lutherischen Lehren, klärte die katholischen Positionen und machte die Kirchenspaltung definitiv. Die hundert Jahre von der Reformation bis zum Westfälischen Frieden (1648) waren geprägt von konfessionellen Streitigkeiten und von Glaubenskriegen. Der 30-jährige Krieg kostete einem Drittel der Bevölkerung das Leben. Im Westfälischen Frieden wurden die Calvinisten (die Reformierten) als dritte Konfession neben den Lutheranern und Katholiken anerkannt. Die Landkarte Europas hatte sich verändert: Der Norden und Nordosten, England, Schottland und die Niederlande sowie weite Teile Deutschlands und der Schweiz waren protestantisch geworden.

Pietismus und Aufklärung

Gegen die orthodoxe Erstarrung der Kirche im 17. Jahrhundert betonte der Pietismus die praktische Frömmigkeit. Gelebter Glaube, christliches Gemeinschaftsleben (Herrnhuter Brüdergemeine), persönliches Bibelstudium und ein starkes diakonisches Interesse (Franckesche Anstalten in Halle) waren wichtige Stichworte dieser kirchlichen Erneuerungsbewegung, die mit einer deutlichen Aufwertung der »Laien« in der Kirche verbunden war und die bis heute in einigen Regionen Deutschlands (u. a. Württemberg, Siegerland) lebendig ist.

»Habe Mut, dich deines eigenen Verstandes zu bedienen« (Immanuel Kant), hieß das Motto der Aufklärung, einer philosophischen und kulturellen Bewegung des 18. Jahrhunderts, die zuerst Westeuropa und dann auch Deutschland erfasste und die Ideen der Vernunft, der Toleranz und der Freiheit proklamierte. Die Aufklärung legte das Fundament für eine historisch-kritische Erforschung der biblischen Schriften. Hatte sie vor allem in Frankreich (Voltaire) eher eine religionskritische Ausrichtung, so wurde sie in Deutschland von vielen Theologen und Pfarrern mitgetragen, die dabei allerdings nicht selten den christlichen Glauben auf eine Morallehre verkürzten.

Kirche und soziale Frage

Auf die mit der industriellen Revolution im 19. Jahrhundert aufbrechende soziale Frage reagierten die Kirchen erst spät und unzureichend. Sie brauchten lange, um das Elend der Arbeiterschaft wahrzunehmen. Auf Initiative von Johann Hinrich Wichern wurden ab 1848 in der Evangelischen Kirche der Ausbau der »Inneren Mission« betrieben, kirchliche Kranken- und Sozialfürsorge organisiert und überall kirchliche Wohlfahrtseinrichtungen gegründet. Hier liegen die Wurzeln der späteren Diakonie. Es ging um Hilfe für den Einzelnen, Sozialreformen lagen der Kirche dagegen fern. Zur sozialen Gerechtigkeit in der Gesellschaft haben sich die Kirchen damals nicht geäußert. Die Arbeiter fühlten sich in ihrem Kampf um wirtschaftliche und soziale Gerechtigkeit darum von den Kirchen weitgehend im Stich gelassen. Dies hatte Folgen: Die Kirchen erreichten eine große Zahl der Arbeiter nicht mehr.

Kirche im Nationalsozialismus

Die nationalsozialistische Machtergreifung wurde von weiten Teilen der evangelischen Kirche zunächst begrüßt. Die »Glaubensbewegung Deutsche Christen«, die für eine Verbindung von Christentum und Nationalsozialismus eintrat, konnte schnell wichtige Machtpositionen in der Kirche erobern. Gegen ihre theologischen Vorstellungen und gegen ihre kirchenpolitische Gewaltherrschaft (u. a. Einführung des Arierparagraphen in die Kirchenverfassung) formierte sich jedoch eine Opposition der »Bekennenden Kirche«, zu der bald die Mehrheit der Gemeinden und Pfarrer gehörte. Auf der Barmer Bekenntnissynode wurde im Mai 1934 eine »Theologische Erklärung« verabschiedet, die in sechs Thesen die Unvereinbarkeit von christlichem Glauben und nationalsozialistischer Weltanschauung feststellte. Die einsetzende Verschärfung der Polizeimaßnahmen gegen die Kirchen, die Propagierung des Kirchenaustritts, die Auflösung kirchlicher Verbände und Einrichtungen sowie die Verhaftung (u. a. M. Niemöller, P. Schneider,

E. Wilm, D. Bonhoeffer, A. Delp, M. J. Metzger, R. Mayer) zahlreicher Pfarrer zeigten unmissverständlich, dass es erstmals in Deutschland einen christentumsfeindlichen Staat gab. Die Beseitigung des Christentums als einer mit dem Nationalsozialismus unvereinbaren jüdisch geprägten Religion war von den Nazis für die Zeit nach dem Endsieg geplant. Für die Kirchen, die sich als einzige Institution im »Dritten Reich« nicht wirklich gleichschalten ließen, ist es eine schwere Hypothek, dass sie zwar gegen die staatlichen Euthanasiemorde protestierten, zur Ermordung der europäischen Juden aber weitgehend schwiegen.

Martin Niemöller, eine der Leitfiguren der bekennenden Kirche, während einer Predigt 1934

Kirche nach dem 2. Weltkrieg

Mit der Stuttgarter Schulderklärung (»Durch uns ist unendliches Leid über viele Völker und Länder gebracht worden.«) löste die Evangelische Kirche im Herbst 1945 in Deutschland heftige Diskussionen aus. Für das Ausland waren die Kirchen unmittelbar nach dem 2. Weltkrieg jedoch die einzigen einigermaßen glaubwürdigen Gesprächspartner in Deutschland. So erfuhren die Kirchen zunächst von den Westmächten und dann auch in der neuen Bundesrepublik großzügige Förderung. Der Staat finanzierte kirchliche Kindergärten, Schulen, Krankenhäuser, Altenheime und Bildungsstätten, er unterstützte den Neubau zahlreicher Kirchen. Evangelische und katholische Christen bekleideten in Bund und Ländern einflussreiche Ämter. Die Kirchen ihrerseits hatten aus der Zeit des Nationalsozialismus die Lehre gezogen, dass eine gesellschaftliche Mitverantwortung unerlässlich sei. Mit verschiedenen z. T. sehr wirksamen Denkschriften (1965: »Ost-Denkschrift«) nahm die Evangelische Kirche zu politischen und gesellschaftlichen Fragen Stellung, die Evangelischen Kirchentage entwickelten sich zu gesellschaftlichen Großveranstaltungen.

In der DDR wurden die Kirchen dagegen zunehmend in eine Randposition abgedrängt: die kirchliche Arbeit wurde systematisch erschwert, das Verhältnis zum sozialistischen Staat war von einer permanenten Konfliktsituation bestimmt. Die Kirchen wurden zur Minderheit, doch gerade die Evangelische Kirche wurde in der DDR auch immer mehr zu einem Sammelbecken des geistigen Widerstands. An der friedlichen Revolution im Herbst 1989 hatte die Evangelische Kirche einen erheblichen Anteil.

Ende der 60er-Jahre wurden auch die Kirchen vom politischen Protest und der Gesellschaftskritik vor allem der jüngeren Generation eingeholt. Auf die Kritik an veralteten Strukturen und verkrusteten kirchlichen Formen reagierte die Evangelische Kirche mit mehreren Anläufen der Kirchenreform: neue Gottesdienstformen (Familiengottesdienste, Politisches Nachtgebet), City- und Jugendkirchen, Dritte-Welt- und Friedensgruppen, professionelle Öffentlichkeitsarbeit sowie mehr Gleichberechtigung von Frauen und Männern in der Kirche.

Zu den wichtigsten Ereignissen in der Geschichte der Kirche seit dem Zweiten Weltkrieg gehören der Beginn des jüdisch-christlichen Dialogs, die Annäherung zwischen den verschiedenen Konfessionen und der Zusammenschluss der christlichen Kirchen in der weltweiten ökumenischen Bewegung (bisher ohne römisch-katholische Kirche). Im Ökumenischen Rat der Kirchen, der 1948 in Amsterdam gegründet wurde, arbeiten zur Zeit etwa 350 Kirchen aus aller Welt zusammen.

Hat die Kirche versagt?

Im Jahr 2000 hat Papst Johannes Paul II. nach zweitausend Jahren Kirchengeschichte ein vielbeachtetes Bußbekenntnis abgelegt. In der Tat weist die Geschichte der Kirche viele dunkle Seiten auf, auf die Kirchenkritiker in regelmäßigen Abständen auch immer wieder hinweisen: Sie hat Ketzer verfolgt und Andersgläubige zwangsmissioniert, Waffen gesegnet und Kriege verteidigt, Macht ausgeübt und mit Diktatoren paktiert, Antijudaismus gepredigt und zur Ermordung der Juden geschwiegen. Sie hat in 2000 Jahren Jesus Christus und seinen Weg der Nächstenliebe und Gewaltlosigkeit auch immer wieder verleugnet. Wenn es heißt, dass die Kirche hier versagt hat, muss man genauer sagen: die Kirche – das sind die Christen. Christen scheitern immer wieder daran, konsequent nach Gottes Willen und Jesu Worten zu leben. Aber das wissen sie auch und sprechen es offen aus. Die Kirche ist, so viele dunkle Seiten sie auch hat, das seltene Beispiel einer Organisation, die immer wieder zu Selbstkritik und Erneuerung fähig ist. Eine Kirche, die alles richtig macht und nicht umstritten ist, kann es nach evangelischem Verständnis nicht geben. Deswegen hilft es nicht viel, die Kirche ständig an irgendwelchen Idealbildern zu messen und sie, weil sie diesen nicht entspricht, dann zu verwerfen.

Es gab immer beides: die Verfolgung von Ketzern und die Erneuerung der Kirche durch Ketzer und Rebellen; den Pakt mit den Mächtigen und den Widerstand von Christen gegen Diktatoren; den Prunk der Papstkirche und die Armutsbewegungen, die dagegen protestierten – die dunkle Sei-

»Selbst die allerschlechteste christliche Welt würde ich der besten heidnischen vorziehen, weil es in einer christlichen Welt Raum gibt für die, denen keine heidnische Welt je Raum gab: für Krüppel und Kranke, Alte und Schwache, und mehr noch als Raum gab es für sie: Liebe, für die, die der heidnischen wie der gottlosen Welt nutzlos erschienen und erscheinen.«
(Heinrich Böll, Schriftsteller)

te der Kirche und die Vermehrung von Liebe, Barmherzigkeit und Gerechtigkeit in der Welt durch die Kirche. Die schärfsten Kritiker der Kirche kamen in der Regel aus der Kirche selbst, die Erneuerer ebenfalls. Das Evangelium ist durch die Geschichte der Kirche nicht widerlegt worden.

Kirche in Deutschland

Zur Zeit gehören etwa zwei Drittel der Bevölkerung in Deutschland einer christlichen Kirche an. Katholische (25,4 Mill.) und Evangelische Kirche (24,8 Mill.) sind etwa gleich groß, gefolgt von Angehörigen der orthodoxen Kirche (1,3 Mill.) und 320 000 Mitgliedern evangelischer Freikirchen. Die kirchliche Bindung ist in den einzelnen Regionen Deutschlands unterschiedlich stark. In Ostdeutschland sind nur noch 26 Prozent der Bevölkerung Mitglieder einer christlichen Kirche. Hier hat die kirchenfeindliche Politik der DDR bis heute bleibende Spuren hinterlassen. In Westdeutschland gehören noch 74 Prozent der Bevölkerung einer christlichen Kirche an. Doch auch hier gibt es Unterschiede: Im Süden sind die kirchlichen Bindungen stärker als im Norden, in Großstädten sind sie geringer als auf dem Land.

Wie in anderen großen Organisationen (z. B. Parteien, Gewerkschaften, ADAC, Deutscher Sportbund) nehmen die meisten Mitglieder die Institution Kirche nur bei persönlichen Anlässen in Anspruch. Dennoch werden auch heute noch die weitaus meisten Kinder evangelischer Eltern getauft. In aller Regel werden diese Kinder im Alter von 14 oder 15 Jahren auch konfirmiert. Zwei Drittel aller Eheschließungen mit evangelischen Ehepaaren werden auch kirchlich gefeiert und noch immer werden fast 90 Prozent aller Kirchenmitglieder im Todesfall auch kirchlich bestattet. Es sind die lebensgeschichtlich wichtigen Zeiten, Krisen, Feste und Familienereignisse, an denen die meisten Menschen nach wie vor nach der Kirche fragen und sie in Anspruch nehmen.

Dennoch befinden sich die Kirchen in einer Umbruchsituation. Sie haben ihre Monopolstellung in Religionsfragen verloren. Es gibt einen nie dagewesenen »Markt der Möglichkeiten« im Blick auf religiöse Orientierungen. Die früher selbstverständliche kulturelle und gesellschaftliche Bedeutung der Kirchen versteht sich nicht mehr von selbst. Religion ist in weiten Teilen der Gesellschaft zur Privatsache geworden. Die eigene Freizeit hat für die meisten Menschen einen immer höheren Stellenwert bekommen. Kirchliche Veranstaltungen und Angebote kollidieren viel stärker als früher mit den Freizeitinteressen breiter Bevölkerungskreise. Wuchsen die Kinder früher meist in der Familie in die Bräuche und Traditionen des Christentums hinein, so sind die Familien heute in Deutschland weitgehend zu Orten religiöser Sprachlosigkeit geworden. Dies trägt dazu bei, dass die Zahl der Kirchenmitglieder seit Jahren kontinuierlich sinkt. Hauptgrund für den Mitgliederschwund ist jedoch der demographische Wandel, der die Evangelische Kirche besonders trifft: Die Evangelischen bekommen weniger Kinder und werden, was die Altersstruktur angeht, immer älter. Das hat langfristig auch Folgen für die Finanzkraft der Kirche. Nach den gegenwärtigen Prognosen wird die Evangelische Kirche im Jahr 2030 ein Drittel weniger Kirchenmitglieder und nur noch die Hälfte der heutigen Finanzen haben.

Obwohl die Kirchen gegenwärtig Finanzprobleme haben, Gemeinden zusammengelegt und hier und dort auch kirchliche Gebäude abgegeben werden müssen, bleiben die Kirchen große Institutionen der Gesellschaft. Sie gehören, was nicht viele wissen, zu den größten Arbeitgebern in Deutschland. Auch die Grundstimmung der Kirchenmitglieder ist positiver, als sie in den Medien oft dargestellt wird. Drei Viertel der Evangelischen fühlen sich ihrer Kirche mehr oder weniger stark verbunden. Ein Kirchenaustritt kommt für die weitaus meisten (85 Prozent) definitiv nicht in Frage.

Insgesamt ist die Situation der Evangelischen Kirche relativ stabil – auch wenn im Einzelfall an der Arbeit und am öffentlichen Bild der Kirche manchmal berechtigte Kritik geübt wird. Vier Punkte werden häufig genannt:

- Die Kirche wird oft wie eine große Behörde empfunden: schwerfällig, bürokratisch und nicht immer zeitgemäß.
- Die Kirche wirkt oft wie ein geschlossener Verein: Außenstehende haben es mitunter schwer, in feste Gruppen und Kreise hineinzukommen.
- Die Qualität kirchlicher Arbeit ist oft sehr uneinheitlich: es gibt lebendige Gemeinden, aber auch Gemeinden, in denen seit langem nichts mehr los ist; in der einen Kirche werden einladende und anspruchsvolle Gottesdienste gefeiert, in der anderen sind die Gottesdienste »todlangweilig«.
- Das Profil der Kirche, auch einer Gemeinde, ist nicht immer erkennbar: es gibt viele Aufgaben, viele Aktivitäten – aber was ist das kirchlich Unverwechselbare? Wofür steht die Kirche, steht eine Gemeinde eigentlich?

Jugendkirchen, Gospelchöre, Evangelische Akademien, Familienbildungsstätten, Schuldnerberatung, Krabbelgottesdienste, Telefonseelsorge, Seniorenfreizeiten, Kirchenpädagogik – das Bild der Kirche ist in den vergangenen Jahrzehnten bunter, offener, vielfältiger geworden. Aber wie wünschen sich die Kirchenmitglieder die Kirche, welche Erwartungen haben sie?

Erwartungen an die Kirche

Alle zehn Jahre werden die Kirchenmitglieder in der Evangelischen Kirche gefragt, welche Erwartungen sie an die Arbeit der Kirche haben. Vor allem drei Erwartungen wurden bei den letzten Befragungen immer wieder genannt:

- Die Kirche soll Menschen an den Wendepunkten des Lebens begleiten. Die Taufe findet die größte Zustimmung, aber auch die Konfirmation, die kirchliche Trauung und die christliche Bestattung werden stark nachgefragt. Hinzu kommt die Präsenz der Kirche bei Jubiläen, Festen und runden Geburtstagen.
- Die Kirche soll Menschen in persönlichen und sozialen Notlagen beistehen: Kranke besuchen, alte Menschen betreuen, Verarmte und Verschuldete unterstützen, gegen Fremdenhass und Ausländerfeindlichkeit eintreten, sich um Randgruppen der Gesellschaft kümmern. Gerade die diakonische Arbeit der Kirche findet große Zustimmung.
- Die Kirche soll die christliche Botschaft zeitnah und verständlich verkündigen. Sie soll Gottesdienste feiern, durch die sich Menschen angesprochen fühlen, und Raum bieten für Gebet, Stille und Meditation. Für den Erhalt der Kirchen treten erstaunlicherweise auch die ein, die diese Kirchen bisher noch nie betreten haben.

Das sind gleichsam die »klassischen« Erwartungen an die Kirche, die bei allen Befragungen am meisten genannt wurden. In letzter Zeit wird darüber hinaus eine weitere Hoffnung deutlich erkennbar, die mit dem Wirken der Kirche in der Gesellschaft verknüpft wird: In einer pluralen Welt soll die Kirche die vom Christentum geprägte Kultur am Leben halten. Sie soll dafür sorgen, dass die biblischen Geschichten nicht in Vergessenheit geraten und Kinder christlich erzogen werden. In einer Gesellschaft, in der sich alles rechnen muss, soll die Kirche das »soziale Gewissen« darstellen und sich erkennbar für Gerechtigkeit und Frieden einsetzen. Wo sich sonst alles ums Geld dreht, gibt es den starken Wunsch, dass es in der Kirche anders ist. Sie soll eine öffentliche Instanz für den Wert des einzelnen Menschen sein, für Gnade und Barmherzigkeit, für eine Wahrheit oberhalb der wirtschaftlichen Seite des Lebens.

Was die Kirche tut

Die evangelische Kirche lebt weitgehend vor Ort und in den Gemeinden. In jeder Gemeinde wird Sonntag für Sonntag Gottesdienst gefeiert. Darauf kann man sich als Kirchenmitglied verlassen. Jeden Sonn- und Feiertag sind es in Deutschland gut 21 000 Gottesdienste, an denen jeweils mehr als eine Million Menschen teilnehmen – die vielen Schul-, Krankenhaus- und Altenheimgottesdienste sowie die Wochenandachten nicht mitgezählt. Fernsehgottesdienste werden ebenfalls durchschnittlich von 1 Million Zuschauern verfolgt und doppelt so viele Menschen hören regelmäßig die Andachten im Radio.

In den Gemeinden findet aber nicht nur am Sonntag Kirche statt. In den meisten Gemeindehäusern ist auch an den Wochentagen viel los. Etwa 1,7 Millionen

Erwachsene besuchen regelmäßig Gruppen und Veranstaltungen. Die Palette reicht von Bibelkreisen über Ökumene- und Friedensgruppen bis zu Senioren- und Eltern-Kind-Gruppen. Auf besonderes Interesse stoßen gegenwärtig die Kirchen- und Gospelchöre.

Hinzu kommt die große Zahl der Kinder- und Jugendgruppen. Die Konfirmandenarbeit hat sich zu einem der besten Angebote der evangelischen Kirche entwickelt, in ihrer Relevanz für die kirchliche Bildungsarbeit ist sie gar nicht zu überschätzen. Jedes Jahr werden etwa 250 000 Jugendliche in Deutschland konfirmiert. Anders als oft behauptet wird, nehmen viele dieser Jugendlichen auch

Markus 4,3-9

»Ein Bauer ging aufs Land, um zu säen. Und während er den Samen auswarf, fiel manches auf den Weg. Da kamen die Vögel und fraßen die Körner auf. Andere Samenkörner fielen auf steiniges Land, wo wenig Erde war. Sie gingen bald auf, doch als die Sonne hoch am Himmel stand, verdorrte es, weil es keine Wurzeln hatte. Wieder andere Samenkörner fielen unter dorniges Gestrüpp. Das wuchs zu und erstickte den Samen – und es brachte keine Frucht. Einige Samenkörner fielen aber auch auf guten Boden. Dort gingen sie auf, wuchsen in die Höhe und trugen dreißigmal, sechzigmal, ja hundertmal Frucht. Wer Ohren hat zu hören, der höre.«

Was für ein merkwürdiger Sämann! Anstatt erst zu pflügen, sät er einfach auf das Stoppelfeld. Sät auf den Trampelpfad, den die Nachbarn getreten haben. Sät unter das Gestrüpp, sät auch unter die Disteln und auf den kalkigen Felsen. Was für eine Verschwendung! Dreiviertel der Aussaat ist dahin: Die Vögel picken es weg, die Sonne verdorrt es, die Dornen ersticken es. Er brauchte mal eine landwirtschaftliche Beratung, der Sämann, eine Kosten-Nutzen-Analyse, am besten gleich eine Organisationsberatung, damit er lernt, rationell vorzugehen und effektiv zu arbeiten.

Was Jesus hier vom Sämann erzählt, erzählen die Evangelien von Jesus selbst. Er verschwendet seine Worte an einfache Leute, er geht nicht zur Prominenz und wendet sich nicht an die Spitzen der Gesellschaft, sondern geht zu bedeutungslosen Fischern, zu unbekannten Landarbeitern, zu einflusslosen Frauen.

Hätte es damals schon eine Organisationsberatung gegeben, hätte Jesus sein junges Unternehmen von McKinsey und Partner, Zweigstelle Jerusalem, untersuchen lassen, dann wäre das Ergebnis wohl vernichtend ausgefallen: Kein klares Leitbild, keine marktfähigen Produkte (Feindesliebe?), keine erkennbare Planung, zu wenig Kundenorientierung, zu wenig Teamarbeit.

anschließend Angebote der Kirchen wahr. Jeder Zweite fährt bei einer Jugendfreizeit mit, nicht wenige arbeiten als »Teamer« in der Jugendarbeit mit. Nach den Sportvereinen sind es die Kirchengemeinden, in denen sich Jugendliche in Deutschland am stärksten engagieren.

Die Kirchen sind in Deutschland die größten Träger freier Bildungseinrichtungen. Sie unterhalten mehr als die Hälfte aller Kindergärten, unzählige Schulen und Ausbildungsstätten und eine große Zahl von Familienbildungsstätten und Erziehungsberatungsstellen. In fast allen Gemeinden gibt es Angebote der Erwachsenenbildung. Kirchliche Schulen erfreuen sich zur Zeit einer wachsenden

Zweitausend Jahre ist so gesät worden: verschwenderisch, in alle vier Winde, auf jedes Land, unter Gerechte und Ungerechte. Es wurde gepredigt, getauft, konfirmiert – ohne Erfolgsgarantie. Es wird getagt, veranstaltet, viel Christliches geschrieben, gedruckt und gelesen – oft scheint es so, als ob die ausgetretenen Pfade dadurch nur noch ausgetretener werden.

In der Tat wird auch in der Kirche nicht immer effektiv und ökonomisch gearbeitet. Aber das wirklich Entscheidende passiert woanders, das letztlich Entscheidende ist jeder Planung entzogen: es wächst von selbst.

Die Aufgabe der Kirche ist es, den Samen auszuwerfen. Immer wieder, jeden Tag. Samen, nicht Konfetti – nicht die süßen Worte und Bilder der Erlebnis- und Wellnessreligion, sondern das oft unbequeme, fremde Wort Gottes, das auch Widerspruch auslöst.

Nicht jedes Samenkorn geht auf. Ein Ausleger des Gleichnisses sagt: »Der normale Erfolg des Wortes Gottes ist der Misserfolg.« Ohne Zweifel geht vielen Menschen die christliche Botschaft auch gegen den Strich. Sie fühlen sich angegriffen oder in ihrer Lebensweise in Frage gestellt und äußern tausend Widerstände.

Darum ist, wenn es um das Evangelium geht, Verschwendung die einzig sachgemäße Methode. Mit dem Evangelium darf man nicht geizen. Keiner kann im Voraus wissen, wo die Samenkörner guten Boden finden. Unter den als strenggläubig bekannten Kreisen sind Jesu Worte damals nicht auf fruchtbaren Boden gefallen. Die Kirche muss sich darum davor hüten, bestimmte Menschen als »Kirchenferne« oder gar »Gottlose« abzuwerten. Wie beim Sämann ist überall mit der Möglichkeit guten, fruchtbaren Bodens zu rechnen. Bei der Ernte zeigt sich dann: dreißig-, sechzig-, hundertfache Frucht dort, wo nur Felsen und Gestrüpp vermutet wurde.

Das ist es, wovon die Kirche lebt. Sie ist das älteste Unternehmen der Welt – zweitausend Jahre alt. Sie hat noch nie pleite gemacht. Nicht, weil in der Kirche immer die besten Führungskräfte oder Betriebswirte gearbeitet haben, sondern weil ein Sämann ausgeht, zu säen – immer wieder.

Nachfrage. Anders als in den meisten anderen Ländern tragen die Kirchen in Deutschland auch Mitverantwortung für den Religionsunterricht an staatlichen Schulen. Sie stellen kirchliche Lehrkräfte, arbeiten an den Lehrplänen mit und sorgen für Fort- und Weiterbildung.

Die Diakonie ist die Sozialarbeit der evangelischen Kirche. Die Arbeitsfelder der Diakonie sind inzwischen kaum noch überschaubar. Von der Altenhilfe bis zum Zivildienst arbeiten rund 800 000 Menschen haupt- und ehrenamtlich für die Diakonie. Krankenhäuser, Alten- und Pflegeheime, Fachkliniken, Wohnheime und Sozialstationen halten mehr als eine Million Betreuungsplätze bereit. Ohne die vielen Einrichtungen von Diakonie und Caritas ist der Sozialstaat in Deutschland nicht mehr denkbar. Hinzu kommt das internationale Engagement. Mit der Aktion »Brot für die Welt« werden seit 1959 Spenden für arme und benachteiligte Menschen in der »Dritten Welt« gesammelt. Die Katastrophenhilfe der Diakonie sorgt mit Nahrungsmitteln, Zelten, Kleidung und Medikamenten für Soforthilfe bei weltweiten Katastrophen. Nicht zufällig gehört die Diakonie zu den kirchlichen Arbeitsfeldern, die in der Bevölkerung das größte Vertrauen genießen.

Die evangelische Kirche engagiert sich im sozialen Bereich, sie meldet sich aber auch in der öffentlichen Diskussion bei politischen Fragen zu Wort. Eine der Lehren aus der Zeit des Nationalsozialismus hieß: Die Kirchen müssen Mitverantwortung für die gesellschaftlichen und politischen Probleme übernehmen. Seitdem arbeitet die Kirche in kommunalen und politischen Ausschüssen mit, veröffentlicht sie Stellungnahmen und Denkschriften zur wirtschaftlichen und sozialen Lage, zur Friedenssicherung, zur Schöpfungsverantwortung oder zu Fragen der medizinischen Ethik und führt regelmäßige Gespräche mit Gewerkschaften, Arbeitgebern, Medien und Parteien.

In der Öffentlichkeit weitgehend unbekannt ist das große Engagement der Kirchen im kulturellen Bereich. Die Kirchen setzen etwa 20 Prozent ihrer Finanzen für ihre kulturellen Tätigkeiten ein und stecken damit mehr Geld in die Kulturförderung als etwa die Bundesländer oder die Kommunen. In den Kirchen wirken mehr als 50 000 Chöre und Instrumentalgruppen mit mehr als einer Million Sängern und Instrumentalisten. Mehr als die Hälfte aller öffentlichen Büchereien werden von den Kirchen getragen. Gerade auf dem Lande sind die Kirchen oft die einzigen Orte, in denen Konzerte, Lesungen oder andere kulturelle Veranstaltungen angeboten werden. Andererseits ist gerade der Erhalt der etwa 50 000 größeren und kleineren Kirchen in Deutschland nicht nur eine wichtige kulturelle Aufgabe, sondern auch ein erhebliches finanzielles Zukunftsproblem.

Der kurze Überblick über wichtige Arbeitsfelder der Kirche könnte den Eindruck erwecken, als sei die Kirche in erster Linie ein großer Sozialkonzern mit einem fast unüberschaubaren Angebot an Dienstleistungen. Doch so eindrucksvoll solche Aktivitäten der Kirche auch sein mögen, die wichtigste Aufgabe der Kirche bleibt es, den Menschen das Evangelium nahe zu bringen, so dass sie es als begründete Hoffnung für ihr Leben und als Hilfe für ihren Alltag verstehen und annehmen können. Sie hat öffentlich die Gottesfrage wach zu halten – oder wie es 1934 zur Zeit des Nationalsozialismus in der sechsten Barmer These gesagt worden ist: »die Botschaft von der freien Gnade Gottes auszurichten an alles Volk«. Dies ist die Grundaufgabe der Kirche.

Was die Kirche ist

Aus dem Gleichnis vom Sämann (S. 126f.) wird deutlich, dass die Kirche kein Produkt menschlicher Planung ist. Sie ist kein Verein, sie entsteht nicht durch einen Gründungsbeschluss ihrer Mitglieder. Die Kirche ist nach evangelischem Verständnis ein »Geschöpf des Wortes Gottes«. Sie geschieht dort, wo das Wort Gottes zu hören ist. Martin Luther hat immer wieder betont, dass »Gottes Wort nicht ohne Gottes Volk sein kann«. Wird das Evangelium in der Welt verkündet, dann bleibt es nicht ohne Wirkung: Es findet Hörer und sorgt selbst dafür, dass Kirche entsteht.

Als die Evangelischen 1530 auf dem Reichstag zu Augsburg erklären sollten, was nach ihrer Überzeugung die Kirche sei, brauchten sie dafür nur einen einzigen Satz: »Es wird auch gelehrt, dass allezeit eine heilige, christliche Kirche sein und bleiben muss, die die Versammlung aller Gläubigen ist, bei denen das Evangelium rein gepredigt und die heiligen Sakramente laut dem Evangelium gereicht werden.« Diese Erklärung ist bis heute der Basis-Satz der Protestanten zum Thema Kirche geblieben. Mehr braucht es eigentlich nicht, um Kirche zu definieren. Was Kirche ist, hängt nicht an einer bestimmten organisatorischen Gestalt, an bestimmten Ämtern, Riten und Orten, sondern: »Wo zwei oder drei versammelt sind in meinem Namen, da bin ich mitten unter ihnen« (Matthäus 18,20).

Kirche wird dadurch bestimmt, dass Menschen in Kontakt mit dem Evangelium kommen, sich zusammenfinden und gemeinsam ihren Glauben bezeugen – in Worten und Taten, untereinander und in der Öffentlichkeit. Kirche ist gelebte Gemeinschaft. Aber in welcher Organisationsform dieses geschieht, welche Ämter und Ordnungen dafür nötig sind und in welchen Riten und Formen sich das präsentiert, ist demgegenüber zweitrangig. Die Evangelische Kirche kennt keine sakrosankten Ordnungen. Die organisatorische Gestalt der Kirche ist vielmehr immer wieder daraufhin zu überprüfen, ob sie dem Auftrag der Kirche und den Erfordernissen der Gegenwart entspricht. Ecclesia semper reformanda = die Kirche ist ständig zu erneuern – das ist reformatorisches Erbe.

Wer in der Kirche mitarbeitet

Bei dem Wort »Kirche« fallen vielen Menschen in erster Linie Pfarrerinnen und Pfarrer ein. In der Tat stehen Pfarrer in besonderer Weise für die Evangelische Kirche. Neben den insgesamt etwa 23 000 evangelischen Pfarrerinnen und Pfarrern arbeiten aber noch andere Berufsgruppen in der Kirche: Erzieherinnen und Erzieher, Kirchenmusikerinnen und Kirchenmusiker, Küsterinnen und Küster, Diakoninnen und Diakone, Sozialpädagogen, Verwaltungsleute, Bürokräfte usw. Insgesamt sind allein in der Evangelischen Kirche in Deutschland (einschl. diakonische Einrichtungen) etwa 660 000 Menschen hauptamtlich beschäftigt. Hinzu kommen allein in der Evangelischen Kirche weit über eine Million Menschen, die ehrenamtlich mitarbeiten – zu 70 Prozent Frauen.

Anders als die Katholische Kirche kennt die Evangelische Kirche keinen grundsätzlichen Unterschied zwischen einem »Geistlichen Stand« und allen anderen Christen. »Was aus der Taufe gekrochen ist, das mag sich rühmen, dass es schon zum Priester, Bischof und Papst geweihet sei, obwohl nicht einem jeglichen ziemt, solch Amt zu üben.« (Martin Luther) Nach reformatorischem Verständnis sind alle Christen durch die Taufe dazu berufen und ermächtigt, die Aufgaben der Kirche selbst zu übernehmen, zu beraten und zu entscheiden (»Allgemeines Priestertum aller Gläubigen«). Die Kirche – das sind nicht die da oben, sondern »wir alle«. Weil prinzipiell alle berechtigt sind, zugleich aber bestimmte Aufgaben kontinuierlich und verlässlich ausgeführt werden müssen, ist es sinnvoll, geeignete Personen in bestimmte »Ämter« zu wählen. Pfarrerinnen und Pfarrer werden z. B. überall in der Evangelischen Kirche von den Gemeinden gewählt. In den meisten protestantischen Kirchen weltweit können heute alle Ämter von Frauen und Männern ausgeübt werden.

Wie die Kirche organisiert ist

Die »Evangelische Kirche in Deutschland« (EKD) ist der Zusammenschluss von zur Zeit 22 selbständigen Landeskirchen. Jede Landeskirche weist in der Regel drei verschiedene Ebenen auf: eine landeskirchliche Ebene mit zentralen Einrichtungen, eine mittlere Verwaltungsebene (Kirchenkreise, Dekanate o. ä.) und die Ebene der Gemeinden. Zugleich baut sich die Evangelische Kirche aber von unten, von den Gemeinden her, auf. Die Gemeinden sind die Basis. Im Grunde ist die Evangelische Kirche demokratisch organisiert. Die Gemeinden werden vom Presbyterium oder vom Kirchenvorstand geleitet, die in regelmäßigen Abständen (meist alle 4 Jahre) von den Gemeindegliedern gewählt werden. Die Gemeinden entsenden Delegierte des Presbyteriums sowie Pfarrerinnen und Pfarrer in die Kreissynode. Aus ihrer Mitte wird eine Pfarrerin oder ein Pfarrer zur Superintendentin/zum Superintendenten des Kirchenkreises gewählt. Die Kreissynoden entsenden wiederum ihre Abgeordneten in die Landessynode, das höchste Gre-

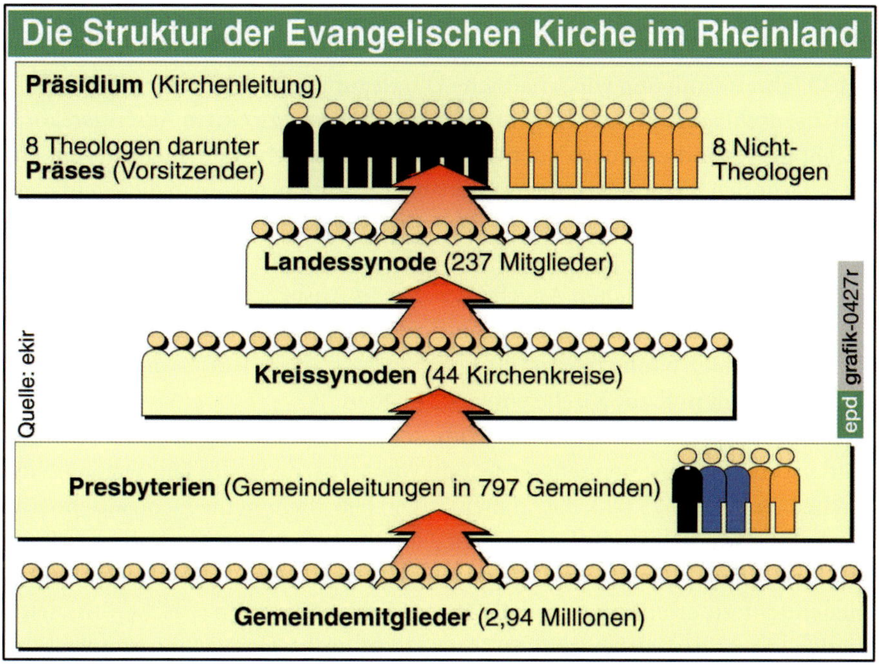

mium einer Landeskirche, in dem über alle wichtigen Fragen entschieden wird. Die Landessynode wählt die Bischöfin oder den Bischof bzw. die oder den Präses und die Kirchenleitung. Alle Leitungsämter werden auf Zeit übertragen. In allen Leitungsorganen wirken Pfarrerinnen und Pfarrer sowie gewählte Gemeindeglieder gleichberechtigt zusammen. In vielen Landeskirchen sind die Nichttheologen aufgrund der Verfassung immer in der Mehrzahl.

Auch im Rat der EKD (gegenwärtig 15 Mitglieder), der die Evangelische Kirche in Deutschland in der Öffentlichkeit vertritt, dominieren die Nichttheologen.

Elf gute Gründe, in der Kirche zu sein

Für 85 Prozent der Kirchenmitglieder kommt ein Kirchenaustritt nicht in Frage, doch etwa 150 000 Menschen, das sind gut 5 Prozent, treten jedes Jahr aus der Evangelischen Kirche aus. Was sind die Gründe? Manchmal steckt hinter dem Austritt persönlicher Ärger: über den Pfarrer, über die Verhältnisse in der Gemeinde, über bestimmte Aussagen oder Entscheidungen der Kirche. In anderen Fällen gab es seit vielen Jahren einfach keinen Kontakt mehr zur Kirche, so dass sich irgendwann die Frage stellte: Warum soll ich diese Institution dann noch unterstützen?

In den letzten Jahren sind es aber ganz überwiegend finanzielle Gründe, die zu einem Kirchenaustritt führen. Waren es in den siebziger und achtziger Jahren des vergangenen Jahrhunderts auch noch politisch-kulturelle Gründe – wer sich für fortschrittlich hielt, verließ die angeblich autoritäre Kirche -, so dominieren seit 20 Jahren eindeutig wirtschaftliche Überlegungen. Die Einführung des Solidaritätszuschlages etwa in den neunziger Jahren führte zu einem Austrittsrekord. Erhöht der Staat die Steuern oder werden die persönlichen Finanzmittel aus anderen Gründen knapper, kompensiert man das dadurch, dass man die kirchlichen Steuern spart. Nicht selten sind es dann die Hauptverdiener einer Familie, die austreten, während die Nichtverdiener – oft Ehefrau und Kinder – in der Kirche bleiben und die kirchlichen Angebote weiter in Anspruch nehmen. Auch wenn ein Kirchenaustritt kein Indiz für einen endgültigen Abschied vom Christentum ist, so treten doch häufig die aus, die bisher keine stärkere Beziehung zum christlichen Glauben und zur Kirche entwickelt haben.

Die große Welle der Kirchenaustritte scheint gegenwärtig abgeebbt zu sein. Mittlerweile tritt eine nennenswerte Zahl von Menschen jedes Jahr wieder in die Kirchen ein – etwa 75 000, davon mehr als 60 000 allein in die Evangelische Kirche. Es sind Menschen, die bisher nicht getauft waren oder andere, die den Kontakt zur Kirche verloren oder abgebrochen hatten. Um diesen Personen den Kircheneintritt zu erleichtern, hat die Evangelische Kirche inzwischen in vielen Städten »Eintrittsstellen« eröffnet. Meist steckt hinter einem Eintritt oder Wiedereintritt in die Kirche eine ganz persönliche Geschichte.

Es gibt viele gute Gründe, zur Kirche zu gehören:

1. *Die Kirche bewahrt eine Wahrheit, die Menschen sich nicht selbst sagen können. Sie erinnert an Gott als Geheimnis der Welt und Ursprung des Lebens. Sie sorgt dafür, dass die Geschichte des Jesus von Nazareth nicht in Vergessenheit gerät. Daraus erwachsen Maßstäbe für ein sinnvolles, menschliches und verantwortungsbewusstes Leben.*

2. *Die Kirche lebt von einer Hoffnung, die über den Tod hinausreicht. Sie verkündet die Botschaft von der Liebe Gottes, die dem menschlichen Leben einen Sinn verleiht, der auch durch Erfahrungen von Leid und Schuld hindurchtragen kann.*

3. *Die Kirche weiß um die Würde und den Wert jedes einzelnen Menschen, egal wer er oder sie ist und was er oder sie geleistet hat. Vor Gott sind alle gleich, deswegen darf in der Kirche jeder so kommen wie er oder sie ist.*

4. *An den wichtigen Stationen des Lebens, bei Geburt und Tod, im Glück und bei Krankheit, im Alter und bei wichtigen Lebensereignissen begleitet die Kirche*

Menschen. Sie tröstet und dankt und hilft den Menschen mit den Erfahrungen und Formen einer zweitausendjährigen Geschichte ihre Krisen, Höhepunkte und besonderen Ereignisse würdevoll zu feiern und zu bewältigen.

5. *Die Kirche ist der Ort in der Gesellschaft, wo jeder, der in Not geraten ist oder Hilfe braucht, einen Anspruch darauf hat, gehört zu werden. Wer in der Kirche mitwirkt, übt Solidarität mit den Armen und unterstützt die vielfältige soziale Arbeit der Kirche.*

6. *Die Kirche setzt sich für Frieden, Gerechtigkeit und die Bewahrung der Schöpfung ein. Sie widersetzt sich der wachsenden Ungleichheit in der einen Welt. Wer zur Kirche gehört, übernimmt Verantwortung auch für die Verbesserung der Lebenschancen von Menschen in ärmeren Ländern.*

7. *Die Kirche ist Teil der weltweiten christlichen Gemeinschaft. Wer zur Kirche gehört, hält über alle Grenzen hinaus Verbindung zu Menschen in anderen Teilen der Welt und tritt damit für Versöhnung und Verständigung zwischen den Völkern ein.*

8. *Die Kirche sorgt dafür, dass Sonn- und Feiertage erhalten bleiben, die Texte der Bibel gelesen werden, die Kirchenmusik gepflegt und alte Kirchen erhalten bleiben. Wer möchte, dass die christliche Kultur lebendig gehalten und an nachfolgende Generationen weitervermittelt wird, sollte die Kirche unterstützen.*

9. *In der Kirchengemeinde können Menschen Gemeinschaft finden, menschliche Anteilnahme und oft auch ein Stück Heimat. Die meisten Kirchengemeinden bieten Gelegenheit zu sinnvoller Mitarbeit – und die kann das eigene Leben sehr bereichern.*

10. *Die Kirchen sind Orte der Ruhe und Besinnung. In einer Kirche kann man zur Ruhe kommen, sich selbst wieder spüren und Gott finden. Kirchen sind die letzten werbefreien Räume im Alltag. Sie bieten Schutz vor Lärm, Stress und Kommerz.*

11. *Wer zur Kirche gehört, tritt für das ein, was sich in unserer Gesellschaft nicht funktional rechtfertigen lässt und keinen Profit bringt, aber unsere Seelen stärkt: das Gebet, die Stille, das Singen, den Gottesdienst, den Sonntag, das Loben und Danken.*

Evangelisch – katholisch: was verbindet, was trennt?

In Deutschland leben evangelische und katholische Christen eng beieinander. Die alten Frontlinien haben sich im Alltag weitgehend abgeschliffen. Vorbei die Zeiten, in denen Evangelische während der Fronleichnamsprozession demonstrativ »Jauche« ausgefahren und Katholiken am Karfreitag die »große Wäsche« aufgehängt haben. Es ist in evangelischen oder katholischen Familien auch keine »Katastrophe« mehr, wenn der Sohn oder die Tochter jemanden heiraten möchte, der oder die nicht das »gleiche Gesangbuch« haben. Viele sagen heute: »Wir sind gute Nachbarn, wir sind befreundet oder miteinander verwandt, wir glauben an denselben Gott. Worüber streiten sich die Kirchen eigentlich?«

Andererseits begegnen uns im persönlichen wie im gesellschaftlichen Leben unvermeidlich die Auswirkungen der Kirchentrennung. Ob es um konfessionsverschiedene Familien, um Fragen der Kindererziehung oder um die Besetzung von Ministerposten geht, stets spielt die konfessionelle Frage eine Rolle.

Was verbindet Katholiken und Protestanten, was trennt sie?

Was beide miteinander verbindet, ist wesentlich mehr als das, was sie voneinander trennt. Verbunden sind beide Konfessionen durch die Bibel und durch das gemeinsame Glaubensbekenntnis. Die eine Taufe wird in beiden Kirchen anerkannt, wer als früherer Katholik evangelisch werden will, wird nicht noch einmal getauft. Auch die Rechtfertigungslehre, die Überzeugung von der »Rechtfertigung des Menschen allein aus Gnaden«, gilt nicht mehr als kirchentrennend. Bei der Unterzeichnung der »Gemeinsame(n) Erklärung zur Rechtfertigungslehre« stellten evangelische und katholische Christen am 31.10.1999 gemeinsam fest, dass es trotz unterschiedlicher Akzentsetzungen eine fundamentale Übereinstimmung in der Grundwahrheit dieser Lehre gebe. Gemeinsam sprechen evangelische und katholische Christen das Vaterunser und gemeinsam ist beiden Konfessionen auch das Bekenntnis zur Nächstenliebe als der alle Christen miteinander verbindenden Lebensaufgabe. In einer stärker säkularen und pluralen Welt ist bei Protestanten und Katholiken das Bewusstsein gewachsen, als Christen zusammenzugehören und auch in der Öffentlichkeit erkennbarer gemeinsam aufzutreten.

Andererseits gibt es nach wie vor Themen, die die evangelisch-katholischen Beziehungen immer noch belasten. Dabei geht es vor allem um das Verständnis und die Leitung der Kirche, um kirchliche Ämter und um das gemeinsame Abendmahl.

So versteht sich die katholische Kirche als die allein wahre Kirche und Mutter der Gläubigen. Sie ist Verwalterin der göttlichen Geheimnisse und deswegen selbst Gegenstand der Ehrfurcht. Die hierarchische Ordnung der katholischen

Kirche mit dem Papst an der Spitze, den Bischöfen, den Priestern und dann den »einfachen« Gläubigen gilt nicht als eine historisch gewachsene und damit auch grundsätzlich veränderbare Organisation, sondern als von Christus so eingesetzt. Die anderen Kirchen sind nach katholischem Verständnis keine Kirchen im vollen Sinn, sondern »kirchliche Gemeinschaften«. Evangelische Christen empfinden dies zu Recht als Kränkung.

Die evangelischen Kirchen verstehen sich demgegenüber als eine von Gott berufene und beauftragte Gemeinschaft von Christen. Der Kirche als Institution kommt aber keine eigene Würde zu. Ihre rechtliche Gestalt ist grundsätzlich veränderbar und immer daraufhin zu überprüfen, ob sie der Verkündigung des Evangeliums entspricht oder nicht.

Nach evangelischem Verständnis gibt es keinen grundsätzlichen Unterschied zwischen »Amtsträgern« und den anderen Christen. Allen getauften Christen ist die Verantwortung für die Verkündigung des Evangeliums, die Feier der Sakramente, für den Dienst am Nächsten und den Aufbau der Kirche aufgetragen (»Allgemeines Priestertum der Gläubigen«). Auch Frauen können ins Pfarramt und in alle anderen kirchlichen Ämter (z. B. Bischöfin) berufen werden.

Nach katholischem Verständnis wird dagegen dem Priester bei seiner Weihe eine besondere Amtsgnade übertragen, die ihn von den anderen Christen unterscheidet. Und da Jesus nur Männer in den Kreis der zwölf Jünger berufen hat, können nach katholischer Sicht auch nur Männer zu Priestern und Diakonen geweiht werden. Priester sind zudem anders als evangelische Pfarrer und Pfarrerinnen zur Ehelosigkeit (Zölibat) verpflichtet.

Für Katholiken besitzt der Papst die rechtliche und lehrmäßige Oberhoheit über die ganze Kirche, während Protestanten in dem Papst nicht den Stellvertreter Jesu Christi und auch nicht das Oberhaupt der einen Kirche, sondern »nur« den Bischof von Rom sehen können, dessen Äußerungen für sie nicht verbindlich sind.

Das Amts- und Kirchenverständnis hat auch erhebliche Auswirkungen auf die Feier des Abendmahls und auf die Praxis von Taufe und Trauung. Katholiken glauben, dass Brot und Wein im Abendmahl durch den Priester wirklich in Leib und Blut Christi gewandelt werden – Protestanten sind der Auffassung, dass Brot und Wein Brot und Wein bleiben und Jesus Christus nicht durch die Wandlungsworte des Priesters, sondern aufgrund seiner eigenen Zusage im Abendmahl gegenwärtig und präsent ist. Nach katholischem Verständnis kann das Abendmahl nur durch einen geweihten Priester vollzogen werden, darum gibt es keine Abendmahlsgemeinschaft mit der Evangelischen Kirche. In der Evangelischen Kirche sind alle getauften Christen zum Abendmahl eingeladen, in der Katholischen Kirche gibt es für die Zulassung von Christen anderer Konfessionen streng geregelte Ausnahmen.

Während die Taufen grundsätzlich gegenseitig anerkannt werden, unterscheidet das römisch-katholische Kirchenrecht bei den Paten zwischen Taufzeugen und Taufpaten; letztere müssen der katholischen Kirche angehören.

Ökumenische Trauungen sind inzwischen keine Besonderheit mehr, aber noch immer kann eine konfessionsverschiedene Ehe nach katholischem Recht nur dann gültig geschlossen werden, wenn der katholische Ehepartner beim zuständigen Bistum zuvor eine Erlaubnis (Dispens) eingeholt hat, die von der Pflicht befreit, nach dem katholischen Ritus getraut zu werden. Dabei muss sich der nicht-katholische Ehepartner nach wie vor verpflichten, die Kinder »nach Kräften« im katholischen Glauben zu erziehen.

Obwohl beide Konfessionen in der letzten Zeit in manchen Glaubensfragen einander nähergekommen sind, ist eine wirkliche Vereinigung beider Kirchen in absehbarer Zeit wohl nicht zu erwarten. Eine solche Einheit ist vielleicht auch gar nicht wünschenswert. Die Vielzahl verschiedener Glaubensformen ist viel interessanter, letztlich auch menschlicher. Nur sollten die Unterschiede nicht zu Lasten der betroffenen Christen gehen. Warum kann man nicht unterschiedliche Auffassungen haben und dennoch volle kirchliche Gemeinschaft praktizieren, wie es die vielen unterschiedlichen protestantischen Kirchen in Europa seit vielen Jahrzehnten verwirklichen?

Haben Juden, Muslime, Buddhisten und Hindus keine Kirche?

Die gut 100 000 Juden in Deutschland gehören in der Regel unterschiedlichen Synagogengemeinden an. Dominierten nach dem 2. Weltkrieg für viele Jahre Einheitsgemeinden mit orthodoxer Ausrichtung, so ist die religiöse Vielfalt in den jüdischen Gemeinden in letzter Zeit gewachsen: das religiös-liberale Judentum hat hierzulande wieder stärker Fuß gefasst. Die Synagogengemeinden sind relativ selbständig, der »Zentralrat der Juden in Deutschland« ist eher eine Art politische Dachorganisation.

Der Islam ist keine Kirche, er kennt weder Synoden noch Bischöfe als autorisierte Sprecher und Vertreter der Gläubigen. Wie andere Weltreligionen besteht er, von außen oft nicht so wahrgenommen, aus einer großen Vielfalt von Richtungen und Gruppierungen. Anders als im Christentum, wo der einzelne Christ auch immer zu einer konkreten Gemeinde gehört, gehört der Muslem nicht so sehr zu einer konkreten Gemeinde, sondern zur islamischen Weltgemeinschaft (umma). Etwa 20 Prozent der in Deutschland lebenden Muslime sind in Vereinen und Verbänden organisiert, die wiederum Moscheen unterhalten. Darüber hinaus gibt es eine ganze Reihe islamischer Dachverbände, die die politische Interessenvertretung der Muslime wahrnehmen.

Auch der Buddhismus kennt keine Kirche, wohl aber Klöster und geistliche Zentren. Buddhisten verstehen sich als Befolger des von Buddha gewiesenen

Weges, es geht ihnen weniger um die Gemeinschaft als um persönliche Erleuchtung und Befreiung. Kern jeder buddhistischen Bewegung ist das Mönchtum, an dem sich die buddhistischen Laien in der Regel orientieren.

Der Hinduismus ist eine Religion ohne institutionalisierte Autorität: er kennt weder eine Kirche noch eine anerkannte Leitung noch von allen anerkannte Glaubensüberzeugungen oder Regeln. Mehr noch als alle anderen Religionen besteht er aus einer fast unüberschaubaren Zahl von Richtungen, Bewegungen und Gruppierungen, die untereinander zum Teil strenge Ausschlusskriterien kennen.

Kann man auch ohne Kirche Christ sein?

Theoretisch: ja – praktisch: kaum! Einerseits gehört es zu den protestantischen Grundüberzeugungen, dass es auf den persönlichen Glauben ankommt und nicht auf das Befolgen kirchlicher Riten und Vorstellungen. Dabei mag man auf Martin Luther verweisen, der sich gegen die offizielle Kirche auf die Bibel und sein Gewissen berief und zu Recht behauptete, dass Päpste und Konzilien auch immer wieder geirrt hätten. Der alten katholischen Auffassung, außerhalb der Kirche gebe es kein Heil, wird man darum mit gutem Grund widersprechen können.

Andererseits gilt aber auch: Ohne die Kirche wäre keiner Christ geworden. Ohne die Kirche wäre man nicht getauft worden, hätte keine biblischen Geschichten gehört, nichts von Jesus erfahren, kein Ostern und kein Weihnachten feiern können. Ohne die Kirche würde es die christliche Kultur und Tradition nicht geben, aus der jeder Christ schöpft, auch wenn er nicht regelmäßig zum Gottesdienst geht. Die Kirche hält den religiösen Betrieb aufrecht und sorgt dafür, dass die christliche Botschaft an die nächste Generation weitergegeben wird.

Der Glaube ist keine rein private Angelegenheit, er braucht Gemeinschaft. Ohne das Gespräch mit anderen Christen, ohne Predigt, ohne gemeinsames Vaterunser und gemeinschaftliches Singen von Gesangbuchliedern trocknet der eigene Glaube langsam aus. Wer mit seinen Gedanken über Gott und die Welt nur mit sich selbst allein ist, dreht sich immer nur im Kreise. Wohin soll man mit seinem Dank, seinem Lob? Man möchte sich doch mal mitteilen, mal hören, wie andere dies und das sehen; man möchte sich aus dem Glauben heraus sozial engagieren, mit anderen zusammen die christlichen Feste feiern. Wer den Kontakt zu Mitchristen verliert, kann in seinem Glauben schnell vereinsamen. Er hat niemand mehr, der ihm Mut macht, wenn die Fragen kommen.

Gewiss, der eigene Glaube ist etwas Persönliches und Individuelles, man kann weder die Kirche für sich glauben lassen noch seinen Glauben an die Kirche abtreten. Gottseidank kann heute jeder selbst bestimmen, wieviel Nähe oder Distanz er zur Kirche haben will. Die Kirche verlangt keine hundertprozentige Beteiligung und sie hat auch nicht das Recht, meinen persönlichen Glauben zu bewerten oder zu beurteilen. Sie hat gelernt, den Freiheitsvorbehalt, den jeder für sich in Anspruch nimmt, zu respektieren. Doch ohne jede Anbindung an eine Kirche oder christliche Gemeinschaft kann der eigene Glaube kaum dauerhaft überleben, wahrscheinlich wird er sich verflüchtigen.

? Warum gibt es so viele unterschiedliche Kirchen?

»Ich glaube … die heilige christliche Kirche« heißt es im Glaubensbekenntnis, doch in der Realität existieren weltweit hunderte verschiedener Kirchen und Konfessionen, die sich nicht selten scharf voneinander abgrenzen. Für die Entstehung dieser großen Kirchen gibt es verschiedene Gründe. Schon in den Anfängen des Christentums gab es ganz unterschiedliche Richtungen: judenchristliche und heidenchristliche Gemeinden, die Gemeinden des Paulus und die Gemeinde des Johannes. Auch die vier Evangelien unterscheiden sich in ihrer theologischen Ausrichtung. Am Anfang war nicht die Einheit, sondern schon am Anfang gab es eine Vielfalt kirchlicher und theologischer Strömungen.

In den folgenden Jahrhunderten verbreitete sich das Christentum in verschiedenen Kulturkreisen. Aus kulturellen und theologischen Gründen gingen die orientalischen Kirchen (Armenier, Kopten, Nestorianer) schon in den ersten Jahrhunderten eigene Wege. Im Jahre 1054 trennte sich die orthodoxe Kirche endgültig von Rom. Als die Muslime 1453 Konstantinopel eroberten, teilte sich die orthodoxe Kirche in viele Nationalkirchen. Die Reformation führte zu einer noch größeren Kirchenspaltung: neben der römisch-katholischen Kirche entstanden die evangelische, die reformierte und die anglikanische Kirche. Von diesen trennten sich in den folgenden Jahrhunderten wiederum die späteren evangelischen Freikirchen.

Ist diese große kirchliche Vielfalt eine schwere Hypothek des Christentums? Sollte es stattdessen lieber ein Einheitschristentum geben? Man kann die verschiedenen theologischen Strömungen und kulturellen Gestalten des Christentums auch als Zeichen des inneren Reichtums des christlichen Glaubens werten. Wie sich alle großen Weltreligionen in verschiedene Konfessionen auffächern, so ist auch das Christentum zu komplex, um nur in einer Gestalt zu existieren. Wünschenswert wäre es allerdings, dass sich zumindest die verschiedenen großen Kirchen gegenseitig als gleichberechtigte und gültige Ausprägungen des Christentums anerkennen und aufhören würden, sich bewusst voneinander abzugrenzen.

Ein wichtiger Schritt in dieser Richtung war die Entstehung der ökumenischen Bewegung zu Beginn des 20. Jahrhunderts. Angesichts eines drohenden Krieges und ständiger Konflikte zwischen den europäischen Staaten empfand man die Zerrissenheit der Kirchen und ihre Unfähigkeit, gemeinsam für Frieden und Völkerverständigung einzutreten, als großes Problem. Aus der Initiative Einzelner wurde im 20. Jahrhundert eine Bewegung der Kirchen – das wichtigste kirchengeschichtliche Ereignis der letzten hundert Jahre. Heute geht es in der ökumenischen Bewegung nicht mehr nur allein um ein besseres Verständnis und eine engere Zusammenarbeit zwischen den Kirchen, sondern um den weltweiten Einsatz der Kirchen für Gerechtigkeit, Frieden und die Bewahrung der Schöpfung.

Kirche von A – Z

Abendmahl

Das Abendmahl geht auf die letzte Mahlzeit Jesu vor seinem Tod zurück. Dabei deutete Jesus Brot und Wein als Zeichen seines bevorstehenden Todes und versprach seinen Jüngern, auch in Zukunft bei der gemeinsamen Feier des Abendmahls selbst unter ihnen zu sein. Zuerst feierten die Christen das Abendmahl als eine richtige Mahlzeit. Daraus wurde mit der Zeit eine gottesdienstliche Feier, die in der katholischen Kirche »Eucharistie« (= Danksagung) genannt wird. Zwischen Evangelischer und Katholischer Kirche gibt es Differenzen im Verständnis des Abendmahls, die eine Abendmahlsgemeinschaft beider Kirchen bis heute verhindern. Nach katholischem Verständnis kann das Abendmahl nur durch einen geweihten Priester vollzogen werden, nicht-katholische Christen können nur in streng geregelten Ausnahmefällen am katholischen Abendmahl teilnehmen. Die Evangelische Kirche kennt diese Einschränkung nicht, sie lädt getaufte Christen unabhängig von ihrer Konfession zum Abendmahl ein. Kinder können in der Evangelischen Kirche in Begleitung Erwachsener am Abendmahl teilnehmen, mit der Konfirmation können sie selbständig zum Abendmahl gehen.

Beichte

Nicht nur Katholiken können beichten, sondern auch Protestanten, auch wenn in den evangelischen Kirchen die Beichtstühle abgeschafft worden sind. Die Beichte besteht aus dem Aussprechen eigener Schuld und dem Zuspruch der Vergebung Gottes durch einen Pfarrer oder einen anderen Christen. Sie kann entweder in einem Gemeindegottesdienst oder in einem persönlichen Beichtgespräch stattfinden. Über das in einer Beichte Ausgesprochene muss der Pfarrer Verschwiegenheit bewahren (Beichtgeheimnis).

Bestattung

Seit der Frühzeit der Kirche gehört die Bestattung zu den christlichen Werken der Barmherzigkeit. Zur christlichen Bestattung gehören ein öffentlicher Gottesdienst, in der die Lebensgeschichte des Verstorbenen und die Situation der Trauernden bedacht werden und die anschließende Begleitung des Toten zu seiner letzten Ruhestätte. Der Verstorbene wird »in die Hände Gottes gelegt« und der Gnade Gottes anvertraut. War in den christlichen Kirchen über lange Zeit nur die Erdbestattung üblich, so hat sich in den letzten Jahrzehnten daneben auch immer mehr die Urnenbestattung durchgesetzt.

Bischof

Ursprünglich war der Bischof (von episkopos = Aufseher) der Leiter einer christlichen Gemeinde. Heute leitet der Bischof in der Katholischen Kirche einen Kirchenbezirk, weiht die Priester und spendet die Firmung. Er wird durch den Papst eingesetzt. In der Evangelischen Kirche wird der Bischof oder die Bischöfin von einer Synode gewählt (viele Landeskirchen haben keine Bischöfe, sondern einen Präses oder einen Kirchenpräsidenten).

Diakonie
Die Diakonie (von diakonia = Dienst) ist die Sozialarbeit der Evangelischen Kirchen (das katholische Pendant ist die Caritas). Diakonie ist vor allem Dienst an den Menschen, die der Hilfe bedürfen – ohne Ansehen von Religion, kultureller Herkunft oder politischer Überzeugung. Täglich kümmern sich bei der Diakonie etwa 450 000 hauptamtliche Beschäftigte, fast ebenso viele ehrenamtliche Mitarbeiter, 25 000 Zivildienstleistende und viele Praktikanten um mehrere Millionen Menschen in Kindertagesstätten, Krankenhäusern, Altenzentren, Jugendzentren und Hospizgruppen, in der Ausländer- und Flüchtlingsarbeit, in Beratungsstellen und bei der Bahnhofsmission.

EKD
Die Evangelische Kirche in Deutschland (= EKD) ist der Zusammenschluss von 22 selbständigen Landeskirchen (z. B. Westfalen, Hessen-Nassau, Hannover). Die EKD fördert gemeinsame Projekte und Anliegen der Evangelischen Kirche, vertritt die Landeskirchen in allen rechtlichen und öffentlichen Fragen gegenüber der Bundesregierung und der EU und vertritt evangelische Positionen zu wichtigen gesellschaftspolitischen Fragen. Ein jeweils auf sechs Jahre gewählter Rat (15 Mitglieder) steht an der Spitze der EKD. Ihren Sitz hat die EKD in Hannover.

Freikirchen
Baptisten, Methodisten, Mennoniten, Quäker oder die Heilsarmee gehören nicht zu den Sekten, sondern sind Freikirchen, die sich hauptsächlich durch freiwillige Beiträge ihrer Mitglieder finanzieren. Sie wollen frei sein von jeder rechtlichen Bindung an den Staat, lehnen die Kirchensteuer ab und fordern von ihren Mitgliedern eine bewusste Glaubensentscheidung. In den wesentlichen Punkten des christlichen Glaubens gibt es zwischen den Freikirchen und den evangelischen Landeskirchen keine Unterschiede. Die Freikirchen verstehen sich selbst als evangelische Kirchen.

Gemeinde
Alle evangelischen Christen gehören in der Regel zu einer Gemeinde an ihrem Wohnort. Die Gemeinden können unterschiedlich groß sein. Manche Gemeinden umfassen einen Pfarrbezirk, andere umschließen mehrere. Innerhalb der EKD gibt es mehr als 15 000 Kirchengemeinden. Gemeinden sind selbstständig und werden zusammen mit dem Pfarrer von einem auf Zeit gewählten Kirchenvorstand bzw. Presbyterium geleitet. Die Gemeinde ist für die kirchliche Arbeit vor Ort zuständig: für die Gottesdienste und die Kirchenmusik, für die Konfirmanden- und die Jugendarbeit, für die Amts-

handlungen und für eine Vielzahl weiterer gemeindlicher Angebote.

Gottesdienst

Jeden Sonntagmorgen laden die Glocken zum Gottesdienst. Etwa drei Millionen evangelische und katholische Christen gehen in Deutschland jede Woche. An manchen Feiertagen, z. B. Erntedank oder Heiligabend, sind es wesentlich mehr. In jedem Gottesdienst kommen Lieder, Gebete, Bibellesung, Glaubensbekenntnis, Predigt, Vaterunser und Segen vor, oft auch Abendmahl und Taufe. Eine starre Ordnung hat der Gottesdienst aber nicht. Es gibt auch Jugend- und Familiengottesdienste, Kinder- und Schulgottesdienste. Der Gottesdienst ist kein kirchliches Showprogramm, er lebt von der Beteiligung vieler. In der Evangelischen Kirche liegt die Verantwortung für den Gottesdienst beim Kirchenvorstand bzw. Presbyterium.

Kirchenaustritt

Wer aus der Kirche austreten will, muss nach deutschem Recht zu diesem Zweck eine Erklärung beim Amtsgericht abgeben. Wer ausgetreten ist, kann nicht mehr Pate werden und verliert den Anspruch auf eine kirchliche Trauung oder Bestattung. Die eigene Taufe kann aber durch einen Kirchenaustritt nicht rückgängig gemacht werden.

Kircheneintritt

Wer in die Kirche eintreten will, wendet sich an die Pfarrerin oder den Pfarrer seiner Gemeinde. Da viele Menschen nicht mehr wissen, zu welcher Kirchengemeinde sie gehören, sind inzwischen in vielen Städten Wiedereintrittsstellen eingerichtet worden. Einem persönlichen Gespräch und der (Wieder-)Eintrittserklärung folgt beim Wiedereintritt die offizielle Wiederaufnahme in die Kirche mit der Teilnahme am Gemeindegottesdienst. Bei Nichtgetauften ist der Eintritt mit der Taufe verbunden.

Kirchenmitgliedschaft

Kirchenmitglied wird man durch die Taufe in einer evangelischen Kirchengemeinde. Fand die Taufe in einer anderen Konfession statt, so ist die Aufnahme in die Evangelische Kirche (s. Kircheneintritt) Voraussetzung für die Kirchenmitgliedschaft. Die Kirchenmitgliedschaft besteht zur Kirchengemeinde, zur Landeskirche und zur EKD. Zieht ein Kirchenmitglied in das Gebiet einer anderen Landeskirche, wird es dort Mitglied. Kirchenmitglieder haben Anspruch auf alle Dienste der Kirche, z. B. auf Taufe, Konfirmation, Trauung, Bestattung und alle weiteren kirchlichen Angebote. Sie können mit entsprechendem Alter bei der Besetzung kirchlicher Ämter (z. B. Kirchenvorstand bzw. Presbyterium) das aktive und passive Wahlrecht wahrnehmen und auch das Patenamt übernehmen. In der Regel ist die Kirchenmitgliedschaft auch eine Voraussetzung für die Übernahme eines kirchlichen Amtes oder für eine Beschäftigung bei der Kirche.

Kirchensteuer

Die Kirchensteuer beträgt zur Zeit, je nach Bundesland, acht oder neun Prozent der Lohn- oder Einkommenssteuer. Für den Einzug erhält der Staat eine Gebühr in Höhe von drei bis vier Prozent des Steueraufkommens – dies ist weitaus günstiger als ein eigenes kirchliches Erhebungssystem. Mit der Kirchensteuer finanzieren die Kirchenmitglieder, die über ein eigenes Einkommen verfügen, die vielfältigen Aufgaben und Leistungen der Kirche. Die Kirchensteuer darf nur für kirchliche Aufgaben verwendet werden.

Konfirmation

Die Konfirmation ist kein Sakrament, sondern ein kirchlicher Brauch. Seine Wurzeln reichen zurück in die Reformationszeit. Die Konfirmation wird heute weitgehend als kirchliche Segenshandlung verstanden. Sie findet in der Regel im Alter von 14 oder 15 Jahren statt. Die Jugendlichen bekennen bei der Konfirmation mit der Gemeinde ihren christlichen Glauben, feiern zusammen mit Eltern und Paten das Abendmahl und bekommen für ihren weiteren Lebensweg ein persönlich zugesprochenes Bibelwort (Konfirmationsspruch), das sie sich meist selbst ausgesucht haben. Mit der Konfirmation erhalten die Jugendlichen kirchliche Rechte: sie können das Patenamt übernehmen, dürfen in Notfällen selber taufen und können (meist ab 16) den Kirchenvorstand wählen. Die Konfirmation bildet den Abschluss einer ein- bis zweijährigen Unterrichtszeit, in der die Jugendlichen für sich herausfinden können, was der christliche Glaube mit ihrem Leben zu tun hat. Immer noch nehmen gut 90 Prozent der evangelischen Jugendlichen in den westlichen Landeskirchen an der Konfirmation teil, in den östlichen Landeskirchen und in einigen Großstädten ist die Zahl jedoch deutlich geringer.

Kollekte

Kollekte nennt man die Geldsammlung während oder am Schluss des Gottesdienstes, die auf einen Brauch aus der frühen Christenheit zurückgeht. Gesammelt wird für kirchliche, diakonische, soziale und ökumenische Aufgaben. Der Verwendungszweck der Kollekte wird während des Gottesdienstes bekannt gegeben.

Mission

»Gehet hin und machet zu Jüngern alle Völker. Taufet sie auf den Namen des Vaters und des Sohnes und des Heiligen Geistes und lehret sie halten alles, was ich euch befohlen habe.« Der sogenannte »Missionsbefehl« am Ende des Matthäusevangeliums (28,19f.) zeigt, dass es kein Christentum ohne Mission geben kann. Es gehört zum Auftrag der Kirche, das Evangelium von Jesus Christus »unters Volk zu bringen« und überallhin zu verbreiten. Dennoch ist Mission für nicht wenige Menschen ein negativ besetzter Begriff, weil er mit christlichem Überlegenheitsgefühl und mit dem Kolonialismus des 19. Jahrhunderts in Verbindung gebracht wird. Heute haben sich die Verhältnisse jedoch grundlegend gewandelt. Sind früher christliche Missionare aus Europa und Nordamerika ausgezogen, die christliche Botschaft in alle Welt zu bringen, so betreiben die Kirchen in Afrika und Asien, die aus jener Mission hervorgegangen sind, heute selber Mission. Mission ist keine Einbahnstraße, sondern geschieht heute im ökumenischen Austausch. Inzwischen wirken missionarische Mitarbeiter aus Afrika und Asien auch in Deutschland.

Ökumene
Mit Ökumene (griech. = die gesamte bewohnte Erde) wird heute die Zusammenarbeit zwischen den einzelnen christlichen Kirchen bezeichnet. Der Ökumenische Rat der Kirchen (ÖRK) wurde 1948 in Amsterdam gegründet. Er repräsentiert mit seinen 349 Mitgliedskirchen zur Zeit rund 560 Millionen Christen in mehr als 110 Ländern und hat seinen Sitz in Genf. Zum Ökumenischen Rat der Kirchen gehören weltweit fast alle protestantischen und die meisten orthodoxen Kirchen – nicht aber die römisch-katholische Kirche, die aber in vielen Fragen mit dem ÖRK zusammenarbeitet.
Die römisch-katholische Kirche ist aber Mitglied in der Arbeitsgemeinschaft Christlicher Kirchen (ACK), dem ökumenischen Zusammenschluss der Kirchen und christlichen Gemeinschaften in Deutschland. Der ACK tritt für den Abbau der Spannungen zwischen den Kirchen und für die Zusammenarbeit bei gemeinsamen kirchlichen Aufgaben ein.

Pfarrer
Nach evangelischem Verständnis unterscheidet sich ein Pfarrer nicht durch eine besondere Weihe (so ist es in der katholischen Kirche) von den anderen Gemeindegliedern. Vielmehr haben alle getauften Christen grundsätzlich dieselbe Würde und Vollmacht, das Evangelium in Wort und Tat weiterzugeben (»Allgemeines Priestertum der Gläubigen«). Pfarrer haben lediglich eine besondere Ausbildung. Mit der »Ordination« wird ihnen das öffentliche Amt der Verkündigung übertragen. Durch die Berufung in ein öffentliches Pfarramt soll sichergestellt werden, dass es in jeder Gemeinde eine Person gibt, die für alle wichtigen geistlichen Fragen zuständig, zuverlässig erreichbar und professionell ausgebildet ist. Erst seit Mitte der sechziger Jahre werden in der Evangelischen Kirche in Deutschland Frauen ordiniert und ins Pfarramt berufen. Mittlerweile gibt es viele Pfarrerinnen und auch mehrere Bischöfinnen.

Priester
In der Katholischen Kirche spielt der Priester eine zentrale Rolle, weil nur er die Messe feiern, Beichte hören und die Sakramente spenden darf. Nur Männer können Priester sein. Sie haben eine besondere Weihe (Handauflegung durch den Bischof) erhalten und sind zur Ehelosigkeit verpflichtet.

Sakrament
Die Katholische Kirche kennt sieben Sakramente (Taufe, Eucharistie =

Abendmahl, Firmung, Beichte, Ehe, Priesterweihe, Krankensalbung), die Evangelische Kirche erkennt nur zwei an: Taufe und Abendmahl. Sakramente sind heilige, mit äußeren Zeichen (Wasser, Brot und Wein) verbundene Handlungen, die auf Jesus zurückgehen.

Sekte
Die Zeugen Jehovas, die Mormonen oder die Neuapostolische Kirche gehören zu den Sekten, die sich von den christlichen Kirchen abgespaltet haben. Meist steht bei ihnen ein einziges Thema im Mittelpunkt, etwa das Bewusstsein, am Ende der Zeiten zu leben, oder der Glaube, die einzig vollkommene Gemeinschaft zu sein. Sekten erheben den Anspruch, den einzigen Weg zur Rettung der Welt zu wissen. Sie sind oft auf eine autoritäre Führungsperson oder -gruppe zugeschnitten, die den Alltag der Mitglieder streng reglementiert. Kritik ist in der Regel nicht erlaubt. Die Gemeinschaft mit anderen Kirchen lehnen Sekten meist ab. Deswegen ist eine gleichzeitige Mitgliedschaft in der Kirche und in einer Sekte nicht möglich.
Zu den klassischen Sekten sind in den letzten Jahrzehnten Psychosekten hinzugekommen, wie etwa die umstrittene Scientology Church, die Psychotechniken zur Lebensbewältigung anbieten.

Synode
In der Evangelischen Kirche ist die Synode das Kirchenparlament, in dem auf der Ebene eines Kirchenkreises oder einer Landeskirche wichtige Kirchen- und Glaubensfragen beraten und entschieden werden. In der Katholischen Kirche ist eine Synode eine Konferenz von Bischöfen und Priestern.

Taufe
Mit der Taufe wird man Mitglied in der Kirche. Diese Regel gilt in allen christlichen Kirchen. In den Anfängen des Christentums waren es Erwachsene, die sich taufen ließen; aber schon bald wurden auch Kinder getauft, um zu zeigen, dass Gottes Liebe nicht von unserer Einsicht und unserem Glauben abhängt. Denn die Taufe ist nach christlichem Verständnis Gottes »Ja« zu einem Menschen – ein Ja, das an keine menschliche Voraussetzung gebunden ist. Zugleich werden wir durch die Taufe aber auch mit dem gekreuzigten und auferstandenen Jesus Christus verbunden. Deswegen wird ein Täufling mit dem Kreuz gezeichnet und mit Wasser getauft. Er gehört nun zu Jesus – der Anfang eines neuen Lebens.

In fast allen christlichen Kirchen (Ausnahme: Baptisten) ist heute die Kindertaufe verbreitet. Meistens wird dabei dreimal Wasser über den Kopf des Kindes gegossen, in der orthodoxen Kirche und bei den Baptisten wird der Täufling jedoch ganz untergetaucht.

Wer einmal getauft ist, braucht, wenn er die Konfession wechselt, nicht »wiedergetauft« zu werden. Die Taufe ist einmalig, sie gilt in allen christlichen Kirchen und wird auch durch einen eventuellen Kirchenaustritt nicht rückgängig gemacht.

Trauung

Die kirchliche Trauung gibt es erst seit dem späten Mittelalter. In der Evangelischen Kirche ist sie kein Sakrament wie in der Katholischen Kirche, sondern ein feierlicher Gottesdienst anlässlich der Eheschließung eines Brautpaares. Zur kirchlichen Trauung gehören die Traupredigt über einen meist vom Brautpaar ausgewählten Bibelvers, das gegenseitige Ja-Wort des Brautpaares vor der Gemeinde, das Wechseln der Trauringe, die Fürbitte und der Segen für das Brautpaar. In der Praxis spielt meist auch die musikalische Ausgestaltung des Traugottesdienstes eine große Rolle.

Bei der Hochzeit eines evangelischen mit einem katholischen Partner wird häufig eine ökumenische Trauung gefeiert. Findet sie in einer katholischen Kirche statt, handelt es sich dabei genau genommen um eine Trauung nach katholischer Ordnung unter Mitwirkung eines evangelischen Pfarrers; bei einer Trauung in einer evangelischen Kirche ist es streng genommen auch eine evangelische Trauung, bei der ein katholischer Pfarrer mitwirkt. Für den letzteren Fall braucht der katholische Brautpartner eine Erlaubnis (= Dispens) von der katholischen Kirche.

Die kirchliche Trauung ist kein juristischer, sondern ein gottesdienstlicher Akt. Seit 1875 gilt in Deutschland die Zivilehe.

Zölibat

Der Zölibat (von lat. caelebs = unverheiratet) ist die geforderte Ehelosigkeit katholischer Priester und Mönche. Aus dem Neuen Testament ist der Zölibat nicht ableitbar, Petrus war vermutlich verheiratet und im 1. Timotheusbrief wird gefordert, dass der Leiter einer Gemeinde »der Mann einer Frau« sein soll. Der Zölibat soll die ungeteilte Konzentration des Priesters auf Gebet und Seelsorge fördern, faktisch hat er aber immer wieder viele Priester in persönliche Schwierigkeiten gebracht. Die Zölibatsverpflichtung ist in der Katholischen Kirche kein Dogma, sondern ein Kirchengesetz, das grundsätzlich auch geändert werden kann.

Die Reformation schaffte den Zölibat ab, evangelische Pfarrerinnen und Pfarrer können verheiratet sein.

Leben

Das christliche Leben

Von den Zehn Geboten, der Nächstenliebe und der Freiheit eines Christenmenschen

Eine 18-jährige Schülerin ist ungewollt schwanger geworden. Ihre Eltern und ihre Freundinnen raten ihr zu einer Abtreibung, ihre Großmutter würde sich über das Kind freuen. Was wird mit ihrem Schulabschluss, aus ihrem Studienwunsch, wenn sie das Kind austrägt? Aber es ist auch ihr Kind, ein lebendes Wesen.

Eine Lehrerin hat sich mit einem Magen-Darm-Virus angesteckt. Sie fühlt sich elend und müsste eigentlich zu Hause bleiben. Doch wer soll sie in der Schule vertreten? Die Eltern klagen seit langem über hohen Unterrichtsausfall. Andererseits: Würde sie nicht andere Lehrer und Schüler mit ihrem Virus anstecken?

Billigflieger winken mit Superangeboten: Bali für 700 Euro. Da wollte man doch schon immer einmal hin. Im Urlaub billig nach Fernost fliegen und dabei die Umwelt belasten oder mit dem Zug in den Pfälzer Wald? Billig um die ganze Welt fliegen – das machen doch alle oder zumindest viele. Aber ist es deswegen richtig?

Was soll ich tun? Wie soll ich mich verhalten? Was ist gut und was ist böse? Das sind menschliche Grundfragen, die sich seit je stellen und die sich jedermann stellen.

Gehe ich, vielleicht mit schlechtem Gewissen, an dem bettelnden Obdachlosen in der Fußgängerzone vorbei oder halte ich an und gebe ihm etwas, auch auf das Risiko hin, dass er mein Geld in Alkohol umsetzen könnte? Was ist mir beim Kauf des neuen Autos wichtiger: hohe PS-Zahl, viele Extras, eine bestimmte Marke oder niedriger Spritverbrauch und hohe Umweltverträglichkeit? Oder können mich meine Kinder überzeugen, vom Autokauf ganz Abstand zu nehmen und mich an Car-Sharing zu beteiligen?

Was ist richtig, was ist falsch?

Wir müssen uns jeden Tag entscheiden, aber wir sind auch verstrickt in größere gesellschaftliche und globale Zusammenhänge, in denen es auch um gut und böse geht. Ein Deutscher verbraucht im Durchschnitt 7-mal mehr Geld für Schule und Bildung, 16-mal mehr Energie und 30-mal mehr Geld für Gesundheit als ein Afrikaner. Ist das gerecht? Die weltweite Klimaveränderung bedroht das Leben von Mensch und Natur. Menschen in anderen Teilen der Erde müssen hungern, weil fruchtbares Land versteppt. Überschwemmungen zerstören ganze Landstriche. An diesen Entwicklungen sind wir selbst beteiligt. Was kann der Einzelne tun?

Eine beliebte Strategie lautet: Erst mal sehen, was die anderen machen. Als Einzelner ist man doch ohnehin machtlos. Dazu sagt der Philosoph Max Horkheimer: »Sei misstrauisch gegen den, der behauptet, dass man entweder nur dem großen Ganzen oder überhaupt nicht helfen könne. Es ist die Lebenslüge derer, die in der Wirklichkeit nicht helfen wollen und die sich von der Verpflichtung im einzelnen bestimmten Fall auf die große Theorie herausreden.« Meist führt dies dazu, sich herauszuhalten und selbst gar nichts zu unternehmen. Doch die Verantwortung für das eigene Verhalten kann man nicht an die Gesellschaft delegieren. Ich habe ein Gewissen, das sich hoffentlich regt, wenn mein Kollege im Betrieb gemobbt wird oder wenn ich an die erschreckenden Ausmaße von Kinderarmut in Deutschland denke. Ich bin nicht nur für mich und mein Leben verantwortlich, sondern diese Verantwortung betrifft auch den Mitmenschen und sie umfasst auch die Welt, in der ich lebe.

Gegenwärtig erleben wir jedoch technologische und ökonomische Grenzüberschreitungen, die in einem beunruhigenden Tempo nicht nur materielle, sondern auch ethische Sicherheiten zerstören. Die Ökonomie, der Wettbewerb scheint das einzige Koordinatensystem zu sein, das über den Wert oder die Unwichtigkeit von Ideen und Institutionen, von Standorten und Aufgaben bestimmt. Geld, so hat man den Eindruck, regiert tatsächlich die Welt. Mehrere Billionen Euro werden täglich an den Börsen gehandelt. Unvorstellbare Summen werden

Ökonomische Logik bestimmt die Welt, in der wir leben. Sind Geld, Geiz und Gier die einzigen Koordinaten, an denen wir uns ausrichten können?

mit wenigen Mausklicks rund um den Globus geschoben, um maximale Renditen zu erzielen. Alles muss sich rechnen: der Sozialstaat, die Renten, die Arbeitsplätze – zunehmend auch die persönlichen Beziehungen?

Dem entspricht auf der Seite der Verbraucher eine grassierende Geiz-ist-geil-Mentalität, bei der es darum geht, jeden kleinen Vorteil für sich zu nutzen, allen Schnäppchen nachzujagen, nichts abzugeben und sich nur dort zu engagieren, wo für einen selbst auch etwas herausspringt. Geiz und Gier treffen oft zusammen. Sie treten nicht nur an den Rändern der Gesellschaft auf. Ärzte müssen sich zu Hunderten wegen Betrügerei verantworten, Unternehmer transferieren große Beträge auf Geheimkonten nach Liechtenstein, Bankiers verursachen Riesenverluste und werden dafür mit Boni-Zahlungen belohnt, Wissenschaftler fälschen Ergebnisse von Versuchsreihen, Polizeibeamte schwören Meineide zugunsten von Kameraden, Kommunalpolitiker nehmen Bestechungsgelder von Baulöwen. Diese Beispiele ließen sich beliebig vermehren. Viele Menschen bekommen keine Gänsehaut mehr, wenn sie ohne Moral handeln. Bis in die »besseren Kreise« hinein sind innere Grenzen ins Rutschen gekommen. Zum Maßstab für das eigene Handeln wird dann das Kalkül: Was nützt mir, was schadet mir?

Egoismus ist in uns allen angelegt. Er lässt sich auch durch alle Erziehung nicht wirklich austreiben. Deswegen brauchen wir nicht nur Regeln, sondern auch Gesetze, Verbote und Gebote, die verpflichtenden Charakter haben. In einer Gesellschaft ohne Gesetze herrscht das Recht des Stärkeren. Doch Gesetze sind noch keine inneren Überzeugungen. Durch Gesetze und Vorschriften allein wird kein Mensch verbessert, kann auch kein Staat regiert werden. Ein demokratischer Staat lebt nicht nur von der Gesetzestreue der Bürger, noch viel mehr lebt er davon, dass Bürger sich sozial engagieren, Nachbarschaften gepflegt, ausländische Mitbürger integriert und kranke Menschen betreut werden. Er lebt von dem, was er selbst nicht anordnen kann, von der Nächstenliebe, von Solidarität untereinander, von der Geltung der Zehn Gebote. Jede Gesellschaft, jede Gruppe, jede Familie, wenn sie Bestand haben will, braucht Bindungen, braucht Traditionen, braucht ethische Grundüberzeugungen, die den Verhaltensnormen zugrunde liegen.

Wir können heute immer mehr: Menschen klonen, menschliche Embryonen für die medizinische Forschung züchten, genetisch veränderte Lebensmittel herstellen, Menschen lange Zeit künstlich am Leben erhalten. Aber dürfen wir alles, was wir können? Wir wissen immer mehr, aber deswegen wissen wir noch nicht, was wir tun sollen. Wissen ersetzt die Ethik nicht. Auch der Appell an die Vernunft oder an den gesunden Menschenverstand allein reichen nicht weiter. Sie kommen rasch an ein Ende, wenn von mir ein Handeln gefordert ist, das mir keinen erkennbaren Nutzen bringt oder meinen persönlichen Interessen gar zuwiderläuft, sondern wenn von mir ein »Opfer« gefordert ist. Ohne eine tiefere

Bindung an Sinn und Gebot wird sich kein Mensch auf Dauer wahrhaft menschlich verhalten können. Christen sind überzeugt: Menschlich bleibt der Mensch nur, wenn er seine Grenzen anerkennt und sich nicht zum Gott dieser Welt aufspielt, sondern sich als Geschöpf vor seinem Schöpfer beugt.

Kann man das an den Christen selbst erkennen? »An ihren Früchten sollt ihr sie erkennen«, heißt es im Matthäusevangelium. Sind Christen die besseren Menschen? Bewegen sie sich auf einem höheren ethischen Niveau als ihre Mitmenschen?

Nach evangelischer Überzeugung ist die Unterscheidung von Person und Tat für das Verständnis des Menschen grundlegend. Jeder Mensch ist mehr als die Summe seiner Taten. Gott beurteilt den Menschen nicht aufgrund seiner Werke, sondern sieht in ihm eine geliebte und bejahte Person jenseits seiner Taten und Untaten. Das heißt aber nicht, dass das Leben eines Christen deswegen unkenntlich und unsichtbar werden sollte. Gottes Wille darf aus dem täglichen Leben nicht herausgehalten werden, er soll auch im Alltag die Richtschnur für einen Christen sein. Wie kann das aussehen?

Die Zehn Gebote

Rembrandt, Moses zeigt dem Volk die Gesetzestafel, 1659

Die Zehn Gebote werden in der Bibel zweimal überliefert: in 2 Mose 20,2-17 und in 5 Mose 5,6-21. Im Kern ist der Wortlaut beider Versionen gleich, auch wenn sie sich bei einzelnen Geboten geringfügig unterscheiden. Am eindrücklichsten wird die Geschichte der Zehn Gebote im 2. Buch Mose erzählt:

Auf ihrem Weg durch die Wüste in das von Gott verheißene Land erreichen die Israeliten den Gottesberg Sinai. Hinter ihnen lag Ägypten, die tägliche Fronarbeit. Gott hatte sie aus der Sklaverei befreit. Und er hatte sie vor der Verfolgung durch die nachrückende Streitmacht des Pharao mitten durch das Schilfmeer geführt. Von der Höhe des in Wolken verhüllten Berges wird Mose, der Anführer der Israeliten, gerufen, den Berg zu besteigen. Von gewaltigen Naturerscheinungen begleitet, lässt sich die Herrlichkeit Gottes auf die Spitze des Berges herab. Das Volk wartet unten, es darf den Berg nicht betreten. Zu festgesetzter Stunde steigt Mose den Berg hinauf – allein. Was dann auf der Spitze des Berges geschieht, bleibt den Augen des am Fuß des Berges lagernden Volkes verborgen. Als Mose vom Berg wieder heruntersteigt, hat er zwei Steintafeln bei sich, »beschrieben von dem Finger Gottes«. Auf ihnen stehen zehn Gebote, Zeichen für den Bund, den Gott mit den Israeliten geschlossen hatte.

Sie regeln in zehn Merksätzen (»an zehn Fingern abzuzählen«) die Beziehungen zu Gott und zu den Mitmenschen.

Die Zehn Gebote beginnen mit der Selbstvorstellung Gottes: »Ich bin der HERR, dein Gott, der dich aus dem Land Ägypten geführt hat, aus dem Sklavenhaus.« Vor allen Geboten und Verboten steht wie in einer »Präambel« die Erinnerung an die erfahrene Befreiung durch Gott. Im Licht dieser Präambel sind die Zehn Gebote zu verstehen. Sie sind Gottes Regeln für das Leben in der Freiheit, das nun vor den Israeliten liegt.

Die Zehn Gebote sind keine Gesetze oder Rechtsvorschriften, sondern Lebens- und Verhaltens-

» Ich bin der HERR, dein Gott, der dich aus dem Land Ägypten geführt hat, aus dem Sklavenhaus.

Du sollst keine anderen Götter haben an meiner Statt.

Du sollst dir kein Gottesbild machen, weder von dem, was am Himmel, noch von dem, was auf der Erde oder im Meer ist. Bete sie nicht an und diene ihnen nicht.

Du sollst den Namen des HERRN, deines Gottes, nicht missbrauchen.

Denke an den Sabbattag und halte ihn heilig. Sechs Tage magst du arbeiten und all deine Arbeit tun. Der siebte Tag aber ist ein Sabbat für deinen Gott. Da sollst du keine Arbeit tun, weder du selbst noch dein Sohn oder deine Tochter, dein Knecht, deine Magd, dein Vieh, auch nicht der Fremde, der in deiner Stadt lebt. Denn in sechs Tagen hat der HERR Himmel und Erde gemacht, das Meer und alles, was darinnen ist, und ruhte am siebenten Tage. Darum segnete der HERR den Sabbattag und heiligte ihn.

Ehre deinen Vater und deine Mutter, damit du lange lebst auf dem Boden, den der HERR, dein Gott, dir gibt.

Du sollst nicht töten.

Du sollst nicht ehebrechen.

Du sollst nicht stehlen.

Du sollst nicht falsch Zeugnis reden wider deinen Nächsten.

Du sollst nicht die Frau und das Haus deines Nächsten begehren und nach allem trachten, was ihm gehört: Knechte, Mägde, Acker und Vieh.«

regeln, die Machtmissbrauch, Unrecht und auch Straftaten vorbeugen wollen. So wie sie vor uns stehen, sind die Zehn Gebote nicht das Werk des Mose, sondern stammen aus späterer Zeit, vielleicht aus dem 6. Jahrhundert vor Chr. In ihnen sind alte Regeln, Bestimmungen und Verbote aus dem Familien-, Sippen- und Kultrecht Israels gebündelt worden.

Die Zehn Gebote sind innerhalb des Alten Testaments nicht die einzige Regelsammlung. Es gibt auch noch das sog. »Bundesbuch«, das Heiligkeitsgesetz und verschiedene Verbotslisten. Wesentliche Lebensbereiche werden von den Zehn Geboten gar nicht angesprochen, etwa Fragen des Armen- und des Fremdenrechts, Speise- und Opfervorschriften sowie der ganze Bereich des Gottesdienstes. Die Zehn Gebote sprechen vor allem den erwachsenen Bauern und Grundbesitzer an, der Familie und Besitz hat und rechtsfähig ist. Auch wenn die Zehn Gebote nicht alle ethischen Fragen berühren, ragen sie doch im Alten Testament aus den sonstigen ethischen Aussagen heraus, weil sie mit den Themen »Gottesbeziehung – Familie – öffentlicher Bereich« so etwas wie das Ganze des menschlichen Lebens für den Einzelnen ansprechen. Bis heute gehören die Zehn Gebote neben der Weihnachtsgeschichte des Lukas und dem Vater unser zu den bekanntesten Texten der Bibel. Zwei Drittel aller Befragten gaben bei einer Umfrage im Jahr 2004 an, die Zehn Gebote seien für ihr tägliches Leben verbindlich. Doch zugleich schwindet die tatsächliche Kenntnis der einzelnen Gebote. Die wenigsten Bundesbürger können heute wohl noch alle zehn Gebote aufsagen. Am bekanntesten ist noch das Gebot »Du sollst nicht töten«, an das Gebot »Du sollst den Namen des HERRN, deines Gottes, nicht missbrauchen« können sich nur sehr wenige erinnern.

Die Zehn Gebote haben unsere Kultur geprägt. Thomas Mann hat die Zehn Gebote als »Grundweisung und Fels des Menschenanstandes unter den Völkern der Erde« bezeichnet. Dies richtete sich gegen die Verachtung der Zehn Gebote

SEITENBLICK

Unterschiedliche Zählweisen

Die Zehn Gebote werden bei Juden und Christen und in den verschiedenen Konfessionen zum Teil unterschiedlich gezählt. Juden rechnen die Präambel »Ich bin der Herr, dein Gott, der dich aus dem Land Ägypten geführt hat, aus dem Sklavenhaus« bereits als erstes Gebot, während Christen erst ab dem 1. Einzelgebot zählen: »Du sollst keine anderen Götter haben an meiner Statt«.

Für orthodoxe, reformierte und anglikanische Christen ist das Bilderverbot ein eigenes Gesetz, während Lutheraner und Katholiken das Fremdgötterverbot und das Bilderverbot in einem Gebot zusammenfassen. Dafür ziehen sie, um auf die Zehn-Zahl zu kommen, das Begehrensverbot in zwei Gebote (9 + 10) auseinander.

im Nationalsozialismus und speziell durch Adolf Hitler, der in seinen Gesprächen mit dem Diplomaten Hermann Rauschning die Zehn Gebote eine »Perversion unserer gesundesten Instinkte« genannt hatte: »Wir beenden einen Irrweg der Menschheit. Die Tafeln vom Sinai haben ihre Gültigkeit verloren. Das Gewissen ist eine jüdische Erfindung«.

In der Tat war der Nationalsozialismus, wie der jüdische Theologe Schalom ben Chorin gezeigt hat, auch eine »Revolte gegen die Zehn Gebote«. Daran wird deutlich, dass die Zehn Gebote so etwas wie Grenzlinien sind, die die menschliche Gesellschaft vor der Barbarei schützen. Sie formulieren die Bedingungen, unter denen eine zivilisierte und gerechte Gesellschaft überhaupt erst möglich ist.

1. Gebot: Du sollst keine anderen Götter haben an meiner Statt

Das Gebot fällt aus dem Rahmen der altorientalischen Religionsgeschichte. In Ägypten, Assyrien oder Phönizien war die Duldung fremder Götter und ihrer Kulte üblich. Das 1. Gebot aber erhebt Anspruch auf die Alleinverehrung Gottes in Israel. Das Fremdgötterverbot bestreitet die Anbetung und Verehrung anderer Götter in anderen Völkern nicht. Es richtet sich gegen die Verehrung anderer Götter in Israel. Archäologische Funde aus Privathäusern und Gräbern der Zeit zwischen dem 8. und 6. Jahrhundert v. Chr. lassen erkennen, dass man in dieser Zeit in Israel neben Gott (= Jhwh) auch eine Göttin als Schutzgottheit und Segensspenderin für die Familie verehrt hat. Wahrscheinlich war Jhwh in dieser Zeit der offizielle Gott Israels, zuständig für das öffentliche und politische Leben; in der Familie und im privaten Leben wandte man sich darüber hinaus aber auch an seine familiäre Schutzgottheit und pflegte den Kontakt zu den verstorbenen Ahnen der Familie. Erst im Laufe der Zeit wurde die Macht Gottes (= Jhwh) auf alle Bereiche der Wirklichkeit, auch auf das persönliche Leben, übertragen. Es war ein längerer Prozess in Israel, bis man sagte: Dieser eine Gott, der Israel aus Ägypten herausgeführt hat, ist zugleich der Einzige. »Ich bin der Erste und ich bin der Letzte, und außer mir ist kein Gott.« (Jesaja 44,6)

Martin Luther hat das Gebot in seinem Kleinen Katechismus ganz knapp und zugleich überzeugend erklärt: »Wir sollen Gott über alle Dinge fürchten, lieben und vertrauen.« Über alle Dinge: Das 1. Gebot macht uns von allen irdischen Ansprüchen frei. Niemand darf uns total unterdrücken. Kein Mensch kann von uns uneingeschränkten Gehorsam verlangen. Keine irdische Macht verdient unbegrenzte Verehrung. Wir müssen nichts und niemanden vergöttern. Das erste Gebot kann uns von äußeren und inneren Zwängen befreien.

»Du sollst keine anderen Götter haben an meiner Statt.« Wie aktuell ist das Gebot? Heute ist damit wohl weniger das Interesse an anderen Religionen oder die Beschäftigung mit esoterischen Ritualen angesprochen. Von sich selbst, aus den täglichen Börsennachrichten und aus dem Leben ringsum weiß man ja doch genau, welcher Gott heute im privaten wie im öffentlichen Leben verehrt wird. Mit den Worten Martin Luthers: »Wer Geld und Gut hat, der weiß sich in Sicherheit und ist fröhlich und unerschrocken, als sitze er mitten im Paradies; und umgekehrt, wer keins hat, der zweifelt und verzagt, als wisse er von keinem Gott.« Noch nie hat es ein so zustimmungsfähiges Motiv für alle Bevölkerungsschichten gegeben: Geld erklärt alles, Geld rechtfertigt alles. Noch nie in der Geschichte der Menschheit gab es einen solchen Gott, der die Menschen aller Länder, aller Erdteile miteinander verbindet. Fast möchte man mit Paulus sagen: »Denn von ihm und durch ihn und zu ihm sind alle Dinge.« (Römer 11,36) Das sagt Paulus aber nicht vom Geld, sondern von Gott und rückt damit die Dinge zurecht. In einer Gesellschaft, in der sich alles ums Geld dreht, breitet sich soziale Kälte aus. Da bleibt die Menschenwürde auf der Strecke. Denn menschlich bleibt der Mensch nur, wenn er seine Grenzen anerkennt und sich nicht zum Gott dieser Welt aufspielt, sondern sich als Geschöpf vor seinem Schöpfer beugt.

2. Gebot: Du sollst dir kein Gottesbild machen, das du anbetest und dem du dienst

Das Gebot richtet sich in der antiken Welt gegen die Verehrung der Götterbilder, die es in der Umgebung Israels, aber auch in Israel selbst, gegeben hat. Die Erzählung vom Goldenen Kalb (2 Mose 32,1-6) illustriert, wie schnell das Volk bereit ist, in Krisenzeiten seine Zuflucht bei einem handfesten Götzen zu suchen.

Das goldene Kalb – eine kleine vergoldete Opferstatue für den Gewittergott Baal aus Syrien

Ging es ursprünglich um Bilder und Statuen von Gott im Tempel, ist das Gebot dann auch auf Vorstellungen und Begriffe von Gott bezogen worden. Wir kommen nicht umhin, in Bildern und Gleichnissen von Gott zu sprechen, aber Gott ist anders und mehr. Er ist nicht ein Teil dieser Welt, sondern ihr überlegener Schöpfer.

Das einzige Gottesbild, das Gott selbst zugelassen hat, weil er es selbst geschaffen hat, ist der Mensch selbst: »Und Gott schuf den Menschen zu seinem Bilde, zum Bilde Gottes schuf er ihn.« (1 Mose 1,27)

Den anderen Menschen auf ein bestimmtes Bild festlegen und nach dem Bild beurteilen, das wir uns von ihm machen, heißt auch, das Ebenbild Gottes im anderen Menschen leugnen.

»Du sollst dir kein Bildnis machen, heißt es, von Gott. Es dürfte auch in diesem Sinne gelten: Gott als das Lebendige in jedem Menschen, das, was nicht erfassbar ist. Es ist eine Versündigung, die wir, so wie sie an uns begangen wird, fast ohne Unterlass wieder begehen. – Ausgenommen wenn wir lieben.«
(Max Frisch, Schriftsteller)

Mit den Fortschritten der Gentechnik gewinnt das alte Bilderverbot eine neue Aktualität. Mit der Gentechnik scheint der Mensch in der Lage zu sein, seine eigenen Gattungsmitglieder genetisch zu optimieren. Embryonen werden künstlich erzeugt, das Erbgut wird manipuliert. Der Menschenklon rückt in Reichweite. Der Bibelvers aus der Schöpfungsgeschichte wird umgeschrieben: Lasset uns Menschen machen, aber nach unserem menschlichen Ebenbild, doch diesmal besser, gesunder, perfekter. Es ist der Traum von der Perfektionierung des endlichen Menschen.

Eltern wünschen sich ein gesundes, schönes, leistungsfähiges Kind – ein Wunschkind. Und Mediziner und Forscher greifen nach dem Embryo, weil sie wissen wollen, wie die Gene funktionieren, wie Erbkrankheiten entstehen, wie sie verhindert werden können. In-vitro-Fertilisation, pränatale Diagnostik, Prä-Implantations-Diagnostik – was dürfen wir mit Embryonen im Reagenzglas machen? Ist der Embryo schon ein Mensch? Von welchem Zeitpunkt an? Darf er um eines eventuellen Forschungsfortschritts willen getötet werden?

Wir sind dabei, uns Schritt für Schritt von dem Gedanken der Gottesebenbildlichkeit zugunsten eines selbstkonstruierten, perfektionistischen Menschenbildes zu verabschieden. »Wenn wir Embryonen erzeugen, verbrauchen, verwerfen, wenn wir klonen, dann ist dieses menschliche Leben nur ein Instrument, ein Ding, eine Sache, aber ein Mensch ist niemals bloß Mittel zum Zweck.« (Wolfgang Huber) »Gott klont nicht« (Eberhard Jüngel), jeder Mensch ist anders, jeder Mensch ist einzigartig.

»Du sollst dir kein Bildnis machen«: In diesem Gebot wird auch die Würde des Menschen festgehalten, es ist Ausdruck unserer Unverfügbarkeit.

3. Gebot: Du sollst den Namen des Herrn, deines Gottes, nicht missbrauchen

Coca Cola und Mercedes, Hautcremes und Filmtitel stehen unter dem Schutz von Patenten, Markenzeichen und Urheberrechten. Wehe, wer sich an den Namen vergreift, die Bargeld, Umsatz und Macht bedeuten! Juristen und Gutachter wachen darüber, die »heiligen« Namen und Produkte zu schützen.

Und wer schützt den Namen Gottes? Wer schreitet ein, wenn im Namen Gottes Kriege geführt, Terror verübt, Geschäfte gemacht und Politik getrieben wird?

Das 3. Gebot will Beschwörung, Zauberei, Magie im Namen Gottes abwehren. Dabei setzt es ein uns heute fremd gewordenes Verständnis des Namens eines Menschen oder eines Gottes voraus. Nach alter Vorstellung sind Namen und Wesen unlösbar miteinander verbunden. Wer den Namen kennt, kennt das Wesen und kann Macht darüber gewinnen. Schnell wird hier der Unterschied zur religiösen Umwelt damals erkennbar. Die antiken Götter hatten alle ihre konkreten Namen und Zuständigkeiten. Sie standen für Fruchtbarkeit, Schönheit, Familie oder auch für Krieg. Man konnte sie für bestimmte Zwecke und Ziele anrufen. Der Gott der Bibel jedoch ließ sich nicht beschwören und nicht einspannen.

Deshalb vermeiden es die Juden bis heute, den Namen Gottes auszusprechen – um nicht in Versuchung zu geraten, im Namen Gottes eigene Interessen zu verfolgen. Statt Jhwh, dem jüdischen Namen Gottes, sagen sie ha-schem (= der Name) oder »Der Heilige, gepriesen sei er«. Die Grenze soll gewahrt bleiben, die Grenze zwischen Gott und seinem Geschöpf.

In der Geschichte der Christenheit ist dagegen kaum ein Gebot so oft missachtet worden wie dieses. Das Koppelschloss, mit dem deutsche Soldaten in den Krieg zogen, trug die Aufschrift »Gott mit uns«. Aber auch die Kriegsgegner, Franzosen, Engländer oder Amerikaner ließen ihre Waffen segnen und glaubten, Gott auf ihrer Seite zu haben.

Auch die christlichen Kirchen stehen immer wieder in der Gefahr, zu selbstsicher und unangefochten Gottes Namen im Munde zu führen. Wo frömmelnde Rede sich nicht genug damit tun kann, in allen möglichen Situationen ständig von Gott zu reden, wird der Name Gottes ebenso »unnütz gebraucht« (Martin Luther) wie dort, wo ein Gottesdienst zwar »im Namen des Vaters, des Sohnes und des Heiligen Geistes« gefeiert wird, in der Predigt aber eigene Wunschbilder, Vorlieben und Interessen verbreitet werden. Wie viel Missbrauch des Namens Gottes ist nicht schon in den Kirchen getrieben worden!

Wer soll mit dem 3. Gebot geschützt werden? Gott – oder wir Menschen? Im deutschen Strafgesetzbuch findet sich der Gotteslästerungsparagraph (§ 166-168), durch den nicht so sehr Gott selbst, sondern die religiösen Gefühle gläubiger Menschen geschützt werden sollen. In der Tat geht es beim Respekt vor dem Namen Gottes auch um den Respekt vor dem Glauben anderer Menschen. Wer den

Glauben eines anderen Menschen verächtlich macht oder lächerlich von dem spricht, was einem anderen heilig ist, zeigt auch mangelnden Respekt vor der Person. Dem Mangel an Ehrfurcht vor Gott entspricht nur zu oft der Mangel an Ehrfurcht vor dem anderen Menschen als Geschöpf Gottes.

4. Gebot: Denke an den Sabbattag und halte ihn heilig (Du sollst den Feiertag heiligen)

Das Sabbatgebot ist innerhalb der Zehn Gebote das umfangreichste und am weitesten erläuterte. In der Bibel wird es unterschiedlich begründet: In 2 Mose 20,11 wird es auf die Ruhe Gottes am siebten Schöpfungstag zurückgeführt, in 2 Mose 23,12 ist es eine von Gott seinen besonders geplagten Geschöpfen (Rind, Esel, Sohn der Sklavin, Fremder) gewährte Wohltat, in 2 Mose 34,21 wird die Notwendigkeit eines Ruhetages selbst unter dem Zeitdruck von Saat und Ernte betont und in 5. Mose 5,15 wird das Sabbatgebot mit der Erinnerung an die Befreiung aus der Sklaverei in Ägypten begründet.

Das Sabbatgebot war in der antiken Welt eine Revolution: Ein gemeinsamer, öffentlicher Tag der Ruhe für alle nach sechs Arbeitstagen. Am siebten Tag sollten alle die Arbeit liegen lassen – Männer und Frauen, Sklaven und auch das Vieh. Nicht durch fromme Übungen und besondere Taten wurde der Sabbat geheiligt, sondern indem der siebte Tag aus dem Trott der Arbeitswoche herausgenommen wurde.

Durch das Arbeitstabu am siebten Tag wird überhaupt erst der Wochenrhythmus von sechs Arbeitstagen plus einem Ruhetag begründet. Das ist völlig unabhängig von allen Naturprozessen. Der gemeinsame freie Tag, er ist eine große kulturelle Errungenschaft. Der arbeitsfreie Tag hat sich später auch in anderen Kulturen durchgesetzt. Er wird heute auch von Christen, Muslimen, Hindus, Buddhisten und Atheisten begangen, geht aber letztlich auf das Sabbatgebot zurück.

Der christliche Sonntag hat seinen Ursprung im jüdischen Sabbat (Martin Luther hat das Sabbatgebot auf den Feiertag umgedeutet: »Du sollst den Feiertag heiligen!«). Die ersten christlichen Gemeinden feierten zusätzlich zum Sabbat den darauf folgenden ersten Tag der Woche als »Tag des Herrn«, um an die Auferstehung Christi zu erinnern. Im Jahre 321 n. Chr. erklärte Kaiser Konstantin I. den Sonntag zum allgemeinen Ruhetag. Seitdem ist er ein christlicher Feiertag. Sabbat wie Sonntag sollen die Zeit des ununterbrochenen Arbeitens und Schaffens elementar unterbrechen, um dem Menschen Gelegenheit zu geben, sich einmal in der Woche Zeit zu nehmen: Zeit für sich, für die Mitmenschen, Zeit für Gott.

Nach Art. 140 des Grundgesetzes gilt der Sonntag als allgemeiner Ruhetag, an dem niemand zur Arbeit verpflichtet werden darf: »Der Sonntag und die staatlich

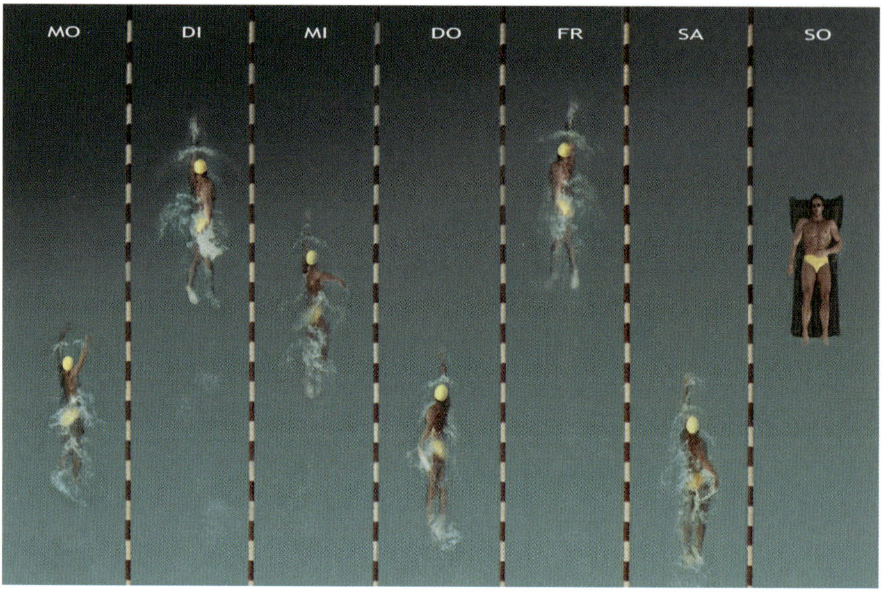

Der christliche Sonntag widersetzt sich dem Diktat der Ökonomie.
Er ist eine beständige Erinnerung an die Unverfügbarkeit und Freiheit des Menschen.

anerkannten Feiertage bleiben als Tage der Arbeitsruhe und der seelischen Erhebung geschützt.« Mittlerweile aber wird auch am Sonntag immer mehr gearbeitet: Es geht um verkaufsoffene Sonntage, flexiblere Arbeitszeiten, eine Ausweitung der Maschinenlaufzeiten, Dienstleistung und Konsum rund um die Uhr. Ökonomisch gibt es kein Argument für eine allgemeine Unterbrechung der Arbeitswoche. Erholungszeiten können, ginge es allein nach der Ökonomie, auch individuell vereinbart werden.

Der christliche Sonntag dagegen widersetzt sich dem Diktat der Ökonomie. Er steht quer zu einer Entwicklung, in der sich die Arbeitszeit immer mehr in eine Verfügbarkeit rund um die Uhr entwickelt. Er ist eine beständig wiederkehrende Erinnerung an die Unverfügbarkeit und Freiheit des Menschen. Zudem würde eine Abschaffung des Sonntags den gemeinsamen Rhythmus unserer Gesellschaft zerstören. Eine Rundum-Ökonomisierung der Woche schadet allen, vor allem den Familien.

Im Sabbat- und Feiertagsgebot steht nichts vom Gottesdienstbesuch. Dennoch entspricht die Teilnahme am Gottesdienst genau der Intention des Gebotes. Es muss einen Ort geben, an dem ich daran erinnert werde, dass es noch eine andere Wahrheit gibt als die Sorgen und Geschäfte des Alltags. Ohne eine solche regelmäßige Zusammenkunft im Namen Gottes kommen Menschen wohl nicht los vom Drehen um sich und die eigenen Probleme.

5. Gebot: Ehre deinen Vater und deine Mutter, damit du lange lebst auf dem Boden, den der Herr, dein Gott, dir gibt

Im Elterngebot steht nichts von dem, was man jahrhundertelang hineingelesen hat: nichts von einem notwendigen Gehorsam der Kinder gegenüber ihren Eltern, nichts von der schuldigen Ehrerbietung gegenüber Lehrern, Lehrherren und anderen Autoritäten, nichts von einer stillen Ergebung unter die Obrigkeit. Die Situation der Erziehung ist hier gar nicht im Blick, angesprochen werden vielmehr erwachsene Kinder in ihrem Verhältnis zu ihren alt gewordenen Eltern. Es geht um den Schutz der alten Eltern, die sich nicht mehr versorgen können und die darauf angewiesen sind, dass die nächste Generation sich ihrer annimmt und dafür sorgt, dass sie nicht herausfallen aus der Solidarität der Familie. In einer Gesellschaft, die keine Altersrente und keine Sozialhilfe kennt, sichert das Gebot die Versorgung der nicht mehr arbeitsfähigen Eltern. »Ehren« heißt in diesem Fall, den alt gewordenen Eltern dadurch Respekt zu erweisen, dass man ihnen bis zu ihrem Ende ein Leben und ein Sterben in Würde ermöglicht.

Das Elterngebot hat unter den Zehn Geboten eine Sonderstellung: Es ist positiv formuliert, mit einer Segensverheißung verbunden und steht an der Spitze der Gebote, die sich auf das Verhältnis der Menschen untereinander beziehen. Hieran wird auch deutlich, wie sehr das Leben in Familie und Sippe für die Israeliten Basis ihres Zusammenlebens war. Bis heute ist so das Elterngebot der Anfang und der Probefall der Nächstenliebe: Mein Vater und meine Mutter, das sind die nächsten Nächsten, die es für mich gibt.

Die Situation älterer Menschen sieht heute anders und differenzierter aus als die früherer Generationen. Der Anteil älterer Menschen in der Gesellschaft wächst. Die allgemeine Lebenserwartung ist stark gestiegen, eine Mehrzahl älterer Menschen ist heute gesunder, leistungsfähiger und wohlhabender als noch vor fünfzig Jahren. Es ist keine Seltenheit, dass gut abgesicherte Rentner inzwischen ihre jobsuchenden oder wenig verdienenden Kinder mit versorgen. Ehrenamtliche Tätigkeit wird in der Mehrheit von älteren Menschen ausgeübt. Ohne die aktiven Beiträge der älteren Generation könnten viele Vereine, Kirchengemeinden und kommunale Einrichtungen nicht existieren.

Auf der anderen Seite werden immer noch Menschen schon in der Mitte ihres Lebens als zu alt und unbrauchbar aus der Arbeitswelt ausgegliedert. Jugendlichkeit ist der Maßstab, an dem alles gemessen wird. In den Medien und in weiten Teilen der Wirtschaft wird das Menschenbild immer noch von einem Jugend- und Fitnesskult bestimmt, der Ältere diskriminiert, den realen Bedürfnissen der jungen Generation aber auch nicht gerecht wird.

Wir haben in unserer Gesellschaft noch keine altenfreundliche Kultur, in der

Ältere ihre Fähigkeiten in gleicher Weise einbringen können wie jüngere Menschen. Noch stehen, wenn über das Alter gesprochen wird, die Belastungen im Vordergrund, nicht die möglichen Gewinne durch Vermittlung von Wissen und Erfahrung, ehrenamtliches Engagement und finanzielle Unterstützung.

Das Verhältnis der Generationen war nie spannungsfrei. Jedes Alter hat seine eigene Aufgabe, aber die Generationen müssen sich füreinander interessieren. Der Generationenvertrag ist keine Einbahnstraße: Wer im Alter von den eigenen Kindern gut behandelt werden will, muss auch die Kinder mit Respekt behandeln. Nur wer an der Zukunft seiner Kinder interessiert ist, kann erwarten, dass sie auch die ihrer Eltern sichern.

6. Gebot: Du sollst nicht töten

Das Gebot »Du sollst nicht töten« ist das erste der drei Kurzgebote, die ganz allgemein formuliert sind. Sie beziehen sich uneingeschränkt auf alle Menschen, ohne Unterschiede des Geschlechts, des Volkes oder der sozialen Herkunft. Welches Töten ist verboten? Das hier gebrauchte Verb rasach für »töten« wird im Alten Testament weder für das Töten im Krieg und für die Todesstrafe noch für das Töten von Tieren oder aus Notwehr verwandt. Das Gebot meint das vorsätzliche und gewaltsame Töten, was auch heimtückische oder fahrlässige Tötungsaktivitäten einschließt. Manche übersetzen das Gebot auch schärfer mit: »Du sollst nicht morden.«

Dieses Gebot leuchtet allen ein. Nicht zufällig findet es bei Umfragen immer wieder die höchste Zustimmung. Wenn man auch alles in Frage stellen kann – dass man nicht töten und morden soll, steht unumstößlich fest. Beim Mord oder beim Totschlag wird eine letzte Grenze überschritten. Was hier geschieht, ist nicht wiedergutzumachen. Der Getötete wird nicht wieder lebendig. Das leuchtet jedem ein.

Und doch kann das Gebot im Einzelfall sehr umstritten sein. Was ist mit dem Töten im Krieg, mit Abtreibung und Sterbehilfe, mit Embryonenforschung und Tierversuchen, mit der Todesstrafe und mit dem Tod im Straßenverkehr?

Afghanistan, Israel/Palästina, Kongo, Sudan, Indonesien, Tschetschenien – jedes Jahr finden zur Zeit mindestens 25 Kriege oder Bürgerkriege irgendwo auf der Erde statt. Jedes Jahr werden hunderttausende Menschen, darunter viele Kinder, in diesen Kriegen getötet. In jedem Krieg hat die Zivilbevölkerung am meisten zu leiden: »Du sollst nicht töten.«

Jedes Jahr sterben in Deutschland zahlreiche Kinder, weil sie misshandelt, total vernachlässigt oder als Babys ausgesetzt werden. Viele Eltern sind schon mit der einfachen Versorgung ihrer Kinder hoffnungslos überfordert. Aber meistens gibt es auch Verwandte, Nachbarn und Mitbürger, die wegsehen oder weghören: »Du sollst nicht töten.«

Jedes Jahr werden etwa 8000 Menschen in Deutschland im Straßenverkehr getötet – die Einwohner einer Kleinstadt. Meist wurde zu schnell gefahren, oft war Alkohol im Spiel: »Du sollst nicht töten.«

Man kann einen Menschen töten mit dem Gewehr oder mit dem Auto. Man kann töten mit einer wegwerfenden Handbewegung oder mit der Verachtung, mit der man einen anderen Menschen straft. »Du sollst nicht töten« – mit diesem Gebot ist noch mehr gemeint als nur der Schutz des nackten Lebens. Leben – dazu gehört im Alten Testament vor allem Gerechtigkeit untereinander, sicheres Wohnen auf eigenem Lande und die Gemeinschaft mit Nachbarn, Freunden und Verwandten. »Du sollst nicht töten« – das meint darum auch: Du sollst dem Anderen nicht die Lebensgrundlagen entziehen. Interesse am Leben, Parteinahme für die Lebensmöglichkeiten anderer Menschen – das ist die Intention des 6. Gebotes.

7. Gebot: Du sollst nicht ehebrechen

Beim Ehebruchsverbot denken wir in der Regel an Treue oder Untreue in der Ehe, an Seitensprung und Scheidung, an sexuelle Beziehungen in der Ehe, vor der Ehe und außerhalb der Ehe. In der patriarchalen Welt der Bibel ging es bei diesem Gebot aber ursprünglich um die Besitzverhältnisse des Mannes und den Erhalt der Familie.

Hier sind Männer angeredet, denen verboten wird, in die Ehe eines anderen Mannes einzubrechen. Die Frau gehörte zum Besitzstand des Mannes. Der Mann darf, falls er sich das leisten kann, eine oder mehrere Nebenfrauen haben, während der Frau eine Mehrehe nicht zugestanden wird. Ein Mann kann nur die Ehe eines anderen Mannes brechen, nicht aber die eigene; eine verheiratete Frau bricht aber mit dem fremden Mann auch die eigene Ehe. Das Verbot des Ehebruchs soll die Familie vor illegitimen Erbberechtigten schützen. Es ging um den Bestand der Familie. Bei Ehebruch stand die Legitimität der Nachkommenschaft, die Sicherung des Erbbesitzes sowie der Erhalt der Familie und ihres Grundbesitzes auf dem Spiel. Die Familie als wichtigste Einheit der Gesellschaft sollte gegen einen Einbruch von außen geschützt werden.

Wir leben nicht mehr in der patriarchalen Welt der Bibel. Mann und Frau sind zwar noch nicht überall in der Praxis, aber doch vor dem Gesetz gleichberechtigt.

Bei einer Eheschließung, zumindest aber in einer kirchlichen Trauung, versprechen beide Ehepartner einander öffentlich und ohne Bedingungen, ihr Leben gemeinsam zu führen und füreinander Verantwortung zu tragen. In der Ehe geht es darum, den anderen oder die andere auch dann zu lieben und zu ehren, wenn er oder sie nicht alle Wünsche und Ansprüche erfüllt oder erfüllen kann. »Bis der Tod euch scheidet« – doch zur Zeit werden etwa 40 Prozent aller Ehen schon vor dem Tod eines Partners geschieden. Am häufigsten im sechsten Ehejahr.

»Die Erwartungen an einen Partner sind höher denn je. Und es hält sich der Glaube, dass sich diese hohen Ansprüche an eine Beziehung durch einen Partnerwechsel verwirklichen ließen«, stellt der Familiensoziologe Walter Bien fest. Rund die Hälfte der Männer und fast ebenso viele Frauen geben an, neben ihrer festen Beziehung schon mindestens einmal fremdgegangen zu sein. Doch der Seitensprung des Partners wird vom anderen in der Regel nicht einfach »weggesteckt«, sondern fast immer als eine Art »zwischenmenschliches Trauma« empfunden. Nicht selten kommt es zu Depressionen, Angststörungen oder heftigen Wutanfällen. Das Vertrauen in den Partner ist grundsätzlich erschüttert.

In einer Zeit sexueller Freizügigkeit wird das Ehebruchsverbot gern als antiquiert belächelt. Und doch ist es tägliche Erfahrung, dass Ehebruch Familien zerstört und für Ehepaare und nicht zuletzt für deren Kinder erhebliches Leid mit sich bringt. Menschen brauchen verlässliche und dauerhafte Partnerschaften. Gerade Kinder brauchen stabile Beziehungen und einen geschützten Raum, in dem sie frei aufwachsen können.

»Du sollst nicht ehebrechen« – das ist kein Verbot der Ehescheidung in jedem Fall. Ehen können kaputtgehen und Liebe kann in Hass umschlagen. Dann kann es nicht Gottes Wille sein, dass zwei Menschen in ihrem gegenseitigen Hass bis zuletzt beieinander bleiben müssen und sich so gegenseitig zugrunde richten.

»Du sollst nicht ehebrechen.« Das ist negativ formuliert. Wie könnte das Gebot lauten, wenn man es positiv formulieren würde? Vielleicht so: Dieser eine Mensch in deinem Leben ist für dieses eine Leben genug. Mit ihm gemeinsam im Glück und auch in Krisen durchzuhalten; mit ihm gemeinsam Kinder großzuziehen, zu begleiten und wieder loszulassen; mit ihm gemeinsam für andere Menschen einzutreten und an besseren Lebensumständen zu arbeiten; mit ihm gemeinsam alt zu werden und das Sterben zu lernen – das ist für dieses eine Leben genug.

8. Gebot: Du sollst nicht stehlen

Das Verbot zu stehlen hat kein Objekt. Was soll man nicht stehlen? Es geht um alle Formen von Eigentum, die zu den Lebensgrundlagen eines freien Bürgers gehören. In der agrarischen Gesellschaft des alten Israel war ein Mindestmaß an eigenem Besitz überlebenswichtig und zugleich ständig bedroht: Eine Missernte, Viehdiebstahl oder ein Unwetter – und es drohte die Armut oder gar die Schuldsklaverei. Die eigene Freiheit war auch verknüpft mit dem Schutz des Eigentums.

Wenn die Israeliten dieses Gebot hörten, dann dachten sie auch an die Geschichte von Josef, der von seinen Brüdern in die Sklaverei verkauft wurde (1 Mose 37,12-36). Diese Freiheitsberaubung ist mit dem Gebot wohl ursprünglich gemeint: Aus einem freien Bürger eine Ware machen; einen Menschen versklaven und ihn um die Entfaltung seiner Lebensmöglichkeiten bringen – das ist bei Gott verboten.

Deswegen durfte auch kein Israelit einen anderen dauerhaft zum Leibeigenen machen. Wer sich verschuldete, diente als freier Tagelöhner – aber im Erlassjahr, das alle 50 Jahre ausgerufen wurde, wurden er oder seine Nachkommen schuldenfrei. Dann bekam man auch das Land zurück, das man aus Not hatte verkaufen müssen (3 Mose 25,35-43). Jeder sollte als freier Bürger leben können und dabei auch genug zum Leben haben.

Martin Luther schreibt im Großen Katechismus: »Stehlen heißt nichts anderes als eines andern Gut mit Unrecht an sich bringen. Darunter ist, kurz gesagt, verstanden jeder Vorteil, den man sich bei allen möglichen Geschäften zum Nachteil des Nächsten verschafft«.

Wir leben in einer Welt, in der Diebstahl an der Tagesordnung ist. Die Zeitungen sind jeden Tag voll davon: Einbruch, Raubüberfall, Ladendiebstahl, Betrug, Geldunterschlagung, Wirtschaftskriminalität. Doch wir haben keinen Anlass, dabei mit dem Finger nur auf andere zu zeigen: Unnötiges Krankfeiern, Schwarzfahren, falsche Steuererklärungen, Raubkopien – hier kann sich vermutlich keiner ganz freisprechen.

Das Gebot verbietet Diebstahl. Aber es reicht noch viel weiter: Muss es nicht einen gerechten Lohn geben – und wie hoch ist er? Hat es nicht auch etwas mit Diebstahl zu tun, wenn große Unternehmen finanzielle Mittel, die von vielen Arbeitnehmern erwirtschaftet worden sind, nicht wieder investieren, sondern auf den internationalen Kapitalmärken anlegen, wo sie höhere Rendite bringen? Letztlich sind alle Grundentscheidungen im Wirtschafts-, Steuer- und Erbrecht von diesem Gebot betroffen.

Das Diebstahlsverbot spricht alle Formen von Diebstahl an: Ladendiebstahl ebenso wie Steuerhinterziehung oder Finanzspekulation im großen Stil. Es kann aber kein Zweifel sein, dass es sich im biblischen Sinne vor allem an die Wohlhabenden richtet. Die Schere zwischen Armut und Reichtum ist inzwischen national wie international so weit auseinander gegangen, dass dies den Zusammenhalt der Gesellschaft bedroht. Wenn das Vermögen der weltweit etwa 700 Dollarmilliardäre größer ist als das von drei Milliarden Menschen auf der südlichen Erdkugel, dann ist das Unrecht und Diebstahl.

Doch auch wir selbst leben auf Kosten anderer und wissen es oft nicht. Viele europäische Unternehmen lassen in fernen Ländern produzieren, wo es meist nur minimale Löhne, keinerlei Arbeitsrecht und miserable Arbeitsbedingungen gibt. Dafür können wir in Deutschland billig Jeans, Hemden, Spielzeug und Sportartikel kaufen. Ist das Diebstahl? Nicht stehlen heißt auch, die Dinge nicht kaufen, die mit dem Elend von Kindern und von billigen Arbeitskräften in fernen Ländern verbunden sind.

9. Gebot: Du sollst nicht falsch Zeugnis reden wider deinen Nächsten

Wie der Wortlaut schon vermuten lässt, bezieht sich das Gebot ursprünglich auf Falschaussagen vor Gericht. Nach dem hebräischen Wortlaut ist sowohl die falsche Zeugenaussage als auch die falsche Anklage gemeint. Jedes Dorf und jede Stadt bildete damals auch eine Rechtsgemeinschaft. Die erwachsenen Männer kamen im Tor zusammen und bildeten das Gericht. In einer solchen Gerichtsverhandlung genügte das übereinstimmende Zeugnis von zwei Zeugen, um Schuld oder Unschuld eines Beklagten zu beweisen. Durch eine falsche Aussage konnte man einen Rivalen oder lästigen Nachbarn ans Messer liefern oder auch selbst Hab und Gut und vielleicht sogar das Leben verlieren. Das Gebot sollte die Ehre und Würde jedes Israeliten vor Gericht und in der Öffentlichkeit schützen.

Martin Luther hat das Gebot im Kleinen Katechismus über die Gerichtssituation hinaus ausgeweitet: »Wir sollen Gott fürchten und lieben, dass wir unseren Nächsten nicht belügen, verraten, verleumden oder seinen Ruf verderben, sondern sollen ihn entschuldigen, Gutes von ihm reden und alles zum Besten kehren.« Jeder hat es schon erlebt, wie schnell jemand durch Vermutungen, Verdächtigungen und dann auch Verleumdungen in den Schmutz gezogen und seiner

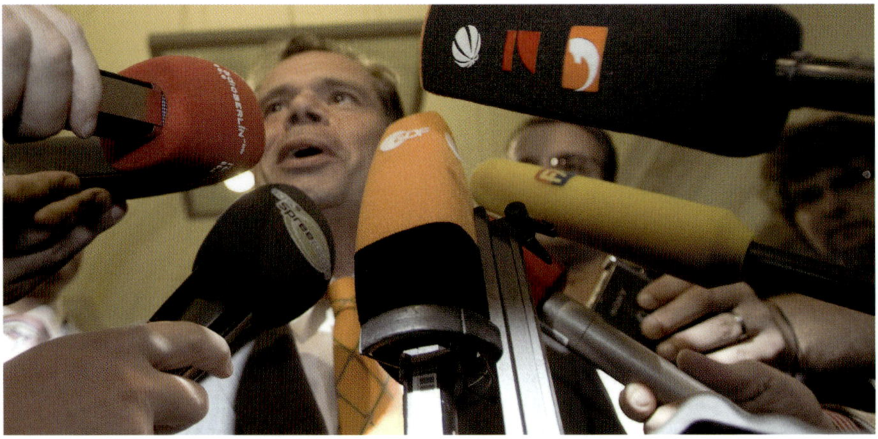

Wir leben davon, nicht belogen und getäuscht zu werden. In einer Welt der Lüge kann man nicht leben.

Ehre beraubt werden kann. »Kein Rauch ohne Feuer« heißt es dann und mit einem Male findet man alles plausibel, was gewisse Leute schon immer vermutet haben.

Wir leben davon, dass wir von der Regierung und der Wirtschaft, von den Medien und auch von den Kirchen nicht belogen und getäuscht werden. In einer Welt, in der man sich auf nichts verlassen kann, in der die Lüge regiert, kann man nicht leben. Wir leben davon, dass in der Gesellschaft ein Klima von Wahrheit und Offenheit herrscht Doch hier gilt es wachsam zu sein. Nachrichten erreichen uns heute meist zuerst in Form von Bildern. Jedes Bild kann heute manipuliert werden, vornehmer gesagt: elektronisch bearbeitet werden. Wo fängt die Lüge an? Die Irak-Kriege der Familie Bush begannen mit gezielten Desinformationen. Die Bilder waren falsch. Alle Kriege beginnen mit Lügen. Die Fähigkeit, zu durchschauen, was geschieht, und nicht alles zu glauben, was einem von Politikern und den Medien vorgesetzt wird, ist eine der Grundbedingungen einer funktionierenden demokratischen Gesellschaft.

Ohne Wahrheit können wir nicht leben. Wenn die Unwahrheit gar zur öffentlichen Meinung wird, zerstört sie alle Menschlichkeit. Das konnte jeder sehen, als die Nationalsozialisten in Deutschland regierten. Es gab nur einzelne, Martin Niemöller, Dietrich Bonhoeffer, Sophie und Hans Scholl und andere, die nicht geschwiegen und widersprochen haben. Sie bezahlten dafür mit dem KZ oder mit ihrem Leben. Wenn die Unwahrheit zur Regel wird, muss es auch eine Stelle geben, an der die Wahrheit zum Vorschein kommt. Das Gebot fordert uns auch auf, offen für die Wahrheit einzutreten.

Auch in privaten Beziehungen kann man auf Dauer nicht in einem System von Lüge, Täuschung und Verheimlichung leben. Wie befreiend wirkt hier die Wahrheit, auch wenn sie oft erst schmerzt. Doch die Wahrheit kann man einem anderen nur sagen, wenn dabei der Grundrespekt erhalten bleibt. Jede Bloßstellung ist lieblos und zynisch. Noch einmal Martin Luther: »Es ist ein ganz großer Unterschied zwischen dem Richten einer Sünde und dem Wissen einer Sünde. Wissen kannst du sie wohl, aber richten sollst du sie nicht.«

10. Gebot: Du sollst nicht die Frau und das Haus deines Nächsten begehren und nach allem trachten, was ihm gehört: Knechte, Mägde, Äcker und Vieh (Du sollst nicht begehren, was deinem Nächsten gehört)

Mit der Aufzählung »Frau, Haus, Acker, Knecht, Magd und Vieh« und der Zusammenfassung »alles, was ihm gehört« wird die Gesamtheit des Besitzes eines israelitischen Bauern beschrieben. Die materielle Grundlage seiner Freiheit soll vor dem neidischen Zugriff des Nachbarn oder des Großgrundbesitzers geschützt werden. Angesprochen sind dabei nicht nur die bösen Gedanken, die um den Besitz des Nächsten kreisen, sondern mehr noch die konkreten Machenschaften, die diese Gedanken in die Tat umsetzen. Was gemeint ist, beschreibt der Prophet Micha: »Weh denen, die nachts wachliegen und Böses ausbrüten, um es früh am Morgen auszuführen, weil sie die Macht haben! Wollen sie ein Stück Land, so rauben sie es; gefällt ihnen ein Haus, so nehmen sie es. Rücksichtslos unterdrücken sie die Leute und nehmen ihnen ihr Eigentum weg.« (2,2f.)

Möglichkeiten für solche Praktiken boten sich vor allem bei längeren Abwesenheiten der Männer – etwa in Kriegszeiten, bei Wallfahrten oder Geschäftsreisen, aber auch aufgrund von Verschuldungen oder bei Geldverleih. Besitz und Ehefrau konnten dann leicht als »herrenloses Gut« gelten, das sich andere aneignen konnten. Das Gebot will daher verhindern, dass der Nächste unter Nutzung aller legalen oder halblegalen Möglichkeiten um Haus und Hof und damit um seine Existenz gebracht wird. Martin Luther hat diese Intention des Gebotes im Kleinen Katechismus genau erfasst: »… nicht mit List nach seinem Erbe oder Hause trachten und mit einem Schein des Rechts an uns bringen …«

Das Gebot verbietet mir nicht den Wunsch nach einem besseren Leben. Es will mich aber daran hindern, meine Wünsche und Begierden so in die Tat umzusetzen, dass andere Menschen darunter zu leiden haben.

Doch wir leben in einer Gesellschaft, die das Begehren und das Besitzstreben zum Motor der Wirtschaft gemacht hat. Das moderne Glaubensbekenntnis lautet: Ich kaufe, also bin ich. Ich bin, was ich mir leisten kann. Was ich kaufen kann, beweist anderen, wie weit ich es gebracht habe. Angeheizt wird dies von einer allgegenwärtigen Werbung, die einem ständig einredet: Du kannst glücklich werden, du kannst schön werden, du kannst erfolgreich sein. Längst geht es nicht mehr nur darum, bestimmte Artikel zu kaufen, sondern ein Klima herzustellen, in dem es wichtig ist, die neuesten Marken zu besitzen, den neuesten Trends zu

Gewissen

Das Grundgesetz der Bundesrepublik Deutschland garantiert in Art. 4,1 die Freiheit des Gewissens. Sie ist ein Menschenrecht und damit unverletzlich und unveräußerlich. Niemand darf darum gegen sein Gewissen zum Kriegsdienst mit der Waffe gezwungen werden (Art. 4,3 GG). Auch soll niemand absichtlich in eine Situation gebracht werden, in der er schweren Gewissenskonflikten ausgesetzt ist. Die können bei Schwangerschaften entstehen, wenn Frauen in einer extremen Konfliktsituation zwischen dem Lebensrecht des Ungeborenen und einer schwierigen eigenen Lebenssituation entscheiden müssen. Darum ist in solchen Notlagen die Gewissensentscheidung der Frau, wie immer sie ausfällt, auf jeden Fall zu respektieren. Wie ist das Gewissen zu verstehen? Ist es die Stimme Gottes im Menschen oder eine Art moralischer Zeigefinger, die lebenslang fortwirkende Erziehung der Eltern (»Über-Ich«) oder »das Bewusstsein eines inneren Gerichtshofes im Menschen, vor welchem sich seine Gedanken einander verklagen oder beschuldigen?« (Immanuel Kant)

Das Gewissen ist eine Art »innere Stimme«, die mich an meine eigenen tiefsten Überzeugungen über Gut und Böse erinnert. Einerseits ist sie das Resultat von Erziehung und Bildung. In der Kindheit sind es die Eltern und anderen Bezugspersonen, die bestimmte Handlungen als gut und andere als böse bezeichnen. Mit zunehmendem Alter muss aber jeder Mensch die Unterscheidung zwischen Gut und Böse selbst treffen. Die Stimmen, die ihm früher den Weg wiesen, werden zur »inneren Stimme«, die warnt, die zuredet, die sich aber auch ungefragt als schlechtes Gewissen meldet. Für einen Christen sind dabei auch die Zehn Gebote, die Bergpredigt und die Geschichten von Jesus von Nazareth wichtige Maßstäbe.

Das Gewissen ist zugleich aber auch mehr als Wissen, es hat auch Macht über uns. Im Gewissen tritt uns ein Anspruch entgegen, den wir nicht einfach abschütteln können. Das Gewissen sagt mir, dass ich Verantwortung trage für mein Leben und Handeln und auf diese Verantwortung ansprechbar bin. Vielleicht ist das Gewissen nicht die Stimme Gottes, aber es kann mir helfen, ein Leben zu führen, das die Gebote Gottes im Auge behält.

Gegen das eigene Gewissen zu handeln, ist immer verkehrt, weil es bedeutet, im Widerspruch zu seinen eigenen religiösen und ethischen Überzeugungen zu leben. Wer sich dagegen an sein eigenes Gewissen hält, bleibt eher frei und unabhängig von dem, was gerade angesagt ist oder was die Mehrheit denkt. Auch in einer Minderheitenposition bleibt er an sein Gewissen gebunden. So hat es Martin Luther erfahren, als er 1521 auf dem Reichstag zu Worms vor Kaiser, Reich und Kurie erklärt: »Da mein Gewissen in den Worten Gottes gefangen ist, kann und will ich nichts widerrufen, weil es gefährlich und unmöglich ist, etwas gegen das Gewissen zu tun. Gotte helfe mir. Amen.«

Auf die eigene innere Stimme zu hören und mit dem Gewissen umzugehen, bleibt eine lebenslange Aufgabe. Es ist der immer neue Versuch, wahrhaftig zu bleiben und sich der persönlichen Verantwortung für das eigene Tun und die Welt um einen herum nicht zu entziehen. Ein Gewissen hat jeder. Aber man kann es auch permanent überhören oder irgendwann zum Schweigen bringen. Gewissenlosigkeit ist nicht ein Mangel an Gewissen, sondern die menschliche Tendenz, sich vom eigenen Gewissen einfach nicht stören zu lassen. »Sein Gewissen war rein. Er benutzte es nie.« (Stanislaw Lec) Es gehört zu einem verantwortlichen Leben, das eigene Gewissen nicht zu unterdrücken, den Mut aufzubringen, auf die innere Stimme zu hören und ihr auch in Konfliktsituationen zu folgen.

Das Gewissen kann auch irren. Es kann mich auch in Angst, Skrupel und Verzweiflung führen. Darum ist es gut zu wissen, dass das Gewissen nicht das letztgültige Urteil über einen Menschen fällt. »Selbst wenn uns unser Herz verdammt – Gott ist größer als unser Herz und erkennt alle Dinge«, heißt es im 1. Johannesbrief (3,20). Gottes Gnade, auch gegenüber dem Menschen mit schlechtem Gewissen, hebt jedes andere Urteil auf.

folgen, einen bestimmten Lebensstil zu kopieren. Ein kluger Zyniker hat das so kommentiert: »Viele Menschen benutzen das Geld, das sie nicht haben, für den Einkauf von Dingen, die sie nicht brauchen, um damit Leuten zu imponieren, die sie nicht mögen.« (Walter Slezak)

Die Welt der Werbung ist eine Welt der unerfüllbaren Versprechungen. Nichts von dem, was wirklich zählt – Liebe, Freundschaft, Dankbarkeit, Vergebung – kann man kaufen. Auch Glück kann man nicht kaufen. Alle Untersuchungen zeigen: Das Glücksempfinden stagniert bei steigendem Wohlstand.

Gibt es ein Leben ohne Neid? Die eigentliche Intention des Gebotes zielt auf eine Haltung der Dankbarkeit und Großherzigkeit: Ich kann dem anderen sein Glück gönnen und zugleich für mein Leben und meine Lebensmöglichkeiten dankbar sein. Unser Herz hängt am »Haben« und »Immer-mehr-haben-Wollen«. Das zehnte Gebot mutet uns eine Kehrtwendung zu. Wir sollen uns nicht mehr definieren durch das, was wir haben, sondern durch das, was wir sind: von Gott geliebte Menschen.

Von Nächsten- und Feindesliebe

Die Zehn Gebote zielen über den Einzelfall hinaus auf eine grundsätzliche Lebenshaltung, die man als unbedingten Respekt vor Gott und den Mitmenschen beschreiben könnte. Dies fordern auch die alttestamentlichen Propheten, die mit ihrer Kritik an einer unsozialen Frömmigkeit aber darüber hinaus einen neuen Akzent setzen. Scharf ist die Kritik des Amos: »Ich hasse eure Feste und kann eure Feiern nicht ausstehen. Eure Brandopfer sind mir zuwider und eure fetten Dankopfer mag ich nicht sehen. Hört auf mit dem Geplärr eurer Lieder, euer Harfenspiel mag ich nicht hören. Es ströme aber das Recht wie Wasser und die Gerechtigkeit wie ein nie versiegender Bach.« (5,21-24)

Die Sozialkritik gehört in Zukunft zum Auftreten der Propheten. Jeremia tritt im Staatsheiligtum in Bethel auf und predigt: »So spricht der Gott Israels, der HERR der Welt: Bessert euer Leben und euer Tun, so will ich bei euch wohnen an diesem Ort. Verlasst euch nicht auf Lügenworte, wenn sie sagen: Hier ist des HERRN Tempel, hier ist des HERRN Tempel, hier ist des HERRN Tempel. Sondern bessert euer Leben und Tun, geht gerecht miteinander um, verübt keine Gewalt gegen Fremde, Witwen und Waisen und vergießt nicht unschuldiges Blut.« (7,3-6)

Jesus setzt die alttestamentlichen Gebote und die Forderungen der Propheten voraus, geht aber in der Bergpredigt darüber hinaus. In den sogen. »Antithesen« ist jeweils ein Wort Jesu einem alttestamentlichen Gebot gegenübergestellt: »Ihr habt gehört, dass zu den Alten gesagt wurde: Du sollst nicht töten! Wer aber tötet, der soll vor Gericht gestellt werden. Ich aber sage euch: Jeder, der mit seinem Bruder zürnt, gehört vor Gericht. Wer aber zu seinem Bruder sagt: Du Idiot – der gehört vor den Hohen Rat. Und wer zu seinem Bruder sagt: Geh zum Teufel – der verdient das Feuer der Hölle.« (Matthäus 5,21-22)

Jesus verurteilt nicht nur das Böse, sondern fordert das Gute ohne Einschränkung. Es ist noch nicht damit getan, dies oder jenes zu unterlassen. Sondern Jesus will zu der Einsicht führen, dass man in der Tiefe des Herzens anders werden und ein neues Verhältnis zum andern gewinnen muss, wenn die Beziehungen zwischen Menschen gut werden sollen.

Jesu Intention, durch den Wortlaut der alten Gebote hindurch den ursprünglichen Willen Gottes zu entdecken, wird auch in den von ihm provozierten Sabbatkonflikten deutlich. Jesus hat sich grundsätzlich an das Sabbatgebot gehalten, aber er hat am Sabbat auch Kranke geheilt und seine Jünger haben am Sabbat Ähren ausgerauft, obwohl beides nach damals herrschender Auffassung verboten

Markus 12,28-34

»Welches ist das höchste Gebot von allen?« Im Markusevangelium wird von einem Lehrgespräch erzählt, in dem Jesus von einem Schriftgelehrten, wahrscheinlich aus der Gruppe der Pharisäer, nach dem wichtigsten Thoragebot gefragt wird.

In seiner Antwort zitiert Jesus zunächst das »Sch'ma Jisrael«, das jeder männliche Israelit zur damaligen Zeit morgens und abends sprach: *»Höre, Israel, der Herr, unser Gott, ist der einzige Herr«* (5 Mose 6,4) und fügt dann das in der Bibel unmittelbar folgende Gebot der Gottesliebe an: *»Und du sollst den Herrn, deinen Gott, lieben von ganzem Herzen, von ganzer Seele und mit deiner ganzen Kraft.«* Dann aber zitiert Jesus noch das Gebot der Nächstenliebe: *»Du sollst deinen Nächsten lieben wie dich selbst«* (3 Mose 19,18) als das zweite Gebot und verbindet beide Gebote, Gottes- und Nächstenliebe, mit dem Kommentar: *»Größer als diese ist kein anderes Gebot«*.

Mit diesem Doppelgebot ordnet Jesus die Liebe allen anderen Geboten vor. Das Doppelgebot der Liebe ist das Kriterium, an dem sich alle anderen Gebote messen lassen müssen. Liebe ist nicht nur eine mögliche, sondern die alleingültige Bestimmung für das Verhältnis des Menschen zu Gott.

Mit dem Doppelgebot der Liebe stellt Jesus einen Wegweiser auf, der in zwei Richtungen weist: in die Vertikale (Gott lieben) und in die Horizontale (deinen Nächsten lieben). Hier wird ein Fenster zum Himmel geöffnet und eine Tür in die Welt. Beides gehört zusammen. Das Verhältnis des Menschen zu Gott soll sich in der Beziehung zum Mitmenschen widerspiegeln. Man kann nicht Gott lieben und seinen Mitmenschen hassen. Man kann Gott nicht ohne den Nächsten lieben. Diese Liebe zum Nächsten ist nicht an Bedingungen geknüpft, die erst erfüllt werden müssen. Sie ist darin christliche Liebe, dass sie sich dem anderen Menschen so zuwendet wie er ist.

»Einen Menschen lieben, heißt ihn so sehen, wie Gott ihn gemeint hat.«
(Fjodor M. Dostojewski, russischer Schriftsteller)

Sigmund Freud hat sich gerade an der fehlenden Gegenseitigkeit gestört und das Gebot der Nächstenliebe darum als unrealistisch, ja schädlich kritisiert. Wäre es nur ein bloßer ethischer Appell, wäre das Gebot vermutlich wirklich eine Überforderung. Es ist aber Überzeugung des Alten wie des Neuen Testaments, dass die Nächstenliebe überhaupt erst ermöglicht wird durch die Liebe Gottes, von der Christen wie Juden sagen, dass sie sie selbst erfahren haben und von ihr leben. Es ist biblische Grundüberzeugung, dass der Mensch allein durch Gottes Liebe lebt. Leben heißt: Gottes Liebe erfahren.

»Gäbe es dich / Gott der Liebe / wir lebten noch heute / im Eden / Volk an Volk / du an du // Gäbe es dich nicht / o Liebesgott / wir wären nicht / nichts wäre.« (Rose Ausländer, Dichterin)

Wer an Gott glaubt, der selbst die Liebe ist, und wer glaubt, dass er von diesem Gott geliebt wird, kann barmherziger mit sich und mit anderen umgehen. So zielt das Doppelgebot der Liebe letztlich auf eine menschliche Grundeinstellung, die von der Erfahrung der Liebe Gottes bestimmt ist. Es ist diese Liebe selber, die ihre Herrschaft in den Herzen und im Verhalten von Menschen ausübt.

Matthäus 5,38-45

Die Nächstenliebe wird am deutlichsten in der Feindesliebe, d. h. gegenüber Menschen, die mir im Grunde zuwider sind. Das Gebot der Feindesliebe, einer der zentralen christlichen Texte, galt in der antiken Welt als das christliche Novum, obwohl es ähnliche Aussagen auch schon in der griechischen Literatur und im Judentum gegeben hat. Doch in den nichtchristlichen Belegen fehlt das Stichwort der »Liebe« zu den Feinden. Es sind eher Klugheitsregeln: wie man mit List aus einem Feind einen Freund machen kann. Das meint Jesus nicht, er spricht vom Feind in seiner ganzen Bosheit.

»Ihr habt gehört, dass gesagt wurde: ›Auge um Auge und Zahn um Zahn‹. Ich aber sage euch: Leistet dem, der Böses tut, keinen Widerstand! Wenn dich einer auf die rechte Backe schlägt, dann halte ihm auch die andere hin. Wenn jemand dich vor Gericht ziehen will, um dir deinen Rock zu nehmen, dann lass ihm auch den Mantel. Und wenn dich einer zwingt, eine Meile mit ihm mitzugehen, dann geh mit ihm zwei …

Ihr habt gehört, dass gesagt wurde: »Du sollst deinen Nächsten lieben und deinen Feind hassen.« Ich aber sage euch: Liebet eure Feinde und betet für die, die euch verfolgen, so erweist ihr euch als Kinder eures Vaters im Himmel. Denn er lässt seine Sonne aufgehen über Böse und Gute und lässt regnen über Gerechte und Ungerechte.«
(Matthäus 5,38-45)

»Auge um Auge, Zahn um Zahn« – seit alters funktioniert das Recht nach dem Gesetz des Gleichgewichts, nach dem Gesetz der Vergeltung: Wie du mir, so ich dir. Jede Schuld fordert eine Bezahlung. Dieses Gesetz wird von Jesus in Frage gestellt. Wozu soll es dienen? Dem Respekt vor dem Leben? Aber, so heißt die Antwort Jesu, dem Leben dient man nicht dadurch, dass man Gewalt mit Gewalt beantwortet.

Dafür erzählt er Beispiele aus dem Alltag. Da ist zunächst die Geschichte mit der Backe. Gemeint ist der Schlag mit dem Handrücken auf die rechte Backe, der schon damals als besonders entehrend galt. Jesus sagt: Verzichte auf deine Ehre. Halte auch noch die andere Backe hin.

Dann ist da die Geschichte vom Pfändungsprozess. Wenn jemand das Untergewand als Pfand haben will, dann gib ihm auch noch den Mantel, also die wertvollere Oberbekleidung, dazu, ohne die man nicht auf die Straße gehen konnte. Bestehe nicht auf dem, was dir rechtmäßig zusteht.

Schließlich die Geschichte vom römischen Soldaten. Er kann nach dem Besatzungsrecht jeden Juden zwingen, ihn eine Meile zu begleiten und sein Gepäck zu tragen. Jesus sagt: Geh zwei Meilen mit, tu des Guten zuviel, so wirst du deinen Feind entwaffnen.

Überspitzt und übertrieben kommen uns Jesu Beispiele vor. In der Tat sind sie keine Gesetzesvorschläge, die wir »eins zu eins« umsetzen könnten. Sie wollen nicht wörtlich nachgeahmt, sondern mit Phantasie weitergedacht und aufs eigene Leben bezogen werden. Die Gewaltlosigkeit ist eine Kunst des Möglichen, die eingeübt sein will. Sie zeigt eine vernünftige Alternative: Liebe geht vor Recht. *»Liebet eure Feinde und bittet für die, die euch verfolgen«* – das ist möglicherweise das bekannteste Wort Jesu, vielleicht auch das bezeichnendste. Auf jeden Fall eine ziemliche Zumutung. Viel näher liegt es, *»den Nächsten zu lieben und den Feind zu hassen«*. Es entspricht dem instinktiven Verhalten, dem gesunden Egoismus. Und in der Tat sind wir ständig dabei, die Welt in Gute und Böse, Gerechte und Ungerechte, Freunde und Feinde einzuteilen. Das ist die übliche Weltordnung – täglich bestätigt von Zeitung, Fernsehen und Politik.

Dagegen sagt Jesus in der Bergpredigt sein großes »Aber« – *»Ich aber sage euch«:* Liebe auf Gegenseitigkeit ist nichts Besonderes, nur Vergeltung des Guten mit Gutem. Feindesliebe aber ist zuvorkommende Liebe. Nur wer Böses mit Gutem vergilt, ist wirklich frei.

Nicht etwa die Nächsten-, sondern die Feindesliebe ist das spezifisch Christliche. Wichtig ist, wie Jesus sie begründet. *»Seid Kinder eures Vaters im Himmel.«* Die Feindesliebe hat etwas mit Gott zu tun. So handelt Gott auch – so großmütig, so vorbehaltlos. Wie Gottes Liebe keine Unterschiede macht – er lässt seine Sonne aufgehen über Gute und Böse –, sondern grenzenlos ist, so soll auch unsere Liebe uneingeschränkt sein und bedingungslos.

Feindesliebe ist nichts für Feiglinge, Gewaltverzicht ist keine Methode für Angsthasen. »Es ist der Weg der Starken«, sagte Martin Luther King.

war. Seine Antwort auf die Vorwürfe seiner Gegner ist souverän: »Der Sabbat ist um des Menschen willen gemacht und nicht der Mensch um des Sabbats willen.« (Markus 2,27) Jesus bestreitet damit überhaupt nicht die Gültigkeit des Sabbats, bindet seinen Sinn aber an das Wohl des Menschen. Gott hat den Sabbat nicht geschaffen, um dem Menschen unerträgliche Lasten aufzuerlegen. Der Sabbat ist Wohltat, nicht Zwang.

Das Gebot der Feindesliebe ist in der Christenheit nicht immer hochgehalten worden. Das fängt schon im Neuen Testament selbst an, wenn der Evangelist Matthäus Jesus eine Weherede (Matthäus 23) über die »heuchlerischen« Pharisäer halten lässt oder wenn der Seher Johannes in der Apokalypse in angsteinflößenden Bildern den Untergang der Feinde Christi beschwört. Andererseits konnte das Gebot der Feindesliebe in der Geschichte des Christentums auch nie in Vergessenheit geraten, dafür war es zu sehr mit Person und Leben des Jesus von Nazareth verbunden.

In der Nachfolge Jesu haben im Neuen Testament vor allem Paulus und Johannes die zentrale Bedeutung des Liebesgebotes für das Leben von Christen hervorgehoben. Im 1. Johannesbrief findet sich die knappe Zusammenfassung: »Gott ist die Liebe; und wer in der Leibe bleibt, der bleibt in Gott und Gott in ihm.« (4,16) Dem Verfasser des 1. Johannesbriefs geht es aber mehr um die »Bruderliebe« innerhalb der christlichen Gemeinde. Von einer solchen Eingrenzung ist bei Paulus nichts zu erkennen. Er hat es im 1. Korintherbrief mit Leuten zu tun, die ihre Bekehrung zum christlichen Glauben als Befreiung empfunden haben und die ihre neue Freiheit nun mit einer überhöhten religiösen Selbstdarstellung demonstrieren. Ihnen zeigt Paulus in 1. Korinther 13 einen »unvergleichlich besseren Weg«. Das »hohe Lied der Liebe« hat man dieses Kapitel genannt, in dem Paulus alles, was ohne Liebe geschieht, in großer Souveränität für letztlich wertlos erklärt:

»Wenn ich mit Menschen- und mit Engelszungen rede, aber keine Liebe habe, bin ich doch nur ein dröhnender Gong oder eine lärmende Pauke.

Und wenn ich wie ein Prophet reden kann und weiß alle Geheimnisse und besitze alle Erkenntnisse und habe den Glauben, der Berge versetzt, habe aber keine Liebe, so bin ich nichts.

Und wenn ich all meinen Besitz verschenke und nehme den Märtyrertod auf mich, und bin selbst ohne Liebe, dann wäre alles umsonst.

Die Liebe ist geduldig und gütig, sie eifert nicht, sie prahlt nicht, sie bläht sich nicht auf.

Die Liebe ist nicht taktlos, sie sucht nicht den eigenen Vorteil, sie lässt sich nicht zum Zorn reizen, sie rechnet das Böse nicht an.

Die Liebe freut sich nicht über das Unrecht, sie freut sich aber an der Wahrheit.

Die Liebe trägt alles, sie glaubt alles, sie hofft alles, sie erduldet alles.

Die Liebe wird niemals vergehen. Prophetische Gaben – werden aufhören, Zungenreden – werden verstummen, Erkenntnis – wird zunichte werden. Denn Stückwerk ist unser Erkennen und Stückwerk ist unser prophetisches Reden.

Wenn sich die ganze Wahrheit zeigt, dann ist es mit dem Stückwerk vorbei.

Als ich ein Kind war, redete ich wie ein Kind, dachte wie ein Kind, überlegte wie ein Kind. Als ich aber erwachsen war, ließ ich zurück, was kindlich war.

Jetzt sehen wir alles wie in einem Spiegel, in rätselhafter Gestalt, dann aber von Angesicht zu Angesicht.

Jetzt erkennen wir Gott nur unvollkommen, dann aber werde ich ganz erkennen, wie ich von Gott erkannt worden bin.

Nun aber bleiben Glaube, Hoffnung, Liebe, diese drei. Die größte unter ihnen aber ist die Liebe.«

Die Liebe ist das Maß aller Dinge. Auch die scheinbar besten Werke nützen nichts, wenn sie ohne Liebe geschehen. »Von allem, was wir getan haben, überlebt allein die Liebe.« (Harry M. Kuitert). Paulus versteht diese Liebe als eine göttliche Macht. Sie ist die erste und die letzte Wirklichkeit. In dieser Liebe hat alles seinen Ursprung und in ihr findet alles sein Ziel.

SEITENBLICK

Thora

Mit **»Thora«** werden im Judentum die fünf Bücher Mose im Alten Testament, aber auch die gesamte jüdisch-religiöse Gesetzesüberlieferung bezeichnet. Dazu gehören Speisevorschriften, Reinheitsgebote, Gottesdienstregelungen, soziale Gebote, sexuelle Vorschriften und viele weitere Gebote, die die Details des Lebens bestimmen. Grundsätzlich galten alle 613 Ge- und Verbote der Thora als gleichrangig; keines von ihnen durfte leichtfertig verletzt werden. Doch unter den Rabbinern, den jüdischen Gesetzeslehrern, wurde zur Zeit Jesu auch die Frage diskutiert, ob es inmitten aller unterschiedlichen Vorschriften auch eine zusammenfassende Summe aller Gebote gebe. Bekannt ist die Antwort des Rabbis Hillel (um 20 v. Chr.): »Was dir unliebsam ist, das tu auch deinem Nächsten nicht. Das ist die ganze Thora, das andere ist ihre Auslegung.«

Von der Nachfolge

Die Evangelien erzählen in vielen Geschichten von Menschen, die Jesus in seine »Nachfolge« ruft. Die Fischer Simon und Andreas, der Zöllner Matthäus, Philippus und andere. Sie geben ihre Familie und ihren Beruf auf und folgen Jesus, um dessen Wanderleben zu teilen und die Nähe des Gottesreiches zu verkünden. In der frühen Kirche und im Mittelalter wird die Nachfolge Jesu zum Kennzeichen eines betont christlichen Lebens und zur Grundlage christlicher Ethik. Mönche und Nonnen gingen ins Kloster, um hier ein Leben in Armut und Askese zu führen. Charakteristisch für das Mittelalter war eine Zwei-Klassen-Ethik: Ordensleute und Geistliche führten das christlich bessere Leben, während die »gewöhnlichen Christen« durch das Eheleben und die niederen Berufe an die Begierden dieser Welt gebunden waren. Gingen die Mönche ursprünglich aus der Welt ins Kloster, um in einem kontemplativen Leben ihr Seelenheil zu suchen, so wurden sie im Lauf des Mittelalters zu einem höchst aktiven Faktor des kulturellen Lebens. Sie gründeten Schulen, forcierten die landwirtschaftliche Entwicklung und übernahmen Aufgaben in Seelsorge und Predigt. Kennzeichnend blieb dennoch das gemeinschaftliche Leben im Kloster und das Gelübde der Armut, der Keuschheit und des Gehorsams gegenüber den Ordensoberen.

Dietrich Bonhoeffer – Nachfolge war das Thema seines Lebens bis zu seiner Hinrichtung im KZ Flossenbürg am 9. April 1945

Martin Luther und die Reformatoren lösten den Mönchsstand auf und setzten eine andere Lebensform an dessen Stelle: das Leben in Ehe, Familie und Beruf. Die Ehe verstand Luther als konkrete Bewährungsprobe der Nächstenliebe: ein Leben miteinander teilen, jeden Tag sich gegenseitig helfen, ständig aufeinander Rücksicht nehmen. Nicht in frommer Weltflucht und mit besonderen Taten, sondern im alltäglichen Leben dient ein Christ Gott und dem Nächsten. Luther war überzeugt, dass jeder Mensch in seinem weltlichen Tun von Gott berufen ist. Die Magd in der Küche ebenso wie der Arzt oder Professor. Dadurch erfuhr die alltägliche Arbeit eine enorme Aufwertung. Sie war im Verhältnis zum frommen Leben von Mönchen und Priestern nicht mehr zweitrangig. Nicht eine weltabgewandte Frömmigkeitskultur, sondern der weltliche Beruf ist für Luther der Ort, an dem Nachfolge Jesu ganz praktisch geschehen kann.

Im 20. Jahrhundert verbindet sich das Thema »Nachfolge« in der evangelischen Christenheit besonders mit dem Namen Dietrich Bonhoeffers. Nachfolge ist nicht nur das Thema seines Lebens bis zu seiner Hinrichtung am 9. April 1945 im KZ Flossenbürg gewesen, es ist auch der Titel seines Hauptwerkes, in dem er das Thema Nachfolge für den Protestantismus wiederentdeckt hat. Bonhoeffer wendet sich hier gegen die »billige Gnade«, zu der die Überzeugung von der Rechtfertigung des Sünders unter den evangelischen Christen weithin verkommen sei: »Billige Gnade ist Predigt der Vergebung ohne Buße, ist Taufe ohne Gemeindezucht, ist Abendmahl ohne Bekenntnis der Sünden, ist Absolution ohne persönliche Beichte.« »Teure Gnade« ist im Gegensatz dazu die Gnade, die dem Menschen zugesagt wird, damit er umkehrt von seinem alten Weg und Jesus nachfolgt.

Was dich verrät

Bist du nicht auch einer von denen,
die zu Jesus gehören?
Wenn alle an gewaltsame Lösungen
denken – dann sprichst du von Frieden.
Wo andere immer Recht haben –
da bekennst du dich zu deinen Fehlern.
Wenn alle resignieren und keinen Sinn
mehr sehen – dann weißt du von einer
Hoffnung.
Wo sich alle immer nur raushalten –
da mischst du dich ein.
Wo einer von allen fertig gemacht wird –
da bist du an seiner Seite.
Wenn alle fragen:
Wo ist er denn, dein Gott? –
dann erzählst du ihnen eine Geschichte.

Von den ersten Jüngern an hat es in der Geschichte des Christentums immer wieder Menschen gegeben, die Haus und Familie verlassen haben und Jesus gefolgt sind. Die Mehrzahl der Christen jedoch hat dies nicht fertig gebracht. Es gibt heute Christen, die sich um Obdachlose kümmern, Flüchtlinge unterstützen und todkranke Menschen in der Hospizarbeit pflegen. Doch es gibt sehr viele Christen, die in ihrem Christsein nicht zu sehr auffallen möchten. Wir können Christen nicht wie im Mittelalter in zwei Klassen aufteilen: die entschiedenen und die lauen, die kompromisslosen und die kompromissbereiten. Das praktische Christentum lässt sich nicht für alle gleich beschreiben. Auch wenn jemand bewusst Christ sein will, kann er sich nicht einfach nach einem bestimmten Musterchristentum richten, sondern kann seinen christlichen Glauben nur so leben, wie er es mit seinen eigenen Fähigkeiten, unter seinen eigenen Lebensumständen, aber auch innerhalb seiner eigenen Grenzen verwirklichen kann. Das kann jedoch nicht heißen, dass ein christliches Leben völlig beliebig sein kann. Wenn wir uns zu Recht Christen nennen wollen, kann uns die Person des Jesus von Nazareth nicht völlig gleichgültig sein. Nachfolge Jesu muss nicht spektakulär sein. Aber sie kann doch darin bestehen, sich in seinem alltäglichen Verhalten von Jesus und seiner Lebenspraxis beeinflussen zu lassen: von seiner Zuwendung zu den Armen und Geringen, von seinem Verzicht auf Gewalt, von seiner Liebe zu den Sündern und Verlorenen, von seiner Bereitschaft, auch dem Feind zu vergeben. Zum Nulltarif kann es das Christentum auch heute nicht geben. Ein bisschen Bequemlichkeit, ein Stückchen Sicherheit, ein wenig Wohlgelittenheit werden wir es uns schon kosten lassen müssen.

Als Christ in der Welt

Die praktischen Konsequenzen des christlichen Glaubens erschöpfen sich nicht in persönlicher Nächstenliebe und Hilfsbereitschaft. Das Gebot der Nächstenliebe fordert auch die Übernahme politischer Verantwortung. Martin Luther King hat das in einem eindrücklichen Beispiel so erläutert: »Gewiss ist es unsere Verpflichtung, die Rolle des barmherzigen Samariters für alle diejenigen zu übernehmen, die am Weg liegen geblieben sind. Aber das ist nur der Anfang. Eines Tages müssen wir begreifen, dass die ganze Straße nach Jericho geändert werden muss, damit nicht fortwährend Männer und Frauen geschlagen und ausgeraubt werden.«

In der Realität ist es meist nur eine Minderheit, die sich als Christen auch sozial und politisch engagieren. Mit diesem Engagement kann man auch bei denen anecken, die ihre Interessen gefährdet sehen. Insofern ist das soziale und politische Engagement von Christen nie unumstritten gewesen. In der Zeit der Friedensbewegung, im Streit um die Atomkraftwerke, bei der Unterstützung von Flüchtlingen und Asylsuchenden, in den Diskussionen um die Gefahren der Biotechnologie – immer wieder wurde engagierten Christen, aber auch der Kirche insgesamt geraten, sich auf die »letzten Dinge« zu konzentrieren und die vorletzten Fragen den sog. »Fachleuten« zu überlassen. Die Kirche soll versöhnen statt spalten, sie soll den politischen Streit meiden, damit die Menschen sich in der Kirche wohlfühlen können.

In der Tat stehen, wie die letzten repräsentativen Kirchenmitgliedschaftsbefragungen gezeigt haben, viele evangelische Kirchenmitglieder einer politischen Interpretation des Evangeliums eher skeptisch gegenüber. Sie sind am kritischen Potential des christlichen Glaubens so wenig interessiert wie an eigener Beteiligung an politischen Fragen. Sieht man genauer hin, sind es vor allem distanzierte und an der konkreten Arbeit in den Gemeinden meist unbeteiligte Christen, die eher ein unpolitisches Christentum wünschen. Hier ist erfolgreich verdrängt, dass sich der christliche Glaube auf eine Person beruft, die als Aufrührer am Kreuz hingerichtet wurde. Ein unpolitisches Christentum ist aber gar nicht denkbar. »Glaubensbekenntnisse, die nicht irdische, diesseitige Veränderungen tief in die Gesellschaft hinein zur Folge haben, sind Privatvergnügen und deshalb als irrelevant und ungefährlich längst toleriert.« (Helmut Gollwitzer) Wer sich an Jesus von Nazareth orientiert, kann nicht mehr über den Nöten und Fragen der Zeit schweben.

In der evangelischen Kirche hat man die Verantwortung der Kirche und der Christen für die Welt im 20. Jahrhundert neu entdeckt. Den Anlass dazu gab das Erschrecken darüber, was das Christentum den Menschen in dieser Hinsicht zu lange schuldig geblieben war. Insbesondere ging es um das Schweigen der Christen angesichts der Ermordung von 6 Millionen Juden.

»Wir waren Augen- und Ohrenzeugen, als Millionen von Juden plötzlich aus unserer Mitte verschwanden, die Synagogen brannten, die Aschenurnen der angeblich nicht Lebenswerten bei uns eintrafen. Wir sind wenigstens teilweise unterrichtet gewesen, wenn wir auch nicht das fürchterliche Ausmaß der in den Konzentrationslagern verübten Gräuel kannten, und mancher von uns ist flüsternd gebeten worden, bloß nichts davon zu verbreiten.
Alle aber waren dabei, als Tyrannen und Verbrecher leichtfertig ohne jeden ernsthaften Grund den Krieg entfesselten ... Gewiss, es hat zu allen Zeiten Ausnahmen, Vorbilder christlicher Toleranz und Zivilcourage, Märtyrer gegeben, die um Jesu willen gerade das vermeintlich Lebensunwerte verteidigten und die Ausgestoßenen aufnahmen. Deckt das aber unsere eigene unvergessbare und nun doch in unserm Volk überall totgeschwiegene und verdeckte Schande?«

(Ernst Käsemann, ev. Theologe)

Heute sind es neue Fragen und Konflikte, Bedrohungen und Herausforderungen: die drohende Klimakatastrophe mit ihren unabsehbaren Folgen vor allem für die Menschen in ärmeren Ländern, die überall auf der Erde neu entflammten Kriege und Bürgerkriege und das damit verbundene Flüchtlingselend, die national wie international immer weiter auseinanderklaffende Schere zwischen Reichtum und Armut, die unkalkulierbaren Risiken einer ungehemmten Bio- und Gentechnologie, unkontrollierte und allein an hoher Rendite orientierte Kapitalbewegungen auf den internationalen Finanzmärken, die ganze Volkswirtschaften gefährden können.

Kein Christ kann wie der mythologische Riese Atlas die Probleme der ganzen Welt schultern. Jeder muss selbst wissen, wo er ansetzen und was er sich zumuten kann. Es heißt Prioritäten zu setzen. Christliche Weltverantwortung hat viel mit jener nüchternen Einstellung zu tun, von der Jesus im Lukasevangelium spricht: »Wer ist unter euch, der einen Turm bauen will und setzt sich nicht zuvor hin und überschlägt die Kosten, ob er genug habe, um es auszuführen.« (14,28) Das Ziel, das die verschiedenen ethischen und politischen Aktivitäten von Christen zu einem Ganzen verbinden kann, kann man mit der Losung des seit 1983 (Weltkirchenkonferenz in Vancouver) in Gang gekommenen konziliaren Prozesses so beschreiben: für Frieden, Gerechtigkeit und die Bewahrung der Schöpfung. Das sind keine beliebigen Richtungsanzeigen, sondern in ihnen geht es um das

Ganze – um das menschliche Zusammenleben auf der Erde.

Kirchenasyl in einer Göttinger Gemeinde

Frieden stiften

Die Bibel erzählt: Die erste Tat des Menschen nach der Vertreibung aus dem Paradies ist ein Mord. Kain erschlägt seinen Bruder Abel (1 Mose 4) – eine Geschichte aus sagenhafter Urzeit und zugleich aus aktueller Gegenwart. Die Bereitschaft zu Gewalt und Zerstörung gehört zur Grundausstattung jedes Menschen. In uns lauert ein wildes Tier. Die Geschichte von Kain und Abel wird auch in 100 Jahren noch aktuell sein. Trotz allen Fortschritts bleiben wir anfällig für Totschlag und Gewalt.

Der Frieden ist kein Naturzustand, er versteht sich nicht von selbst. Frieden muss gestiftet werden. Mit der Parole »Seid nett zueinander« ist es dabei noch nicht getan. Wer Frieden stiften will, muss um die Konflikte, muss über Motive und Absichten sowie über die oft verwickelte Entstehungsgeschichte eines Streites Bescheid wissen. Frieden stiften ist in der Regel harte Arbeit – und nicht immer wird sie gedankt. Friedensstifter müssen auf Niederlagen und Misserfolge gefasst sein. Doch zum Frieden gibt es keine Alternative!

»Die Frucht der Gerechtigkeit wird Frieden sein und der Ertrag der Gerechtigkeit Ruhe und Sicherheit auf immer«, heißt es beim Propheten Jesaja (32,17). Friede und Gerechtigkeit stehen für die christliche Ethik in einem unauflöslichen Zusammenhang. In ungerechten Verhältnissen kann sich kein Frieden dauerhaft entfalten. Ein Zusammenleben in Gerechtigkeit muss darum das Ziel aller ernsthaften Friedensbemühungen sein.

Acht Schritte zum Frieden:

1. Frieden kann nur schaffen, wer Frieden an sich selbst erfahren hat. Aber umgekehrt gilt auch: Frieden hat nur, wer Frieden stiftet. Zwar sagt jeder, wenn er gefragt wird, dass er für den Frieden ist. Doch wer wirklich Frieden will, muss auch bereit sein, den ersten Schritt zu tun. Das Gebot der Feindesliebe antwor-

tet auf die entscheidende Frage: Wer fängt an? Es besteht nicht auf Gleichzeitigkeit und Gleichgewicht. Es fordert mich auf, einen Anfang zu machen.

2. Als Christen können wir Menschen nicht in Gut und Böse, Freund und Feind einteilen. Alle Menschen sind Geschöpfe Gottes, nach dem Bilde Gottes geschaffen. Niemand darf daher von vornherein als minderwertig, unbelehrbar oder aussichtsloser Fall abqualifiziert werden. Wer Frieden stiften will, muss auch bereit sein, seine eigenen Feindbilder zu überprüfen und das Gespräch auch mit dem Andersdenkenden zu suchen.
3. Wer partout Recht haben und sich immer durchsetzen will, wird keinen Frieden verbreiten. Zur Friedensfähigkeit gehört auch die Bereitschaft, die eigene Überzeugung kritisch zu überprüfen, Irrtümer einzugestehen, um Entschuldigung zu bitten und auch einmal auf das eigene Recht zu verzichten. Frieden ist immer auch ein dynamischer Prozess. Er ist nur dann dauerhaft, wenn immer wieder faire Kompromisse geschlossen und unterschiedliche Interessen ausgeglichen werden.
4. Frieden beginnt mit der Sprache. Unworte bereiten Untaten den Boden. »Durch scharfe Zungen sind mehr Menschen ums Leben gekommen als durch scharfe Schwerter.« (Jesus Sirach 28,18) Die Zerstörung des Lebens endet im Totschlag, aber sie beginnt schon vorher: in der Demütigung und Verächtlichmachung des Gegners, im Rufmord. Wer Frieden stiften will, muss auf seine Sprache achten.
5. Rassismus und Fremdenhass sind in unserer Gesellschaft noch nicht überstanden. Die Begegnung mit dem Fremden kann irritieren und Angst auslösen, konkrete Begegnungen mit fremden Menschen können dagegen Ängste abbauen und Verständnis fördern. Der christliche Glaube hat eine grenzenüberwindende Kraft, er verträgt sich nicht mit Nationalismus und Fremdenfeindlichkeit.
6. Fast scheint es, als hätten wir uns an die alltäglichen Gewaltdarstellungen in den Medien, an die Raserei im Straßenverkehr, an die zunehmende Aggressivität im Sport gewöhnt. Die Zunahme der Gewalt im Alltag erhöht die Bereitschaft, Gewalt als unvermeidlich hinzunehmen. Doch Gewalt ist in der Regel keine Lösung, sie ist nicht unvermeidlich. Es geht auch ohne Gewalt. Als Christen wollen wir uns nicht an Gewalt gewöhnen.
7. Wer Frieden stiften will, muss zum Frieden erziehen. »Erziehung zum Frieden ist Erziehung zur Empfindsamkeit, ja zur Empfindlichkeit: zum Leiden am Unrecht, an der Missachtung, der Gleichgültigkeit, den Schmerzen und Ängsten, die anderen und mir widerfahren, lange bevor sie zur Gewalt drängen.« (Hartmut von Hentig)
8. Zu Beginn des 21. Jahrhunderts ist es eine notwendige Aufgabe, die Institution des Krieges zu überwinden. »In der Zielrichtung christlicher Ethik liegt nur der

Frieden, nicht der Krieg« (EKD-Denkschrift »Frieden wahren, fördern und erneuern«, 1981). Militärische Mittel können gewaltsame Konflikte im besten Fall begrenzen oder unterbrechen, Frieden schaffen können sie jedoch nicht.

In jedem Gottesdienst wird für den Frieden auf Erden gebetet. In den Fürbitten kommt der Unfrieden der Welt zur Sprache. Beim Abendmahl geben sich Christen einander die Hand und sprechen den Friedensgruß. Der Schlusssegen endet mit den Worten »und gebe euch Frieden!« Wer zum Gottesdienst geht, nimmt immer auch an einer Friedensveranstaltung teil.

Für Gerechtigkeit einsetzen

Um Gerechtigkeit wird immer wieder gestritten. Vor dem Gesetz sind zwar alle gleich, doch zugleich werden die Verhältnisse in der Gesellschaft als zunehmend ungerecht empfunden: Ist es gerecht, wenn die Schere zwischen Armut und Reichtum immer weiter auseinander geht, wenn der Bildungserfolg stark an die soziale Herkunft gekoppelt ist oder wenn die Kinder und Enkel einmal alle Schulden und alle ökologischen Lasten übernehmen müssen, die ihnen die gegenwärtige Generation hinterlassen wird?

Was ist Gerechtigkeit? Nach landläufiger Meinung ist Gerechtigkeit an eine zuvor erbrachte Leistung gebunden. Jedem das Seine. Jeder sollte das bekommen, was er verdient. Es gibt einen gerechten Ausgleich für das, was jemand geleistet, erarbeitet oder geschaffen hat.

In der Bibel wird Gerechtigkeit anders verstanden. Der Weinbergbesitzer ist gerecht, weil er allen gibt, was sie zum Leben brauchen (Matthäus 20,1-16). Gerecht sind die Verhältnisse dann, wenn alle in der Lage sind, ein menschenwürdiges Leben zu führen. Alle müssen die Möglichkeit haben, am gesellschaftlichen, kulturellen und wirtschaftlichen Leben teilhaben zu können. Niemand darf ausgeschlossen werden. Gerechtigkeit ist ein Hauptwort in der Bibel, ja vielleicht so etwas wie der rote Faden zumindest im Alten Testament. Denn Gott ist gerecht, aber das meint in der Bibel nicht: Er ist unparteiisch. Nein, Gott ist gerecht, indem er sich auf die Seite der Armen und Rechtlosen stellt. Er kann es nicht ausstehen, wenn Menschen betrogen und gedemütigt werden. Darum werden Arme und Fremde, Witwen und Waisen, Sklaven und Tagelöhner in der Bibel unter Gottes Schutz gestellt. Eine unsoziale Frömmigkeit wird beim Propheten Jesaja scharf kritisiert: »Fasten wie ich es haben will, sieht anders aus! … Gebt den Hungrigen zu essen, nehmt Obdachlose in euer Haus, kleidet den, der nichts anzuziehen hat, und helft allen in eurem Volk, die Hilfe brauchen.« (Jesaja 58,6-7) Im Neuen Testament wird das Auftreten Jesu als Erfüllung der alttestamentlichen Verheißung an die Armen verstanden (Lukas 4,18). Und im Gleichnis vom Weltgericht werden die Hungrigen, die Durstigen, die Fremden, die Nackten, die Kranken und die Gefangenen mit Christus selbst identifiziert (Matthäus 25,31-46).

Im christlichen Verständnis von Gerechtigkeit hat die Sympathie mit den Armen und Benachteiligten ein größeres Gewicht als ein leistungsgerechter Ausgleich sozialer Unterschiede. Das Eintreten für Gerechtigkeit bekommt damit eine unverwechselbare Richtung: Es ist eine Bewegung hin zu denen, die als Arme und Bedürftige am Rand des sozialen und kulturellen Lebens existieren und ihre Situation nicht aus eigener Kraft verbessern können. Was heißt das für den einzelnen Christen?

»Wenn ein Glied leidet, so leiden alle Glieder mit«, schreibt Paulus im 1. Korintherbrief (12,26). Charakteristisch für den christlichen Glauben ist eine grundsätzliche Anteilnahme an der Lebenssituation nicht nur der Mitchristen in der eigenen Nachbarschaft, sondern auch von Menschen, Christen wie Nichtchristen, in anderen Ländern. In jedem Gottesdienst wird in der Fürbitte an Not leidende Menschen erinnert – und es wird für hilfsbedürftige Menschen eine Kollekte eingesammelt. Christentum ohne Teilen gibt es nicht. Von Anfang an hat es im Christentum die Überzeugung gegeben, dass Wohlhabende und Einflussreiche eine besondere Verantwortung für die Schwächsten in der Gesellschaft haben. »Eigentum verpflichtet. Sein Gebrauch soll zugleich dem Wohl der Allgemeinheit dienen.« Dieser Satz aus dem Grundgesetz (Art. 14,2) gründet auf biblischen Impulsen. Nach christlicher Auffassung darf die Vermehrung des eigenen Reichtums nicht auf Kosten anderer Menschen erfolgen. Reichtum für sich ist kein Lebenszweck, er muss auch dem Gemeinwohl dienen.

Bekannt ist das Wort Jesu: »Eher geht ein Kamel durch ein Nadelöhr als ein Reicher in das Reich Gottes.« (Markus 10,25) Von dieser Kritik am Reichtum wird sich vermutlich jeder angesprochen fühlen, weil jeder dazu neigt, sein Herz an den materiellen Besitz zu hängen. Aus der biblischen Kritik am Reichtum folgt jedoch nicht, dass Armut als Lebensziel anzustreben ist oder eine höhere moralische Qualität besitzt. Aber der reiche Mann wird im Lukasevangelium (16,19-31) an den armen Lazarus verwiesen, der vor seiner Tür liegt. Und der reiche Oberzöllner Zachäus gibt nach der Begegnung mit Jesus die Hälfte seines Vermögens den Armen (Lukas 19,1-10). Die Reichen werden in der Bibel auf das Recht der Armen verwiesen.

Unbestritten sind »arm« und »reich« relative Begriffe. Im Vergleich mit den Lebensverhältnissen der meisten Menschen auf der südlichen Erdhalbkugel ist die große Mehrheit der Menschen in Deutschland reich. Christlicher Glaube ist von Anfang an grenzüberschreitend. Darum kann die Solidarität mit den Armen nicht an den Grenzen des eigenen Landes aufhören.

Was Christen unter Gerechtigkeit verstehen, ist eine Auswirkung des Gebotes der Nächstenliebe. Gerechtigkeit entsteht dadurch, dass Menschen sich fürein-

Christlicher Glaube überschreitet Grenzen. Solidarität mit den Armen hört an den Grenzen des Heimatlandes nicht auf.

ander interessieren, füreinander einstehen und sich füreinander einsetzen. Sie haben nicht nur und auch nicht in erster Linie das eigene Interesse im Auge, sondern sind auch bereit, vom anderen her zu denken. Denn die Nächstenliebe sucht das, was auch dem anderen nützt.

Ohne Gerechtigkeit fällt eine Gesellschaft auseinander. Wenn es aber unter Menschen nur gerecht zuginge und darüber hinaus nicht manchmal auch barmherzig und gnädig, dann würde die Gesellschaft unmenschlich. Der christliche Glaube steht dafür, dass jeder Mensch nicht nur Gerechtigkeit braucht, sondern letztlich noch mehr: persönliche Zuwendung, Barmherzigkeit und Liebe. Auch der entschiedenste Einsatz für mehr soziale Gerechtigkeit in der Gesellschaft macht individuelle Hilfe nicht überflüssig. Sie äußert sich im persönlichen Einsatz für einen anderen Menschen, Mitwirkung in einer diakonischen Initiative, Spendenbereitschaft für einen guten Zweck oder in unspektakulären Formen der Barmherzigkeit. Persönliche Hilfsbereitschaft bleibt ein zentrales Element praktischen Christentums, wie gerecht wir die Verhältnisse auch gestalten können.

Schöpfung bewahren

Der Mensch ist nach christlichem Verständnis Gottes Geschöpf und trotz all seiner Macht und seiner Fähigkeiten doch niemals selbst Schöpfer dieser Welt. Seine besondere Stellung als »Ebenbild Gottes« besteht in seiner Ansprechbarkeit für Gott: Gerade den ebenso fähigen wie fehlbaren Menschen will Gott als Mitarbeiter für den Schutz und die Weitergabe des Lebens. Als Gottes »Statthalter« ist ihm die Fürsorge und Verantwortung für die Erde anvertraut. Die besondere Stellung des Menschen begründet aber kein Recht zu einem ausbeuterischen Umgang mit der nichtmenschlichen Schöpfung.

»Und Gott segnete sie und sprach zu ihnen: Seid fruchtbar und mehret euch und füllet die Erde und machet sie euch untertan und herrschet über die Fische im Meer und über die Vögel unter dem Himmel und über das Vieh und über alles Getier, das auf Erden kriecht.« (1 Mose 1,28)

»Machet euch die Erde untertan!« Diese Worte aus dem ersten Schöpfungsbericht der Bibel sind lange Zeit wie ein Freibrief verstanden worden, mit der Natur so umgehen zu können, wie es gerade nützlich erscheint: Als eine göttliche Rechtfertigung dafür, die Erde mit all ihren Ressourcen zur Steigerung der eigenen Lebensmöglichkeiten ausbeuten zu können. Dies war ein geschichtlich ungeheuer folgenreiches Missverständnis der biblischen Schöpfungserzählung, das zu den großen Erfolgen neuzeitlicher Technik und Wissenschaft ebenso beigetragen hat wie es für die heute erkennbare ökologische Krise mitverantwortlich ist.

»Machet euch die Erde untertan«, damit ist nicht die Schöpfung, nicht der Planet Erde, sondern der Erdboden, der Acker gemeint. Gott gibt Erlaubnis, Ackerbau zu betreiben und die Erde zu bearbeiten. Und das »Herrschen« des Menschen über die Tierwelt ist in Analogie zum Umgang eines Hirten mit seiner Herde zu verstehen. »Herrschen« heißt hegen und pflegen, bei Konflikten im Sinne eines Ausgleiches wirken und für gerechte Verhältnisse sorgen. Als Geschöpf Gottes steht der Mensch mit anderen Geschöpfen auf einer Ebene. Martin Luther formuliert in seinem Kleinen Katechismus: »Ich glaube, dass mich Gott geschaffen hat samt allen Kreaturen.« Der Mensch ist Mitgeschöpf – nach der biblischen Schöpfungsgeschichte zusammen mit dem Vieh und den großen Landtieren geschaffen. Mit ihnen teilt er denselben Lebensraum. Alle Lebewesen, auch die Tiere und Pflanzen, haben in sich selber einen Wert. Sie brauchen keinen Nutzen für die Menschen abzuwerfen. Der »Umweltschutz« darf darum nicht nur um des Menschen willen geschehen, sondern muss auch unsere natürliche Mitwelt berücksichtigen. Mensch, Kreatur und Natur bilden eine große Schöpfungsgemeinschaft.

Aus einem solchen Schöpfungsverständnis erwächst eine Haltung der Achtsamkeit und Ehrfurcht vor dem Leben, die Albert Schweitzer beispielhaft so formulierte: »Ich bin Leben inmitten von Leben, das leben will.« Ehrfurcht vor dem Leben ist Begeisterung für die Vielfalt des Lebens und das Ganze der Schöpfung – und zugleich Dankbarkeit für das eigene Leben.

Als Christen wissen wir, dass der Lebensraum auf dieser Erde nicht unendlich ist. Wir schöpfen aus einer endlichen Menge von Rohstoffen, die wir zu einem großen Teil jetzt unwiederbringlich verbrauchen. In den Jahren von 1950 bis heute ist mehr an Energie und Rohstoffen verbraucht worden als in der gesamten Menschheitsgeschichte zuvor. Verantwortlich ist ein solcher Lebensstil nicht. Die gegenwärtige Generation darf nicht auf Kosten der Kinder und Enkel wirtschaften, die Ressourcen verbrauchen und die Umwelt belasten. Vor allem in den westlichen Ländern leben wir zur Zeit eindeutig auf zu großem Fuß. Jahr für Jahr verbraucht die Welt mehr Ressourcen als die Natur erneuern kann – zur Zeit den Gegenwert von 1,2 Planet Erde.

In der Leitidee der »Nachhaltigkeit« trifft sich darum christliche Schöpfungsverantwortung mit vernünftigem politischen Handeln.

Ein zukunftsverträglicher Lebensstil verlangt von uns Veränderungen in unserer Beziehung zur Natur, im Verbraucherverhalten, in unseren Ernährungsgewohnheiten, im Energieverbrauch, in der Verkehrspolitik und in vielen anderen Lebensbereichen. Sieben Milliarden Menschen, die auf dem Verbrauchsniveau der westlichen Welt leben, könnte der Planet Erde ökologisch nicht verkraften. Es ist darum einfach notwendig, unseren Lebensstil umwelt- und klimaschonend auszurichten, den eigenen Energieverbrauch zu minimieren, sich bewusster zu ernähren, saisonal und regional einzukaufen und wenn's geht, auch mal auf das Auto zu verzichten. Lebensqualität heißt nicht, an jedem Ort allezeit alles von überallher verfügbar zu haben. Weniger ist oft mehr. In einer Gesellschaft überquellender Angebote und Möglichkeiten erweist sich die Fähigkeit, Nein sagen zu können, als ausschlaggebend für die eigene Lebenszufriedenheit.

Die Freiheit eines Christenmenschen

Martin Luthers kleine Schrift »Von der Freiheit eines Christenmenschen«, im Oktober 1520 veröffentlicht und Papst Leo X. gewidmet, ist nicht nur ein klassischer Text der Reformation, sondern auch nach wie vor eine der besten Einführungen in den evangelischen Glauben. Sie will keinen Beitrag zu einer theoretischen Diskussion über die Freiheit leisten, sondern das christliche Leben als Freiheit beschreiben: »Damit wir gründlich erkennen können, was ein Christenmensch sei und wie es um die Freiheit beschaffen sei, die ihm Christus erworben und gegeben hat, … will ich diese zwei Leitsätze aufstellen.« Und dann folgen die beiden berühmt gewordenen Thesen, die nach Luther das Leben eines Christen beschreiben:

»Ein Christenmensch ist ein freier Herr aller Dinge und niemand untertan. Ein Christenmensch ist ein dienstbarer Knecht aller Dinge und jedermann untertan.«

In dieser Doppelthese unterscheidet Luther zwischen dem inneren Menschen in seiner Glaubensbeziehung zu Gott und dem äußeren Menschen, der in der Welt bestehen und handeln muss. Der innere Mensch (= der Mensch als Geschöpf Gottes und als Person) gewinnt im Vertrauen auf Gottes Gnade eine Freiheit, die ihm nichts und niemand nehmen kann. Niemand hat Macht über die Freiheit eines Christen, weder der Papst noch der Kaiser, weder Kirche noch Staat. »Über die Seele kann und will Gott niemand lassen regieren, denn sich selbst alleine.« Christliche Freiheit ist im Kern die Befreiung vom Zwang der Selbstrechtfertigung: Ich muss mich nicht mehr durch gute Werke, besondere Leistungen und gesellschaftliches Ansehen vor mir selbst und vor Gott und der Welt als ein guter Mensch beweisen. Der so von der Sorge um sich selbst befreite Mensch kann auf die Nöte anderer eingehen und so als »dienstbarer Knecht aller Dinge« die Liebe Gottes an andere weitergeben: »Also fließt aus dem Glauben die Liebe und Lust zu Gott und aus der Liebe ein freies, williges, fröhliches Leben, dem Nächsten zu dienen umsonst.« Es geht dann wirklich um den anderen Menschen und das, was er braucht – und nicht heimlich doch um die eigene Person, um den eigenen Vorteil oder das eigene Prestige. Ein Christ muss nach Luther nicht erst durch ein Gesetz angetrieben werden, er betrachtet Nächstenliebe auch nicht als Programm der Weltverbesserung, er handelt in der Freiheit eines Christenmenschen. »Aus dem allen folgt der Beschluss: ein Christenmensch lebt nicht in sich selbst, sondern in Christus und seinem Nächsten, in Christus durch den Glauben, im Nächsten durch die Liebe.«

Schon früh wurde gegen diese reformatorische Grundeinsicht Luthers der Vorwurf erhoben, die guten Werke würden damit für bedeutungslos erklärt. Wer alles geschenkt bekommt, der braucht nichts mehr zu tun. Doch hier handelt es sich um ein großes Missverständnis. Durch die Reformation erfolgte geradezu eine enorme Aufwertung der alltäglichen Berufsarbeit als Dienst am Nächsten. Nach evangelischem Verständnis folgen die guten Werke dem Glauben nach – ganz von selbst. »Es ist ein lebendig, geschäftig, tätig, mächtig Ding um den Glauben, dass es unmöglich ist, dass er nicht ohne Unterlass sollte Gutes wirken. Er fraget auch nicht, ob gute Werke zu tun sind, sondern ehe man fragt, hat er sie getan und ist immer im Tun.«

Freiheit ist ein Grundwort der Bibel. Am Beginn des Alten wie des Neuen Testaments steht jeweils ein Befreiungsgeschehen: die Befreiung der Israeliten aus der Sklaverei in Ägypten und die Auferstehung des Jesus von den Toten, die Befreiung des Menschen von der zerstörerischen Macht des Todes. Seitdem bürgt der Name Gottes für Freiheit. Wer Gott sagt, sagt Freiheit. Von den Anhängern Jesu hat das keiner entschiedener vertreten als der Apostel Paulus. Im Galaterbrief schreibt er: »Zur Freiheit hat euch Christus befreit. Darum steht fest und lasst nicht zu, dass ihr wieder zu Sklaven werdet.« (5,1) Dies ist ein biblischer Schlüsseltext evangelischer Ethik. Paulus definiert hier Christen als freie Menschen. Freiheit – das ist geradezu das Erkennungszeichen eines Christen.

Das Christentum als Religion der Freiheit? Das mag für manche überraschend klingen. Denn für viele Menschen hat das Christentum bis heute ein anderes Image: Christentum ist das, was verboten ist, was keinen Spaß macht oder das Leben einschränkt. Paulus sieht das völlig anders. Wie kein anderer hat er dafür gekämpft, den christlichen Glauben von allen Zwängen und gesetzlichen Vorschriften freizuhalten. »Wo der Geist des Herrn ist, da ist Freiheit.« (2. Korinther 3,16) Christen sind frei. Aber Freiheit ist nicht nur Privatsache. Freiheit gibt es nicht auf Kosten anderer, Freiheit gibt es nur im Doppelpack – nämlich zusammen mit der Gerechtigkeit. Christen sind frei, aber sie sind nicht frei geworden, um tun und lassen zu können, was sie wollen, sondern um sich für die Gerechtigkeit einzusetzen. Freiheit muss Früchte tragen.

? Ist Sterbehilfe erlaubt?

Hinter der Forderung nach Zulassung der aktiven Sterbehilfe steht zumeist die Angst vor einem qualvollen und möglicherweise auch einsamen Sterben. Viele Menschen fürchten im Fall eigener Pflegebedürftigkeit im Krankenhaus allein gelassen oder nur noch als medizinischer Fall behandelt zu werden. Sie möchten in Würde sterben können und nicht am Ende ihres Lebens unnötig lange an Schläuchen und Geräten hängen.

Aktive Sterbehilfe, also Tötung auf Verlangen, ist in Deutschland wie in den meisten anderen Ländern verboten. Suizid ist nicht verboten, in der Regel auch nicht die Beihilfe zur Selbsttötung. Wer einem Patienten jedoch eine Überdosis Medikamente verschafft, verstößt gegen das Arzneimittelgesetz. Und wer einem Kranken Gift besorgt und nicht zugleich einen Notarzt holt, kann wegen unterlassener Hilfeleistung belangt werden. Wird bei einem Kranken auf lebensverlängernde Maßnahmen verzichtet, dann ist das passive Sterbehilfe. Sie ist in Deutschland nicht verboten. Der Patient will sterben, er hat, etwa in einer Patientenverfügung, bestimmt, dass bei einem bestimmten Krankheitsverlauf das Beatmungsgerät ausgeschaltet werden soll oder auf Reanimationsversuche verzichtet wird – und das wird respektiert. Er wird nicht getötet, sondern man lässt ihn sterben.

In Umfragen sprechen sich etwa zwei Drittel der Bevölkerung für aktive Sterbehilfe aus – wird jedoch differenzierter gefragt und als Alternative eine gute Schmerztherapie mit umfassender Begleitung beschrieben, dann sinkt die Zustimmung auf nur noch ein Drittel. Das zeigt: Die Menschen sind mehrheitlich nur dann für aktive Sterbehilfe, wenn sie über andere Möglichkeiten nicht informiert sind. Die Erfahrung lehrt: Sind Menschen in ihrer letzten Lebensphase schmerzfrei und wird ihnen bis zuletzt ein Leben in Würde ermöglicht, dann verschwindet der Wunsch nach Suizid oder aktiver Sterbehilfe und die letzte Lebensphase wird als wichtige Station im Leben erfahren.

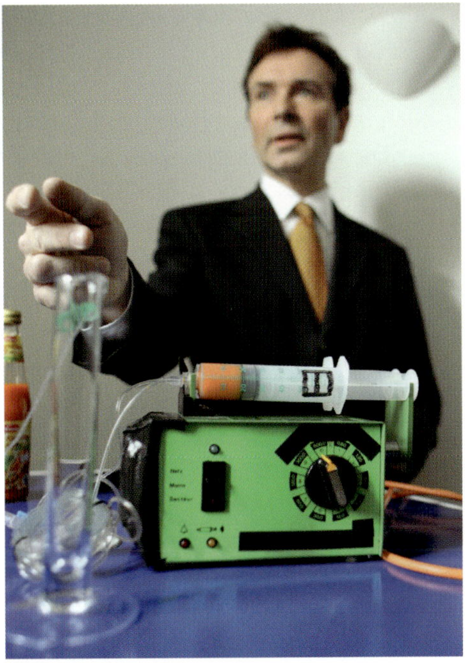

Tötung auf Verlangen, auch mit Hilfe einer »Tötungsmaschine«, ist in Deutschland und den meisten anderen Ländern verboten.

Die Antwort auf den Wunsch todkranker, schwer leidender Menschen nach Hilfe zum Sterben ist die Zuwendung zum Kranken und die Hilfe beim Sterben. Dazu gehört die Verbesserung der Schmerzmedizin ebenso wie eine menschenwürdige Pflege bis zum Lebensende, etwa in einem Hospiz. Dazu gehört aber auch der vorausschauende Umgang mit dem eigenen Sterben durch klare Verfügungen (Patientenverfügung, Vorsorgevollmacht).

Aus christlicher Sicht ist der Tod eines Menschen etwas, das nicht aktiv herbeigeführt werden darf. Der Mensch ist Geschöpf, er verdankt sein Leben nicht sich selbst und darf auch über das Leben anderer Menschen nicht verfügen. Menschliches Leben ist endlich, Tod und Sterben gehören zum Leben. Medizinische Hilfe soll Leiden beenden und Krankheiten heilen, damit auch das Leben verlängern. Aber Ärzte werden damit nicht zu Herren über Leben und Tod. Die Endlichkeit des Lebens können sie nicht beseitigen, Schmerzen und Leiden nicht ausrotten. Das Ziel des medizinischen Fortschritts kann nicht die leidensfreie Gesellschaft sein. Zur Menschenwürde gehört das Ja zur Unvollkommenheit des Menschen.

? Dürfen wir alles, was wir können? (Forschungsfreiheit und Menschenwürde)

Im Jahre 1978 wurde Louise Brown »geboren«, das erste Kind, das in der Retorte gezeugt wurde. Inzwischen werden etwa 80 000 Retortenkinder jährlich geboren, kreiert und gezeugt in den Labors der Reproduktionsmediziner. Seitdem Kinder im Reagenzglas, also außerhalb des menschlichen Körpers, erzeugt werden können, ist der Embryo, individuelles menschliches Leben in seinem frühesten

Entwicklungsstadium, für Wissenschaftler verfügbar geworden. Mediziner und Forscher greifen nach ihm, weil sie wissen wollen, wie die Gene funktionieren, wie Erbkrankheiten entstehen und wie man sie eventuell verhindern kann. In den meisten Fällen bedeutet das, den Embryo zu töten.

Die »pränatale Diagnostik«, eine Früherkennung genetischer Erkrankungen des Embryos, gehört inzwischen zur Routineuntersuchung in der Schwangeren-Vorsorge. Die Methode liefert keine gesicherten Erkenntnisse, sondern nur Wahrscheinlichkeiten. Selbst wenn die Chancen für ein gesundes Kind 90 zu 10 stehen, entscheiden sich die meisten Eltern für einen Schwangerschaftsabbruch, denn welche Mutter möchte einen Embryo mit Restrisiko austragen. Diese Abbrüche sind häufig Spätabtreibungen, d. h. die Kinder wären auch außerhalb des Mutterleibes lebensfähig gewesen.

Was dürfen wir mit Embryonen im Reagenzglas machen? Ist der Embryo ein Mensch? Seit langem wird über eine Ausweitung der embryonalen Stammzellforschung gestritten. Die Befürworter versprechen sich mögliche Heilungschancen für schwierige Krankheiten: Diabetes, Parkinson, Alzheimer. Zurzeit sind das noch unbeweisbare Versprechungen. Wenn aus Stammzellen von Embryonen neue Organe und Gewebe gezüchtet werden, müssen diese Embryonen ebenfalls getötet oder »verbrauchend beforscht« werden. So könnte der Traum mancher Wissenschaftler vom Menschen als perfektem Ersatzteillager des Menschen eines Tages Realität werden.

Dürfen wir alles, was wir können? Wo liegen die notwendigen Grenzen für die Forschung?

Mit der Entwicklung der Biotechnik können wir erstmals selbst in die Erbsubstanz von Tieren, Pflanzen und auch Menschen eingreifen. Der Mensch ist in der Lage, seine eigenen Gattungsmitglieder genetisch zu optimieren. Der Menschenklon scheint nicht mehr fern. Der achte Schöpfungstag ist angebrochen. Längst hat sich das Geschöpf Mensch an die Stelle des Schöpfergottes gesetzt. »Wir sind besser als Gott«, erklärte stolz der amerikanische Gentechnologe McKay. Hier zeigt sich eine gefährliche Selbstüberschätzung, vor der schon die Bibel in der Geschichte vom Turmbau zu Babel warnt. Die Sterblichkeit des Menschen kann auch durch gentechnologische Forschung nicht überwunden werden.

Von Forschern und Ärzten wird erwartet, dass sie Menschen heilen und Krankheiten bekämpfen. Doch sie haben auch Grenzen zu respektieren, die sie selbst möglicherweise als Beschränkung ihrer Forschung empfinden.

Helfen und Heilen können nicht um jeden Preis geschehen. Nach christlichem Verständnis verdient menschliches Leben vom Anfang bis zum Ende Respekt und besonderen Schutz. Zu keiner Zeit darf ein Mensch, weder als Embryo noch als Greis, daraufhin angesehen werden, ob er und wozu er nützlich ist. Eine Grenze wird überschritten, wenn ein Mensch bloß als Mittel für mögliche

Heilungschancen anderer Menschen angesehen und behandelt wird. Gezielte Eingriffe an menschlichen Embryonen, »die ihre Schädigung oder Vernichtung in Kauf nehmen, sind nicht zu verantworten – und seien die Forschungsziele noch so hochrangig … Die Würde des menschlichen Lebens verbietet es, dass es bloß als Material und Mittel zu anderen Zwecken genutzt und – erst recht – gar nur erzeugt wird.« (EKD/Deutsche Bischofskonferenz (Hg.), Gott ist ein Freund des Lebens, Gütersloh 1989, 64)

Wie weit darf wissenschaftlicher Fortschritt gehen? Was ist gut für den Menschen? Unser Umgang mit diesen Fragen muss geprägt sein vom Respekt vor dem Leben von Anfang an. Die Würde des Menschen darf nicht angetastet werden, sie lässt sich gegen keinen anderen Wert aufrechnen.

Gebet

Vom Beten

Das Gebet ist eines der letzten Tabuthemen in der Gesellschaft. Im öffentlichen Raum hat das Beten keinen Platz. Ein laut gesprochenes Tischgebet in einem Restaurant wirkt peinlich. Wer betet, tut es heimlich und spricht nicht darüber. Über alles kann man heute in der Öffentlichkeit reden – über Sexualität, Verbrechen, eigene Fehler, aber nicht über das eigene Beten. Auch Ehepartner untereinander reden meist nicht darüber. Ist Beten ein Zeichen von Schwäche?

Doch zugleich beten mehr Menschen als man gemeinhin annimmt. Bei einer Umfrage unter 18- bis 30-Jährigen aus dem Jahr 2004 sagte jeder Dritte der Befragten, dass er regelmäßig oder ab und zu bete. Ältere Menschen beten noch öfter, aber immerhin betet auch knapp die Hälfte aller Bundesbürger gar nicht. Dennoch waren zwei Drittel der Befragten überzeugt, dass Beten hilft. Es verändere nicht tatsächlich die Wirklichkeit, aber es habe eine positive Wirkung auf den Betenden. Wirkt das Gebet wie ein Placebo – nach dem Motto: Man muss nur fest dran glauben?

Wie viel Gebete und Hilferufe sind zum Himmel gesprochen worden und offenbar ohne Antwort geblieben! Der eine bekommt anscheinend, um was er halbherzig und ohne großen Glauben gebetet hat, der andere bekommt nichts, auch wenn er aus tiefer Frömmigkeit zu Gott gerufen hat. Wo ist da die Gerechtigkeit? Mancher hat das Beten ganz aufgegeben, weil er öfter die Erfahrung gemacht hat, dass das, worum er gebeten hatte, nicht eingetreten ist: das Kind wurde nicht gesund, die Beziehung ging in die Brüche, die Firma machte Pleite.

Es beten mehr Menschen, als man gemeinhin annimmt.

Zu den Enttäuschungen kommen die grundsätzlichen Einwände gegen das Gebet. Die einen halten das Gebet für eine Flucht vor der eigenen Verantwortung: Anstatt sich selbst zu engagieren und das Menschenmögliche zu tun, falte man einfach die Hände zum Gebet und erwarte alles vom »lieben« Gott. Andere halten das Gebet für eine kindliche Verhaltensweise: Weil Menschen nicht stark und erwachsen genug seien, die harte Wirklichkeit zu ertragen, konstruierten sie ein Gegenüber, bei dem sie alle Widrigkeiten abladen und sich selbst geborgen fühlen könnten. Wieder andere argwöhnen, im Gebet werde Gott einfach für die Interessen, Zwecke und persönlichen Bedürfnisse von Menschen eingespannt und missbraucht. Niemand wird bestreiten, dass es solche Zerrformen gibt. Aber treffen sie das Beten, wie es in der Bibel beschrieben und von vielen Menschen ernsthaft praktiziert wird?

Viele haben das Beten als Kind gelernt, von der Mutter oder dem Vater vor dem Einschlafen – und hoffentlich auch im Kindergottesdienst oder Religionsunterricht. Als sie älter wurden, passten die Kindergebete von damals nicht mehr. Doch es ist nichts anderes an die Stelle getreten. Irgendwann schlief das Beten ein. Nun, älter geworden und nach manchen Lebenserfahrungen sind die Vorbehalte gegen das Gebet verschwunden. Aber man tut sich schwer, wieder anzufangen. Gibt es Worte, die jetzt angemessen sind? Ein Ritual, das überzeugt? Man möchte dem eigenen Leben doch wieder mehr Tiefe geben, aber wie?

Andere haben das Beten nie gelernt. Sie tun sich schwer, zu einer Person zu reden, die sie nicht sehen. Wirkt es nicht unehrlich, jetzt damit anzufangen, die Hände zu falten? Was sind die passenden Worte? Kann man Beten lernen? Manche würden gerne beten, weil sie spüren, dass ihnen etwas fehlt.

Dorothee Sölle berichtet einmal von der Beerdigung eines Atheisten, bei der nicht gebetet, nicht geklagt, nicht gesungen, sondern des Toten schweigend gedacht wurde: »Wir alle waren voll von Zorn und Trauer, aber jeder behielt seine Trauer für sich. Sie kam nicht heraus. Sie fand keine Sprache, keine Geste, kein Lied, keinen Fluch. Wir blieben stumm.« Die Religion leiht dem Menschen eine Sprache für Trost und Wunder, für Klage und Trauer, für Scheitern und Gnade. Die Religion gibt dem Leben eine Bedeutung, eine Würde. »Eine Sprache finden für das, was wir wünschen und beklagen, nennen wir beten.« (Dorothee Sölle)

Vermutlich war es jedoch noch nie so schwierig wie heute, sich für das Beten ein wenig Zeit zu nehmen. Wo rund um die Uhr gearbeitet wird, fällt es vielen schwer, inmitten der Alltagshektik innezuhalten und sich aufs Beten zu konzentrieren. Wo der Tag überladen ist mit immer neuen Besorgungen und Beschäftigungen, wo ich durch tausend Umwelteinflüsse immer neu abgelenkt werde und der Fernseher bis in die Nacht läuft, bleibt für das Gebet fast keine Zeit. Doch auf ein wenig Ruhe und Konzentration ist das Gebet angewiesen. Feste Zeiten im Tagesablauf erleichtern es, zur Ruhe zu kommen.

Über das Beten

Beten ist menschlich

Es gibt keine uns bekannte Religion und keine Kultur auf der Erde, in der nicht gebetet worden wäre. Beten gehört zum Menschen. Dass Menschen nicht beten, ist eher ein neuzeitliches und noch dazu ein europäisches Phänomen. »Alles, was außer dem guten Lebenswandel der Mensch noch tun zu können vermeint, um Gott wohlgefällig zu werden, ist bloßer Religionswahn und Afterdienst Gottes« meinte Immanuel Kant, der das Gebet denn auch als »abergläubischen Wahn« verurteilte. Doch die in solcher Kritik vorausgesetzte Autonomie des Menschen hat sich weitgehend als Illusion erwiesen. Nach wie vor zeigt sich: Kein Mensch hat alles im Griff, keiner ist so stark, dass er alle Probleme selbst lösen kann. Es ist eher ein Zeichen von Wahn, nur auf sich und die eigene Macht vertrauen zu wollen. Beten erweist sich demgegenüber eher als realitätsgerechtes Verhalten. Wer betet, macht sich nichts vor. Das Gebet gibt uns die Kraft, von unseren Lebenslügen zu lassen und die Wahrheit über uns und unser Leben anzuerkennen. Es ist zugleich ein Zeichen von Demut wie von Großmut. Es lehrt uns Gelassenheit im Verhältnis zu uns selbst und Anteilnahme im Blick auf andere Menschen. Es steht nicht zu befürchten, dass Menschen eines Tages das Beten gänzlich verlernen. Solange Menschen leben, werden sie beten.

Eine Spinne lebte in ihrem Netz, bis ihr gesagt wurde: »Die Welt ist anders geworden, du musst Altes aufgeben, du musst einsparen, rationalisieren!«
Umgehend erkundete sie ihr Netz. Aber kein Faden war überflüssig, jeder schien für das Geschäft dringend notwendig. Sie suchte und suchte, bis sie schließlich doch einen Faden fand: er lief senkrecht nach oben und hatte noch nie eine Fliege eingebracht! Also weg damit! So biss sie den vermeintlich unnützen Faden ab. Da fiel das ganze Netz in sich zusammen. Es war nämlich der Faden, an dem das Spinngewebe aufgehängt war.
(Quelle unbekannt)

Beten ist klagen, bitten, loben und danken

Beten heißt, das eigene Leben zur Sprache bringen und als Klage, Bitte, Lob und Dank vor Gott auszusprechen. Erhebende Gefühle müssen uns dabei nicht bewegen.

In den meisten Religionen bedient man sich beim Gebet einer besonderen, eher feierlichen Sprache – nicht so in der Bibel. Im Alten Testament gab es ursprünglich nicht einmal ein eigenes Wort für »beten«. Beten war rufen, klagen, jubeln, fluchen, weinen, loben, flehen oder schimpfen – je nach den Umständen. Die Bibel kennt keine sakrale oder erhabene Gebetssprache. Beten ist in jeder Tonlage oder Haltung möglich. Beten ist so für die Menschen in der Bibel kein besonderes Tun außerhalb des normalen Lebens, sondern ein ganz selbstverständlicher Teil des Alltags. Nicht zufällig sind darum Klage, Bitte, Lob und Dank in der Bibel die Grundformen des Gebets. Sie spiegeln das gesamte Leben.

Klagen ist etwas anderes als jammern. Es geht in der Klage nicht um die Selbstdarstellung des Leids, um Selbstmitleid. Die Klage appelliert an den, der das Leid wenden kann. »HERR, wie lange willst du mich so ganz vergessen? Wie lange verbirgst du dein Angesicht vor mir?« (Psalm 13,2) Wer klagt, lässt sich das Elend und die Not etwas angehen, weicht ihnen nicht aus, fasst sie in Worte und bringt sie vor Gott: »Guter Gott, was soll aus dieser Welt noch werden? Neue Menschen züchten, Sterbehilfe auf Wunsch, arbeiten rund um die Uhr, Scheidungsquote von 50 Prozent, hundert Fernsehprogramme, durch immer größere Autos die Luft verpesten – ist das noch die Welt, die du gewollt hast?«

Bitten und beten gehören sachlich und sprachlich, nicht nur im Deutschen, zusammen. Solange der Mensch ein Mängelwesen ist und seine existentielle Grundsituation durch Abhängigkeit gekennzeichnet ist – von Nahrung, Schutz, Hilfe, Gemeinschaft, Liebe – so lange wird die Bitte im Zentrum des Gebetes stehen.

Auch das *Loben* gehört zu den natürlichsten menschlichen Regungen. Die Welt ist voll des Lobes: Die Gäste loben das Essen, die Urlauber loben das Wetter, der Trainer lobt die siegreiche Mannschaft – doch wer lobt Gott? Hier geht das Seufzen oft leichter. Man kann von Leid und Krankheit verschont bleiben, mit gesunden Kindern gesegnet sein und viel Glück im Leben erfahren haben – und alles selbstverständlich finden. Der 103. Psalm beginnt darum mit einer Selbstaufforderung: »Lobe den HERRN, meine Seele, und vergiss nicht, was er Dir Gutes getan hat!« (Psalm 103,2) Man kann so mit sich selbst beschäftigt sein, dass man die Schönheiten der Welt und das Gelingen des Lebens gar nicht bemerkt: »HERR, wie sind deine Werke so groß und viel! Du hast sie alle weise geordnet, und die Erde ist voll deiner Güter.« (Psalm 104,24)

Vom Loben ist es nicht weit bis zum *Danken.* »Was hast du, was du nicht empfangen hast?« fragt Paulus (1. Korinther 4,7). Das Gebet ist der immer neue Versuch, diese Einsicht des Paulus nachzuvollziehen. Mein Leben, meine Familie, das tägliche Brot, meine Freunde, meine Arbeit, die mich umgebende Natur – alles geschenkt, gegeben, empfangen. Das ganze Leben ein großer Empfang. Auch der, der nicht betet, hat eine Familie und zu essen, begegnet Freunden und geht zur Arbeit. Der betet, hat nichts anderes und nichts mehr, aber alles, was er hat, hat er »empfangen« und er ist dankbar dafür. Auch für das Schwere im Leben? Wer betet, weiß, dass auch Leid, Schwachheit und Alter nicht Ausdruck eines unerbittlichen Schicksals sind, sondern zu dem Leben gehören, das er von Gott empfangen hat. Von einem unbekannten Soldaten im amerikanischen Bürgerkrieg stammt dieses Gebet:

»Ich bat Gott um Stärke,
aber er machte mich schwach,
damit ich Bescheidenheit und Demut lernte.
Ich erbat seine Hilfe, um große Taten zu vollbringen,
aber er machte mich kleinmütig, damit ich gute Taten vollbrächte.
Ich bat um Reichtum, um glücklich zu werden.
Er machte mich arm, damit ich weise würde.

Ich bat um alle Dinge, damit ich das Leben genießen könne.
Er gab mir das Leben, damit ich alle Dinge genießen könne.

Ich erhielt nichts von dem, was ich erbat –
aber alles, was gut für mich war.
Gegen mich selbst wurden meine Gebete erhört.
Ich bin unter allen Menschen ein gesegneter Mensch.«

Beten heißt: Im Gespräch mit Gott leben

Wer betet, glaubt, dass jemand da ist, der ihn hört. Das Gebet ist mehr als ein bloßes psychologisches Auftanken. Im Gebet stellt sich der Mensch in eine Beziehung zu Gott. »Gott ist ansprechbar«, das ist die Voraussetzung des Betens. »Im Anfang war das Wort«, beginnt der Prolog des Johannesevangeliums. Gott ist kein unergründliches Schweigen, sondern der Grund des Lebens ist Wort, ist Sprache, ist Kommunikation. »Ehe sie rufen, will ich antworten; wenn sie noch reden, will ich hören.« (Jesaja 65,24) Dass Gott zuhört, ist nicht das Ziel des Gebetes, sondern seine Voraussetzung: »Gott ist ein Gebet weit von uns entfernt.« (Nelly Sachs) Beten heißt: Im Gespräch mit Gott leben.

»Fromm sein und beten, das ist eigentlich eins und dasselbige. Alle Gedanken von einiger Wichtigkeit, die in uns entstehen, mit dem Gedanken an Gott in Verbindung bringen … und selbst im fröhlichen Genuss des Lebens seines allsehenden Auges eingedenk sein – das ist das Beten ohne Unterlass.«
(Friedrich Schleiermacher, ev. Theologe)

Das Gebet ist darum kein Mittel, das ich einsetze, um von Gott etwas zu erreichen; keine Technik, um Gott zu bewegen, mir einen Wunsch zu erfüllen. Gott muss auch nicht herbeigerufen werden, denn er ist immer schon gegenwärtig. Christlicher Glaube ist davon überzeugt, dass Gott in einer personalen Beziehung zum Menschen steht. Mit jedem Menschen will Gott ins Gespräch kommen. In dieser personalen Beziehung hat das Gebet seinen zentralen Platz. Es ist Ausdruck des Vertrauens, zu dem Gott den Menschen eingeladen hat.

Insofern kann man auch sagen: Wer betet, ist nicht allein. Er bleibt nicht länger mit sich, seinen Erfahrungen, Ängsten, Sorgen oder Freuden allein, sondern hat jemanden, dem er alles mitteilen kann. Im Gebet treten wir aus der Vordergründigkeit unseres Lebens heraus. Wir bleiben nicht in den Bruchstücken unserer jeweiligen Ereignisse stecken, sondern stellen uns und unser Leben in einen größeren Zusammenhang, in die Perspektive Gottes.

Beten ist elementar

Jeder würde es sofort als unangemessen empfinden, wenn jemand beim Beten herumalbert, Scherze macht oder alles ironisch meint. Das Gebet ist keine Handlung von gleich zu gleich. Im Gebet wende ich mich an eine schlechthin überlegene Instanz, der ich nichts vorspielen und vor der ich nichts verbergen kann. Dieser Instanz kann ich alles anvertrauen, was ich sonst keinem anderen Menschen gegenüber aussprechen würde: meine Ängste und meine Scham, meine Träume und meine Geheimnisse. Tief drinnen bin ich nur zu oft einsam, führe ich ein ewiges Selbstgespräch mit dem eigenen Ich. Doch gerade dann, wenn ich ganz allein bin und glaube, niemanden zu haben, mit dem ich reden oder dem ich mich anvertrauen kann, dann ist es gut, gegen die Wand anzubeten und ins Dunkel zu rufen.

»Rufen musst du lernen und nicht dasitzen bei dir selbst oder auf der Bank, den Kopf hängen oder schütteln und mit deinen Gedanken dich beißen und fressen, sorgen und suchen, wie du sie los werdest … Sondern wohlauf, du fauler Schelm, auf die Knie gefallen, die Augen und Hände gen Himmel gehoben, einen Psalm oder Vaterunser vorgenommen und deine Not mit Weinen vor Gott dargelegt, geklagt und angerufen.«
(Martin Luther)

Beten verändert

»Auf alles waren wir vorbereitet, nur nicht auf Gebete und Kerzen«, bekannte der Leipziger Stasi-Chef im Herbst 1989 nach der Wende in der DDR. Die Leipziger Montagsdemonstrationen begannen mit Friedensgebeten in den überfüllten Leipziger Kirchen. Mit Gebeten, Transparenten und Kerzen friedlich protestierend machten sich die Demonstranten auf den Weg – am 9. Oktober 1989 70 000, an den folgenden Montagen zum Teil mehr als 300 000 Menschen. Dass diese Demonstrationen gewaltfrei verliefen, hängt für viele Beteiligte mit den Friedensgebeten zusammen. Gebete verändern Menschen. Sie verändern die Lebenseinstellung und die Lebenspraxis. Und sie tragen, wie die friedliche Wende in der DDR gezeigt hat, auch dazu bei, das Gesicht der Welt zu verändern. Wer will, dass alles so bleibt, wie es ist, der sollte nicht beten.

Beten heißt, sich nicht abfinden! Es ist ein Zeichen von Freiheit gegenüber dem Bestehenden, gegenüber den gewohnten Realitäten. Das Gebet drängt zu einem verändernden Tun. Wer im Gebet vor Gott sein Unglück ausspricht, sagt

Leipzig im Oktober 1989

nicht: »So ist es und so soll es bleiben« – sondern: »So ist es und so soll es nicht bleiben.« Wie Gebete verändern können, hat Albert Schweitzer schön auf den Punkt gebracht: »Gebete ändern nicht die Welt. Aber die Gebete ändern Menschen. Und Menschen ändern die Welt.«

Von der positiven Wirkung des Betens ist nach Umfragen auch eine Mehrzahl der Deutschen überzeugt. Nach amerikanischen Untersuchungen hat Beten offensichtlich auch einen erkennbaren Einfluss auf die Gesundheit. Eine Mehrzahl wissenschaftlicher Studien zu diesem Thema hat die positiven Effekte religiöser Praxis bestätigt.

Meditation

»Ich versuche, mich entspannt zu öffnen. Meine Aufmerksamkeit ist einzig auf meinen Atem gerichtet. Das beruhigt zunächst, aber bald kommen all die Gedanken, die mich plagen, wieder. Meditation macht bewusst, wie unruhig der Geist ist, wie schwer es ist, ihn zur Ruhe kommen zu lassen.« (C. Pleser, Architekt). »Wenn ich morgens nicht zum Meditieren komme, bin ich in der Praxis viel hektischer und aufgeregter.« (R. Warnecke, Zahnärztin) »Meditation verhilft mir zu innerer Ruhe. Zweimal im Jahr ziehe ich mich ganz von Familie und Beruf zurück in ein Kloster.« (W. Schulz, Unternehmer)

Viele Menschen, die in ihrem Alltag Stress und Überforderung erleben, interessieren sich für meditative Entspannungs- und Konzentrationsübungen, um für sich das »rechte Maß« (von dem lateinischen Wort meditare = ermessen) zwischen Arbeit und Muße, Aktivität und Passivität zu finden. Der Meditationsboom in Europa und in den USA ist auch eine Reaktion auf zerstörerische Lebensweisen der westlichen Zivilisation. Die vermehrte Unruhe des Alltags und eine andauernde Reizüberflutung wecken den Wunsch nach Stille und Besinnung.

Wer meditiert, tritt bewusst aus dem normalen Tagesgeschehen heraus. Alle Probleme und unruhigen Gedanken schweigen, wenn es gelingt, sich allein auf den Augenblick zu konzentrieren. Die Erlebnisse der Vergangenheit und die Sorgen der Zukunft rücken in den

Hintergrund, nur das »Hier und Jetzt« zählt.

»Ein in Meditation erfahrener Mann wurde einmal gefragt, warum er trotz seiner vielen Beschäftigungen immer so gesammelt sein könnte. Er sagte:

Wenn ich stehe, dann stehe ich;
wenn ich gehe, dann gehe ich;
wenn ich sitze, dann sitze ich;
wenn ich esse, dann esse ich;
wenn ich spreche, dann spreche ich …

Da fielen ihm die Fragesteller ins Wort und sagten: Das tun wir auch, aber was tust du noch darüber hinaus? Er sagte wiederum:

Wenn ich stehe, dann stehe ich;
wenn ich gehe, dann gehe ich;
wenn ich sitze, dann sitze ich …

Wieder sagten die Leute:
Das tun wir doch auch.
Er aber sagte zu ihnen: Nein,
wenn ihr sitzt, dann steht ihr schon,
wenn ihr steht, dann lauft ihr schon,
wenn ihr lauft, dann seid ihr schon am Ziel.«

Den Weg von innerer Unruhe zur Konzentration und mentalen Klarheit beschreiben verschiedene Meditationstechniken. Meditation braucht eine gute Atemtechnik, eine entspannte und zugleich konzentrierte Sitzhaltung und einen ungestörten Raum.

Zwischen Meditation als Entspannungs- und Konzentrationsübung und Meditation als weltanschaulich begründeter Bewusstseinserweiterung sollte klar unterschieden werden. Problematisch sind Meditationsübungen, die mit einer Methode weltanschauliche Inhalte vermitteln. So ist es das Ziel der verschiedenen buddhistischen Meditationsformen, zu einer geistigen Konzentration zu gelangen, die bis zu höchsten Versunkenheitsstufen gelangen kann. Daraus können eine günstige Weiterverkörperung im nächsten Leben und sogar die »Einsicht in das wahre Wesen aller Dinge« resultieren.

In der christlichen Tradition ist die Meditation eher eine regelmäßige Praxis der Stille und der Konzentration, des Gebetes und des Nachdenkens über Bibeltexte, der Bildbetrachtung, aber auch des Singens, in der sich der Meditierende sammelt und auf Gott besinnt. Im Kern ist Meditation im christlichen Verständnis die Fähigkeit zum genauen Hinhören, zum aufmerksamen Horchen – und dann die Bereitschaft, sich vom Gehörten etwas sagen zu lassen und sich daran auszurichten.

»Als mein Gebet immer andächtiger und innerlicher wurde, da hatte ich immer weniger und weniger zu sagen. Zuletzt wurde ich ganz still.

Ich wurde, was womöglich noch ein größerer Gegensatz zum Reden ist, ich wurde ein Hörer.

Ich meinte erst, Beten sei Reden. Ich lernte aber, dass Beten nicht bloß Schweigen ist, sondern Hören.

So ist es: Beten heißt nicht sich selbst reden hören. Beten heißt: Still werden und still sein und warten, bis der Betende Gott hört.«
(Sören Kierkegaard, dänischer Philosoph)

Spiritualität

Seit einigen Jahrzehnten ist »Spiritualität« zu einem regelrechten Modewort geworden. Bezeichnete der Begriff in früheren Zeiten vor allem konkrete geistliche Übungen katholischer Glaubenspraxis, so fasst man unter diesem Wort heute sowohl verschiedene Formen christlicher Frömmigkeit als auch unterschiedliche Spielarten neuer Religiosität zusammen, die sich durch Sehnsucht nach erfülltem Leben oder nach spiritueller Bewusstseinserweiterung auszeichnen.

Kurse und Seminare, in denen Meditation, spirituelle »Erleuchtung« und psychische Selbsterkundung auf dem Programm stehen, erfreuen sich seit Jahren eines großen Zuspruchs. Manche üben an einem Wochenende Zen in einem christlichen Kloster, um in der Woche darauf an einem Workshop mit einem tibetischen Mönch teilzunehmen. Andere haben das geistliche Wandern für sich entdeckt und pilgern auf dem Jakobsweg oder auf einer der neu eingerichteten Pilgerrouten in Deutschland. Nicht wenige singen, was sie sich früher nie hätten vorstellen können, jetzt mit Begeisterung im Kirchenchor. Unter Spiritualität versteht man offenbar ganz Unterschiedliches. Das sieht man in den Buchhandlungen, in denen die Regale voll sind mit den verschiedensten spirituellen Ratgebern und Anleitungen zu fernöstlicher Lebensweisheit.

Die Konjunktur des Spirituellen verrät zugleich ein deutliches Unbehagen an dem funktional-rationalen Lebensstil, der sich in der modernen Gesellschaft durchgesetzt hat. Je entzauberter die säkulare Alltagswelt ist, desto stärker ist der Wunsch nach einer spirituellen Wiederverzauberung. Unter dem Stichwort »Spiritualität« versuchen viele, ihrem Leben wieder mehr Tiefe zu geben. Sie suchen nach »spiritueller Nahrung« für die eigene Seele.

Bis vor kurzem war dafür in unseren Breiten vor allem die christliche Religion zuständig. Die Gottesdienste und Lieder, Feste und Riten stärkten für den Alltag. Die Lektüre der Bibel, das persönliche Gebet im Tageslauf und der Mitvollzug des Kirchenjahres vermittelten Sinn und Orientierung fürs eigene Leben. Diese selbstverständliche Frömmigkeitskultur, die auch von Gewohnheit geprägt und mit sozialer Kontrolle verbunden war, ist in unserer Gesellschaft weitgehend verloren gegangen. Sie im großen Stil wieder zu beleben, ist kaum möglich, da für die meisten Menschen die damaligen Voraussetzungen, vor allem das Eingebundensein in eine tragende und ordnende, vom Christentum geprägte Gemeinschaft, nicht mehr gegeben sind.

Dennoch erkennt man heute überall neue Entwicklungen, die sich vor einiger Zeit so noch nicht abzeichneten. Viele Menschen besuchen gelegentlich oder regelmäßig offene Kirchen, um eine Kerze anzuzünden, einen Moment zu verweilen und sich von den alten Räumen erbauen zu lassen. Andere beteiligen sich an der Fastenaktion »Sieben Wochen ohne« oder begehen die Adventszeit mit täglichen Lesungen und meditativen Texten aus einem der alternativen Adventskalender als eine besondere Zeit im Jahr. Kirchenmusikalische Veranstaltungen haben die höchste Teilnehmerzahl unter allen gemeindlichen Veranstaltungen – mit steigender Tendenz. Klöster verzeichnen steigende Besucherzahlen, gerade auch von Menschen, die für ein paar Tage die Stille einer anderen Welt suchen. Nicht wenige, die sonst im Alltag »zu nichts« kommen, nutzen die Chance, punktuell und »bei Gelegenheit« an bestimmten Orten (Kirchliche Tagungsstätten, Wallfahrtsorte) und zu bestimmten Zeiten (Kirchentag, Feste) mit neuen und bewährten Formen christlicher Spiritualität in Kontakt zu kommen.

Die Kirchen tun gut daran, den weit verbreiteten Wunsch nach einem Heilwerden unerfüllten Lebens ernst zu nehmen, aber nicht alle auf dem spirituellen Markt erkennbaren Wünsche zu bedienen. Christliche Spiritualität hat ihr unverwechselbares Profil darin, dass sie sich auf Jesus von Nazareth beruft, von ihm redet und in seinem Geist zu wirken versucht. Insofern kann es bei der Spiritualität nicht in erster Linie um die Selbstentfaltung des eigenen Ich gehen, sondern um die Orientierung an der Lebenspraxis Jesu. Als der reiche Jüngling Jesus nach dem ewigen Leben fragt, wird er nicht zu spirituellen Übungen eingeladen, sondern an die Gebote gewiesen, die das Verhalten zu den Mitmenschen ansprechen. Spiritualität muss auch den Alltag beeinflussen und meinen Mitmenschen zu Gute kommen, sonst ist sie nicht mehr als bloßes Freizeitverhalten.

Aber Beten hilft nicht immer so, dass ich das von Gott bekomme, worum ich gebeten habe. Paulus bat den Herrn, wie er im 2. Korintherbrief (12,7-9) schreibt, dreimal darum, von seinem »Pfahl im Fleisch« (wohl eine chronische Krankheit) geheilt zu werden – und erhielt zur Antwort: »Lass dir an meiner Gnade genügen, denn meine Kraft ist in den Schwachen mächtig.« Gott erfüllt nicht alle unsere Wünsche, er ist keine Maschine, bei der man nur den richtigen Knopf drücken muss, um zu bekommen, was man will. Das Gebet hat nichts mit Zauberei und Magie zu tun, aber viel mit Vertrauen.

Das Gebet bewirkt nicht, dass Gott das gibt, was ich haben möchte, sondern im Gebet empfange ich das, was Gott mir geben will – mit geöffneten Händen, mit Vertrauen, als veränderter Mensch.

Die Psalmen

Das biblische Buch der Psalmen umfasst 150 Lieder, Gebete und Gedichte aus unterschiedlicher Herkunft und Zeit. Sie gehören in die Welt des ersten vorchristlichen Jahrtausends und sind doch bis heute höchst lebendig. Lob- und Danklieder stehen neben Gebeten, in denen die Not eines einzelnen oder einer ganzen Gemeinschaft beklagt wird. Zu den Psalmen gehören gottesdienstliche Lieder und Lehrgedichte, Wallfahrtslieder und persönliche Gebete, in denen sich höchst individuelle Lebens- und Leidensgeschichten niedergeschlagen haben. Mit den

Psalmen haben Generationen von Menschen ihre Not geklagt, um Hilfe gebeten, nach Gerechtigkeit geschrieen und Gott gedankt. Die Psalmen zeigen eine Unmittelbarkeit des Redens zu Gott, die uns heute weithin verloren gegangen ist: »In der Zeit meiner Not suche ich den HERRN …, denn meine Seele will sich nicht trösten lassen.« (Psalm 77,3) Die Sprache der Psalmen ist nicht glatt und handlich; sie lullen nicht ein, sondern sprechen uns unmittelbar an: «Es haben mich umgeben Leiden ohne Zahl …, ihrer sind mehr als Haare auf meinem Kopf, und verzagt ist mein Herz.« (Psalm 40,13) Hier wird kein Blatt vor den Mund genommen: »Schämen sollen sich und zuschanden werden, die mir nach dem Leben trachten und mein Unglück wollen.« (Psalm 40,15) Zu allen Zeiten ist der Erfahrungsreichtum und die Schönheit der Sprache der Psalmen gerühmt worden: »Wenn der Herr die Gefangenen Zions erlösen wird, so werden wir sein wie die Träumenden. Dann wird unser Mund voll Lachens und unsere Zunge voll Rühmens sein.« (Psalm 126,1f.) Man kann sich nur schwer der poetischen Kraft der Sprache in den Psalmen entziehen: »Denn er hat seinen Engeln befohlen, dass sie dich behüten auf allen deinen Wegen, dass sie dich auf den Händen tragen und du deinen Fuß nicht an einen Stein stoßest.« (Psalm 91,11f.) Das ganze Leben ist hier versammelt: Von der Geburt bis zum Tod (»Du hast mich hinunter in die Grube gelegt, in die Finsternis und in die Tiefe.« Psalm 88,7), von der Geschichte Israels bis zu ganz persönlichen Nöten, von Rachegefühlen bis zum Staunen über die Schöpfung (»Wenn ich sehe die Himmel, deiner Finger Werk, den Mond und die Sterne, die du bereitet hast: was ist der Mensch, dass du seiner gedenkst?« Psalm 8,4f.), vom Halleluja bis zum Schrei nach Vergeltung.

»Denn ein menschliches Herz ist wie ein Schiff auf einem wilden Meer, welches die Sturmwinde von den vier Enden der Welt umtreiben. Solche Sturmwinde aber lehren mit Ernst reden und das Herz öffnen und den Grund herausschütten. Was aber ist das meiste im Psalter als solch ein ernstliches Reden in solchen Sturmwinden? Wo findet man feinere Worte von der Freude, als die Lobpsalmen oder Dankpsalmen sie haben? Und wiederum: Wo findest du tiefere, kläglichere, jämmerlichere Worte von der Traurigkeit, als die Klagepsalmen sie haben? … Daher kommt es auch, dass ein jeder, in was für Sachen er auch ist, Psalmen und Worte darin findet, die sich auf seine Sachen reimen und ihm ebenso sind, als wären sie allein um seinetwillen so gesagt.« (Martin Luther)

Der Theologe Gerhard von Rad hat die Psalmen als »Antwort Israels« gekennzeichnet, eine Antwort auf erfahrene Zuwendung und beklagte Verborgenheit Gottes. Diese Antwort kommt mitten aus dem Leben, wie die Situationen zeigen, in denen diese Psalmen entstanden sind oder für die sie immer wieder verwendet wurden: Familiäre Gottesdienste am Bett eines Kranken, Krönungsfeierlichkeiten des Königs, Wallfahrtsgottesdienste, Familienfeiern am Tempel, Bußtage, aber

Psalm 23

Der bekannteste dieser Psalmen ist der Psalm 23, den Martin Luther unübertroffen übersetzt hat:

»Der Herr ist mein Hirte,
mir wird nichts mangeln.
Er weidet mich auf einer grünen Aue
und führet mich zum frischen Wasser.
Er erquicket meine Seele.
Er führet mich auf rechter Straße
um seines Namens willen.
Und ob ich schon wanderte im finstern Tal,
fürchte ich kein Unglück;
denn du bist bei mir, dein Stecken und Stab
trösten mich.
Du bereitest vor mir einen Tisch
im Angesicht meiner Feinde.
Du salbest mein Haupt mit Öl
und schenkst mir voll ein.
Gutes und Barmherzigkeit werden mir
folgen mein Leben lang,
und ich werde bleiben im Hause des HERRN
immerdar.«

Der 23. Psalm gehört zum Restbestand dessen, was man heute aus der Bibel noch kennt, vielleicht sogar auswendig kennt. Wann dieser Psalm zuerst gesprochen wurde, wer ihn gedichtet hat und in welcher Situation er entstanden ist – wir wissen es heute nicht mehr. Es ist aber auch nicht entscheidend. Wichtiger ist etwas anderes. Der Psalm sagt in schönen Bildern etwas sehr Einfaches: Gott kümmert sich um uns, darum haben wir es gut und brauchen uns nicht zu fürchten. Das kann jedes Kind verstehen, aber es ist gar nicht kindlich und gar nicht naiv gemeint, sondern ganz elementar: Ich habe einen Hirten, einen Herrn. Ich muss nicht umherirren, ich weiß, wohin ich gehöre und an wem ich mich orientieren kann. Hirte und Herde – es mag sein, dass dieses Bild nicht bei allen Menschen spontane Zustimmung findet. Zu idyllisch sagen die einen, zu autoritär die anderen. Doch ein Hirte ist weder ein Romantiker noch ist er ein Chef. Er ist ein Mensch, der mit Lebendigem umgehen kann. Einer, der aufpasst, dass auch dem schwächsten Glied seiner Herde nichts Böses geschieht. Einer, der wacht und einer, der kämpft, wenn der Wolf kommt.

Der Psalm fasziniert mit archaischen Bildern: Der Hirte, der mit seinem Stab den Weg weist und mit der Keule seine Herde gegen wilde Tiere verteidigt. Die Weideplätze mit frischem Gras und Wasser in Fülle. Aber auch die finstere Schlucht, durch die niemand ohne Beklemmung eilt. Gott, der den Verfolgten demonstrativ an seinen Tisch bittet. Und als Ziel der Wanderung die immerwährende Wohnung im Hause Gottes.

Der 23. Psalm, uralt und makellos schön, ein Gedicht des Friedens und der Zuversicht und der Geborgenheit – aber doch unwirklich für die Welt, in der wir leben? Machen wir nicht auch andere Erfahrungen? Da kommt einer vom rechten Weg ab und findet nicht mehr zurück. Da gerät einer in Depressionen und hofft vergeblich auf eine Erquickung seiner Seele. Und im Alltag spürt man nicht immer etwas von der grünen Aue und dem frischen Wasser, sondern oft mehr von Überforderung und grauem Einerlei.

Doch der 23. Psalm ist kein Text, in dem die dunklen Seiten unseres Lebens verheimlicht oder verniedlicht werden. Er kennt auch die finsteren Schluchten, die das Leben kosten können, in denen der Tod seine Schatten voraus wirft. Die Realität wird nicht geleugnet. Wir leben in einer Welt, in der es immer wieder Unglück und Unglücke gibt, und wir werden davon nicht verschont. Aber wir brauchen das Unglück nicht zu fürchten, denn – und hier geht der Psalm unvermittelt zum vertrauten *»Du«* über: *»du bist bei mir«*. So tröstet der Psalm zugleich und macht deutlich: Am Ende steht das Glück und nicht das Unglück, die Geborgenheit und nicht das Verlorensein. Kein Wunder, dass viele diesen Psalm gerade in Stunden der Bedrängnis gelesen haben und nicht wenige ihn ihr Leben lang mit sich tragen.

auch Gebete von Privatpersonen. Wie kein anderes biblisches Buch sind die Psalmen darum ein Volksbuch, für die Kirche sind sie das klassische Gebetbuch geworden. Manche Psalmen gehören bis heute zu den Lieblingstexten von Juden und Christen: »Dennoch bleibe ich stets an dir; denn du hältst mich bei meiner rechten Hand, du leitest mich nach deinem Rat und nimmst mich am Ende mit Ehren an. Wenn ich nur dich habe, so frage ich nichts nach Himmel und Erde. Wenn mir gleich Leib und Seele verschmachtet, so bist du doch, Gott, allezeit meines Herzens Trost und mein Teil.« (Psalm 73,23-26)

Kaum ein Mensch ist in der Lage, seine Eindrücke und Erfahrungen, Nöte und Sehnsüchte immer adäquat und gleich intensiv mit eigenen Worten auszudrücken. Es gibt Augenblicke der Ratlosigkeit und der Resignation, aber auch der Freude und des Glücks, in denen wir dankbar sind, uns fremde Worte leihen zu können. Seit mehr als 2000 Jahren bieten die Psalmen solche Vorlagen für das eigene Beten. Wer einen Psalm spricht, schließt sich der Hoffnung vieler Generationen an, die schon vor ihm diese Worte übernommen haben.

Das Vaterunser

Immer wieder erzählen die Evangelien davon, dass sich Jesus an abgelegene Orte zum Gebet zurückgezogen hat. Vor Beginn seines öffentlichen Wirkens sucht er die Stille in der Wüste. Nach einem langen Tag mit Predigten und Heilungen in Kapernaum steht er frühmorgens auf, geht an einen einsamen Ort und betet (Markus 1,35). Nach dem Lukasevangelium verbringt Jesus vor der Bergpredigt die Nacht auf einem Berg im Gebet (6,12). Vor seiner Verhaftung ringt er im Garten Gethsemane: »Vater, ist's möglich, so gehe dieser Kelch an mir vorüber, aber nicht mein, sondern dein Wille geschehe.« (Markus 14,36) Im Gebet sucht Jesus das Einverständnis Gottes, in der Stille vor Gott erkennt er seinen Weg.

Vielleicht als Reaktion auf diese Gebetspraxis Jesu, so erzählt es das Lukasevangelium, bittet ihn einer seiner Jünger: »Herr, lehre uns beten, wie auch Johannes seine Jünger lehrte.« Diese Bitte der Jünger ist erstaunlich. Denn die Juden kannten sich mit dem Beten aus. Es gab feste Gebetszeiten am Tage und Gebetsordnungen für die großen Feste. Es gab eine bestimmte Gebetskleidung und eindeutige Gebetsrichtungen. Umso erstaunlicher der Wunsch, das Beten erst noch lernen zu wollen.

»Und wenn ihr betet, soll ihr nicht sein wie die Heuchler, die gern in den Synagogen und an den Straßenecken stehen und beten, damit sie von den Leuten gesehen werden. Wahrlich, ich sage euch: Sie haben ihren Lohn schon gehabt. Wenn du aber betest, so geh in dein Kämmerlein und schließ die Tür zu und bete zu deinem Vater, der im Verborgenen ist …«

(Matthäus 6,5f.)

Was Jesus hier (Matthäus 6,5ff.) anspricht, ist das Gebet, das gar nicht an Gott gerichtet ist, sondern eher eine Show für andere Menschen ist. Das ist Heuchelei, der Beter betet nicht wirklich, er spielt eine Rolle. Wer wirklich mit Gott reden will, sagt Jesus, der gehe ins »Kämmerlein« (im palästinischen Haus die abschließbare Vorratskammer), wo er mit Gott und sich allein ist.

»Und wenn ihr betet, sollt ihr nicht viel plappern wie die Heiden; denn sie meinen, sie werden erhört, wenn sie viele Worte machen.« (Matthäus 6,7) Beten, das heißt nicht, viele Worte machen, die schön klingen, aber nichts bewirken. Wer viele Worte macht, will Gott unter allen Umständen auf sich und die eigene Not aufmerksam machen. Dazu sagt Jesus: »Euer Vater weiß, was ihr bedürft, bevor ihr ihn bittet.« (Matthäus 6,8) Gott hat schon längst gehört und gesehen und weiß, was wir brauchen. Das ist die Grundlage des Gebets: Beten heißt, im Gespräch mit Gott zu leben.

Danach folgt im Matthäusevangelium das Vaterunser, das nicht nur ein Gebet ist, sondern auch eine Anleitung zum Beten, die Jesus seinen Jüngern gibt:

Matthäus 6,9-13

»Unser Vater im Himmel!
Dein Name werde geheiligt.
Dein Reich komme.
Dein Wille geschehe wie im Himmel so auf Erden.
Unser tägliches Brot gib uns heute.
Und vergib uns unsere Schuld,
wie auch wir vergeben unsern Schuldigern.
Und führe uns nicht in Versuchung,
sondern erlöse uns von dem Bösen.
(Denn dein ist das Reich und die Kraft und die Herrlichkeit in Ewigkeit. Amen.)«

Das Vaterunser ist im Neuen Testament zweimal überliefert. Eine Kurzfassung steht im Lukasevangelium, die uns vertrautere längere Fassung in der Mitte der Bergpredigt bei Matthäus. Fast sicher geht das Vaterunser auf Jesus selbst zurück. Er hat das Gebet wahrscheinlich in seiner Muttersprache aramäisch gesprochen.

Das Vaterunser, das sich eng an jüdische Gebete anlehnt, besteht aus einer ausführlichen Anrede, die dem Gebet den Namen gegeben hat, und sieben Bitten.

Der Schluss des Vaterunsers *(»Denn dein ist das Reich und die Kraft und die Herrlichkeit in Ewigkeit. Amen.«)* gehörte ursprünglich nicht zum Vaterunser dazu, sondern war wohl die Antwort der frühen Christen, mit der sie im Gottesdienst in das Vaterunser einstimmten, das von einem Vorbeter gesprochen wurde. Sehr bald sind diese Schlussverse dann an das Gebet angehängt worden.

»Unser Vater im Himmel« – die Anrede lässt schon das Ganze ahnen. Es ist wie in einem wichtigen Brief: Mit der Anrede, die ich für meinen Briefpartner wähle, sage ich, welche Beziehung ich zu ihm habe. »Vater«, aramäisch in der Sprache Jesu »Abba«, zu deutsch »Papa« – so hat Jesus zu Gott gesprochen. Wenn Jesus diese familiäre Gottesanrede wählt, ist das auffällig. »Er spricht Gott an, wie man über den Tisch den Vater anspricht.« (Hans Weder) Hier kommt die besondere Nähe zum Ausdruck, die Jesus zu Gott empfand.

Mit der größten Selbstverständlichkeit wird Gott, den wir nicht erforschen und nicht begreifen können, als »unser Vater« angesprochen. Was für ein unbegreifliches Vertrauen, in dem dieser Jesus gelebt hat und das er auch uns zutraut! Unsere Existenz ist kein Zufallsprodukt, sondern gehalten von einer ansprechbaren Macht, die uns gewollt hat, uns bejaht und in guten wie in bösen Tagen trägt. Wie ein guter Vater – oder auch wie eine Mutter, die uns geboren, großgezogen, gewärmt und getröstet hat.

Welchen Sinn hat es heute noch, von Gott als »Vater« zu reden? Manche haben schlechte Erfahrungen mit ihrem eigenen Vater gemacht. Andere kennen ihren Vater gar nicht, weil er nie anwesend war oder sich früh verabschiedet hat. Es gibt auf Erden verschiedene Väter. Dass aber Jesus Gott als »Vater« anspricht, ermöglicht auch eine kritische Haltung gegenüber unreflektierten Bindungen an menschliche Vaterbilder.

In den ersten Worten des Vaterunsers ist eigentlich alles schon enthalten. Wer sich in die Hände dieses Vaters geben kann, dem verändern sich die Maßstäbe und Prioritäten des eigenen Lebens. Es geht nicht mehr zuerst um unseren Namen, unsere Herrschaft, unseren Willen. Gegen die verwirrende Vielzahl von wichtigen und unwichtigen Namen, gegen die ungerechten Herrschaftsverhältnisse in dieser Welt, gegen die Egoismen und Sonderinteressen von Einzelnen und Gruppen sollen wir beten lernen: *»›Dein‹ Name werde geheiligt! ›Dein‹ Reich komme! ›Dein‹ Wille geschehe!«* Dreimal heißt es »dein« – und nicht »mein«.

Und dreimal heißt es »unser« oder »wir« – und nicht »ich«: *»Unser täglich Brot …, vergib uns unsere Schuld, wie auch wir … und führe uns nicht in Versuchung …«* Vom hungrigen, schuldigen, jede Stunde neu in Versuchung stürzenden, von allen Übeln bedrohten Menschen ist in den letzten drei Bitten des Vaterunsers die Rede. Von dem, der auf Brot angewiesen und in Schuld verstrickt ist, unfähig sich selbst zu helfen, weil es nicht möglich ist, sich am eigenen Schopfe aus dem Sumpf zu ziehen.

Das Vaterunser – eine exakte Beschreibung menschlichen Lebens. Darum hat es einen guten Grund, dieses Gebet an den Gräbern zu sprechen. So sind wir dran, doch zugleich in aller Hilfsbedürftigkeit aufgehoben bei dem, den wir voller Vertrauen unseren Vater nennen dürfen.

Das Vaterunser ist das christliche Grundgebet. Es verbindet alle christlichen Konfessionen. In Deutschland gehört es zum christlichen Restbestand in einer tendenziell nachchristlichen Gesellschaft. Das Vaterunser kennen alle. Es hat etwas Elementares, das nicht mehr aus dem Kopf geht. Es ist wie ein sicheres Geländer, an dem man sich festhalten kann, wenn die eigenen Werte nicht mehr ausreichen.

25 Gebete für alle Fälle

Die folgende Sammlung von Gebeten versteht sich als kleine Hausapotheke für den persönlichen Gebrauch. Morgens und abends, aber auch in Krisen oder bei besonderen Anlässen sucht man nach einem passenden Gebet, das man auch mitsprechen kann. Die folgenden Gebete sind einprägsam und behaltbar, meist eher kurz und elementar. Sie sprechen Wesentliches an. Viele von ihnen stammen von bekannten Personen (Martin Luther, Paul Gerhardt, Dietrich Bonhoeffer) und finden sich auch in anderen Gebetbüchern. Das Vaterunser und der dreiundzwanzigste Psalm dürfen in einer solchen Sammlung natürlich nicht fehlen, sie stehen aber schon auf den vorhergehenden Seiten.

Am Morgen
Ein neuer Tag liegt vor uns. Wir wissen nicht, was er bringen wird. Vielleicht freuen wir uns gerade auf diesen Tag, vielleicht steht er aber auch vor uns wie ein großer Berg. Wir brauchen Mut und Orientierung. Das Gebet kann helfen, den Tag zuversichtlich zu beginnen.

Führe mich, o HERR, und leite
meinen Gang nach deinem Wort;
sei und bleibe du auch heute
mein Beschützer und mein Hort.
Nirgends als von dir allein
kann ich recht bewahret sein. (Heinrich Albert)

Gott, zu dir rufe ich am frühen Morgen.
Hilf mir beten und meine Gedanken
sammeln zu dir; ich kann es nicht allein.
In mir ist es finster, aber bei dir ist das Licht;
ich bin einsam, aber du verlässt mich nicht;
ich bin kleinmütig, aber bei dir ist die Hilfe;
ich bin unruhig, aber bei dir ist Frieden;
in mir ist Bitterkeit, aber bei dir ist Geduld;
ich verstehe deine Wege nicht, aber du weißt
einen Weg für mich. (Dietrich Bonhoeffer)

Ich bitte dich, HERR, um die große Kraft,
diesen kleinen Tag zu bestehen,
um auf dem großen Wege zu dir
einen kleinen Schritt weiterzugehen. (Ernst Ginsberg)

Heute ist kein schöner Morgen,
denn ich habe Angst und Sorgen.
Gib mir Mut, jetzt aufzustehen.
Wenn du hilfst, dann wird es gehen. (Quelle unbekannt)

Ich danke dir, mein himmlischer Vater, durch
Jesus Christus, deinen lieben Sohn, dass du
mich diese Nacht vor allem Schaden und Gefahr
behütet hast, und bitte dich, du wollest mich
diesen Tag auch behüten vor Sünden und allem
Übel, dass dir all mein Tun und Leben gefalle.
Denn ich befehle mich, meinen Leib und Seele
und alles in deine Hände.
Dein heiliger Engel sei mit mir, dass der böse
Feind keine Macht an mir finde. (Martin Luthers Morgensegen)

Tischgebete

Oft ist das Tischgebet bloß Konvention. Aber auch dann unterbricht es die routinemäßigen Abläufe bei den Mahlzeiten. Vor dem Essen kurz innehalten und sich bewusst werden, dass es nicht selbstverständlich ist, jeden Tag alles zu bekommen, was wir brauchen. Woanders gibt es Menschen, die hungern. Die Mahlzeit als Gabe Gottes erkennen und sich einen gesegneten Appetit wünschen.

Danket dem HERRN, denn er ist freundlich,
und seine Güte währet ewiglich. (Aus Psalm 107)

Aller Augen warten auf dich, HERR,
und du gibst ihnen ihre Speise zur rechten Zeit,
du tust deine Hand auf und sättigst alles,
was lebt, nach deinem Wohlgefallen. (Aus Psalm 145)

Lobe den HERRN, meine Seele,
und was in mir ist, seinen heiligen Namen!
Lobe den HERRN, meine Seele, und vergiss nicht,
was er dir Gutes getan hat. (Aus Psalm 103)

HERR, deine Güte reicht, so weit der Himmel ist,
und deine Wahrheit, so weit die Wolken gehen. (Aus Psalm 36)

Am Abend

Vor dem Einschlafen, wenn alles still ist und man selbst auch zur Ruhe gekommen ist, kann man den Tag Revue passieren lassen: was gut war und was verkehrt gelaufen ist, was bedrückt und wofür man danken kann. Alles kann ich aussprechen, in Worten oder in Gedanken, und vor Gott bringen.

Im Schlaf haben wir aber auch keine Kontrolle über uns. Wir werden schutzlos wie kleine Kinder. Da ist es gut, wenn einer wacht.

So legt euch denn, ihr Brüder,
in Gottes Namen nieder;
kalt ist der Abendhauch.
Verschon uns, Gott, mit Strafen
und lass uns ruhig schlafen.
Und unsern kranken Nachbarn auch! (Matthias Claudius)

Müde bin ich, geh zur Ruh, schließe meine Augen zu.
Vater, lass die Augen dein über meinem Bette sein.
Hab ich Unrecht heut getan, sieh es, lieber Gott, nicht an.
Deine Gnad und Jesu Blut machen allen Schaden gut.
Alle, die mir sind verwandt, Gott, lass ruhn in deiner Hand;
alle Menschen, groß und klein, sollen dir befohlen sein.
Müden Herzen sende Ruh, nasse Augen schließe zu.
Lass den Mond am Himmel stehn und die stille Welt besehn. (Luise Hensel)

Abend und Morgen
sind seine Sorgen;
segnen und mehren,
Unglück verwehren
sind seine Werke und Taten allein.
Wenn wir uns legen,
so ist er zugegen;
wenn wir aufstehen,
so lässt er aufgehen
über uns seiner Barmherzigkeit Schein. (Paul Gerhardt)

Und wieder geht ein Tag zu Ende,
ich leg' ihn, HERR, in deine Hände.
Nimm an, was gut war, froh und recht,
nimm weg, was bös' war, traurig, schlecht.
Ich möcht' in deinem Segen ruhn
und morgen wieder Gutes tun. (Quelle unbekannt)

HERR, mein Gott,
dieser Tag war voller Unruhe.
Ich bin einfach nicht dazu gekommen,
an dich zu denken.
Ich bin völlig erschöpft.
Lass mich heute Nacht gut schlafen.

Für alle Tage

Beten ist ein Gespräch mit Gott, in dem das ganze Leben Platz hat: die Erfahrungen des Tages und die Begegnungen mit anderen Menschen, die Erlebnisse in der Familie und die Belastungen im Beruf, die Genesung von einer schweren Krankheit und die Sorge um andere Menschen, aber auch die politischen Nachrichten des Tages und die Verhältnisse in der Welt. Im Gebet holt die Seele Atem, sie schöpft neue Kraft für das persönliche Leben.

Befiehl du deine Wege und was dein Herze kränkt
der allertreusten Pflege des, der den Himmel lenkt.
Der Wolken, Luft und Winden gibt Wege, Lauf und Bahn,
der wird auch Wege finden, da dein Fuß gehen kann. (Paul Gerhardt)

Von guten Mächten wunderbar geborgen,
erwarten wir getrost, was kommen mag.
Gott ist bei uns am Abend und am Morgen
und ganz gewiss an jedem neuen Tag. (Dietrich Bonhoeffer)

Gott, gib mir die Gelassenheit,
Dinge hinzunehmen, die ich nicht ändern kann,
den Mut, Dinge zu ändern, die ich ändern kann,
und die Weisheit, das eine vom andern zu unterscheiden. (Friedrich Chr. Oetinger)

HERR, gib uns Frieden für unser Leben,
Kraft für unseren Weg,
Gelassenheit in aller Unruhe,
festen Grund unter den Füßen
und ein Ziel vor Augen. (Quelle unbekannt)

HERR, ich bitte dich nicht um ein ruhiges Leben,
warm und satt, windstill und wellenlos.
Ich bitte dich aber: Bleibe in meinem Boot.
Das andere Ufer rückt näher,
der Sturm nimmt zu und die Angst. (Paul Roth)

Lass mich eines lernen, barmherziger Gott,
dass ich kein Übermensch bin.
Ich bin nicht besser als andere Menschen.
Was ich sage, reißt nicht jeden vom Stuhl
und was ich tue, bleibt oft Stückwerk.
Wenn ich mich mit anderen vergleiche,
rage ich nicht besonders heraus.
Ich bin nur einer unter vielen,
aber du, Gott, magst mich, so wie ich bin.
Das ist es, woran ich mich halte.

Ich hebe meine Augen auf zu den Bergen.
Woher kommt mir Hilfe?
Meine Hilfe kommt vom HERRN,
der Himmel und Erde gemacht hat.
Er wird deinen Fuß nicht gleiten lassen,
und der dich behütet, schläft nicht.
Siehe, der Hüter Israels schläft und schlummert nicht.
Der HERR behütet dich;
der HERR ist dein Schatten über deiner rechten Hand,
dass dich des Tages die Sonne nicht steche
noch der Mond des Nachts.
Der HERR behüte dich vor allem Übel,
er behüte deine Seele.
Der HERR behüte deinen Ausgang und Eingang
von nun an bis in Ewigkeit! (Psalm 121)

Segen

An wichtigen Stationen und Wendepunkten im Leben, aber auch vor einer langen Reise bitten wir Gott um Schutz und Bewahrung. Wir wünschen uns und anderen Gesundheit, Glück und Frieden. Dabei wenden wir uns an den, von dem alles Leben kommt und dem wir zutrauen, dass er auch auf unser Leben acht gibt.

Gott segne dich und behüte dich.
Gott lasse sein Angesicht leuchten über dir und sei dir gnädig.
Gott erhebe sein Angesicht über dich und gebe dir Frieden. (Aus 4 Mose 6)

Bleib bei uns, HERR, auf allen Wegen,
geh täglich mit uns aus und ein
und lass uns unter deinem Segen
auch anderen zum Segen sein. (Quelle unbekannt)

Segen

Möge der Weg dir freundlich entgegenkommen,
der Wind dir den Rücken stärken,
die Sonne dein Gesicht erhellen
und der Regen um dich her die Felder tränken.
Und bis wir uns beide wiedersehen,
halte Gott dich schützend in seiner Hand. (Irischer Reisesegen)

Der HERR sei vor dir,
um dir den rechten Weg zu zeigen.
Der HERR sei neben dir,
um dich in die Arme zu schließen und zu schützen.
Der HERR sei hinter dir,
um dich zu bewahren vor der Heimtücke böser Menschen.
Der HERR sei unter dir,
um dich aufzufangen, wenn du fällst,
und dich aus der Schlinge zu ziehen.
Der HERR sei in dir,
um dich zu trösten, wenn du traurig bist.
Der HERR sei um dich herum,
um dich zu verteidigen, wenn andere über dich herfallen.
Der HERR sei über dir,
um dich zu segnen.
So segne dich der gütige Gott. (Aus dem 5. Jh. n. Chr.)

Gibt es Engel?

Jeder kennt sie: die beiden süßen Engelchen mit ihren kurzen Flügeln, die molligen Arme aufgestützt, die Augen himmelwärts, mit schelmischem Blick, lieblich, brav und fromm. Raffael hat sie 1513 an den unteren Rand der berühmten »Sixtinischen Madonna« gemalt. Hunderttausend Mal sind sie im Lauf der Jahrhunderte kopiert, reproduziert, verfremdet und zu Werbezwecken vermarktet worden. An jedem Postkartenständer irgendeines Museums kann man sie kaufen.

Engel sind wieder groß in Mode, sie begegnen einem inzwischen überall. Als liebliche Gestalten werden sie auf Postkarten, Tassen und Poesiebildern angeboten, sie werben für Versicherungen, Zigaretten und Kleinwagen. Man findet sie auf Zeitungsanzeigen, Geschenkpapier und T-Shirts, aber auch in Filmen, in der Popmusik und in vielen neueren Büchern wimmelt es von Engeln. Vor allem Schutzengel haben Hochkonjunktur. Haben wir alle einen Schutzengel? Viele Menschen sind davon überzeugt. Nach einer Allensbach-Umfrage glaubt inzwischen jeder zweite Deutsche an die Existenz von Schutzengeln. Angesichts der Ungewissheiten des Lebens wünscht man sich einen unsichtbaren Begleiter, der bei Gefahren einspringt und seine schützende Hand über einen hält.

Die Bibel kennt Engel. Doch passen diese oft nicht zu unseren heutigen Engelvorstellungen.

Diese Engel-Renaissance ist aus christlicher Sicht eher überraschend. In der Bibel spielen die Engel keine zentrale Rolle, es wird dort auch nicht genauer beschrieben, wie Engel aussehen oder welche Gestalt sie haben. Die weit verbreitete Vorstellung von Engeln in Menschengestalt mit Flügeln stammt nicht aus der Bibel, sondern aus der griechischen Mythologie, von wo aus sie ins Judentum und Christentum, aber auch in den Islam übertragen wurde. Viele biblische Engelerzählungen passen darum auch nicht zu den Engelvorstellungen, die zur Zeit in Mode sind. Ein Engel schreit vom Himmel und stoppt Abraham, als dieser im Begriffe ist, seinen Sohn Isaak zu opfern (1 Mose 22). Engel kommen Lot zu Hilfe und retten ihn in Sodom vor einer aufgebrachten Menge (1 Mose 19). Der »Engel des HERRN« spürt die in die Wüste geflohene Hagar auf, bewegt sie zur Umkehr und rettet ihr und ihrem ungeborenen Kind das Leben (1 Mose 16). Oft zeigt sich erst im Nachhinein, dass in der Begegnung mit einem Engel etwas Besonderes geschieht: die Begegnung mit Gott selbst, der in einer ausweglosen Situation rettet. So hat der Prophet Elia, der sich auf der Flucht vor der Königin Isebel in die Wüste gerettet hat, mit dem Leben abgeschlossen: »Es ist genug, so nimm nun, HERR, meine Seele; ich bin nicht besser als meine Väter. Und er legte sich hin und schlief unter dem Wacholder. Und siehe, ein Engel rührte ihn an und sprach zu ihm: Steh auf und iss. Und er sah sich um, und siehe, da lag ein geröstetes Brot und da stand ein Krug mit Wasser.« (1. Könige 19) Behutsam, einfühlsam und lebenspraktisch – so erfährt der Prophet Elia hier die Hilfe Gottes.

»Der Engel bei Bolt an der Ecke,
der hatte heute viel zu tun:
die Kinder vom Stadtrandviertel,
die rennen auf raschen Schuhn.

Sie laufen hinter dem Ball her,
der Ball, der rollt und rollt.
Doch die Autos sieht nur der Engel,
der steht, wie gesagt, bei Bolt,

bei Bolt, dem Schuhwarenladen,
da steht der Engel und wacht.
Er schwingt seinen Stock und gibt auf
die spielenden Kinder acht.

Man weiß, er heißt Gottlieb Zille
und sieht auch genau so aus
mit Bart und Zigarre und Brille:
der Rentner vom Hinterhaus.
(Rudolf Otto Wiemer, Schriftsteller)

Doch die Begegnung mit den Engeln verläuft in der Bibel nicht nur angenehm. Vor dem verschlossenen Paradies steht der Engel mit dem flammenden Schwert in der Hand (1 Mose 3,24) Die Hirten in der Weihnachtsgeschichte »fürchten sich sehr«, als ihnen der Engel die Weihnachtsbotschaft verkündete (Lukas 2,9). Und in der Auferstehungsgeschichte erschraken die Grabeswächter aus Furcht vor dem Engel »und wurden, als wären sie tot« (Matthäus 28,4).

In der hebräischen und in der griechischen Sprache, den beiden biblischen Sprachen, gibt es für »Engel« und »Bote« Gottes ein und dasselbe Wort. Die Bibel spekuliert nicht über das Wesen, die Erscheinung oder den Ursprung der Engel, wichtig ist allein, was sie tun und in wessen Auftrag sie unterwegs sind. Engel sind keine eigenständigen göttlichen Wesen, sie existieren nur in ihrem Auftrag. »Engel« ist die Bezeichnung für eine Aufgabe, nicht für ein Wesen oder eine Gattung. Sie sind Boten Gottes, »dienstbare Geister, ausgesandt zum Dienst an den Menschen, die das Heil ererben sollen«, wie es im Hebräerbrief heißt (1,14). In seinem Engel – wer immer es ist – wendet sich Gott einem Menschen in besonderer Weise zu.

Diese Erfahrung haben unzählige Menschen auch in ihrem Leben gemacht. Wer hat nicht schon Situationen erlebt, bei denen er hinterher dachte: Da hatte ich einen Schutzengel? Oder es hat uns jemand unverhofft in einer schwierigen Lebenssituation geholfen – mit einer entscheidenden Hilfe, mit der wir nicht rechnen konnten oder auch mit dem rechten Wort zur genau richtigen Zeit.

Jeder kann für einen anderen Menschen zu einem Engel werden, zu einem Boten der Menschenfreundlichkeit Gottes. Dazu braucht man keine Flügel.

? Kann man beten lernen?

Gott, ich möchte beten, doch es fällt mir schwer.
Mir fällt nichts ein, ich finde keine Worte.
Ich weiß nicht, was ich sagen soll.
Ich weiß auch nicht, ob du mich hörst.
Dann möchte ich einfach so an dich denken
oder ganz still werden oder ganz einfache Worte finden.
Lass mich spüren, dass du da bist.
Ich hoffe, dass du mir zuhörst.
Ich möchte an dich glauben.
Hilf mir, Gott!
Amen

Manche sagen, ich bete nur dann, wenn mir danach ist und ich auch voll dahinter stehen kann. Doch wann ist das? Wer mit dem Beten darauf wartet, bis sich bestimmte religiöse Gefühle einstellen, fängt mit dem Beten meist gar nicht erst an. Das Gebet braucht eine gewisse Regelmäßigkeit. Wie die im einzelnen Fall aussieht, muss jeder für sich entscheiden. Sinnvoll ist es, sich jeden Tag eine gewisse Zeit für das Gebet freizuhalten. Eine feste Zeit für Gebete kann verhindern, dass die Beziehung zu Gott im Alltag in den Hintergrund tritt. Mit wachsender Übung wird die Form selbstverständlich und die Worte stellen sich leichter ein. Auch wenn man selbst leer ist und man beim Beten nichts »spürt«, empfiehlt es sich, weiterzumachen. Gegen die eigene Leere hilft in diesem Fall auch »freiwillige« Disziplin.

Müssen es beim Beten immer eigene Worte sein? In manchen kirchlichen Kreisen gilt das freie Gebet mit eigenen Worten als das wertvollere. Doch dafür gibt es keine überzeugenden Argumente. Im Gegenteil! Manchmal wirken freie Gebete einfach peinlich. Es ist schwer, immer alles aus sich selbst zu schöpfen. Meist ist es gerade für den, der mit dem Beten beginnen will, besser, sich an bekannte Gebete zu halten. Auch Gesangbuchstrophen oder Psalmverse sind oft sehr einprägsam und gut zu behalten. Das Vaterunser muss man ohnehin nicht neu erfinden, es erfordert auch keine Aktualisierungen oder Variationen.

Das Gebet ist etwas ganz Persönliches und zugleich etwas höchst Vielfältiges. Es gibt keine Rezepte und keine Techniken für das Beten. Das Gebet kann sehr nüchtern und kurz sein: »Mein Gott! Ich bin am Ende, hilf mir!« Beten kann aber auch darin bestehen, vor Gott sein Herz auszuschütten, zu klagen und zu fragen: »Mein Gott, warum? Wie lange noch?« Es kann eine Bitte für mich oder für andere sein: »Lieber Gott, lass bei der Operation alles gut gehen!« Beten kann sich im persönlichen Bekennen von Sünde und Schuld äußern, aber auch im Dank für persönliche Bewahrung in brenzligen Situationen. Beten besteht aber nicht im bloß äußerlichen Aufsagen von Gebetsformeln. Jesus kritisiert dies ausdrücklich und spricht von einem »Plappern wie die Heiden, die meinen, sie werden erhört, wenn sie viele Worte machen.« (Matthäus 6,7)

»Beten ist keine Kunst, sondern ein Handwerk. Der durchschnittliche Mensch kann es lernen, wie er lesen und schreiben und kochen lernen kann. Es gehört dazu keine besondere angeborene Frömmigkeit. Wohl muss man eine gewisse Aufmerksamkeit für das Leben haben, eine gewisse Leidenschaftlichkeit; die Fähigkeit, zu wünschen; und die Fähigkeit, Dinge unerträglich zu finden. Man kann beten, wenn man weiß, wofür man beten soll.«
(Fulbert Steffensky, ev. Theologe)

Ich kann im Gebet zum Himmel aufblicken oder die Augen schließen. Ich kann im Stehen beten oder niederknien. Ich kann die Hände falten oder die Arme ausbreiten. Es gibt viele unterschiedliche Gebetshaltungen und Gebetsbräuche. Katholiken bekreuzigen sich und knien beim Gebet, Muslime verneigen sich in Richtung Mekka. Juden legen sich beim Beten einen Schal um, Buddhisten versenken sich im Lotussitz. Für Christen gibt es keine Vorschriften beim Beten. Wir können beten, ohne die Hände zu falten und ohne besonders gekleidet zu sein. Wir können ein Gebet laut sprechen oder auch in Gedanken beten. Beten heißt alles andere als die Hände in den Schoß legen und warten,

Jonathan Borofsky, Der Himmelstürmer, 1992

dass etwas geschieht. Jesus erzählt es im Gleichnis von der Witwe und dem ungerechten Richter (Lukas 18,1-8) anders: Die Witwe belästigt den Richter, sie pocht auf ihr Recht, sie bedrängt ihn und fällt ihm »auf den Wecker« und wird darin von Jesus als Beispiel für rechtes Beten gelobt.

Beten ist überall möglich! Im Bett vor dem Einschlafen oder im Flugzeug vor der Landung, in der Kirche oder unterwegs mit dem Fahrrad, mittags vor dem Essen oder morgens unter der Dusche. Immer mehr Menschen ziehen sich auch zu bestimmten Zeiten in Klöster oder Tagungshäuser zurück, um dort in der Gemeinschaft von Mitbetenden Raum, Zeit und Unterstützung zum Beten zu finden.

Was kann einem helfen, innezuhalten und sich zu konzentrieren? Vielleicht sucht man sich einen ruhigen Platz, wo man ungestört ist und zur Ruhe kommen kann. Man kann eine Kerze anzünden oder einen Abschnitt aus der Bibel lesen, man kann ein Bild betrachten, ein Gedicht lesen oder auch einfach aus dem Fenster sehen.

»Ich sitze am Fenster, sehe nach draußen, alles ist ruhig.
Das Fenster ist offen und ich spüre den warmen Sommerwind.
Mir geht so vieles durch den Kopf. Ich denke über Menschen nach,
die ich gern habe und über andere, über die ich mich geärgert habe.
Es ist Abend und die Sonne ist schon untergegangen.
Ich sehe die Sterne und den Mond. Dabei denke ich an dich, Gott,
und ich merke, wie ich anfange, leise in Gedanken mit dir zu reden.
Ich erzähle dir von meinem Leben, von meinen Träumen, Ängsten
und von meinen Geheimnissen. Ich weiß, du bist da.
Du lässt mich ausreden und ich spüre, dass sich vieles klärt,
was verworren war und mir zu schaffen machte. Amen.«

»Was kommt nach dem Tod?« – Von der christlichen Hoffnung

Ein Trauerbrief, ein Telefonanruf aus dem Altenheim, die Nachricht von einem Unfall oder von einer unvorhersehbaren Krankheit – und plötzlich ist der Tod unausweichlich da. Mit einem Mal wird vieles zweitrangig, die Selbstverständlichkeiten des Alltags sind dahin, das Leben hat sich von einem Tag auf den anderen verändert.

Jedes Jahr sterben in Deutschland etwa 830 000 Menschen, fast die Hälfte von ihnen im Alter von achtzig Jahren und darüber. Vor hundert Jahren starben die meisten Menschen an Infektionskrankheiten, heute stirbt fast jeder zweite an einer Erkrankung des Herz-Kreislauf-Systems. Obwohl fast alle am liebsten zu Hause sterben möchten, stirbt jeder zweite heute im Krankenhaus und jeder vierte in einem Alten- oder Pflegeheim. Ist der Tod einfach nur eine biologische Tatsache, das natürliche Ende eines heute meist langen Lebens?

Der Tod konfrontiert uns mit der Endlichkeit unseres Lebens. Er ist unbedingt, man kann mit ihm nicht verhandeln. Er trifft jeden, arm oder reich, prominent oder unbekannt. Wir sind ihm ausgeliefert. Der Tod trennt Liebende, erlöst Leidende und lässt Menschen mit Schuldgefühlen zurück. Er beendet Leben, das sich noch gar nicht entfaltet hat, kommt fast immer zur Unzeit und zeigt, wie fragmentarisch menschliches Leben fast immer ist. Der Tod wirft die Frage nach Sinn und Schuld, Vergebung und Hoffnung auf. Er gehört zum Menschen, ist aber mehr als nur ein natürliches Faktum: der Tod stellt die Grundfragen nach der menschlichen Existenz.

Der Tod ist mehr als nur ein natürliches Faktum. Er stellt die Grundfragen nach der menschlichen Existenz.

»Ist mit dem Tod alles aus?« »Was kommt nach dem Tod?« »Was bleibt von unserem Leben, wenn wir sterben?« »Wo sind die Toten?« Das sind Grundfragen, die Menschen überall auf der Welt in allen Kulturen und Religionen stellen und gestellt haben.

Die christlichen Kirchen antworten auf diese Fragen traditionell mit der Hoffnung auf das ewige Leben. So heißt es im apostolischen Glaubensbekenntnis:

»Ich glaube an … die Auferstehung der Toten und das ewige Leben.« Für viele Menschen, auch für Christen, haben diese Antworten jedoch an Plausibilität verloren. Sie sind unsicher geworden und können sich speziell eine »Auferstehung der Toten« nicht wirklich vorstellen. In einer Zeit durchgängiger Individualisierung soll auch die eigene Jenseitsvorstellung persönlich plausibel sein. So machen sich inzwischen nicht wenige Menschen ihr eigenes Jenseitsbild aus verschiedenen Versatzstücken der eigenen und fremder Traditionen zurecht. Dabei spielen ursprünglich fernöstliche Reinkarnationsvorstellungen eine nicht unwesentliche Rolle. Alle größeren Buchhandlungen bieten inzwischen ein breites Angebot esoterischer Ratgeberliteratur, aus der wir erfahren können, dass und wie unser Geist in einer jenseitigen Welt weiterlebt und wie wir Kontakt mit den Verstorbenen aufnehmen können. Berichte klinisch Toter, die wieder ins Leben zurückkamen, sollen belegen, dass es »irgendwie« weitergeht.

Seitdem traditionell-anschauliche Jenseitsbilder wie die Vorstellung von einem Jüngsten Gericht, von einem himmlischen Paradies oder von der Hölle vielen Menschen nicht mehr glaubhaft erscheinen und sich zugleich die christlichen Theologen mit konkret-anschaulichen Antworten auf berechtigte Fragen sehr zurückgehalten haben, ist hier eine Art Vakuum entstanden. »Es besteht offenkundig eine Differenz zwischen elementaren religiösen Fragen und kirchlichen Antworten.« (Unsere Hoffnung auf das ewige Leben. Neukirchen 2006, 25) Viele suchen nach tröstenden Bildern, die sie persönlich anzusprechen vermögen und die ihnen auch bei ihrer konkreten Trauerbewältigung gefühlsmäßig helfen können.

Worauf können Christen hoffen? Oft hört man: Sie hoffen auf ein Jenseits, auf ein persönliches Weiterleben nach dem Tod. Wäre dies alles, könnte man den Eindruck gewinnen, die christliche Hoffnung sei gut fürs Sterben, aber nicht für dieses Leben. Soll uns die christliche Hoffnung letztlich nur über die Enttäuschungen dieses Lebens hinwegtrösten?

»Das Jenseits ist die Kraft des Diesseits«, sagte vor hundert Jahren der Theologe und Philosoph Ernst Troeltsch. Und im Vaterunser beten wir: »Dein Reich komme. Dein Wille geschehe wie im Himmel so auf Erden.« Die christliche Hoffnung ist nicht nur eine persönliche Jenseitshoffnung auf ein Leben nach dem Tod, sondern sie richtet sich auch auf ein humanes und gerechtes Leben für alle Menschen »vor« dem Tod.

Leben heißt hoffen. Ohne Hoffnung kann kein Mensch leben. Doch worauf hoffen wir? Dass alles so weitergeht wie bisher? Das wird nicht geschehen, denn Leben heißt ständige Veränderung. Die Zukunft ist nicht vorhersehbar, sie ist uns Menschen grundsätzlich verborgen. Wenn die Hoffnung nicht ins Leere gehen soll, braucht sie eine gute Begründung. Letztlich hoffen wir, dass wir persönlich eine gute Zukunft haben und es von Gott her mit der Welt ein gutes Ende nehmen wird. Gibt es dafür gute Gründe?

Der Tod und die Hoffnung in der Bibel

Das Alte Testament kennt über weite Strecken keine Auferstehungshoffnung. Was man von Gott erbittet und erhofft, ist langes, erfülltes Leben in der Gemeinschaft der Familie und des Volkes. Zugleich geht die Hoffnung aber auch weit über den Tod hinaus. Sie richtet sich auf eine große Nachkommenschaft, auf die Zukunft des Volkes, auf dauerhaften Besitz des Landes für Israel. Das Leben ist im Alten Testament das höchste Gut, ein langes Leben mit vielen Nachkommen. So wird es von Abraham, von Jakob oder von dem gerechtfertigten Hiob erzählt. Langes Leben bedeutet Segen, früher Tod dagegen Unglück und Fluch.

Das Alte Testament beschreibt den Tod sehr realistisch und ohne jede Verklärung. Alles, was lebt, muss sterben: »Es geht dem Menschen wie dem Vieh; wie dies stirbt, so stirbt auch er. Beide haben denselben Lebensgeist, und nichts hat der Mensch dem Vieh voraus, denn nichtig und flüchtig sind sie alle«. (Prediger 3,19) Die Toten erwartet im Alten Testament kein beneidenswertes Los, sie führen eine Schattenexistenz im Totenreich. Wer stirbt, wird im Familiengrab »zu seinen Vätern versammelt« und wird dann, nach vollständiger Verwesung, zu einem Schatten in der Unterwelt, wo er in einer trostlosen Existenz weitervegetiert. Von Gott ist er für immer getrennt. »Denn die Toten loben dich nicht, und der Tod rühmt dich nicht, und die in die Grube fahren, warten nicht auf deine Treue.« (Jesaja 38,18)

Jesaja 38

So klagt der König Hiskia, der auf dem Höhepunkt seines Lebens erfährt, dass er sterben muss. Die Bibel erzählt:

»Zu der Zeit wurde Hiskia todkrank. Da kam der Prophet Jesaja, der Sohn des Amos, zu ihm und sprach: So spricht der HERR: Bestelle dein Haus, denn du wirst sterben und nicht am Leben bleiben. Da drehte Hiskia sein Angesicht zur Wand und betete zum HERRN und sprach: Ach HERR, denk doch daran, dass ich treu und mit ungeteiltem Herzen vor dir gelebt habe und dass ich getan habe, was gut ist in deinen Augen. Und Hiskia weinte sehr.«

Der König Hiskia steht auf der Höhe seiner Macht. In der Bibel bekommt er im Gegensatz zu den meisten anderen Königen Israels gute Zensuren. Er stellte den Tempeldienst wieder her, baute Vorratshäuser für Getreide, Wein und Öl, gründete Städte im ganzen Land. Ein König auf der Höhe seines Lebens. Eine Hoffnung auf Auferstehung hat er nicht. Lebenssatt und müde ist er noch nicht. Er wird noch gebraucht von seinem Volk, das Sterben erscheint ihm völlig sinnlos. *»Nun* *muss ich in der Mitte meines Lebens durch die Tore des Totenreiches gehen. Ich werde den HERRN nicht mehr sehen im Land der Lebendigen. Zu Ende gewebt habe ich mein Leben wie ein Weber. Er schneidet mich ab vom Faden. Ich piepse wie eine Schwalbe, ich gurre wie eine Taube. Voller Verlangen sehen meine Augen nach oben: HERR, ich leide Not, tritt für mich ein!«*

Hier hat einer große Angst vor dem Sterben, weil er das Leben liebt. Er kann den Tod nicht in heiterer Gelassenheit überspielen. Der Tod ist definitiv, weil er den Menschen ganz, mit Leib und Seele, vernichtet. Der Tod ist schrecklich, weil er in die Gottverlassenheit führt. *»Die Toten loben dich nicht.«*

In der alttestamentlichen Geschichte vom König Hiskia geschieht das Unerwartete: »Und das Wort des HERRN erging an Jesaja. Geh und sprich zu Hiskia ... Ich habe dein Gebet gehört und deine Tränen gesehen. Siehe, 15 Jahre werde ich hinzufügen zu deinen Tagen.« Hiskia wird wieder gesund. Er bekommt noch 15 Jahre. Das ist eine lange Zeit, doch zuletzt zerrinnt auch sie zwischen den Fingern. Ob 15 Jahre oder ein Jahr – das Leben ist eine Frist, die mit jedem Tag kürzer wird. Manchmal ist es wichtig, sich dies klarzumachen. Man kann es auch positiv formulieren: »Heute ist der erste Tag vom Rest meines Lebens.« Das ist eine Einsicht, die das Leben verändern kann.

Israels Gott ist ein Gott der Lebenden, nicht der Toten. Mit den Toten und der Unterwelt hat Gott im Alten Testament zunächst und lange Zeit nichts zu schaffen. Seine Macht endet an den Grenzen des Totenreiches. Diese Einstellung ändert sich in der Spätzeit des Alten Testaments. »Dennoch bleibe ich stets bei dir; denn du hältst mich bei meiner rechten Hand, du leitest mich nach deinem Rat und nimmst mich am Ende mit Ehren an.« (Psalm 73,23-24) Hier findet sich die Hoffnung, dass der Tod die Gemeinschaft des einzelnen Menschen mit Gott nicht aufheben kann. Aus der aufkeimenden Hoffnung auf eine den Tod überdauernde persönliche Gemeinschaft mit Gott wird eine allgemeine Hoffnung: »Er wird den Tod verschlingen auf ewig. Und Gott, der HERR, wird die Tränen von allen Angesichtern abwischen und die Schmach seines Volkes wird er verschwinden lassen von der ganzen Erde.« (Jesaja 25,8) Diese Hoffnung entwickelt sich aus dem alttestamentlichen Gottesglauben selbst. Wenn es nur einen Gott gibt, dann kann es auch keine Bereiche der Welt mehr geben, die ihm entzogen sind.

Der entscheidende Durchbruch zu einem Auferstehungsglauben am Ende des Alten Testaments scheint im Zusammenhang mit den Makkabäerkriegen erfolgt zu sein. In diesen jüdischen Befreiungskriegen ließen viele junge Juden ihr Leben. In der Frage »Ist es gerecht, wenn es dem Bösen ein Leben lang gut geht und zugleich der Gute jung und zu früh sterben muss?« setzte sich die Überzeugung durch: Gott wird dem früh Gestorbenen das im Kampf gegen fremde Unterdrücker und fremde Götterkulte verlorene Leben wiedererstatten. Aus dieser Zeit stammt der älteste Beleg für einen dezidierten Auferstehungsglauben im Alten

Testament: »Viele von denen, die im Erdenstaub schlafen, werden aufwachen, die einen zum ewigen Leben, die andern zu ewiger Schmach und Schande.« (Daniel 12,2) Dieser Auferstehungsglaube ist ein Appell an Gottes Gerechtigkeit, es geht um das Einklagen von Gerechtigkeit für die Opfer der Geschichte.

Die Hoffnung auf eine individuelle Auferstehung ist zur Zeit Jesu in Israel eine bekannte, allerdings umstrittene Lehre. Die Sadduzäer, die Partei der religiös-konservativen Priesteraristokratie, lehnen sie ab. Die Pharisäer, eine reformerische Laienbewegung, bejahen sie. Jesus steht in dieser Frage auf Seiten der Pharisäer, wie ein Streitgespräch zeigt, das er mit den Sadduzäern führt. Sie hatten sich eine absurde Frage überlegt, mit der sie Jesus aufs Kreuz legen und den Unsinn des Auferstehungsglaubens zeigen wollten: »Es waren einmal sieben Brüder, die einer nach dem anderen alle verstarben. Die Frau des ersten ging der Reihe nach an die anderen sechs über, bis sie alle sieben Ehemänner überlebte. ›In der Auferstehung nun – wessen Frau wird sie sein von den sieben?‹« Jesus antwortet: »Ihr irrt, weil ihr weder die Schrift kennt noch die Macht Gottes … Gott ist nicht ein Gott von Toten, sondern von Lebenden.« (Markus 12,18-27) Keinem Mann wird diese siebenfache Witwe gehören, sondern sie gehört Gott, der sie ins Leben gerufen hat und zu dem ihr Leben nach dem Tod zurückkehrt.

Keine Zeile des Neuen Testaments wäre geschrieben worden, wenn Matthäus, Lukas, Johannes, Paulus und die anderen nicht zutiefst überzeugt gewesen wären, dass Jesus von den Toten auferstanden ist. Dadurch ist zugleich etwas mit dem Tod geschehen – er ist nicht mehr allmächtig.

Das Markusevangelium schildert eindrücklich, wie Jesus am Kreuz mit dem Schrei »Mein Gott, mein Gott, warum hast du mich verlassen?« (Markus 15,34) gestorben ist. Jesus ist wirklich gestorben und er hat in seinem Sterben die volle Macht des Todes in aller Gottesferne erfahren und erlitten. Schon früh ist dieses Sterben von Christen so interpretiert worden, dass Jesus in seinem Tod stellvertretend für alle das Ausgeliefertsein des Menschen an den Tod auf sich genommen und überwunden hat: »Den hat Gott auferweckt und hat aufgelöst die Schmerzen des Todes, wie es denn unmöglich war, dass ihn der Tod festhalten konnte.« (Apostelgeschichte 2,24)

1. Korinther 15,12-20

Im Neuen Testament ist es vor allem Paulus, der die Hoffnung der Christen mit der Auferstehung Jesu von den Toten begründet. Im 15. Kapitel des 1. Korintherbriefes führt er ein Streitgespräch über die Auferstehung. Einige Christen in Korinth vertraten die Meinung, es gäbe keine Auferstehung der Toten. Ihnen antwortet Paulus:

»Wenn aber gepredigt wird, dass Christus von den Toten auferweckt worden ist, wie können dann einige unter euch sagen, es gäbe keine Auferstehung der Toten? Wenn es keine Auferstehung der Toten gibt, dann ist auch Christus nicht auferweckt worden. Ist aber Christus nicht auferweckt worden, dann ist unsere Predigt leer, leer auch euer Glaube. Wir stehen dann auch als falsche Zeugen Gottes da, weil wir gegen Gott ausgesagt haben, er habe Christus auferweckt, den er gar nicht auferweckt hat, wenn doch die Toten nicht auferstehen.

Wenn die Toten nämlich nicht auferstehen, dann ist auch Christus nicht auferstanden. Ist aber Christus nicht auferstanden, dann ist euer Glaube nichtig, dann seid ihr noch in euern Sünden; dann sind auch die verloren, die in Christus entschlafen sind. Wenn wir allein für dieses Leben unsere Hoffnung auf Christus gesetzt haben, dann sind wir erbärmlicher dran als alle anderen Menschen.

Nun aber ist Christus von den Toten auferweckt worden als Erster derer, die entschlafen sind.«

Bis heute weiß man nicht genau, welche Auffassung die Auferstehungsleugner in Korinth im Einzelnen vertreten haben. Vielleicht kann man zwischen drei Meinungen unterscheiden, die Paulus hier bekämpft – und die bis heute vertreten werden.

Die Idealisten glauben nicht an eine Auferstehung der Toten, weil sie in ihren Augen unnötig ist. Sie glauben, dass jeder Mensch in seinem innersten Wesen unvergänglich ist. Sie glauben an die Unsterblichkeit ihrer Seele.

Den Idealisten damals und heute sagt Paulus: Ihr macht euch Illusionen über eure Unsterblichkeit. Wenn wir gestorben sind, dann sind wir ganz gestorben. Es lebt nicht noch ein besonderer Teil unseres Körpers weiter. Wir sind Geschöpfe, wir haben einen menschlichen und keinen göttlichen Geist.

Eine andere Gruppe vertritt die Meinung: Es gibt keine Auferstehung, weil wir schon auferstanden sind. Sie bilden sich ein, der Tod hätte keine Macht mehr über sie. Ihnen seien keine Grenzen gesetzt. Alles sei möglich, Schuld und Sünde sind für sie verbrauchte Vokabeln.

Doch Paulus hält ihnen entgegen: Der Tod lässt sich durch alles Können nicht beeindrucken. Noch ist unser Leben leidvoll und schmerzerfüllt. Wir weinen noch, wir stöhnen noch, wir schreien noch nach Erlösung. Noch müssen wir mit diesem Leben zurechtkommen. »Wir sind zwar gerettet – doch auf Hoffnung.« (Römer 8,24)

Am häufigsten war und ist wohl noch

eine andere Meinung vertreten. Die Realisten sagen: Es gibt keine Auferstehung der Toten, weil der Tod zum natürlichen Ende jedes Menschen gehört. Eine Auferstehung der Toten würde alle Naturgesetze außer Kraft setzen. Dagegen spricht auch die tausendfache Alltagserfahrung: Die Rückkehr eines Toten in das Leben haben wir noch nicht erlebt.

Den Realisten sagt Paulus in 1. Korinther 15: Die Auferstehung Jesu ist nicht die Rückkehr eines Toten in dieses Leben, das doch irgendwann zum Tod führt. Damit wäre keinem geholfen. Ostern ist nicht das einmalige Außerkraftsetzen der Naturgesetze, sondern das Sichtbarwerden einer ganz anderen Realität, jenseits der Wirklichkeit, die wir vor Augen haben. Die Auferstehung Jesu lässt an der Ewigkeit des Todes zweifeln. Gott wäre nicht Gott, wenn er vor der Tatsache des Grabes und der Verwesung kapitulieren müsste. Auch der Tod ist keine Grenze für die Macht Gottes.

Für Paulus geht es in diesem Streitgespräch über die Auferstehung ums Ganze. *»Ist aber Christus nicht auferweckt worden, dann ist unsere Predigt leer, leer auch euer Glaube.«* Die Auferstehung der Toten, das ist für ihn keine Nebensache, auf die man zur Not auch verzichten könnte – nein, sie ist eine Hauptsache, mit der die christliche Hoffnung steht oder fällt. Als *»Erster unter denen, die gestorben sind«* durchbrach Jesus den Machtbereich des Todes. Damit begründete er für alle Menschen, die ihm vertrauen, die Hoffnung auf eine endgültige Errettung vom Tod. Der Tod ist damit noch nicht aus der Welt geschafft. Er bleibt eine Realität. Er ist nicht nur das gute Ende eines gesegneten langen Lebens, er bleibt »der letzte Feind« (1. Korinther 15,26), dem es standzuhalten gilt. Aber seit Jesu Tod und Auferstehung gibt es eine begründete Hoffnung, die Paulus an anderer Stelle so zusammenfasst: *»Ich bin gewiss: Weder Tod noch Leben, weder Engel noch Mächte noch Gewalten, weder Gegenwärtiges noch Zukünftiges, weder etwas in der Höhe noch etwas in der Tiefe noch irgendeine andere Kreatur können uns trennen von der Liebe Gottes, die in Christus Jesus ist, unserem Herrn.«* (Römer 8, 38-39)

Das frühe Christentum war in der antiken Welt, in der ein gewisser resignativer Pessimismus gegenüber dem Tod weit verbreitet war, nicht weniger als eine große Hoffnungsbewegung. Im 1. Thessalonicherbrief sagt Paulus von den Nicht-Christen der damaligen Zeit: »Ihr sollt nicht betrübt sein wie die anderen, die keine Hoffnung haben.« (4,13) Und im 1. Petrusbrief findet sich die Aufforderung an die Christen: »Seid stets bereit, Rede und Antwort zu stehen, wenn jemand von euch Rechenschaft fordert über die Hoffnung, die in euch ist.« (3,15)

Die Hoffnungsvorstellungen der biblischen Texte sind sprachliche Bilder. Auch von den biblischen Autoren hat keiner den Tod »ausprobieren« können. Von der Hoffnung auf ein Leben nach dem Tod lässt sich nur in Bildern und Gleichnissen reden – sei es die allgemeine Totenauferstehung in Daniel 12, das neue Jerusalem in Offenbarung 21, sei es die Verwandlung aller zur Zeit der letzten Posaune in

1. Korinther 15 oder das Bild vom armen Lazarus in Abrahams Schoß in Lukas 16. In den unterschiedlichen bildlichen Vorstellungen kommt eine gemeinsame Überzeugung zum Zuge: dass Gott dem Menschen über dessen Tod hinaus die Treue hält.

Was kommt nach dem Tod? – Ist mit dem Tod alles aus?

Der Glaube an ein Leben nach dem Tod hat in den letzten Jahrzehnten wieder etwas zugenommen. Dennoch antwortete bei den letzten Befragungen fast die Hälfte aller Deutschen auf die Frage: »Glauben Sie an ein Leben nach dem Tod?« mit »Nein«! Was sind ihre Gründe? Ein Biologielehrer: »Aus der Nähe zwischen Mensch und Tier und aus der Tatsache, dass wir inklusive unseres Hirns genauso Produkt der Evolution sind wie die Tiere, halte ich es für plausibel, dass unser Leben endet wie das einer anderen Tierart auch. Letztlich hat die Vorstellung eines Lebens nach dem Tod viel mit der Eitelkeit des Menschen zu tun.« Unbestreitbar ist der Tod ein natürlicher Vorgang. Ohne den billionenfachen Tod früherer Lebewesen gäbe es keine Evolution des Lebens, gäbe es auch uns selbst nicht. Ohne den Tod gäbe es kein Leben. Das ist eine nüchterne naturwissenschaftliche Sicht. Reicht sie aus?

Andere Argumente kommen hinzu. Viele sagen, ich glaube nur, was ich sehe. Und die Rückkehr eines Toten in das Leben habe ich noch nie gesehen. Wer sein Leben allein an dem Prinzip »Fakten, Fakten, Fakten« ausrichtet, dem wird eine Hoffnung auf das ewige Leben nicht viel sagen können.

Viele können sich ein Leben nach dem Tod auch schlicht gar nicht vorstellen. Wie kann es eine Auferstehung Toter geben, von denen jetzt gar nichts mehr vorhanden ist? Wo soll denn Platz für so viele Tote in einem ewigen Leben sein?

Was kommt nach dem Tod? Wir werden zerfallen, glauben nicht wenige, werden uns auflösen, werden irgendwann nicht mehr da sein. Nichts weiter! Ist das Weisheit, Verzweiflung oder gesunder Menschenverstand?

Das Einzige, was bleibt, ist die Hoffnung auf ein Weiterleben in der Erinnerung anderer Menschen, am ehesten noch von Angehörigen. »Wir werden dich nie vergessen«, steht auf manchen Todesanzeigen. Doch wie lange dauert »nie«? Nur in Ausnahmen bleiben verstorbene Menschen bei ihren Mitmenschen noch lange in Erinnerung.

»Die moderne Vorstellung von einem ›natürlichen Tod‹ passt für lebensversicherte Bürger der Wohlstandsgesellschaft, die sich den Alterstod leisten können; die meisten Menschen in den Ländern der dritten Welt sterben einen vorzeitigen, gewaltsamen und keineswegs bejahten Tod, wie Millionen junger Menschen meiner Generation im Zweiten Weltkrieg.« (Jürgen Moltmann, ev. Theologe)

Der moderne Mensch lebt diesseitig. Da niemand mit Bestimmtheit sagen kann, was uns nach dem Tod erwartet, hält man sich lieber an das, was man weiß und was man selbst gestalten kann. Wenn der Tod das definitive Ende ist, dann bekommt notwendigerweise das Leben vor dem Tod alles Gewicht. Das Leben ist die letzte Gelegenheit. Es heißt aus dem Leben so viel wie möglich herauszuholen – so wie es Bertolt Brecht in seinem suggestiven Gedicht »Gegen Verführung« gefordert hat:

»Lasst euch nicht betrügen!
Das Leben wenig ist.
Schlürft es in schnellen Zügen!
Es wird euch nicht genügen
Wenn ihr es lassen müsst!«

Doch reicht es wirklich aus, den Tod einfach nur als natürliches Ende des Lebens zu sehen? Die Naturwissenschaft blendet die subjektive Seite des Leidens und des

Jüngstes Gericht

Ist das Jüngste Gericht heute noch ein Thema? Vielen Menschen kann man mit dem Hinweis auf das Gericht am Ende der Tage kaum noch kommen. Sie leben in der Gegenwart, wollen etwas vom Leben haben und finden die Vorstellung eines großen Weltgerichtes veraltet und eher peinlich. Auch Christen haben Schwierigkeiten, die Schrecken eines Jüngsten Gerichts mit dem Glauben an die Liebe Gottes zusammenzubringen.

In der Tat hat die Erwartung eines letzten Gerichts am Ende der Tage Menschen zu allen Zeiten in Angst und Schrecken versetzt. Auf den christlichen Bildern des Mittelalters sieht man Christus auf dem Richtstuhl sitzen mit dem zweischneidigen Schwert im Mund. Vor ihm steht der Erzengel Michael mit der Waage, in der alle Menschen gewogen werden. Es gibt in diesem Endgericht nur zwei Urteile: ewiges Leben oder ewiger Tod. Zur Rechten tragen die Engel die Gerechten in den Himmel, zur Linken reißen die Teufel die Bösen in die Hölle. Da niemand weiß, wie gerecht er sein muss, um in den Himmel zu kommen, hat diese Gerichtserwartung bei Menschen mehr Furcht und Zittern ausgelöst als Gottvertrauen gestiftet. Das Bild des in seinem Zorn richtenden Gottes hat viel seelisches Unheil angerichtet und den christlichen Glauben schwer belastet.

Auch die Bibel spricht vom kommenden Gericht Gottes, doch damit ist in der Regel eine andere Intention verbunden. Wenn die »Spreu« vom »Weizen« (Lukas 3,17) und die »Böcke« von den »Schafen« (Matthäus 25,31f.) geschieden werden, wenn zwischen den »klugen« und den »törichten Jungfrauen« (Matthäus 25,1f.) und dem Haus, das auf dem Felsen, und dem Haus, das auf Sand gebaut ist (Matthäus 7,24-27), unterschieden wird, dann

Todes aus. Doch kein Mensch kann den Tod so betrachten, als wäre er selbst nicht davon betroffen. Der Tod ist mehr als ein biologisches Datum, er betrifft das gesamte Leben, reißt Liebende auseinander, stürzt Menschen in Verzweiflung und wirft die Frage auf: »Soll das alles gewesen sein?«

Was kommt nach dem Tod? – Reinkarnation und Seelenwanderung?

Im Gefolge von New Age und Esoterik ist der Gedanke von Seelenwanderung und Reinkarnation auch in Europa populärer geworden. Bekannt sind Zeugnisse Prominenter, die behaupten, schon früher einmal gelebt zu haben – zum Beispiel Shirley MacLaine als Balletttänzerin am russischen Zarenhof oder Sean Connery als Stammesfürst im afrikanischen Dschungel. In Deutschland scheint die Reinkarnationswelle wieder etwas abgeebbt zu sein, aber immerhin glauben noch etwa zehn Prozent, dass sie nach ihrem Tod als ein anderer Mensch wiedergeboren werden.

verweisen solche Bilder auf die grundsätzliche Entscheidung, vor der Menschen stehen: Lassen sie sich auf Gott ein oder ist er ihnen gleichgültig? Erkennen sie die Zeichen der Zeit oder verschlafen sie ihr Leben?

Die Botschaft vom Gericht stellt unmissverständlich klar, dass es nicht gleichgültig ist, wie und wofür sich ein Mensch entscheidet, was er tut oder lässt, ob er Opfer oder Täter ist. Die biblischen Gerichtsbilder haben immer auch Appellcharakter: Sie rufen in die Verantwortung, aus der sich niemand herausreden kann.

Das berühmteste Beispiel ist das Gleichnis vom Weltgericht, das Jesus im Matthäusevangelium (25,31-46) erzählt. Dort heißt es: »Ich bin hungrig gewesen und ihr habt mir zu essen gegeben. Ich bin durstig gewesen und ihr habt mir zu trinken gegeben …« Erstaunt fragen die Gerechten: »Herr, wann haben wir dich hungrig gesehen und haben dir zu essen gegeben, oder durstig, und haben dir zu trinken gegeben?« Die Antwort lautet: »Was ihr getan habt einem von diesen meinen geringsten Brüdern, das habt ihr mir getan.«

Nach diesem Gleichnis werden die Menschen im Gericht nicht gefragt, ob sie den richtigen Glauben gehabt, ob sie immer den Gottesdienst besucht oder ob sie moralisch einwandfrei gelebt haben. Weder unsere Titel noch unsere Erfolge oder unser Ansehen in der Gesellschaft spielen eine Rolle. Sondern hier wird ein ganz schlichter Maßstab genannt: Menschlichkeit! Hungernde speisen, Durstigen zu trinken geben, Nackte bekleiden, Fremde aufnehmen, Kranke und Gefangene besuchen – lauter alltägliche Dinge. Wahres Christsein besteht in wahrer Humanität, über die Grenzen von Nationalität und Geschlecht, Milieu und Reli-

Der Glaube an die Wiedergeburt eines Menschen nach dem Tod in einem anderen Lebewesen ist vor allem im Hinduismus und Buddhismus verankert. Eine einheitliche Reinkarnationslehre gibt es aber in diesen Religionen nicht. Im Westen verstehen gerade Esoteriker die Reinkarnation als eine zweite Chance, als Möglichkeit zur eigenen Weiterentwicklung, als Stufenweg zur eigenen Vervollkommnung. Diese westliche Adaption hat jedoch mit dem ursprünglichen Sinn der Reinkarnationsvorstellung nicht mehr viel zu tun. Für Hindus und Buddhisten ist die Reinkarnation eher eine Strafe. Sie »glauben« nicht so sehr an die Reinkarnation, sondern für sie ist diese Weltsicht eher eine Lebenstatsache: Kein Mensch kann den Folgen seines früheren Tuns entrinnen.

»Wie ein Mann die abgenutzten Kleider ablegt und andere, neue nimmt, so legt die Seele die verbrauchten Körper ab und tritt in andere, neue ein«, heißt es in der hinduistischen Bhagavadgita. In welchem Körper, ob als Mensch, Tier oder Pflanze, die Seele wiedergeboren wird, ob als Filmstar oder als Schuldsklave, als Ziege oder als Baum, hängt davon ab, wie sich dieser Mensch im vorausgegangenen Leben verhalten hat: »Ein Mann, welcher Unwahres redet, andere verklagt oder beleidigt oder unsinnig schwatzt, wird von einem wilden Tier oder einem Vogel geboren.«

Überwiegen die schlechten Taten, dann hat jemand schlechtes »Karma« angesammelt, das er im nächsten Leben abarbeiten muss. Hat er dagegen durch gute

gion hinaus. Zugleich zeigt das Gleichnis: Es ist keine Kleinigkeit, an den Armen und Geringsten achtlos vorbeizugehen. Es ist von so großem Gewicht, dass es noch mal zur Sprache kommt.

Das Bild vom Gericht hält fest: Alles, was wir tun, hat unendliche Perspektiven. Nichts ist gleichgültig. Es kommt noch einmal zur Sprache.

Und wenn es kein Jüngstes Gericht gäbe und am Ende nicht Gott und sein Urteil stünden? Dann bliebe am Ende alles unklar und zweideutig. Der Sinn des Weltgeschehens und auch jeder einzelnen Lebensgeschichte läge darin, sich durchzusetzen und möglichst viel für sich herauszuschlagen. Würde die Welt keinem letzten Urteil Gottes entgegengehen, dann wäre die Weltgeschichte selbst das Weltgericht. Doch damit würden die Täter wirklich über die Opfer, die Erfolgreichen über die Erfolglosen, die Sieger über die Verlierer ewig triumphieren. Die Opfer kämen nicht zu ihrem Recht und die Täter könnten auch nach Gräueltaten in Frieden ruhen.

Die Rede vom Jüngsten Gericht steht dafür, dass der Mensch von Gott wirklich ernst genommen und der Verantwortung für sein Leben gewürdigt wird. Würde es gestrichen, wir würden zu unzurechnungsfähigen Kindern. Das Jüngste Gericht ist darum letztlich ein Hoffnungsbild, keine Drohbotschaft.

Taten gutes »Karma« erworben, gewinnt er dadurch eine günstige Ausgangsposition für die nächste Wiedergeburt. Hindus und Buddhisten sehen in diesem Lebensgesetz eher einen Fluch. Sie seufzen unter dem Rad der Wiedergeburten und streben nach einer Erlösung von der Seelenwanderung und dem Eingehen in eine ewige Ruhe.

Für Christen ist die Reinkarnationsvorstellung inakzeptabel, in der Bibel findet sich keine Spur davon. Sie steht in einem klaren Gegensatz zu biblischen Grundüberzeugungen. Der Reinkarnationsglaube hebt die Einmaligkeit der menschlichen Person auf. Juden und Christen sind dagegen vom unendlichen Wert des von Gott geschaffenen Menschen überzeugt. Nach christlichem Verständnis verdankt der Mensch seine Existenz Gott und nicht seinen eigenen Bemühungen in seinem vorausgegangenen Leben. Der Reinkarnationsglaube kennt keine Gnade! Keine Macht der Welt kann das Gesetz der Vergeltung durchbrechen. In der Bibel heißt es dagegen etwa im 103. Psalm: »der dir alle deine Sünden vergibt und heilet alle deine Gebrechen« (V. 3). Damit ist der Schicksalszusammenhang des Reinkarnationsglaubens aufgehoben.

Schlimm wird es, wenn man das kosmische Karma-Gesetz auf die Opfer von Gewalt anwendet: Was haben die Opfer eines Amoklaufes oder gar die von Nazi-Deutschland ermordeten Juden getan, dass sie ein solches Schicksal erleiden mussten? Hier wird die Reinkarnationsvorstellung absurd.

Verständlich wird das auf dem Hintergrund einer Passage aus Albert Camus' Roman »Der Fall«: »Sie sprachen vom Jüngsten Gericht«, sagt dort der Anwalt. »Gestatten Sie mir ein respektvolles Lachen! Ich erwarte es furchtlos: Ich habe das Schlimmste erfahren und das ist das Gericht der Menschen. Bei ihnen gibt es keine mildernden Umstände … Ich will Ihnen ein großes Geheimnis verraten, mein Lieber. Warten Sie nicht auf das Jüngste Gericht: Es findet alle Tage statt.«

Wenn Christen seit 2000 Jahren von einem letzten, einem Jüngsten Gericht gesprochen haben, dann hatten sie eine Hoffnung: Es möchte einmal dieses unbarmherzige, stümperhafte Richten unter den Menschen ein Ende haben. Es möchten einmal die ungezählten Urteile, Vorurteile, Fehlurteile abgelöst werden durch ein einziges barmherziges, absolut gültiges Urteil, das keine Ungerechtigkeit hinterlässt.

Ich kenne nur einen, dem ich dieses Urteil zutraue: Jesus von Nazareth, der ein Mensch war wie ich und weiß, wie es um uns Menschen steht. Ein Richter, der mich kennt. Und ich hoffe, dass er sagen wird: Wir sind uns schon begegnet. Denn was du meinen geringsten Schwestern und Brüdern getan hast, das hast du mir getan.

Was kommt nach dem Tod? – Der Glaube an die Unsterblichkeit der Seele

Nach landläufiger Meinung gehört die Lehre von der Unsterblichkeit der Seele zu den »essentials« des christlichen Glaubens. Dabei spielt gewiss eine große Rolle, dass die Unsterblichkeit der Seele seit 1513 zu den Dogmen der katholischen Kirche gehört. Die Reformation hat daran heftige Kritik geübt. In der Tat lässt sich die ursprünglich bei Plato und in der antiken Philosophie verwurzelte Lehre von der Unsterblichkeit der Seele kaum mit den biblischen Aussagen über den Menschen, seinen Tod und seine Hoffnung vereinbaren. Während der griechische Philosoph Platon den sterblichen Leib als Gefängnis der unsterblichen Seele verstand, schließt die biblische Sicht des Menschen jeden Dualismus aus. Im Tod stirbt der ganze Mensch als Leib und Seele. Nichts Menschliches ist von sich aus unsterblich.

Besonders deutlich wird der Gegensatz zwischen platonischer Unsterblichkeit der Seele und christlicher Auferstehungshoffnung, wenn man das von Platon berichtete Sterben des Sokrates mit dem Kreuzestod Jesu vergleicht. Bekanntlich wurde Sokrates als ein Verführer der Jugend zum Tod durch den Giftbecher verurteilt. In seiner letzten Stunde sitzt er mit seinen Schülern zusammen und erläutert ihnen noch einmal seine philosophische Haltung gegenüber dem Tod: Unser Körper ist nur ein äußeres Gewand, unser innerstes Selbst aber, die Seele, ist unverletzlich und unangreifbar. In der Stunde des Todes löst sie sich vom Körper und kehrt in ihre ewige Heimat zurück. Wer dies begriffen hat, kann dem Tod in Ruhe und Gelassenheit entgegensehen.

Sokrates stirbt einen »schönen« Tod, das Sterben Jesu ist alles andere als schön. Er hat Angst im Garten Gethsemane, seine Seele ist betrübt bis in den Tod. Er betet, dass dieser Kelch an ihm vorübergehe. Er stirbt nicht in Gelassenheit und Ironie, sondern mit einem lauten Schrei. Stundenlange Folter mit tödlichem Ausgang. Der Tod ist hier nicht der Freund der Seele, sondern der Feind des Menschen. So wird verständlich, dass die christliche Auferstehungshoffnung etwas anderes ist als das Bewusstsein der göttlichen Unsterblichkeit der Seele. Auferstehungshoffnung ist eine Hoffnung gegen den Tod.

In den letzten Jahrzehnten hat der Glaube an die Unsterblichkeit der Seele neuen Auftrieb erhalten durch die Veröffentlichung vieler *Nah-Tod-Erlebnisse* von Menschen, die klinisch tot waren, aber ins Leben zurückgeholt werden konnten.

Die Berichte der so Betroffenen stimmen weitgehend überein, sie decken sich auch mit ähnlichen Zeugnissen aus der Literatur aller Kulturen und Religionen. Ziemlich übereinstimmend wird berichtet, dass sich diese Menschen an der Schwelle des Todes plötzlich durch einen dunklen Tunnel gezogen fühlten, einem Wärme ausstrahlenden und sehr hellen Licht entgegen, vor dem sie aber wieder

Himmel und Hölle

Ein Werbemanager ist gestorben und kommt zum Himmelstor. »Wollen Sie in den Himmel oder in die Hölle?« fragt Petrus. »Kann ich denn frei wählen?« fragt der Werbeboss erstaunt. »Aber natürlich!« sagt Petrus. »Ich zeige Ihnen alles.« Sie kommen zu einer großen Wiese. Dort sitzen tausende von Harfe spielenden Engeln, und noch mehr Leute stehen um sie herum, gähnen und langweilen sich tödlich. »Das hier ist das Paradies«, sagt Petrus. »Und nun zur Hölle.« Sie betreten einen Festsaal voller Musik, es wird getanzt und gelacht, in den Ecken schmusen Liebespaare. »Wo wollen Sie nun bleiben?« fragt Petrus. »Blöde Frage!« antwortet der Werbemanager. »Natürlich hier.« Im selben Augenblick kommen zwei grinsende Teufel und schleppen den Mann zu einem riesigen Kessel mit kochendem Öl. »Sie haben mich angeschmiert«, schreit der Werbefachmann. »Sie hätten wissen müssen«, erwidert Petrus ruhig, »dass wir nur die Reklameseite zeigen.«

Es gibt unzählige Witze über Himmel und Hölle. Fast scheint es so, dass man über Himmel und Hölle nur noch mit einem gewissen Augenzwinkern reden könnte – als ob es nicht ganz ernst gemeint sei oder allenfalls etwas für Kinder.

Raumsonden haben in den letzten Jahrzehnten den Himmel erforscht und das Weltall vermessen, doch Gottes Wohnung haben sie dabei nicht gefunden. Und ein himmlisches »Gefilde der Seligen«, mit versammelten Vorfahren und blühenden Wiesen, wo jeder bei seiner Ankunft herzlich von Gott empfangen wird, ist doch sehr nach menschlichen Wunschvorstellungen konstruiert.

Ist die Vorstellung von einem jenseitigen Himmel inzwischen überholt?

In nahezu allen Religionen galt der Himmel über uns als Raum des Göttlichen, ein Raum, der in unsere Welt hineinragt, von uns aber nicht betreten werden kann. Auch die biblischen Vorstellungen vom Himmel knüpfen daran an. Der unsichtbare Himmel, der wie alles von Gott geschaffen wurde, ist zugleich der Thronsitz des Schöpfers, von dem aus er das irdische Geschehen überblickt und regiert. Doch zugleich weiß man im Alten Testament auch, dass »der Himmel und aller Himmel Himmel Gott nicht fassen können« (1. Könige 8,27).

Der Himmel des Glaubens ist nicht der Himmel der Astronauten und Raumfähren. Er ist kein lokalisierbarer Ort, sondern Bezeichnung für die Dimension Gottes. »Wo Gott ist, da ist auch der Himmel.« (Karl Barth) Der sichtbare Himmel über uns kann in seiner Größe, Helligkeit und Pracht dafür nur ein Symbol sein.

Können wir weiter vom »Himmel« sprechen?

Die Hoffnung kommt nicht ohne Bilder aus: Bilder vom himmlischen Festmahl, vom wahren Frieden zwischen Mensch und Natur, von der himmlischen Stadt Jerusalem, von den abgewischten Tränen und vom Lachen der Kinder Gottes, vom neuen Himmel und einer neuen Erde. Es sind Bilder, keine Fotographien. Es ist noch keiner dort gewesen und wir wissen nicht, wie es dort genau aussieht. Diese Bilder sind aber unersetzbar. Wir können sie nicht in alltägliche Erfahrungen »übersetzen«, wir können sie nur schützen und ihrer Auflösung in die geheimnisleere Sprache gebräuchlicher Begriffe und Ansichten widerstehen.

Und die *Hölle*? Sie ist kein zentrales christliches Thema. Es gibt in der gegenwärtigen christlichen Theologie keine dezidierte Lehre über die Hölle. Die bekanntesten und farbigsten Vorstellungen über eine Hölle stammen aus dem Volksglauben vergangener Jahrhunderte.

Auch die Bibel kennt die weltbildhafte Vorstellung von einer Hölle mit »ewigem Feuer« und »Finsternis«, aber sie verzichtet auf jede spekulative Ausmalung »höllischer Strafen«. In nachbiblischer Zeit werden die Höllenbilder dann immer detaillierter ausgestaltet und die Höllenstrafen immer konkreter. Nach dem byzantinischen Kirchenvater Chrysostomos ist die Hölle »das Land des ewigen Todes, darin kein Leben ist, der Ort der Finsternis, darin es kein Licht gibt, ein Abgrund, aus dem die Verdammten seufzen, aber kein Ohr finden, das sie hört«. Auf manchen mittelalterlichen Gemälden ist die Hölle wie eine einzige religiöse Folterkammer geschildert. Solche bildreich ausgeschmückten Vorstellungen jenseitiger Qualen finden sich in vielen Religionen. Sie sind nicht christlich, auch wenn christliche Kirchen sie übernommen haben. Festzuhalten bleibt: Die Hölle kommt ebenso wenig im christlichen Glaubensbekenntnis vor wie der Teufel. Christen glauben an das ewige Leben – und nicht daneben auch noch an den ewigen Tod. Das Heil Gottes ist kein Zwang und der Himmel steht nicht automatisch allen Menschen offen, die Vorstellung von einer Hölle entspringt aber zu offensichtlich menschlichen Wünschen.

Die einzige Hölle ist die, die Menschen sich selbst bereiten – die Hölle von Auschwitz, die Hölle von Hiroshima, die Hölle der Weltkriege. Wie oft machen sich Menschen gegenseitig das Leben zur Hölle – in der Ehe, in der Familie, am Arbeitsplatz? Gott jedenfalls schickt keinen Menschen in die Hölle. Er »will, dass allen Menschen geholfen werde und sie zur Erkenntnis der Wahrheit kommen«. (1. Timotheus 2,4) So verstanden, kann uns die Rede von der Hölle den Ernst und die Würde der menschlichen Freiheit vor Augen führen, die zwischen Gut und Böse, Recht und Unrecht zu wählen hat. Die Hölle ist kein realer Ort, sondern die Warnung vor einem Leben in Egoismus und selbst gewählter Gottesferne.

umkehren mussten, um erneut weiterzuleben. Dieses Erleben war für die meisten mit einem großen Glücksgefühl verbunden. Andere berichten aber auch genau das Gegenteil. Sie durchleiden Angstzustände und seelische Qualen in dieser Zeit. Sehr viele schildern zudem, dass sie sich selbst von oben liegen sahen und alles genau hörten, was die Ärzte an ihrem Krankenbett oder andere Menschen an der Unfallstelle sprachen. Sie konnten auch berichten, was sich in den angrenzenden und normalerweise nicht einsehbaren Räumen abgespielt hat. Sie befanden sich offenbar außerhalb ihres Körpers und waren für Anwesende nicht sichtbar. Weltweit sind mehr als 20 000 solcher Berichte inzwischen dokumentiert und wissenschaftlich ausgewertet. Solche Nah-Tod-Erlebnisse sind keine Indizien oder gar

Beweise für ein ewiges Leben. Dafür sind sie zu mehrdeutig. Ähnliche Phänomene können sich auch bei anderen seelischen Ausnahmezuständen einstellen und möglicherweise mit Reaktionen des zentralen Nervensystems zu tun haben. Man darf auch nicht vergessen, dass es in solchen Sterbeerlebnissen um die letzten Minuten vor dem Tod gegangen ist. Definitiv gestorben ist von diesen Patienten niemand. Dennoch sind solche Berichte erstaunlich. Sind sie auch keine Beweise für die Unsterblichkeit der Seele, so zeigen sie doch, dass das Sterben, vor dem wir als Menschen normalerweise Angst haben, in der letzten Phase vielleicht doch nicht so angstbesetzt verläuft, wie oft befürchtet.

Hieronymus Bosch, Der Aufstieg in das himmlische Paradies

Ist mit all dem nun die Vorstellung von der »Unsterblichkeit der Seele« gestorben? Unsterblich ist nicht ein besonderer Teil im Menschen, ein göttlicher Funken oder Kern, unzerstörbar ist nach christlichem Verständnis allein die Beziehung Gottes zu seinem Geschöpf. Wir sind nach dem Bild Gottes geschaffen: Gott will uns als seine Gesprächspartner. »Mit wem Gott redet, sei es im Zorn oder in der Gnade, derselbe ist gewiss unsterblich«, sagt Martin Luther. Gott hat ein Gespräch mit dem Menschen angefangen und will dieses in Ewigkeit nicht abreißen lassen.

Diese besondere Beziehung des Menschen zu Gott, ist es nicht das, was den Menschen als Geschöpf im Innersten ausmacht – seine Seele?

Was kommt nach dem Tod? – Die Auferstehung der Toten?

Der Glaube an die Auferstehung der Toten war zu allen Zeiten umstritten. Schon die ersten Christen sahen sich mit ihrem Bekenntnis zur Auferstehung Jesu dem Spott ihrer Zeitgenossen ausgesetzt. Auch in den Ostergeschichten des Neuen Testaments ist immer wieder von Zweifeln die Rede: »Und den Jüngern erschienen diese Worte, als wäre es Geschwätz, und sie glaubten ihnen nicht.« (Lukas

24,11) Ohne Zweifel war die Auferstehungshoffnung der ersten Christen im Rahmen der Antike etwas Ungewöhnliches. Sie wurde auch von den Christen nicht als etwas »Natürliches«, als ein besonderes Wunder unter vielen anderen empfunden, sondern als eine ganz andere Realität verstanden. Die Auferstehung Jesu war ein Ereignis, das ihre Welt irreversibel veränderte. Im Licht von Ostern haben die ersten Christen die Welt neu verstanden. Die Auferstehung ist nicht die Rückkehr eines Toten in dieses irdische Leben. Sie gehört zu einem umfassenden Geschehen, in dem Gott die ganze Welt verwandelt. Wie soll man sich das vorstellen? Der Glaube an eine Auferstehung der Toten erscheint vor allem deshalb auch vielen Christen wenig plausibel, weil sie sich keine Vorstellung davon machen können. Angesichts menschlichen Zerfalls und menschlicher Verwesung scheint eine Auferstehung wenig überzeugend. »Das ist eine Hoffnung, die geradezu für die Würmer passend ist!« spottete schon der antike Philosoph Celsus.

Paulus rechnet im 1. Korintherbrief mit einer leiblichen Auferstehung, aber er denkt dabei nicht an ein spektakuläres Mirakel, bei dem etwa die übrig gebliebenen Knochen sich aus den Gräbern erheben, zusammengefügt, mit Fleisch überzogen und wieder belebt werden – wie auf einigen mittelalterlichen Bildern zu sehen. Paulus spricht von Verwandlung. Er stellt sich vor, dass die Auferstandenen einen völlig neuen Körper erhalten, statt des bisherigen »irdischen« einen »geistlichen« Leib – eine von Gott geschaffene, ganz neue Gestalt des Menschen. Paulus bemüht hier eine Reihe von Bildern und Gleichnissen – Samen und Korn, verweslich und unverweslich, irdisch und himmlisch, säen und auferstehen –, um verständlich zu machen, was doch unsere Vorstellungskraft sprengt. Er besteht aber auf einer »leiblichen Auferstehung«, weil er daran festhält, dass die Glaubenden wirklich und persönlich auferstehen – und nicht nur in der Erinnerung und in den Gedanken Gottes weiterleben. Der Glaube an die Auferstehung ist somit ein Gegenprogramm zur Vorstellung einer Trennung von Leib und Seele. Nicht unsere Seele oder irgendein Lebensfunken in uns wird in Ewigkeit weiterleben, sondern wir werden als »ganze« zu einem neuen Leben auferweckt. Das setzt in jedem Fall ein schöpferisches Handeln Gottes voraus. Die Auferstehung der Toten ist ein anderes Wort für das Handeln Gottes, »der die Toten lebendig macht und das, was nicht ist, ins Dasein ruft«. (Römer 4,17)

Die christliche Hoffnung und das ewige Leben

Die christliche Hoffnung auf ein »ewiges Leben« ist empirisch nicht beweisbar. Sie beruht aber auch nicht auf einem Geheimwissen über ein Leben nach dem Tod oder über den Fahrplan für die Zukunft der Welt. Gegenwärtig scheint es manchmal so, als seien Menschen höchst empfänglich für alle möglichen esoterischen Ideen und auch für die oft bizarren Szenarien von Fantasy- und Science-fiction-Filmen, gleichzeitig aber sehr skeptisch gegenüber der christlichen Hoffnung auf ein gutes Ende der Welt und des Menschen bei Gott. Diese Hoffnung ist nach christlichem Verständnis nicht einfach aus der Luft gegriffen, sondern sie ist schon angelegt und begründet im biblischen Schöpfungsglauben. Wenn der Mensch und die Welt nicht einfach zufällig entstanden, sondern von Gott gewollt sind, dann wird Gott, so hoffen wir, diese Schöpfung nicht einfach ins Leere laufen lassen, sondern eines Tages vollenden. Gott gibt seine Schöpfung und sein Geschöpf nicht auf. Für unser Verhältnis zu dieser Welt macht es einen großen Unterschied, ob wir in einer Welt leben, mit der Gott etwas vorhat, oder in einer Welt, die kein Woher und kein Wohin kennt.

Christliche Hoffnung ist allerdings Hoffnung gegen den Augenschein. Was wir sehen, gibt wenig Anlass zur Hoffnung: die Welt erwärmt sich weiter, überall auf der Welt gibt es neue Kriege, die Schere zwischen arm und reich klafft weit auseinander. Doch als Christen glauben wir, dass die Zukunft nicht einfach nur eine Fortschreibung der Vergangenheit ist. Sie ist ein Spielraum offener Möglichkeiten, in dem sich auch ganz Neues ereignet. Diese Zukunft ist für jeden Menschen zugleich offen und unplanbar, möglich und unverfügbar.

In einem neueren Kirchenlied heißt das: »Vertraut den neuen Wegen, auf die uns Gott gesandt! Er selbst kommt uns entgegen. Die Zukunft ist sein Land. Wer aufbricht, der kann hoffen in Zeit und Ewigkeit. Die Tore stehen offen. Das Land ist hell und weit.« (Klaus Peter Hertzsch) Gott selbst steht für diese offene und letztlich gute Zukunft. Das ist das biblische Profil der Rede von Hoffnung, in der Religionsgeschichte insgesamt einzigartig. Nirgendwo sonst in den anderen Religionen wird Gott so sehr mit der menschlichen Hoffnung auf die Zukunft in Verbindung gebracht. Gott als der Allmächtige im Himmel über uns oder als schöpferische Lebenskraft tief in uns – das kennen auch andere Religionen. Aber ein Gott der Hoffnung, der uns vorausgeht, das findet sich nur in der Bibel. Es ist der Gott, der sein Volk aus der Sklaverei befreit und tagsüber in einer Wolkensäule und nachts in einer Feuersäule voranzieht. Der Jesus von Nazareth von den Toten auferweckt hat, als ersten, der uns vorangeht. Christlicher Glaube sagt: Eine andere Welt ist möglich. Gott kann etwas völlig Neues schaffen, das die kühnsten Erwartungen weit übertrifft.

Aber hat das Sprichwort nicht oft doch Recht: »Hoffen und Harren hält manchen zum Narren?« Hoffnungen können auch enttäuscht werden und als bloße Vertröstung erscheinen. Hoffnungen können zweideutig sein. Sie können, mit Karl Marx, das »Opium des Volkes« sein, sie können aber auch Kräfte zur Veränderung dieser Erde freisetzen. Eine bloße Privathoffnung auf ein Jenseits ändert an den Verhältnissen in dieser Welt gar nichts. Wer nur persönlich »überleben« will, kann auch an den Leiden dieser Welt teilnahmslos vorübergehen. Doch Jesus hat keine private Erlösungsreligion gepredigt – nach dem Motto: »Seid ruhig und bescheiden, dann werdet ihr im Himmel für alle Nachteile auf Erden entschädigt.« Die Hoffnung auf ein Leben nach dem Tod darf nicht den Blick verstellen für das Leben hier und jetzt, für die Freuden und für die Nöte anderer Menschen.

So hat die christliche Hoffnung zum einen eine persönliche Dimension: Jedes einzelne Leben ist in Gottes Hand geborgen. Nichts, weder Tod noch Leben, kann es von der Liebe Gottes trennen (Römer 8,38f.). Sie geht zum andern aber auch darüber hinaus. Darum steht in ihrem Mittelpunkt nicht die Unsterblichkeit der Seele, sondern die Auferstehung der Toten. Christen hoffen auf eine neue Gemeinschaft mit dem ewigen Gott, in der alle Rätsel gelöst sind.

Im Zentrum der christlichen Hoffnung stehen darum nicht bestimmte Ereignisse (endzeitliche Katastrophen, jüngstes Gericht), auch keine Orte (Himmel, Hölle, Fegefeuer), sondern steht allein Gott – die Wirklichkeit, die nach dem Tod auf den Menschen zukommt. Man kann letztlich nicht an den allmächtigen Gott und zugleich an den allmächtigen Tod glauben. Wer an Gott glaubt, kann den Tod nicht für das Ende halten.

Im Grunde ist das Rätsel des Todes nicht größer als das Rätsel unserer persönlichen Existenz. Es ist doch nicht selbstverständlich, das es uns gibt. Warum gibt es überhaupt etwas? Das ist die Meisterfrage, auf die kein Philosoph eine Antwort geben kann. Welche Macht hat diese Welt und uns mittendrin ins Leben gerufen? Paulus spricht von Gott, »der die Toten lebendig macht und ruft das, was nicht ist, dass es sei«. (Römer 4,17) Angesichts unseres Todes können wir der Macht vertrauen, die aus dem Nichts Leben schafft. Diese Macht ist schon jetzt wirksam, sie umgibt uns jeden Augenblick. Sie hält die Welt am Leben, ohne dass wir es in jedem Moment merken. Sie ist auch das Ziel der letzten Reise, die wir im Tod antreten.

»Beim Einschlafen denke ich manchmal: Was wird mit mir sein, wenn ich nicht mehr aufwache? Ich denke mir oft, daß ich vor der Geburt von meiner Mutter umgeben war, in ihrem Leib, ohne sie zu kennen. Dann brachte sie mich zur Welt, und ich kenne sie nun und lebe mit ihr. So, glaube ich, sind wir als Lebende von Gott umgeben, ohne ihn zu erkennen. Wenn wir sterben, werden wir ihn erfahren, so wie ein Kind seine Mutter, und mit ihm sein. Warum soll ich den Tod fürchten?«
(Carl Zuckmayer, Schriftsteller)

Begreifen können wir diese schöpferische Macht ebenso wenig, wie wir uns die letzte Reise nach dem Tod vorstellen können. Die Hoffnung kommt nicht ohne Bilder aus. Ein altes, schon von Martin Luther gebrauchtes Bild ist das von der Geburt:

»Der Weg des Sterbens ist wohl sehr eng, er ist aber nicht lang. Es geht hier zu, wie wenn ein Kind aus der kleinen Wohnung in seiner Mutter Leib mit Gefahr und Ängsten geboren wird in diesen weiten Himmel und Erde. Ebenso geht der Mensch durch die enge Pforte des Todes aus diesem Leben.«

Der Tod ist beides zugleich: Ende dieses Lebens und Geburt zu einem neuen

Leben. Im Tod enden für uns Zeit und Raum. Darum dauert es nur einen Augenblick von der Stunde des eigenen Todes bis zur Auferstehung. So sind die Toten schon jetzt in der Auferstehungswelt Gottes. »Heute«, sagt der sterbende Jesus zu einem der Mitgekreuzigten, nicht am Jüngsten Tag, sondern: »Heute wirst du mit mir im Paradiese sein.« (Lukas 23,43) Bei Gott sind alle Zeitunterschiede aufgehoben. Darum kann Martin Luther sagen: »Sobald die Augen sich schließen, wirst du auferweckt werden. Tausend Jahre werden sein gleich als du ein halbes Stündlein geschlafen hast … Weil vor Gottes Angesicht keine Rechnung der Zeit ist, so müssen tausend Jahre vor ihm sein als wären sie ein Tag … Denn Gott sieht die Zeit nicht nach der Länge, sondern nach der Quere. Es ist vor Gott alles auf einmal geschehen.«

Mitbeantwortet ist damit auch die Frage, ob es nach dem Tod ein Wiedersehen mit anderen Menschen geben kann. Der Theologe Karl Barth erzählt, dass er einmal von einer besorgten Pfarrfrau gefragt wurde: »Herr Professor, werde ich auch gewiss im Himmel meine Lieben wieder sehen?« Er hat ihr geantwortet: »Machen Sie sich darauf gefasst, nicht ›nur‹ ihre ›Lieben‹«. Wenn unsere Zeit abgelaufen ist, begegnen wir Gottes Gegenwart – zugleich mit allen Menschen, die früher gestorben sind oder die später sterben werden.

Max Beckmann, Auferstehung, 1909

Kann man es beschreiben, das ewige Leben? Anders als der Islam, in dem der Koran das himmlische Paradies sehr anschaulich schildert, ist der christliche Glaube bei der Beschreibung des ewigen Lebens zu Recht eher sparsam. Die Gefahr ist groß, dass hier viele menschliche Wunschvorstellungen einfließen. Unbestritten ist das »ewige« Leben aber nicht quantitativ, sondern qualitativ zu verstehen. Ein endloses Leben, in dem wir am Ende nichts anderes zu tun hätten, als in das ewige Loblied der himmlischen Engelschöre einzustimmen, wäre nicht gerade verlockend. Was soll man an einem solch langweiligen Ort? Demgegenüber wusste schon der Kirchenvater Boethius: »Ewigkeit ist der ganze und zugleich vollkommene Besitz unbegrenzbaren Lebens.« Ewiges Leben ist darum Leben in ungetrübter Fülle. Voller Freud »ohne Zeit«, wie es in einem alten Weihnachtslied heißt. Das gibt es nicht auf Erden, sondern nur bei Gott, von dem alles Leben kommt.

Die Bibel kann davon auch wiederum nur in Bildern und Gleichnissen erzählen. In den Reden Jesu begegnen vor allem zwei Bilder, die er öfter aufgegriffen hat: Das Bild von der Hochzeit (Matthäus 22,1f.; 25,1f.) und das vom großen Gastmahl (Lukas 13,29; 14,15-24). Hier wie dort geht es um ein Fest. Da wird zusammen gefeiert, zusammen gegessen, da freuen sich Menschen miteinander. Am Ende ist die Freude – nicht das Grauen, die Fülle – nicht die Not, das Fest – nicht die Verzweiflung.

Sterben, Tod und Trauer heute

Jahrhundertelang war das Leben von der Gegenwart des Todes geprägt. Die Lebenserwartung war sehr viel niedriger, die Menschen starben oft in einem früheren Alter, den Tod in der Nachbarschaft bekam jeder mit, Bestattungen vollzogen sich in der Öffentlichkeit.

Sterben und Tod sind heute stärker als früher private Ereignisse. Wenn jemand im Sterben liegt, dringt das selten nach außen. Der Leichnam wird möglichst schnell zum Bestattungsunternehmen gebracht. Diese nehmen den Familien alles ab, so dass sie sich um nichts mehr zu sorgen haben. Die Beerdigung findet häufig im engsten Familienkreis statt, immer mehr erscheinen Todesanzeigen erst nach erfolgter Beisetzung. Abschiedsrituale sind auf das Nötigste beschränkt. Nachbarn und Freunde drücken den Trauernden stumm die Hand. Es gibt keine Trauerkleidung, keinen Beerdigungsumzug, kein Glockenläuten, keine Trauerzeit. Sterben und Tod werden nach den Anstandsregeln des privaten Lebens kommuniziert, sie verschwinden aus der alltäglichen Öffentlichkeit. Zweifellos hat die Privatisierung von Sterben und Tod zu einer Verarmung ursprünglich öffentlicher Trauerrituale geführt, die es letztlich den Trauernden erschwert, den Tod eines nahen Angehörigen zu bewältigen.

Neben dem privaten Tod gibt es den öffentlichen Tod. Über das Sterben und die Beisetzung bekannter Persönlichkeiten – Prinzessinnen, Päpste, Politiker oder Popstars – werden wir in ausführlichen Berichten und Sondersendungen informiert. Katastrophen, Unglücksfälle und Sexualmorde halten die Nation tagelang in Atem. Medial ist der Tod ständig präsent, auch in unzähligen Film- und Fernsehproduktionen, in denen häufig getötet und gestorben wird. Doch was wir im Fernsehen wahrnehmen, sehen wir, aber es berührt uns nicht wirklich. Es sind Sekundär-, aber nicht existentielle Primärerfahrungen. Bei einer Umfrage erklärte fast die Hälfte aller Befragten im Alter von 18 bis 50 Jahren, dass sie noch nie einen toten Menschen gesehen, geschweige denn das Sterben eines nahe stehenden Menschen miterlebt hätten.

Im Zuge der Privatisierung von Sterben und Tod verändern sich gegenwärtig auch die Bestattungsformen. Über ein Drittel der Toten wird heute eingeäschert

– bei steigender Tendenz. In Großstädten wie Berlin und Hamburg sind etwa 30 Prozent der Urnenbeisetzungen anonyme Bestattungen. Bleiben Verstorbene auf den Friedhöfen zunehmend ohne Grabmal und Namen, so finden sich andererseits im Internet viele Formen virtuellen Gedenkens. Längst existieren virtuelle Friedhöfe im Netz, in denen Verstorbener durch Fotos, Lebensläufe und Videos individuell gedacht werden kann. Dem korrespondiert ein unverkennbarer Trend zur persönlichen Gestaltung auch der Gräber und Gedenkorte. Wurden den Toden in der Steinzeit Nahrungsmittel und Waffen für ihre letzte Reise mitgegeben, so sind es heute zunehmend Stofftiere, Bilderbücher und Fotos, die die Verstorbenen begleiten sollen und die die Gräber auf den Friedhöfen bunter erscheinen lassen. Hierin spiegelt sich der Wunsch nach persönlichen Abschiedsformen, zugleich aber auch ein Ausweichen vor der Härte und Unerbittlichkeit des Todes.

»Eine Kultur, die keine selbstverständlich geltenden, festen religiösen Formen der Trauer mehr kennt, hat den Friedhof zum Experimentierfeld der Sinnbastler und Riteningenieure gemacht.«
(Friedrich Wilhelm Graf, ev. Theologe)

Nach einem Todesfall in der eigenen Familie gibt es in Deutschland einen Tag arbeitsfrei. Die Trauer soll möglichst wenig Arbeitszeit kosten. Früher gab es ein Trauerjahr. Es war eine Hilfe, um der Trauer eine Form zu geben. Man trug schwarz und signalisierte nach außen: »Bitte, geht behutsam mit mir um.« Heute muss alles schnell gehen. Trauer und Trauernde stören das Lebensgefühl und die Arbeitsprozesse. Die Störungen des öffentlichen Lebens, die der Tod verursacht, sollen möglichst schnell beseitigt werden: »Das Leben muss weitergehen«. In der Beschleunigungsgesellschaft gibt es keinen Respekt und keinen Schutz für Trauernde. Doch Trauer kann man nicht gewaltsam abkürzen. Wer trauert, verrichtet sinnvolle, seelische Arbeit. Ungelebte Trauer kommt letztlich teuer zu stehen.

Nicht den Tod, sondern das Sterben fürchten Menschen heute am meisten. Sie fürchten sich vor allem vor einem qualvollen und schmerzhaften Sterben, vor unnötiger Lebensverlängerung und dem Ausgeliefertsein an eine Apparatemedizin. Jeder kann vermutlich Beispiele erzählen, wie einem Sterbenden im Krankenhaus noch kurz vor dem Tod Blutkonserven verabreicht wurden oder bei ihm eine Magenspiegelung durchgeführt wurde. Das nährt die weit verbreitete Angst, am Lebensende eventuell in einem Krankenhaus zu landen, in dem man nicht in Würde sterben kann. Jeder wird aber auch Beispiele erzählen können, wie sich Ärzte, Schwestern und Pfleger bis zuletzt aufopfernd um Todkranke gekümmert haben. In der Regel werden Angehörige im Krankenhaus heute sehr genau über den Zustand des sterbenskranken Angehörigen informiert. Allerdings ist es nach Berichten aus Krankenhäusern keineswegs selbstverständlich, dass Angehörige zum Sterbebett kommen, und auch nicht, um den Verstorbenen noch einmal zu sehen.

Bei Umfragen wünschen sich 80 Prozent der befragten Erwachsenen, plötzlich und unerwartet zu sterben, während 20 Prozent lieber bewusst und vorbereitet sterben möchten. Die Widersprüchlichkeit liegt auf der Hand: Die meisten möchten nicht allein, sondern im Umfeld der Familie oder begleitet in einem Hospiz sterben – doch zugleich soll der Tod schnell und überraschend eintreten.

In Wahrheit gibt es keine Maßstäbe und keine Planbarkeit für ein »gutes« oder »würdevolles« Sterben. Es gibt auch keine Verpflichtung, das eigene Sterben souverän zu bewältigen. Jesus starb nicht ruhig und würdevoll, sondern mit einem lauten Schrei am Kreuz. Sterbehilfe kann nicht heißen, jemandem möglichst schnell zum Sterben zu helfen. Zur ärztlichen Kunst gehört auch eine genaue Abwägung, was für diesen konkreten Menschen gut und sinnvoll ist. Das wird umso besser gelingen, je eindeutiger die Vereinbarungen sind, die zwischen dem Patienten, den Angehörigen und den Ärzten getroffen wurden. Der Tod kann jeden unerwartet treffen, und doch sollte er uns nicht völlig unvorbereitet finden. Jeder Einzelne kann viel tun, um das Umfeld des eigenen Sterbens rechtzeitig vorzubereiten.

»Herr, lehre uns bedenken, dass wir sterben müssen, auf dass wir klug werden«, heißt es im 90. Psalm. Meine Weisheit nimmt zu in dem Maße, in dem ich mir meiner eigenen Grenzen bewusst werde. Das Sterben nicht verdrängen, bringt Weisheit für das Leben. Das Leben wird intensiver, wir werden sorgfältiger umgehen mit der Zeit, sorgfältiger auch mit den anderen, geduldiger – und vor allem freier. Es ist heute viel von Lebenskunst die Rede. Ob unser Leben gelingt, hängt auch wesentlich davon ab, wie wir mit unseren eigenen Grenzen umgehen.

Beim Tod eines Angehörigen

Sterben

Wer das Sterben eines Angehörigen miterlebt hat, wird sich zeitlebens daran erinnern. Es ist eine grundlegende Erfahrung, von der man immer wieder erzählen muss. Das Leben wird wesentlich, vorher scheinbar Wichtiges wird völlig zweitrangig.

»Jeder der geht / belehrt uns ein wenig / über uns selber. / Kostbarster Unterricht / an den Sterbebetten.«
(Hilde Domin, Dichterin)

Wir wissen oft nicht, was in Sterbenden vorgeht. Viele können sich nicht mehr mit Worten verständlich machen und verstehen doch mehr als wir ahnen. Es ist wichtig, einen sterbenden Menschen immer noch als aktiv anwesend zu behandeln und in seiner Gegenwart nie so über ihn zu sprechen, als wäre er schon nicht mehr da. Auch wenn er scheinbar teilnahmslos ist, kann er noch vieles hören. Das Gehör verlässt einen Menschen bei schwindendem Bewusstsein zuletzt.

Wen möchte der Sterbende noch sehen oder bei sich haben? Manchmal möchte ein Todkranker von bestimmten Menschen noch Abschied nehmen, um dann sterben zu können. Wen wünscht man sich selbst als Beistand bei der letzten Begleitung des Sterbenden – gute Freunde, Pfarrerin oder Pfarrer?

Die Pfarrerin oder der Pfarrer sollten auch benachrichtigt werden, wenn ein Todkranker noch einmal das Abendmahl feiern möchte. Am Sterbebett beten – den 23. Psalm, das Vaterunser, Bonhoeffers »Von guten Mächten« oder Paul Gerhardts »Befiehl du deine Wege« – kann man auch ohne »geistlichen Beistand«. In aller Regel wird der Sterbende dafür sehr dankbar sein.

Braucht ein Schwerkranker zu Hause dringend ärztliche Hilfe, stellt sich die Frage: Notarzt oder Hausarzt? Ruft man den Notarzt, führt dies in der Regel zu einer schnellen Einlieferung ins Krankenhaus mit anschließender maximaler medizinischer Versorgung. Befindet sich der Patient bereits in der Sterbephase und sollen lebensverlängernde Maßnahmen nicht eingeleitet werden, kann es sinnvoller sein, den Hausarzt zu rufen.

Es ist gut, sich nach dem Sterben einen Menschen noch Zeit zu nehmen, um am Totenbett zu sitzen und von dem Gestorbenen Abschied zu nehmen.

Nicht selten geschieht es, dass Menschen sterben, wenn die Angehörigen gerade nicht dabei gewesen sind: »… und dabei war ich nur fünf Minuten draußen.« Man macht sich dann hinterher Vorwürfe, den Sterbenden im letzten Augenblick allein gelassen zu haben. Doch viele Ärztinnen und Ärzte können berichten, dass Menschen den Zeitpunkt ihres Todes auch »wählen«. Manche brauchen den Moment des Alleinseins, um dann zu sterben, wenn keiner sie mehr zurückhält. Sie können dann sterben, wenn quälende Probleme noch gelöst werden konnten, wenn ein Streit noch geschlichtet werden konnte, wenn sie von bestimmten Menschen noch Abschied nehmen konnten.

Der Tod eines nahen Angehörigen kann ganz unterschiedliche Gefühle auslösen. Das kann Erleichterung sein, weil eine lange, qualvolle Zeit zu Ende gegangen ist. Das kann aber auch das Gefühl sein, verlassen worden zu sein und ganz allein zu stehen. Gemeinsame Pläne sind nun plötzlich zum Scheitern verurteilt, möglicherweise wird man auch von Existenzsorgen überwältigt: Wie soll das alles weitergehen? Auch Schuldgefühle können sich einstellen: Alles fällt einem ein, was man versäumt und gerne noch besprochen oder getan hätte, was nun aber nicht mehr möglich sein wird.

Deshalb ist es gut, sich nach dem eingetretenen Tod noch Zeit zu nehmen, um am Totenbett zu sitzen, vom Toten Abschied zu nehmen, zu weinen und zu klagen und seinen Gefühlen Raum zu geben.

Nach dem Tod

- Wenn der Angehörige zu Hause gestorben ist, müssen eine Ärztin oder ein Arzt benachrichtigt werden, um den Totenschein auszustellen.
- Verstorbene dürfen in Deutschland mindestens einen Tag lang in den Sterberäumen verbleiben. Gemeinsam mit Anderen Totenwache halten, den Verstorbenen ansehen und auch berühren, sich Zeit für den Abschied nehmen – all das empfinden Trauernde fast immer als wohltuend.
- Die dem oder der Toten nahe stehenden Menschen sollten baldmöglichst benachrichtigt und das weitere Vorgehen mit ihnen abgesprochen werden. Es ist nach einem Tod so vieles zu bedenken, dass es nur klug ist, sich bei Verwandten oder Freunden Hilfe zu holen – für Behördengänge, das Schreiben von Trauerbriefen oder Gespräche mit dem Bestattungsunternehmen. Eventuell vorhandene Verfügungen (Organspendeausweis, Willenserklärung zu Erd-, Feuer- oder Seebestattung usw.) müssen herangezogen und berücksichtigt werden.
- Mit dem Bestattungsunternehmen muss die Beisetzung geregelt werden: Sarg oder Urne, Einzelgrab oder Doppelgrab? Ein Grab wird immer für mehrere Jahre erworben. Die Ruhezeiten sind unterschiedlich, sie können später verlängert werden. Das Bestattungsunternehmen kann auf Wunsch auch weitere Formalitäten erledigen: z. B. die Todesanzeige an die Zeitung weiterleiten, den Totenschein beim Standesamt vorlegen. Bei der Terminabsprache über den Zeitpunkt der Beerdigung muss auch die Pfarrerin oder der Pfarrer einbezogen werden.
- Vor jeder christlichen Bestattung findet ein Trauergespräch statt, zu dem die Pfarrerin oder der Pfarrer in der Regel ins Trauerhaus kommt. In diesem Gespräch wird die inhaltliche und musikalische Gestaltung der Trauerfeier besprochen. Dabei spielt auch die Biographie der oder des Toten eine wichtige Rolle. Was davon in die Ansprache der Pfarrerin oder des Pfarrers eingehen soll, wird im seelsorgerlichen Gespräch verabredet. Grundlage für die Ansprache ist ein Bibelvers. Hierzu wie auch zu den Liedern und zur musikalischen Gestaltung können eigene Wünsche geäußert werden.

Bestattung

Von alters her verstanden Christen die Bestattung der Toten als Werk der Barmherzigkeit. Die Bestattung war nicht Privatangelegenheit, sondern Sache der Gemeinde, wodurch auch Arme die Möglichkeit hatten, ein würdiges Begräbnis zu erlangen. Üblich war die Erdbestattung, obwohl sich aus der Bibel keine bestimmte Bestattungsform ableiten läst. Nach christlichem Verständnis ist die Begräbnisart für die Zukunft eines Verstorbenen ohne Bedeutung. Die christliche Hoffnung hängt nicht an einer bestimmten Bestattungskultur. Dennoch ist die Frage nach dem Wie und Wozu einer Bestattung nicht irrelevant.

Die Bestattungskultur befindet sich zur Zeit im Wandel. Eindeutig geht der Trend gegenwärtig zur Feuerbestattung, er wächst proportional zur Zahl der Einpersonenhaushalte. In gleicher Weise nimmt die Zahl der »anonymen Bestattungen« zu, bei denen die Asche auf einem Friedhofsfeld verstreut oder die Urne in einer Rasenfläche versenkt wird. Mag es für anonyme Bestattungen oft auch soziale Gründe geben – sie sind kostengünstig und ersparen den Hinterbliebenen die Grabpflege –, so bedeutet eine Bestattung ohne persönliche Trauerfeier und eigenes Grab doch einen erheblichen Verlust an humaner Trauerkultur: einsames Leben, sang- und klangloses Sterben und unkenntliches Grab.

Die kirchliche Bestattung steht demgegenüber dafür ein, dass Tod und Abschied, persönliche Trauer und Erinnerung öffentlich wahrgenommen und gelebt werden können. Angehörige, Bekannte, alte Freunde und Arbeitskollegen haben die Möglichkeit, dem Toten das letzte Geleit zu geben, an ihn zu denken und für ihn zu beten. Die Stärke des christlichen Bestattungsrituals liegt darin, dass hier ein zugleich würdiger und hoffnungsvoller Abschied von einem Verstorbenen ermöglicht wird:

- Man kann sich biblischen Texten, Gebeten und einem Ritual anvertrauen, die man sich nicht selbst ausdenken muss, sondern die sich über Jahrhunderte als hilfreich und entlastend erwiesen haben.
- Das Leben des Verstorbenen wird nicht aufgrund sozialer Konventionen schöngeredet, sondern in das Licht der Gnade Gottes gestellt, in der menschliches Leben angenommen und zurechtgerückt wird.
- Die christliche Gemeinde begleitet den Verstorbenen zu seiner letzten Ruhestätte. Wenn der Sarg oder die Urne in das Grab gesenkt werden, wird der Verstorbene in die Hände Gottes gelegt und der Gnade Gottes anbefohlen. Das löst nicht die Probleme des Sterbens oder die Rätsel einer Lebensgeschichte, doch sie werden Gott übergeben, bei dem sie aufgehoben sind.
- Der Weg von der Friedhofskapelle zum Grab macht den Prozess des Abschieds deutlich. Andererseits beginnen die Trauernden mit dem Weggang vom Grab die ersten Schritte in ein anderes, von Gott begleitetes eigenes Leben.
- Am Sonntag darauf wird des Toten noch einmal im Gemeindegottesdienst gedacht und am Totensonntag wird sein Name in der Kirche verlesen. Diese öffentliche Form hilft den Trauernden, den Abschied zu bewältigen.

Trauerarbeit

Wer den Tod eines nahe stehenden Menschen erlebt hat, geht durch eine Zeit des schmerzlichen Abschiednehmens. Wohlmeinende Menschen wollen ihm das vielleicht mit dem Hinweis ausreden, das alles sei nicht so schlimm und werde bald vorübergehen. Doch diese Zeit ist schmerzlich, so schnell geht sie meist auch nicht vorbei. Trauer ist eine gesunde Reaktion auf einen großen Verlust. Sie dient dazu, diesen Verlust zu bewältigen und sich in der veränderten Wirklichkeit des eigenen Lebens wieder zurechtzufinden.

Gerhard Richter, Zwei Kerzen, 1982

Erste Aufgabe Trauernder ist es, den Tod des Angehörigen wirklich zu begreifen. Das betrifft auch die Sprache, in der vom Verstorbenen gesprochen wird: XY ist »tot«, ist »gestorben«, er oder sie ist nicht »eingeschlafen«, hat uns nicht irgendwie »verlassen«. Die Tote oder den Toten immer noch als irgendwie anwesend behandeln, überall Bilder des Verstorbenen aufstellen oder etwa sein Zimmer unangetastet lassen, dient nicht der Trauerbewältigung. Trauerarbeit ist das Gegenteil von Verdrängung.

Jeder Mensch trauert anders. Trauer verläuft so individuell und verschieden wie die Menschen, die trauern. Viele Hinterbliebene haben Panikattacken, andere suchen nach kurzer Zeit Ersatzbeziehungen. Die einen ziehen sich zurück und wirken wie gelähmt, andere fangen an, ihr Leben auf den Kopf zu stellen. Die einen neigen zu Depressionen, andere greifen zu Tabletten und Alkohol. Manche werden krank, wieder andere wirken wie befreit, blühen auf und werden kreativ. Oft reagiert ein- und derselbe Mensch extrem unterschiedlich. Das kann für Angehörige und Freunde manchmal irritierend und belastend sein. Doch in der Trauer gibt es kein richtig oder falsch.

Zu den wichtigsten Aufgaben der Trauerarbeit gehört es, auf das gemeinsame Leben mit dem Verstorbenen zurückzublicken, sich zu erinnern und sich darüber klar zu werden, welchen Sinn die gemeinsame Zeit für das eigene Leben hatte. Dabei kann einem bewusst werden, was man dem Toten schuldig geblieben, aber auch, was der Tote einem schuldig geblieben ist; was man ihm gern noch gesagt hätte, wofür man ihm gern gedankt oder ihn um Verzeihung gebeten hätte. Menschliches Leben, auch jede Lebensgemeinschaft, bleibt Stückwerk. Als Christen wissen wir, dass menschliches Leben seinen Sinn und seinen Wert nicht aus dem bezieht, was es geleistet und erworben hat, sondern daraus, dass es von Gott geliebt und angenommen ist. Deshalb können wir eine Lebensgeschichte im Nachhinein auch ganz realistisch betrachten, mit ihren guten und ihren schlechten Seiten, ohne dass sie dadurch entwertet oder auch glorifiziert wird.

Trauer braucht Zeit. Es ist eine Lebenskrise, man kann sie nicht abkürzen. Doch irgendwann muss man sich dem Leben auch wieder zuwenden. Den Zeitpunkt spürt der Trauernde selbst am besten. Einmal ist es Zeit, wieder unter die Menschen zu gehen. Man kann die Toten auch ehren, ohne das eigene Leben mit ihnen zu begraben.

? Kann eine kirchliche Bestattung auch verweigert werden?

In früheren Zeiten wurde ungetauft gestorbenen Kindern und Selbstmördern oft eine kirchliche Bestattung verweigert – eine Praxis, die heute überwunden ist. Die Frage stellt sich heute hauptsächlich dann, wenn Angehörige eines Verstorbenen, der aus der Kirche ausgetreten ist oder noch nie einer Kirche angehört hat, um eine kirchliche Bestattung bitten. Das geschieht nicht selten, jede Pfarrerin und jeder Pfarrer kennt solche Fälle. Nach den Kirchenordnungen der Evangelischen Kirche setzt die kirchliche Bestattung »grundsätzlich voraus, dass die oder der Verstorbene der evangelischen Kirche angehörte«. Gehörte er oder sie einer anderen christlichen Kirche an, so setzt eine Bestattung in der Evangelischen Kirche immer eine Kontaktaufnahme und ein Gespräch mit der anderen Kirche voraus. Gehörte der oder die Verstorbene keiner christlichen Kirche an, dann kann eine kirchliche Bestattung dann erfolgen,

- wenn die Angehörigen dieses wünschen,
- wenn das Verhältnis des Verstorbenen zur Kirche und zur Gemeinde so war, dass eine kirchliche Bestattung zu verantworten ist,
- wenn bei der Trauerfeier aufrichtig über diese Situation gesprochen werden kann

- und wenn diese seelsorgliche Entscheidung vor der Gemeinde verantwortet werden kann.

Weitere Auflagen wie z. B. den Verzicht auf den Talar oder das Glockengeläut gibt es nicht. (In der Katholischen Kirche gibt es eine vergleichbare Regelung. Allerdings soll mit den Angehörigen ein Gespräch über die Haltung des Verstorbenen zur Kirche, zu seiner Lebenspraxis und zu seinen Austrittsgründen geführt werden.)

Eine kirchliche Trauerfeier ist auch ein seelsorgerlich-diakonischer Dienst an trauernden Angehörigen. Ihnen in einer existentiell angespannten Situation diesen Dienst wegen des früheren Kirchenaustritts des Verstorbenen zu verweigern, ist immer eine umstrittene und nicht immer eine überzeugende Entscheidung. Letztlich kann es aber keine generelle Antwort geben, jeder Einzelfall ist seelsorglich zu entscheiden.

? Darf ein Mensch sich selbst töten?

Jährlich begehen in Deutschland etwa 10.000 bis 12.000 Menschen einen Suizid. Etwa zwei Drittel davon sind Männer, die eher »härtere« Methoden (Erhängen, Erschießen, »vor den Zug werfen«) wählen, während Frauen mehr »weiche« (Tabletten, Gift, Wasser) anwenden. Besonders hoch ist die Zahl älterer Menschen. Zu den Risikogruppen gehören Depressive, Alkoholkranke, Medikamenten- und Drogenabhängige, Menschen nach einer Trennung oder schwerem Verlust, chronisch Kranke und Menschen in Haft.

Als Ursache der Suizide werden am häufigsten psychische Störungen wie Depressionen und Schizophrenie angegeben. Die Selbstbestimmungsfähigkeit ist hierbei häufig eingeschränkt. Im Zusammenhang mit schweren körperlichen Erkrankungen sind Wünsche nach Suizid häufig verbunden mit Verzweiflung und persönlicher Hoffnungslosigkeit. Wird darauf mit Angeboten der Schmerztherapie und sozialer Unterstützung eingegangen, tritt der Wunsch nach einem vorzeitigen Tod oft in den Hintergrund.

Suizid wird in aller Regel von Menschen verübt, die sich in einer fundamentalen Lebenskrise befinden. Haben Philosophen wie F. Nietzsche oder J. P. Sartre noch den »Freitod« als äußerste Möglichkeit menschlicher Freiheit verteidigt, so gibt es in der Wirklichkeit den aufgrund einer Lebensbilanz frei gewählten Tod nur ganz selten. Meist ist ein Suizid nicht Ausdruck einer selbstbestimmten Entscheidung, sondern Resultat einer tiefgreifenden persönlichen Krise, aus der jemand keinen Ausweg sieht.

Nach deutschem Recht ist eine Selbsttötung straflos. Auch die Anstiftung und die Beihilfe zum Suizid sind nicht strafbar, allerdings kann man sich unter Umständen im Verhalten gegenüber einem bereits bewusstlosen Suizidenten wegen unterlassener Hilfeleistung strafbar machen.

In den Weltreligionen wird der Suizid weitgehend abgelehnt, besonders eindeutig im Islam. In der Bibel findet sich nirgends ein Verbot oder eine moralische Verurteilung des Suizids, obwohl mit dem König Saul und mit Judas Ischarioth zwei Negativbeispiele geschildert werden. Einflussreich für die Christenheit wurde aber der lateinische Kirchenvater Augustin mit seiner Auffassung, dass ein Suizid ein Verstoß gegen das biblische Tötungsverbot sei. Das Leben sei eine Gabe Gottes. Indem ein Mensch seinem Leben ein Ende mache, lehne er sich gegen seinen Schöpfer auf. Ein Suizid wurde so auch in der christlichen Tradition fast ausschließlich negativ beurteilt. »Selbstmördern« wurde die kirchliche Bestattung verweigert – ein dunkles Kapitel in der Geschichte der Kirchen.

Kirchliche Sanktionen sind heute nicht mehr vertretbar. Hinter jedem Suizid steht ein persönliches Schicksal, eine Lebensgeschichte. Im Einzelfall wird man mit einer Beurteilung zurückhaltend sein müssen. Für die Angehörigen ist ein Suizid fast immer eine unter Umständen ihr ganzes Leben belastende Katastrophe. Es kann verzweifelte Situationen und Lebenslagen geben, die ein Außenstehender gar nicht ermessen kann, in denen ein Mensch seinem Leben nur noch ein Ende machen möchte. Ein Urteil darüber steht keinem Menschen zu.

Dennoch können wir es nicht gleichgültig hinnehmen, wenn ein Mensch seinem Leben ein Ende machen will. Weil ein Suizid immer eine persönliche Tragödie ist und eine endgültige Lösung für in der Regel vorübergehende Probleme darstellt, gibt es einen gesellschaftlichen Konsens darin, dass ein Suizid möglichst zu verhindern ist. Es ist alles zu unternehmen, Menschen mit Suizidgefährdung zu helfen und sie in bestimmten Fällen vor sich selbst zu schützen.

Bibelstellenregister

Es sind nur die Bibelstellen aufgeführt, die auch – im Wortlaut – zitiert oder erklärt werden.

Sachregister

Literatur

Arnold Benz, Das geschenkte Universum. Astrophysik und Schöpfung, Düsseldorf 2009

Peter L. Berger, Erlösender Glaube? Fragen an das Christentum, Berlin/New York 2006

Norbert Dennerlein/Michael Meyer-Blanck (Hg.), Evangelische Glaubensfibel. Grundwissen der evangelischen Christen, Gütersloh 2007

Matthias Drobinski, Oh Gott, die Kirche. Versuch über das katholische Deutschland, Düsseldorf 2006

Evangelischer Erwachsenenkatechismus: glauben – erkennen – leben, Gütersloh 2006

Evangelisches Gesangbuch, Bielefeld/Gütersloh/Neukirchen-Vluyn 1996

Friedrich Wilhelm Graf, Der Protestantismus. Geschichte und Gegenwart, München 2006

Friedrich Wilhelm Graf/Klaus Wiegandt (Hg.), Die Anfänge des Christentums, Frankfurt/M. 2009

Susanne Heine/Peter Pawlowsky, Die christliche Matrix. Eine Entdeckungsreise in unsichtbare Welten, München 2008

Wolfgang Huber, Der christliche Glaube. Eine evangelische Orientierung, Gütersloh 2008

Hans Joas/Klaus Wiegandt (Hg.), Säkularisierung und die Weltreligionen, Frankfurt/M. 2007

Thomas Kaufmann, Martin Luther, München 2006

Kirchenamt der EKD (Hg.), Kirche der Freiheit. Perspektiven für die evangelische Kirche im 21. Jahrhundert, Hannover 2006

Kirchenamt der EKD (Hg.), Evangelische Kirche in Deutschland. Zahlen und Fakten zum kirchlichen Leben, Hannover 2009

Matthias Köckert, Die Zehn Gebote, München 2007

Ulrich H. J. Körtner, Evangelische Sozialethik. Grundlagen und Themenfelder, Göttingen 1999

Wolf Krötke, Erschaffen und erforscht. Mensch und Universum in Theologie und Naturwissenschaft, Berlin 2002

Ulrich Kühn, Was Christen glauben. Das Glaubensbekenntnis erklärt, Leipzig 2004

Hans Küng, Der Anfang aller Dinge. Naturwissenschaft und Religion, München/Zürich 2005

Hans Küng, Credo. Das Apostolische Glaubensbekenntnis – Zeitgenossen erklärt, München/Zürich 1992

Christoph Levin, Das Alte Testament, München 2001
Wolfgang Lienemann, Grundinformation Theologische Ethik, Göttingen 2008
Eduard Lohse, Das Urchristentum. Ein Rückblick auf die Anfänge, Göttingen 2008
Martin Luther, Der Große und der Kleine Katechismus, Göttingen 2003
Martin Luther, Von der Freiheit eines Christenmenschen, Gütersloh 1998
Bernd Moeller, Geschichte des Christentums in Grundzügen, Göttingen 2008
Reiner Preul, So wahr mir Gott helfe! Religion in der modernen Gesellschaft, Darmstadt 2003
Jürgen Roloff, Jesus, München 2000
Richard Schröder, Abschaffung der Religion? Wissenschaftlicher Fanatismus und die Folgen, Freiburg 2008
Jens Schröter, Jesus von Nazareth. Jude aus Galiläa – Retter der Welt, Leipzig 2006
Manfred Schulze, Sternstunden und Abgründe der Christenheit, Neukirchen-Vluyn 2008
Christoph Strohm, Johannes Calvin, München 2009
Gerd Theißen, Das Neue Testament, München 2002
Unsere Hoffnung auf das ewige Leben, Votum des Theologischen Ausschusses der UEK, Neukirchen-Vluyn 2006

Wichtige Internetadressen

Evangelische Kirche in Deutschland
www.ekd.de
Katholische Kirche (Katholische Bischofskonferenz)
www.dbk.de
Ökumenischer Rat der Kirch
www.oikumene.net
Evangelischer Kirchentag
www.kirchentag.de
Gottesdienst
www.ekd.de/Gottesdienste/gottesdienst.html
Kirchenmusik
www.kirchenmusiker.de
Diakonie
www.diakonie.de
Caritas
www.caritas.de

Bildnachweis

S. 9: people crowd. © drx – Fotolia.com
S. 13: Dortmund, St. Reinoldi, Stadtkirche/Chor. © akg-images/Bildarchiv Monheim
S. 14: Ludwig Feuerbach, Foto um 1870. © picture-alliance/akg-images
Karl Heinrich Marx, 1903. © picture alliance/imagestate/HIP
Sigmund Freud. © picture allliance/united archives
S. 26: Musei Vaticani, Lapidario Christiano, Città del Vaticano, Foto: Foto Musei Vaticani
S. 35: Nikolaus Kopernikus, Gemälde in Krakau. © akg-images/Erich Lessing
Galileo Galilei/Sustermans. © akg-images/Orsi Battaglini
S. 37: Das Wiedersehen (Christus und Thomas). © akg-images/Bildarchiv Steffen
S. 41: Markus- und Lukasevang./Codex Sinaiticus. © akg-images/British Library
S. 44: Pfannkuchen aus blauen Sternen im Andromeda-Nebel. © picture-alliance/dpa
S. 49: »Gottlose-Busse«. © picture-alliance/dpa
S. 56: Rembrandt, Heimkehr verlorener Sohn. © akg-images
S. 61: Weihnachtsbeleuchtung in der Autostadt. © picture-alliance/dpa
S. 66: Tote und schwere Schäden bei Erdbeben in Italien. © picture-alliance/dpa
S. 67: Gott schafft die Gestirne. Initiale »O«, Miniatur aus dem Sano di Pietro, 15. Jh., Paris, Museum Marmottan-Monet. © Giraudon
S. 72: Rembrandt, Christuskopf
S. 75: Rembrandt, Evangelist Matthäus. © akg-images/Erich Lessing
S. 80: The Jordan River. © picture-alliance/Hanan Isachar
S. 83: Walnut tree on Mount Meron. © picture-alliance/Hanan Isachar
S. 84: Max Beckmann, Christus und die Ehebrecherin. © akg-images; VG Bild-Kunst, Bonn 2009
S. 93: Blick auf das heutige Jerusalem. © Jan Thomas Otte – Fotolia.com
S. 96: G. D. Tiepolo, Auferstehung Christi. © akg-images/Cameraphoto
S. 100: August Macke, Jesus im Nachen. © akg-images
S. 102: Emil Nolde, Heilige Nacht, 1912 (aus dem neunteiligen Werk »Das Leben Christi« 1911/12), Ölfarben auf Leinwand, 100 x 86 cm, signiert unten rechts »Emil Nolde«, Neukirchen, Nolde Stiftung Seebüll, Wvz Urban 481. © Nolde Stiftung Seebüll; © der Vorlage: akg-images/Erich Lessing
S. 104: Lyonel Feininger, Marktkirche von Halle, 1930. © VG Bild-Kunst, Bonn 2009; © der Vorlage: Blauel/Gnamm – Artothek
S. 108: Emil Nolde, Pfingsten 1909, Ölfarben auf Leinwand, 87 x 107 cm, signiert unten rechts »Emil Nolde 1909«, Berlin, Staatliche Museen, Preußischer Kulturbesitz, Neue Nationalgalerie, Wvz Urban 318. © Nolde Stiftung Seebüll
S. 111: Kreuzfahrerburg Belvoir/Israel. © akg-images/Jürgen Sorges
S. 114: Martin Luther/Cranach. © akg-images
S. 121: Martin Niemöller, Foto. © akg-images
S. 131: Die Struktur der Evangelischen Kirche im Rheinland. © epd-bild/Oliver Hauptstock
S. 148: Warenterminbörse in New York. © picture alliance/landov
S. 150: Rembrandt, Moses zerschmettert Tafeln. © akg-images
S. 154: Stier, syrisch, 19./18. Jh. v. Chr. © akg-images/Erich Lessing
S. 158: Quelle unbekannt

S. 164: Friedbert Pflüger, Sitzung der Berliner CDU-Fraktion. © picture-alliance/ ZB
S. 174: Dietrich Bonhoeffer/Foto August 1935. © akg-images
S. 178: Göttinger Gemeinde gewährt Kirchenasyl. © picture-alliance/dpa
S. 182: Kongolesische Rebellen erreichen Goma, Flüchtlinge. © picture-alliance/dpa
S. 187: Tötungsmaschine. © picture-alliance/dpa
S. 190: Franziskaner auf dem Hülfensberg. © picture-alliance/ZB
S. 196: Aus: Bibel – Das Magazin zum Buch.
S. 213: Rembrandt, Jakobs Kampf mit dem Engel. © akg-images/Erich Lessing
S. 216: Deutschland: Kassel – Himmelsstürmer am Hauptbahnhof. © picture-alliance/HP Verlag
S. 218: Burial. © picture-alliance/Godong
S. 233: H. Bosch, Aufstieg himmlische Paradies. © akg-images/Electa
S. 237: Max Beckmann, Auferstehung, 1909, Öl auf Leinwand, 400 x 250 cm (Inv. 3101). Staatsgalerie Stuttgart. © Staatsgalerie Stuttgart/VG Bild-Kunst, Bonn 2009
S. 241: Themenfoto zur Debatte über Sterbehilfe. © picture-alliance/dpa
S. 244: Gerhard Richter, Zwei Kerzen, 1982. © Gerhard Richter
S. 18, 24, 54, 85, 107, 126, 169, 201, 203, 220, 223: Bibel. © Kwest-Fotolia.com